Νίκος Ι. Ανδρίκος

Η Εκκλησιαστική μουσική της Σμύρνης
(1800-1922)

Θεσσαλονίκη 2012

Κατασκευή Εξωφύλλου: Εκδόσεις Μέθεξις

Εικόνα Εξωφύλλου: Πανοραμική άποψη του λιμανιού της Σμύρνης από καρτποστάλ του 1903. Διακρίνονται ο Μητροπολιτικός ναός της Αγ. Φωτεινής, η Καθολική εκκλησία του Αγ. Πολυκάρπου και ο ναός του Αγ. Γεωργίου.
(Φωτογραφία προερχόμενη από το προσωπικό αρχείο του συλλέκτη Σπυρίδωνος Μανουσάκη και δημοσιευμένη στον συλλογικό Τόμο : ΣΜΥΡΝΗ Η Μητρόπολη του Μικρασιατικού Ελληνισμού).

Επιμ. Έκδοσης: Εκδόσεις Μέθεξις

© Copyright Εκδόσεις Μέθεξις 2012
Καρόλου Ντηλ 27, Θεσσαλονίκη ΤΚ 546 23
Τηλ. - Fax: 2310-278301
e-mail: info@metheksis.gr
www.metheksis.gr

ISBN: 978-960-6796-24-1

Απαγορεύεται η ολική, μερική ή περιληπτική αναδημοσίευση, αναπαραγωγή ή διασκευή του περιεχομένου του παρόντος βιβλίου με οποιονδήποτε τρόπο χωρίς γραπτή άδεια του εκδότη.

"Ne kadar söz varsa düne ait
Şimdi yeni şeyler söylemek lâzım"
Mevlâna Celalettin Rûmi

«Όσα λόγια κι αν υπάρχουν ανήκουν στο χθές·
τώρα πλέον κανείς μόνο καινούρια πράγματα θα πρέπει να πει»
Μεβλανά Τζελαλεττίν Ρουμί

Περιεχόμενα 5

Βιβλιογραφία 7

Προσημείωση 20

Πρόλογος 21

Εισαγωγή (Περιεχόμενο-Προβληματική-Έρευνα-Μεθοδολογία) 25

Α΄ ΜΕΡΟΣ
Ο μουσικός πολιτισμός στα πλαίσια της Σμύρνης του 19ου αιώνα και η θέση της Εκκλησιαστικής μουσικής

α). Η Σμύρνη ως κέντρο έκφρασης και πολιτισμού στον 19ο αιώνα 33

β). Μορφές λόγιας και λαϊκής μουσικής έκφρασης στο αστικό περιβάλλον της Σμύρνης 39

γ). Η διαδικασία εκσυγχρονισμού της Οθωμανικής Αυτοκρατορίας στα μέσα του 19ου αιώνα και ο ιδεολογικός της αντίκτυπος στη μουσική πραγματικότητα της εποχής 47

δ). Το ιδεολογικό υπόβαθρο και οι ιστορικές σκοπιμότητες που ορίζουν τον χαρακτήρα της «Μεταμεταρρυθμιστικής» περιόδου στην Εκκλησιαστική μουσική 57

Β΄ ΜΕΡΟΣ
Η δραστηριότητα στον χώρο της Εκκλησιαστικής μουσικής στη Σμύρνη του ευρύτερου 19ου αιώνα (1800-1922). -Περιβάλλον και πρόσωπα

α). Δημήτριος Λώτος ο Χίος (ακμή τέλη 18ου αιώνα) 69

β). Νικόλαος Γεωργίου, Πρωτοψάλτης Σμύρνης (περ. 1790-1887) 79

γ). Μισαήλ Μισαηλίδης, Πρωτοψάλτης Σμύρνης (μέσα δεκαετίας 1820-1906) 95

δ). Λοιποί εκπρόσωποι της «Σμυρναϊκής Σχολής» και η εκκλησιαστική μουσική πραγματικότητα στη Σμύρνη έως τα γεγονότα του 1922 109

Γ' ΜΕΡΟΣ

Η αρθρογραφική δραστηριότητα και το θεωρητικό έργο του Μισαήλ Μισαηλίδη

α). Οι εκτεταμένες διατριβές και διαλέξεις του Μισαήλ Μισαηλίδη στον Περιοδικό Τύπο της Σμύρνης ... 131

β). Η συμβολή του Μισαηλίδη στον «περί διαιρέσεως της κλίμακος» μουσικολογικό διάλογο ... 139

γ). Το «Νέον Θεωρητικόν» του Μισαήλ Μισαηλίδη ... 151

Δ' ΜΕΡΟΣ

Μορφολογική ανάλυση του συνθετικού έργου των Σμυρναίων δασκάλων (Νικολάου Πρωτοψάλτου-Μισαήλ Μισαηλίδη)

α). Οι μελοποιητικές πηγές του Νικολάου από την κλασική μουσική φιλολογία, οι εξηγήσεις και οι συντμήσεις του ... 177

β). Τα Οκτάηχα μέλη και οι Καλοφωνικοί Ειρμοί του Νικολάου Πρωτοψάλτου ... 191

γ). Ανανέωση και εμπλουτισμός του Στιχηραρίου.
-Δοξαστάριον Τριωδίου και Πεντηκοσταρίου Νικολάου Σμύρνης ... 201

δ). Οι λειτουργικές συνθέσεις του Μισαηλίδη.
-Χερουβικά, Δοξολογίες, Άξιον εστίν ... 219

ε). Οι εξωλατρευτικές συνθέσεις του Μισαήλ Μισαηλίδη -Πολυχρονισμοί, Άσματα Σχολικά, Ύμνοι σε μέλος Ευρωπαϊκό, κ.α. ... 237

ΣΥΜΠΕΡΑΣΜΑΤΑ-ΕΠΙΛΟΓΟΣ ... 255

ΕΠΙΜΕΤΡΟ-ΠΑΡΑΡΤΗΜΑ ... 259

ΒΙΒΛΙΟΓΡΑΦΙΑ

Πηγές-Βοηθήματα

Αβαγιανοῦ Σίμος, «Τριῴδιον καί Πεντηκοστάριον, ἤτοι δοξαστικά καί ἰδιόμελα τοῦ Τριωδίου καί Πεντηκοσταρίου μετά τῆς ἱερᾶς ἀκολουθίας τῶν ἐγκαινίων μελοποιηθέντα ὑπό Σίμου Ἀβαγιανοῦ πρ. Πρωτοψάλτου τῆς Ἀθήνησι Μητροπόλεως καί ἐκδοθέντα ἀναλώμασιν αὐτοῦ ἐγκρίσει τῆς Ἱερᾶς Συνόδου τῆς Ἐκκλησίας τῆς Ἑλλάδος. Τόμος πρῶτος, περιλαμβάνων τό Τριώδιον. Ἐν Ἀθήναις ἐκ τοῦ τυπογραφείου τῶν καταστημάτων Κουσουλίνου καί Ἀθανασιάδου παρά τῷ Ναῷ τῶν ἁγίων Θεοδώρων 1891»

Ἀναλυτικόν Πρόγραμμα τῶν Σχολῶν τῆς Σμύρνης, ἐκ τοῦ Τυπογραφείου ὁ «Ἑρμῆς», Σμύρνη 1911

Ἀρχιμανδρίτης Παγκράτιος Βατοπεδινός, «Ἡ ἐναρμόνησις τῆς Βυζαντινῆς Ἐκκλησιαστικῆς Μουσικῆς», ἐν Κωνσταντινουπόλει, ἐκ τοῦ Πατριαρχικοῦ Τυπογραφείου, 1918

Βαμβουδάκης Ἐμμανουήλ, «Νέα Ἀνθολογία», περιέχουσα ἀνέκδοτα μουσικά μαθήματα πάσης ἐκκλησιαστικῆς ἀκολουθίας καί ἁρμονικά τινά τοιαῦτα. Σάμος- Βαθύ- Ἱερουσαλήμ, 1921

Βασιλείου Μάρκος, «Ἀνοιξαντάρια—τά Ἀρχαῖα», κάτ' ἐπιτομήν Μ.Β Πατριαρχικοῦ Γραμματέως, Τύποις Ἀνατολικοῦ Ἀστέρος, ἐν Κωνσταντινουπόλει, 1882

Βουδούρης Ἄγγελος, «Μουσικά Ἀπομνημονεύματα», Τόμος ΙΗ' -Ἀνατυπώσεις- (Ὑπόμνημα περί τῆς Ἑλληνικῆς Ἐκκλησιαστικῆς Μουσικῆς —Οἱ Μουσικοί Χοροί τῆς Μ. Χ. Ε- Μεγάλη τοπική Σύνοδος τοῦ 1872), Ἐκδοσις Α΄, Εὐρωπαϊκό Κέντρο Τέχνης , Ἀθῆναι 1998

Γεωργιάδης Π. Γεώργιος, «Ὁ ἐν Γαλατᾷ Ἱερός Ναός τοῦ Ἁγίου Ἰωάννου τῶν Χίων, ἐν Κωνσταντινουπόλει», τύποις Κ. Ζηβίδου, Κωνσταντινούπολη 1898

Γεωργιάδης Τριαντάφυλλος, Διατριβαί, «Τό ζήτημα τῆς Ἐκκλησιαστικῆς Μουσικῆς ἐν Σμύρνῃ», Τοῖς ἐν Σμύρνῃ νικολαϊσταῖς καί μισαηλιδισταῖς ἱεροψάλτες, ὑπό Τριανταφύλλου Γεωργιάδου, Νέα Ζωή, ἐν Σάμῳ, "Ἔτος Α΄, ἀρ. 54, 11η Ἀπριλίου 1901

Γεωργιάδης Χριστόδουλος, Κεσσανιεύς, «Δοκίμιον Ἐκκλησιαστικῶν μελῶν», Ἀθήνησι, Τύποις Χ. Νικολαΐδου Φιλαδελφέως (Παρά τῇ Πύλῃ τῆς Ἀγορᾶς ἀριθ. 420), 1856

Καραμάνης Ἀθανάσιος, «Νέα Μουσική Συλλογή», ἀποτελούμενη ἐκ τριῶν τόμων, Τόμος Β΄, περιέχον ἅπαντα τά μαθήματα τῆς Θείας Λειτουργίας συμπεριλαμβανομένων τῶν αἰτήσεων καί ἐκφωνήσεων τῶν ἱερέων καί ἱεροδιακόνων. Διασκευασθέντα ἐπιμελῶς καί πλουτισθέντα διά νέων σημείων, ἀπαραιτήτων διά τήν καλυτέραν ἀπόδοσιν μουσικῆς τε κειμένου, Θεσσαλονίκη 1955

Κέϊβελης Ζωγράφος, «Μουσικόν Ἀπάνθισμα (Μεδζμουαΐ Μακαμάτ)», Διαφόρων ἀσμάτων, μελοποιηθέντων παρά διαφόρων Μελοποιῶν, τονισθέντων μέν παρά Ἰωάννου Γ. Ζωγράφου Κέϊβελη καί παρ' ἄλλων μουσικοδιδασκάλων. Ἐκδοθέντων δέ ύπ' αύτοϋ, περιέχον προσέτι τήν όδηγίαν τών ρυθμών τής Άσιατικής Μουσικής, έν Κωνσταντινουπόλει, έκ τοϋ Τυπογραφείου «Ή Ανατολή», Ευαγγελινού Μισαηλίδου, 1872

Κηλτζανίδης Παναγιώτης, «Διατριβαι περι τής Ελληνικής Εκκλησιαστικής Μουσικής υπό Π. Γ. Κηλτζανίδου, Προυσαέως», είς άπάντησιν τών έπισυνημμένων διατριβών τών κυρίων Ευστρατίου Παπαδοπούλου, Μισαήλ Μισαηλίδου καὶ Δημητρίου Πασπαλλῆ. Προστίθενται δ' έν τέλει καὶ αἱ τής Μ. Πρωτοσυγκελίας πρός τούς ιεροψάλτας έγκύκλιοι, έν Κωνσταντινουπόλει. Τύποις Ανατολικοῦ Άστέρος 1879 »

Κωνσταντίνος Πρωτοψάλτης, «Δοξαστάριον», περιέχον τα Δοξαστικά όλων τών Δεσποτικών καὶ Θεομητορικών εορτών τών εορταζομένων Αγίων τοῦ όλου ενιαυτού. Τόμος Α', μελοποιηθέν παρά Κωνσταντίνου Πρωτοψάλτου τής τοῦ Χριστοῦ Μεγάλης Εκκλησίας, έν Κωνσταντινουπόλει 1844

Κωνσταντίνος Πρωτοψάλτης, «Ταμεῖον Ανθολογίας», περιέχον άπασαν τήν έκκλησιαστικήν ενιαύσιον ακολουθίαν Εσπερινοῦ, Όρθρου, Λειτουργίας, τής τε Μεγάλης Τεσσαρακοστής καὶ τής Λαμπροφόρου Ἀναστάσεως, ἔτι δὲ καὶ ὀκτώ Καλοφωνικούς είρμούς ἐν τῷ τέλει», Κωνσταντινούπολις 1845, ακριβής ανατύπωση, Εκδ. Ρηγόπουλου, Θεσσαλονίκη 1997

Λώτος Δημήτριος, Ανθολογία τής Νέας Παπαδικής, αρ. 7, Συλλογή Μέλπως Μερλιέ

Λώτος Δημήτριος, Χειρόγραφο Μονής Ξηροποτάμου. αρ. 330 –Αυτόγραφη Παπαδική

Μισαηλίδης Μισαήλ, «Νέον Θεωρητικόν», συντομότατον, ήτοι περι τής καθ' ήμᾶς Έκκλησιαστικής καὶ Αρχαίας Ελληνικής Μουσικής, υπό Μισαήλ Μισαηλίδου πρωτοψάλτου Σμύρνης, μετά πολλών μουσικών κλιμάκων καὶ τεσσάρων μονοχόρδων καὶ μετά πρακτικοῦ μέρους, έν Άθήναις, εξεδόθη άναλώμασι τοῦ συγγραφέως, 1902

Ναυπλιώτης Ιάκωβος, «Φόρμιγξ», ήτοι συλλογή άσμάτων καὶ ώδών τών μέν μετενεχθέντων έκ τής ευρωπαϊκής μουσικής γραφής είς τήν καθ' ήμᾶς εκκλησιαστικήν, τών δὲ πρωτοτύπων όλως πρός χρήσιν τών δημ. Σχολείων καὶ παντός φιλομούσου υπό Ιακώβου Ναυπλιώτου Α' Δομεστίκου τής τοῦ Χριστοῦ Μ. Εκκλησίας. Έκδοσις πρώτη Άδεία τοῦ Υπουργείου τής Δημοσίας Εκπαιδεύσεως. Έν Κωνσταντινουπόλει 1894 έκ τοῦ Πατριαρχικοῦ Τυπογραφείου

Νεκτάριος Μοναχός Ίεροψάλτης, «Καλλίφωνος Αηδών», περιλαμβάνουσα σπουδαιότατα μαθήματα τής Θείας Λειτουργίας έν σπάνει ευρισκόμενα, πολλά δὲ τούτων καὶ ανέκδοτα. (Μηδενός δε τούτων περιεχομένου έν τῷ Μουσικῷ Θησαυρῷ τής Λειτουργίας, δύναται νά θεωρηθῇ καὶ παράρτημα τοῦ Μουσικοῦ Θησαυροῦ τής Λειτουργίας, εκδίδοται τό πρώτον υπό Νεκταρίου Μοναχοῦ Ίεροψάλτου), Άγιον Όρος 1933

Νεκτάριος Μοναχός Ίεροψάλτης, «Μουσικός Θησαυρός τοῦ Έσπερινοῦ», περιλαμβάνων άπασαν τήν Εκκλησιαστικήν Ακολουθίαν τοῦ Εσπερινοῦ, μετά πολλών προσθηκών. Εκδίδοται τό πρώτον υπό Νεκταρίου Μοναχοῦ Ίεροψάλτου, Γέροντος τοῦ έν Καρυαῖς τοῦ Άγίου Όρους Λαυριωτικοῦ Κελλίου "Αγιος Αθανάσιος, Αδεία τής Ί. Κοινότητος Αγίου Όρους-Άθω. Άγιον Όρος 1935

Νεκτάριος Μοναχός Ίεροψάλτης, «Μουσικός Θησαυρός της Λειτουργίας», περιλαμβάνων άπασαν τήν Έκκλησιαστικήν Άκολουθίαν τῶν Λειτουργιῶν (Άγ. Χρυσοστόμου, Μεγ. Βασιλείου καὶ Προηγιασμένων) καὶ τὴν Άκολουθίαν τοῦ Πάσχα μετὰ τινῶν Καλοφωνικῶν Εἱρμῶν καὶ Δοξολογιῶν ἐν τῷ τέλει διὰ τὰς τελετάς. Εκδίδοται τὸ πρῶτον εἰς δύο τόμους ὑπὸ Νεκταρίου Μοναχοῦ Ίεροψάλτου, Ἅγιον Ὄρος 1931

Νικόλαος Πρωτοψάλτης Σμύρνης, «Δοξαστάριον τοῦ ὅλου ἐνιαυτοῦ», Τόμος Α', περιέχον τὰ Δοξαστικὰ τῶν τε ἑορταζομένων Ἁγίων, μετὰ τῶν Ἰδιομέλων τῶν Δεσποτικῶν καὶ Θεομητορικῶν ἑορτῶν καὶ τινῶν Ἁγίων, μετὰ τῶν ἀπολυτικίων αὐτῶν καὶ ἄλλων τινῶν. (Σεπτέμβριος-Δεκέμβριος). Ἐν Σμύρνῃ, τύποις Νικολάου Πρωτοψάλτου Σμύρνης, 1873

Νικόλαος Πρωτοψάλτης Σμύρνης, «Δοξαστάριον τοῦ ὅλου ἐνιαυτοῦ», Τόμος Β', περιέχον τὰ Δοξαστικὰ τῶν τε ἑορταζομένων Ἁγίων, μετὰ τῶν Ἰδιομέλων τῶν Δεσποτικῶν καὶ Θεομητορικῶν ἑορτῶν καὶ τινῶν Ἁγίων, μετὰ τῶν ἀπολυτικίων αὐτῶν καὶ ἄλλων τινῶν (Ἰανουάριος-Αὔγουστος), Ἐν Σμύρνῃ, τύποις Νικολάου Πρωτοψάλτου Σμύρνης, 1879

Νικόλαος Πρωτοψάλτης Σμύρνης, «Δοξαστάριον Τριῳδίου καὶ Πεντηκοσταρίου» -περιέχον τὰ Δοξαστικὰ αὐτῶν μετὰ τῶν Ἰδιομέλων καὶ τινων Προσομοίων, Νεκρωσίμων Δοξαστικῶν, τῶν ἕνδεκα Ἑωθινῶν καὶ τῶν ἀργῶν Ἰδιομέλων, ἐν Κωνσταντινουπόλει, Τύποις Σ. Ἰγνατιάδου, 1857

Νικόλαος Πρωτοψάλτης Σμύρνης, «Νέον Ταμεῖον Ἀνθολογίας», Τόμος Α' , Ἀκολουθία Ἑσπερινοῦ. Ἐν Σμύρνῃ, ἐκ τοῦ τυπογραφείου Ἀντ. Δαμιανοῦ, 1862

Νικόλαος Πρωτοψάλτης Σμύρνης, «Νέον Ταμεῖον Ἀνθολογίας», Τόμος Β' , Ἀκολουθία Ὄρθρου. Ἐν Σμύρνῃ, ἐκ τοῦ τυπογραφείου Νικολάου Πρωτοψάλτου, 1864

Νικόλαος Πρωτοψάλτης Σμύρνης, «Νέον Ταμεῖον Ἀνθολογίας», Τόμος Γ' , Ἀκολουθία Λειτουργίας. Ἐν Σμύρνῃ, ἐκ τοῦ τυπογραφείου Νικολάου Πρωτοψάλτου, 1867

Νικόλαος Πρωτοψάλτης Σμύρνης, «Νεότατον Ἀναστασιματάριον», πλῆρες Ἀργόν καὶ Σύντομον μελοποιηθὲν μὲν παρὰ διαφόρων διδασκάλων παλαιῶν τε καὶ νεωτέρων ἐπεξηργασθὲν δὲ ἤδη παρὰ Νικολάου Γεωργίου Πρωτοψάλτου Σμύρνης Ἀδείᾳ τοῦ Αὐτ. Ὑπουργείου τῆς Παιδείας, ὑπ' ἀρ. 561 καὶ ἡμ. 22 Μουχαρὲμ 1307. Ἰδιοκτήτης Νικόλαος. Γ. Βλαντιάδης ἐκδόται Ἰ. Κατρᾶς καὶ Ἰ. Καρακιζῆς. Τῇ ἐπιμελείᾳ καὶ ἐπιστασίᾳ τοῦ Μαθητοῦ αὐτοῦ καὶ Μουσικοδιδασκάλου Γεωργίου Φινέλη. Σμύρνῃ, τυπογραφεῖον «Ἀμαλθείας», 1899

Νικόλαος Πρωτοψάλτης Σμύρνης, «Πλῆρες Ἀναστασιματάριον», Μέρος Δεύτερον, Σύντομον εἱρμολογικὸν, Ἐν Σμύρνῃ, ἐκ τοῦ τυπογραφείου τῆς «Ἀμαλθείας», 1899

Ξανθίδης Φώτιος, «Πρόσκλησις εἰς τὸ νέον τῆς μουσικῆς σύστημα», Ἁρμονία, ἐν Σμύρνῃ, Ἔτος 19, αρ. 2148, φυλλ. της 7ης Ἰουνίου 1890

Ξανθίδης Φώτιος, «Μία ἀπάντησις ὑπὸ Φ. Ξανθίδου εἰς Μ. Μισαηλίδην», Νέα Σμύρνη, Ἔτος ΚΑ', αρ. 4097, 4098, 4100, φυλλ. της 26, 27, 30ης Ἀπριλίου 1890

Ξανθίδης Φώτιος, «Τοις περί Μουσικής ενδιαφερομένοις», Νέα Σμύρνη, Έτος ΙΖ', αρ. 3602, φυλλ. της 16ης Μαρτίου

Παγανάς Νικόλαος, «Κατά Α. Δ. Χ», Νέα Επιθεώρησις, Έτος Γ', αρ. 630, φυλλ. 3ης Νοεμβρίου 1892.

Παγανάς Νικόλαος, «Περί της καθ' ημάς Εκκλησιαστικής Μουσικής», Νεολόγος Κωνσταντινουπόλεως, φυλ. 13ης Απριλίου 1890

Παγανάς Νικόλαος, «Περί της Εκκλησιαστικής ημών Μουσικής», Νεολόγος, 23-7-1889, 12-10-1889

Πανάς Κ. Ι, «Επίλεκτοι Υμνωδίαι Βυζαντινής Εκκλησιαστικής Μουσικής», Πάτρα 1996

Πανδέκτη, τομ. Α'-Δ', Κωνσταντινούπολη 1850-1851, «Πανδέκτη της ιεράς εκκλησιαστικής υμνωδίας του όλου ενιαυτού. Εκδοθείσα υπό Ιωάννου λαμπαδαρίου καί Στεφάνου Α' δομεστίκου της του Χριστού Μεγάλης Εκκλησίας». Τόμος Α'. Περιέχων τά μαθήματα του Εσπερινού. Εν Κωνσταντινουπόλει. Εκ του πατριαρχικού τυπογραφείου. αωνα'

[...] Τόμος Β'. Περιέχων τά μαθήματα του Όρθρου. Εν Κωνσταντινουπόλει. Εκ του Πατριαρχικού τυπογραφείου. αωνά.

[...] Τόμος Γ'. Περιέχων τά μέγιστα μαθήματα της τε Παπαδικής καί του Μαθηματαρίου. Εν Κωνσταντινουπόλει. Εκ του Πατριαρχικού τυπογραφείου. αωνα'

[...] Τόμος Δ'. Φυλλάδιον 1. Περιέχων τά μαθήματα της ιεράς Λειτουργίας. Εν Κωνσταντινουπόλει. αωνα'

Παπαδόπουλος Γεώργιος, «Ιστορική Επισκόπησις της Βυζαντινής Εκκλησιαστικής Μουσικής, από των Αποστολικών χρόνων μέχρι των καθ' ημάς», Αθήνα 1904

Παπαδόπουλος Γεώργιος, «Λεξικόν της Βυζαντινής Μουσικής», Εκδ. Πανελλήνιος Σύνδεσμος Ιεροψαλτών «Ρωμανός ο Μελωδός και Ιωάννης ο Δαμασκηνός», Αθήνα 1995

Παπαδόπουλος Γεώργιος, «Συμβολαί εις την Ιστορίαν της παρ' ημίν εκκλησιαστικής μουσικής καί οι από των αποστολικών χρόνων άχρι των ημερών ημών ακμάσαντες επιφανέστεροι μελωδοί, υμνογράφοι, μουσικοί καί μουσικολόγοι». Εν Αθήναις, Τυπογραφείον καί Βιβλιοπωλείον Κουσουλίνου καί Αθανασιάδου, 1890

Παπα-νικολάου Χαράλαμπος, «Ανθοδέσμη Εκκλησιαστικής Μουσικής», Καβάλα (;) 1905

Στοιχειώδης διδασκαλία της Εκκλησιαστικής Μουσικής, εκπονηθείσα επί τη βάσει του Ψαλτηρίου υπό της Μουσικής Επιτροπής του Οικουμενικού Πατριαρχείου, εν έτει 1883, εν Κωνσταντινουπόλει 1888, έκ του Πατριαρχικού Τυπογραφείου

Συκιώτης Μελέτιος Μοναχός, «Μουσικός Άνθών, ήτοι η μικρή Άθωνιάς», Εκκλησιαστική Σχολή Αθωνιάδος 1985

Ταμείον Ανθολογίας, «περιέχον άπασαν την Εκκλησιαστικήν Ενιαύσιον Ακολουθίαν, Εσπερινού, Όρθρου, Λειτουργίας, Μεγάλης Τεσσαρακοστής καί της Λαμπροφόρου Αναστάσεως, μετά τινων Καλοφωνικών Ειρμών εν τω τέλει. Εκδοθέν το τέταρτον εγκρίσει καί αδεία της του Χριστού Μεγάλης Εκκλησίας, παρά Θεοδώρου Φωκαέως.

Νῦν δὲ μετατυποῦται τὸ ἕκτον ἀπαραλλάκτως μετὰ τινῶν προσθηκῶν ὑπὸ Μηνᾶ Δομενίκου, δαπάνῃ Γεωργίου Σεϊτανίδου, ἐν Κωνσταντινουπόλει, βιβλιοπωλεῖον Γεωργίου Σεϊτανίδου, ἔξωθεν τῆς πύλης τοῦ Ζουντάν Καπουσού ἀριθ. 291. 1889»

Φαιδρός Γεώργιος, «Περί τοῦ Σμυρναϊκοῦ μανέ», (Πραγματεία περί τοῦ Σμυρναίικου Μανέ ἤ τοῦ παρ' ἀρχαίοις Μανέρῳ, ὡς καί περί εὐρέσεως τοῦ Αἰλίνου καί Ἑλληνικῶν ἠθῶν καί ἐθίμων διασοζωμένων εἰσέτι παρά τῷ Ἑλληνικῷ λαῷ), Σμύρνη 1881, ἀναστατική ἔκδοση: Κουλτούρα

Φαρλέκας Ι. Ἐμμανουήλ, «Τριῴδιον», περιλαμβάνον ἀπάσας τὰς ἀπὸ τῆς Κυριακῆς τῶν Βαΐων Ἀσματικὰς Ἀκολουθίας πλήρεις, ἤτοι Ἰδιόμελα, Δοξαστικά, Καταβασίας, Ἀπολυτίκια, Κοντάκια, Προκείμενα καὶ Ἰδιόμελα Κυριακῶν Μεγ. Τεσσαρακοστῆς, Μέγα Ἀπόδειπνον, Ἀκάθιστον πλήρη, Κατανυκτικά, τὰ τῶν Θ. Λειτουργιῶν Μεγ. Βασιλείου καὶ Προηγιασμένων μετὰ τῶν ἀπαιτουμένων ὁδηγιῶν καὶ Τυπικῶν Διατάξεων. Κατὰ διασκευὴν Ἐμμανουήλ. Ι. Φαρλέκα, Γραμματέως τῆς Ἀρχιεπισκοπῆς Ἀθηνῶν. Ἐκδίδοται ἐγκρίσει τῆς Ἱερᾶς Συνόδου τῆς Ἐκκλησίας, ἐν Ἀθήναις 1931

Φαρλέκας Ἐμμανουήλ, «Ἡ Ἁγία καὶ Μεγάλη Ἐβδομάς», περιλαμβάνει ὁλόκληρον τὸ Ἀσματικὸν Μέρος τῶν ἀπὸ τοῦ Ὄρθρου τῆς Μεγάλης Δευτέρας μέχρι τοῦ Μεγάλου Σαββάτου Ἱερῶν Ἀκολουθιῶν κατὰ τὸ ὕφος τῶν Διδασκάλων ἐν πάσῃ λεπτομερείᾳ μετὰ τῆς Τυπικῆς Διατάξεως αὐτῶν. Κατὰ διασκευὴν Ἐμμανουήλ Ι. Φαρλέκα, Πρωτονοταρίου τῆς Ἁγιωτάτης Ἀρχιεπισκοπῆς Ἀθηνῶν. Ἐν Ἀθήναις 1934

Φαρλέκας Ἐμμανουήλ, «Πεντηκοστάριον», περιλαμβάνει τὸ Ἀσματικὸν μέρος τῶν ἀπὸ τῆς Ἁγίας καὶ Μεγάλης Κυριακῆς τοῦ Πάσχα μέχρι τῆς Κυριακῆς τῶν Ἁγίων Πάντων Ἱερῶν Ἀκολουθιῶν ἐν πάσῃ λεπτομερείᾳ μετὰ τῆς Τυπικῆς Διατάξεως αὐτῶν. Κατὰ διασκευὴν Ἐμμανουήλ Ι. Φαρλέκα, Πρωτονοταρίου τῆς Ἁγιωτάτης Ἀρχιεπισκοπῆς Ἀθηνῶν, ἐγκρίσει καὶ εὐλογίᾳ τῆς Ἁγίας καὶ Ἱερᾶς Συνόδου τῆς Ἐκκλησίας τῆς Ἑλλάδος, ἐν Ἀθήναις 1935

Φιλανθίδης Πέτρος, «Ἡ καθ' ἡμᾶς Ἐκκλησιαστικὴ Μουσικὴ ἐν σχέσει πρὸς τὰς τῶν ἄλλων ἐθνῶν», Παράρτημα Ἐκκλησιαστικῆς Ἀληθείας, Τεῦχος Πέμπτον, ἐν Κωνσταντινουπόλει 1902, ἐπανέκδοση «Πατριαρχικὸν Ἵδρυμα Πατερικῶν Μελετῶν», ἐπιμέλεια-πρόλογος : Ἀντώνιος Ε. Ἀλυγιζάκης, Θεσσαλονίκη 2000

Φιλοξένης Κυριακός, «Λεξικὸν τῆς Ἑλληνικῆς Ἐκκλησιαστικῆς Μουσικῆς», φιλοπονηθὲν μὲν ὑπὸ Κυριακοῦ Φιλοξένους τοῦ Ἐφεσιομάγνητος, ἐκδιδόμενον ἐγκρίσει καὶ ἀδείᾳ τῆς Μεγάλης τοῦ Χριστοῦ Ἐκκλησίας, ἐν Κωνσταντινουπόλει, τύποις Εὐαγγελινοῦ Μισαηλίδου, 1868, Ἐπανέκδ. Κουλτούρα 2005

Φινέλης Γεώργιος, «Ἡ ἐκκλησιαστικὴ μουσικὴ ἐν Σμύρνῃ», (ἀπάντησις εἰς τὰ ὑπὸ τοῦ «Παρατηρητοῦ» ἐν τῇ Ἀρμονίᾳ δημοσιευθέντα) ὑπὸ Γεωργίου Φινέλη. Ἀρμονία, Ἐν Σμύρνῃ, ἔτος ΚΑ΄, αρ. 4665, φυλλ. Της 24ης Ἰανουαρίου 1901

Χρύσανθος ἐκ Μαδύτων, «Θεωρητικὸν Μέγα τῆς Μουσικῆς», Μέρος Β΄, ἐν Τεργέστῃ 1832, ἐπανέκδ. Κουλτούρα

Α). Ελληνόγλωσσα

Georgelin Herve, ΣΜΥΡΝΗ. *Από τον κοσμοπολιτισμό έως τους εθνικισμούς*, Εκδ. Κέδρος, Αθήνα 2007

Kirli Kolluoğlu Biray, «Αστικά τοπία και νεωτερικότητα: η Σμύρνη μεταμορφώνεται σε Ίζμιρ», στο : Κεϋντέρ Τσαλάρ-Φραγκουδάκη Άννα (επιμ.), «Ελλάδα και Τουρκία- Πορείες εκσυγχρονισμού-Οι αμφίσημες σχέσεις τους με την Ευρώπη, 1850-1950», Εκδ. Αλεξάνδρεια, Αθήνα 2008

Quataert Donald, *Οθωμανική Αυτοκρατορία, Οι τελευταίοι αιώνες, 1700-1922*, μετάφραση: Μαρίνος Σαρηγιάννης, Εκδ. Αλεξάνδρεια, Αθήνα 2006

Zerouali Basma, «Η μουσική κληρονομιά», στο: ΣΜΥΡΝΗ, Η Μητρόπολη του Μικρασιατικού Ελληνισμού, Αθήνα 2002

Αγγελινάρας Γεώργιος, *Εκφρασις της ψαλτικής Τέχνης*, Εκδ. Άθως, Αθήνα 2009

Αγγελόπουλος Λυκούργος, «Η τεχνική του Ισοκρατήματος στη νεώτερη μουσική πράξη», στα πλαίσια της μουσικολογικής σύναξης, «Βυζαντινή Μουσική-Δημοτικό τραγούδι: οι δύο όψεις της ελληνικής μουσικής κληρονομιάς», που οργανώθηκε από το Κέντρο Έρευνας της Ελληνικής Λαογραφίας της Ακαδημίας Αθηνών, (10-12 Νοεμβρίου 2000)

Αγγελόπουλος Λυκούργος, «Η σημασία της έρευνας και διδασκαλίας του Σ. Καρά, ως προς την επισήμανση και καταγραφή της ενέργειας των σημείων της χειρονομίας (προφορικής ερμηνείας της γραπτής παράδοσης)», ανακοίνωση στο μουσικολογικό συνέδριο των Δελφών, Σεπτέμβριος 1986

Αλυγιζάκης Αντώνιος, «Εκκλησιαστικοί ήχοι και αραβοπερσικά μακάμια», Γρηγόριος ο Παλαμάς, 730/Μάρτιος 1990

Αλυγιζάκης Αντώνιος, *Η οκταηχία στην ελληνική λειτουργική υμνογραφία*, Εκδ. Π. Πουρναρά, Θεσσαλονίκη 1985

Αναγνωστοπούλου Σία, *Μικρά Ασία 19ος αι. -1919 Οι Ελληνορθόδοξες Κοινότητες-Από το Μιλλέτ των Ρωμιών στο Ελληνικό Έθνος*, Εκδ. Ελληνικά Γράμματα, Αθήνα 1998

Ανδρίκος Νίκος, «Η εκκλησιαστική μουσική παραγωγή στη Λέσβο του 20ού αιώνα – Ιστορική – Υφολογική προσέγγιση -», ανακοίνωση στα πλαίσια επιστημονικής διημερίδας με θέμα : «Ήχοι του βορειοανατολικού Αιγαίου – Όψεις κοσμικής και εκκλησιαστικής μουσικής πρακτικής», Φιλολογική Λέσχη «Βενιαμίν ο Λέσβιος», Πλωμάρι Λέσβου 30-31 Ιουλίου 2010, μουσικολογικό περιοδικό «Πολυφωνία», Τεύχος Άνοιξης 2011

Ανδρίκος Νίκος, «Τουρκόφωνοι Πολυχρονισμοί και Άσματα Εγκωμιαστικά στον Σουλτάνο Abdülhamit τον Β΄, μελοποιημένα από εκκλησιαστικούς συνθέτες», ανακοίνωση στα πλαίσια του διεθνούς επιστημονικού συνεδρίου του Τμήματος Τουρκικών Σπουδών του Ε. Κ. Π. Α, με θέμα «Το Οθωμανικό παρελθόν στο Βαλκανικό παρόν –Μουσική και Διαμεσολάβηση», Σεπτέμβριος- Οκτώβριος 2010, υπό δημοσίευση στο περιοδικό «Μουσικός Λόγος», του Τμήματος Μουσικών Σπουδών του Ιονίου Πανεπιστημίου.

Ανδρίκος Νίκος, «Το υβριδικό σύστημα των λαϊκών δρόμων και η ανάγκη εναλλακτικής επαναδιαχείρισής του», στον συλλογικό τόμο του Τ. Ε. Ι Ηπείρου Τμήμα Λ. Π. Μ, με θέμα «Μουσική (και) Θεωρία», Άρτα 2010

Αντωνέλλης Παναγιώτης, *Η Βυζαντινή Εκκλησιαστική Μουσική*, Αθήνα 1956

Αρχιγένης Δημήτρης, «Τά σινάφια τσή Σμύρνης», Αθήνα 1979

Γιαννακόπουλος Γιώργος, «Ελληνικά βιβλία τυπωμένα στη Σμύρνη (1894-1922)»: Βιβλιογραφική συμβολή, Δελτίο Κέντρου Μικρασιατικών Σπουδών, Τόμος Ζ, 1988- 1989

Γιαννέλος Δημήτρης, *Σύντομο Θεωρητικό Βυζαντινής Μουσικής*, Εκδ. Επέκταση, Αθήνα 2009

Γιαννέλος Δημήτριος, «Οι αναλύσεις των χαρακτήρων έκφρασης μέσα από τη θεωρία και την πράξη», ανακοίνωση στην ημερίδα με θέμα την ερμηνεία της βυζαντινής μουσικής υπό την αιγίδα της Ι. Μ. Βατοπαιδίου, Μέγαρο Μουσικής Αθηνών 14 Δεκέμβρη 1997, ανέκδοτο

Γιαννέλος Δημήτριος, *Η γραπτή μετάδοση της θεωρίας της Νέας Μεθόδου της βυζαντινής εκκλησιαστικής μουσικής*, Εκδ. Edignome, Παρίσι 1996 (υπό επανέκδοση)

Γιαννέλος Δημήτριος, «Τα έντυπα θεωρητικά της ψαλτικής· ανακύπτοντα προβλήματα», στο: Θεωρία και Πράξη της Ψαλτικής Τέχνης, Πρακτικά Α΄ Πανελληνίου συνεδρίου, Ψαλτικής Τέχνης. (Αθήνα, 3-5 Νοεμβρίου 2000), Αθήνα 2001

Γριτσόπουλος Τάσος, «Ο αντικληρικός Κοραής εκ της αλληλογραφίας του με τον Πρωτοψάλτη Σμύρνης Δημ. Λώτον, *Θεολογία*, Τόμος 5, Τεύχος 4, Οκτώβριος- Δεκέμβριος 1985

Δραγούμης Μάρκος, «Νικόλαος Φαρδύς (1853-1901) - Ένας θαρραλέος τονοπνευματομάχος και προικισμένος λόγιος και μουσικοδίφης-», Η Παραδοσιακή μας Μουσική, Κέντρο Μικρασιατικών Σπουδών-Φίλοι Μουσικού Λαογραφικού Μουσείου Μέλπως Μερλιέ, Αθήνα 2003

Ηλιάδης Κωνσταντίνος, *Μελετήματα Βυζαντινής Εκκλησιαστικής Μουσικής*, Τόμος Α΄, Αθήναι 2002

Θεμοπούλου Αιμιλία, «Ο εξαστισμός μιας μικρασιατικής πόλης», στο: ΣΜΥΡΝΗ, Η Μητρόπολη του Μικρασιατικού Ελληνισμού, Έκδοση του κέντρου Μικρασιατικών Σπουδών, Αθήνα 2002

Καλυβιώτης Αριστομένης, *ΣΜΥΡΝΗ, Η μουσική ζωή 1900-1922. Η διασκέδαση, τα μουσικά καταστήματα, οι ηχογραφήσεις δίσκων*, Εκδ. Music corner-Τήνελλα, Αθήνα 2002

Καρακάσης Λαίλιος, «Λαϊκά τραγούδια και χοροί της Σμύρνης», Μικρασιατικά Χρονικά, Τόμος Δ΄, 1948

Καράς Σίμων, *Μέθοδος Ελληνικής Μουσικής-Θεωρητικόν*, Τόμος Α΄, Σύλλογος προς διάδοσιν της Εθνικής Μουσικής, Αθήναι 1982

Κλεάνθης Φάνης, *Η Ελληνική Σμύρνη*, Εκδ. Εστία, Αθήνα 1996

Κοντογιάννης Παντ. , *Γεωγραφία της Μικράς Ασίας*, Σύλλογος προς διάδοσιν ωφελίμων βιβλίων, Αθήναι 1921

Κοροβίνης Θωμάς, *Οι Ζεϊμπέκοι της Μικράς Ασίας*, Εκδ. Άγρα, Αθήνα 2005

Κουνάδης Παναγιώτης, «100 χρόνια από την ίδρυση της Σμυρναίικης Εστουδιαντίνας», Δίφωνο, τ. 36, Αθήνα Σεπτέμβριος 1998

Κουνάδης Παναγιώτης, *Εις ανάμνησιν στιγμών ελκυστικών*, Τόμος Α΄, Εκδ. Κατάρτι, Αθήνα 2000

Κωνσταντίνου Γεώργιος, *Η παρασήμανση της μουσικής έκφρασης*, διδακτορική διατριβή, Ιόνιο Πανεπιστήμιο, Κέρκυρα 2003

Μαμωνή Κυριακή, *Σύλλογοι των Ελλήνων της Μικράς Ασίας*, Αθήνα 1983

Μαυροειδής Μάριος, *Οι Μουσικοί τρόποι στην Ανατολική Μεσόγειο*, Εκδ. Fagotto, Αθήνα 1999

Μερλιέ Μέλπω, «Ένα μουσικό χειρόγραφο του Δημητρίου Λώτου, φίλου του Κοραή», Ελληνικά 6 , 1933

Μιρμίρογλου Βλαδίμηρος, *Οι Δερβίσσαι*, Εκδ. Εκάτη, Σταμπούλ 1940

Νάσιουτζικ Παυλίνα, *Αμερικανικά οράματα στη Σμύρνη τον 19ο αιώνα. Η συνάντηση της αγγλοσαξονικής σκέψης με την ελληνική*, Εκδ. Εστία, Αθήνα 2002

Οικονόμου Φίλιππος, *Βυζαντινή Εκκλησιαστική Μουσική και Ψαλμωδία*, Τόμος Β΄, Αίγιο 1994

Παπαδόπουλος Χαράλαμπος, *Το μουσικόν έργον του Στυλιανού Χουρμουζίου και βιογραφικαί σημειώσεις αυτού*, μελέτη ανατυπωθείσα εκ της «Γνώσεως», έτους Γ΄ , τεύχους 4, 5 και 6, Τύποις Μουσών, Λευκωσία 1936

Περπινιάς Μιχαήλ, *Σμυρναίοι και Μικρασιάται Μουσικολόγοι, Μουσικοδιδάσκαλοι και Πρωτοψάλται της Βυζαντινής Εκκλησιαστικής Μουσικής του παρελθόντος και παρόντος αιώνος, μέχρι της Μικρασιατικής Καταστροφής-Η δράσις και το έργο αυτών*, - Χίος 1968

Πλεμμένος Ιωάννης, «Ο Σίμων Καράς απαντά εις τον Μισαήλ Μισαηλίδην : Ανασύνθεσις ενός ετεροχρονισμένου διαλόγου», κείμενο δημοσιευμένο στην επίσημη ιστοσελίδα του Συνδέσμου Μουσικοφίλων Κωνσταντινουπόλεως, www.cmkom.org

Ροζάνης Στέφανος, *Μελέτες για τον Ρομαντισμό*, Εκδ. Πλέθρον, Αθήνα 2001

Ρωμανού Καίτη, *Εθνικής μουσικής περιήγησις 1901-1912, ελληνικά μουσικά περιοδικά ως πηγή έρευνας της Ιστορίας της Νεοελληνικής Μουσικής*, Μέρος Ι-ΙΙ., Εκδ. Κουλτούρα, Αθήνα 1996

Σκοπετέα Έλλη, *Το «πρότυπο Βασίλειο» και η Μεγάλη Ιδέα. -Όψεις του εθνικού προβλήματος στην Ελλάδα*. (1830-1880), Εκδ. Πολύτυπο, Αθήνα 1988

Σκούλιος Μάρκος, «Η θέση και η σημασία της έννοιας της κλίμακας στα ανατολικά τροπικά συστήματα», στον συλλογικό τόμο του Τ. Λ. Π. Μ, με θέμα «Μουσική (και) Θεωρία», Άρτα 2010

Σκούλιος Μάρκος, «Προφορικότητα και διαστηματικός πλούτος σε μουσικά ιδιώματα της Βορειοανατολικής Μεσογείου», στον συλλογικό τόμο του Τ. Λ. Π. Μ, με θέμα «Προφορικότητες», Άρτα 2007

Σμυρνέλη Μαρία-Κάρμεν (επιμ.), «Σμύρνη, η λησμονημένη πόλη; 1830-1930. Μνήμες ενός μεγάλου μεσογειακού λιμανιού», Εκδ. Μεταίχμιο, Αθήνα 2008

Σολομωνίδης Σωκρ. Χρήστος, Η Εκκλησία της Σμύρνης, Αθήνα 1960

Σολωμονίδης Χρήστος Σωκρ, Η δημοσιογραφία στη Σμύρνη (1821-1922), Αθήνα 1959

Σολωμονίδης Χρήστος, Η παιδεία στη Σμύρνη, Αθήνα, 1961

Στάθη Πηνελόπη, «Ο φίλος του Κοραή Δημήτριος Λώτος και τα μουσικά του χειρόγραφα», Ο Ερανιστής 10, 1973

Τσιαμούλης Χρίστος-Ερευνίδης Παύλος, Ρωμηοί Συνθέτες της Πόλης, Εκδ. Δόμος, Αθήνα 1998

Φάλμπος Φίλιππος, Ο Φραγκομαχαλάς της Σμύρνης, Εκδ. «Ένωση Σμυρναίων», Αθήνα 1969

Φιλόπουλος Γιάννης, Εισαγωγή στην ελληνική πολυφωνική εκκλησιαστική μουσική, εκδ. Νεφέλη, Αθήνα 1990

Χατζηγιακουμής Μανόλης, Η Εκκλησιαστική Μουσική του Ελληνισμού μετά την Άλωση (1453- 1820), Σχεδίασμα Ιστορίας, Κέντρο Ερευνών και Εκδόσεων, Αθήνα 1999

Χατζηγιακουμής Μανόλης, Μνημεία Εκκλησιαστικής Μουσικής, Σώμα Δεύτερο Καλοφωνικοί Ειρμοί (17ος-18ος-19ος αι.), Ίδρυμα Ερευνών και Εκδόσεων, Αθήνα 2007

Χατζηγιακουμής Μανόλης, Μνημεία Εκκλησιαστικής Μουσικής, Σώμα Πρώτο, Οκτάηχα Μέλη και Συστήματα, Τομ. VII, Ίδρυμα Ερευνών και Εκδόσεων, Αθήνα 2003

Χατζηγιακουμής Μανόλης, Μνημεία Εκκλησιαστικής Μουσικής, Σώμα Πρώτο-Οκτάηχα, Μέλη και Συστήματα, Τόμος Πρώτος, Μέλη και Σχολιασμοί, Συνθέτες-Ερμηνευτές, Ίδρυμα Ερευνών και Εκδόσεων, Αθήνα 2002

Χατζηγιακουμής Μανόλης, Μουσικά Χειρόγραφα Τουρκοκρατίας (1453-1832), Τόμος Α', Αθήνα 1975

Χατζηγιακουμής Μανόλης, Σύμμεικτα Εκκλησιαστικής μουσικής Μέρος Β' (Αγιορειτικά Απανθίσματα Α'), Κέντρο Ερευνών και Εκδόσεων, Αθήνα 2009

Χατζηγιακουμής Μανόλης, Χειρόγραφα Εκκλησιαστικής Μουσικής 1453-1820, Εθνική Τράπεζα της Ελλάδος, Αθήνα 1980

Χατζηθεοδώρου Γεώργιος, Βιβλιογραφία της Βυζαντινής Εκκλησιαστικής Μουσικήςπερίοδος Α' (1820-1899), Θεσσαλονίκη 1998

Χατζηπανταζής Θεόδωρος, Της Ασιάτιδος Μούσης ερασταί, Εκδ. Στιγμή, Αθήνα 1986

Β). Ξενόγλωσσα

Ak Ahmet Şahin, Türk Musikisi Tarihi, Άγκυρα (Χ.Χ)

Akdoğu İsmail Onur, Ege' de Müzikçiler Ansiklopedisi, Σμύρνη 1997

Akdoğu Onur, Zeybekler, Bir Başkaldırı Öyküsü, Tarihi, Ezgileri, Dansları, Σμύρνη 2004

Aksoy Bülent, «Towards the Definition of the makam», In Jürgen Elsner & Risto Pekka Pennanen (eds) Structure and idea of maqam : historical aproaches. Proceedings of the Third Conferance of the ICTM Maqam Study Group, Tampere-Virrat, 2-5 October 1995, 125-74 Tampere, Finland : Dept of Folk Tradition, 1997

Aksoy Bülent, *Geçmişin Mûsıki Mirasına Bakışlar*, Pan Yayıncılık, Κωνσταντινούπολη 2008

Anagnostopoulou Sia, «The Process of Defining Izmir' s "Historical National Mission» in the 19th c. -1919», The Passage from the Ottoman Empire to the nation-states, a long and difficult process: The Greek case, Analecta Ilisiana, LXXIII, I, The Isis Press, Κωνσταντινούπολη 2004

Anagnostopoulou Sia, «The terms Millet, Ethnos, Oikoumenikotita, Alytrotismos in the Greek Historiography», The passage from the Ottoman Empire to the nation-states, a long and difficult process; The Greek case, Analecta Ilisiana, LXXIII, : The Isis Press, Κωνσταντινούπολη 2004

Avcı Ali Haydar, *Zeybeklik ve Zeybekler Tarihi*, Κωνσταντινούπολη 2004

Avcı Ali Haydar, *Zeybeklik ve Zeybekler, Bir başkaldırı Geleneğinin Toplumsal ve Kültürel Boytları*, Anadolu Yayınevi, Άαχεν 2001

Bardakçı Murat, *Fener Beyleri ne Türk Şarkıları*, Pan Yayıncılık, Κωνσταντινούπολη 1993

Behar Cem, *Aşk olmayınca Meşk olmaz, Geleneksel Osmanlı/ Türk Müziğinde Öğretim ve İntikal*, Y. K. Y, Κωνσταντινούπολη 2006

Behar Cem, *Musikiden Müziğe, Osmanlı/Türk Müziği: Gelenek ve Modernlik*, Y. K. Y, Κωνσταντινούπολη 2005

Berkes Niyazi, *Türkiye' de Çağdaşlaşma*, Y. K., Κωνσταντινούπολη 2006

Beyru Rauf, «İzmir' in Gezi ve Eğlence Yaşam», στο : Üç İzmir, Yapı Kredi Yayınları, Κωνσταντινούπολη 1992

Beyru Rauf, *19. Yüzyılda İzmir' de Yaşam*, Güzel Sanatlar Eğitim ve Kültür Merkezi, Κωνσταντινούπολη (X.X).

Giannelos Dimitri, *La musique byzantine. Le chant ecclèsiastique grec, sa notation et sa pratique actuelle*, èd. L' Harmattan, Παρίσι 1996

Giannelos Dimitri, *Musique byzantine. Tradition orale et tradition écrite (XVIIIe-XXe s.)*, διδακτορική διατριβή, Université de Nanterre, Paris 1987

Dr., Özalp Mehmet Nazmi, *Türk musikisi Tarihi-Derleme-*, I Cilt, TRT Müzik Dairesi Başkanliği Yayın Noi34, *Άγκυρα 1986*

Ducoudray-L. A. Bourgault, *Souvenirs d' une mission musicale en Grèce et en Orient*, J. Baur Libraire-Editeur, II, Rue des Saints-Pères, II, Παρίσι 1876

Feldman W. Z., *Music of the Ottoman court : Makam, Composition and the Early Ottoman Instrumental Repertoire*, Verlag fur Wissenschaft und Bildung, Βερολίνο 1996

Frangakis-Syrett Elena, *The Commerce of Smyrna in the Eighteen Century (1700-1820)*, Centre for Asia Minor Studies, Bibliotheca Asiae Minoris Historia, Αθήνα 1992

Frangakis-Syrett Elena, «Implementation of the 1838 Anglo-Turkish convention on Izmir's trade: European and Minority merchants», στο : New Perspectives on Turkey 7, 1992

Issawi, Charles, *The Economic History of Turkey, 1800-1914*, The University of Chicago Press, Publications of Centre for Middle Eastern Studies, Σικάγο 1980

Jouste Marko, «The Remains of Makam-based Music of the Ottoman Era in Anatolian Greek Music». In Jürgen Elsner & Risto Pekka Pennanen (eds) Structure and idea of maqam : historical aproaches. Proceedings of the Third Conferance of the ICTM Maqam Study Group, Tampere-Virrat, 2-5 October 1995, 125-74 Tampere, Finland : Dept of Folk Tradition, 1995

Karadeniz M. Ekrem, *Türk Mûsikîsinin Nazariye ve Esasları*, Türkiye İş Bankası-Kültür Yayınları, Άγκυρα 1965

Kechriotis Vangelis, «Educating the Nation: Migration and Acculturation on the two Shores of the Aegean at the Turn of the Twentieth Century» (αδημοσίευτο άρθρο) 2007

Kechriotis Vangelis, *The Greeks of Izmir at the end of the empire. (A non-Muslim Ottoman Community between Autonomy and Patriotism)*- Ph. D. dissertation, Leiden University, Άμστερνταμ 2005

Körükçü Çetin, *Türk Sanat Müziği*, Khalkedon, Κωνσταντινούπολη 1998

Özkan İsmail Hakkı, *Türk Mûsikîsi Nazariyatı ve Usûlleri*, Kudüm Velveleleri, Ötüken, Κωνσταντινούπολη 1984

Öztuna Yılmaz, *Türk Mûsikîsi*, Akademik Klasik Türk Sanat Mûsikîsi' nin Ansiklopedik Sözlüğü. I Cilt, Κωνσταντινούπολη 2006

Öztürk Okan Murat, *Zeybek Kültürü ve Müziği*, Pan Yayıncılık, Κωνσταντινούπολη 2006

Pennanen Risto Pekka, « The nationalization of Ottoman Popular Music in Greece», Ethnomusicology, Vol. 48, No. 1, Winter 2004

Reinhard Ursula-Kurt, *Türkiye' nin Müziği, I-II Cilt*, μετάφραση από τα Γερμανικά Sinemis Sun, Sun Yayınevi, Άγκυρα 2007

Seroussi Edwin, *The Life and Musik of R. Isaak Algazi from Turkey*, Ιερουσαλήμ 1989

Sevinçli Eftal, «İzmir Tiyatroları», στο : Üç İzmir, Yapı Kredi Yayınları, Κωνσταντινούπολη 1992

Signell K., *Makam : Modal Practice in Turkish Art Music*, Da Capo, Νέα Υόρκη 1986

Standford J. Shaw-Ezel Kural Shaw, *History of the Ottoman Empire and modern Turkey*, (Osmanlı İmparatorluğu ve Modern Türkiye), μετάφραση στα τουρκικά: Harmancı Mehmet, Cilt II, Κωνσταντινούπολη 2006

Tanrıkorur Çinuçen, *Osmanlı Dönemi Türk Mûsikisi*, Dergâh Yayınları, Κωνσταντινούπολη 2003

Taranç Berrak, «Şarkı Şehir İzmir», στο : Üç İzmir, Yapı Kredi Yayınları, Κωνσταντινούπολη 1992

Yekta Rauf, «Rum Kilisesinde Mûsiki», İkdam Gazetesi, 17 Kanunsani 1899

Yekta Rauf, *La Musique Turque*, 1922, μετάφραση στα τουρκικά, Murat Bardakçı, Κωνσταντινούπολη 1986

Yılmaz Zeki, *Türk Mûsikîsi Dersleri*, Çağlar Mûsikî Yayınları, Κωνσταντινούπολη 2007

Zürcher Erik, Turkey. A Modern History, I. B. Tauris, Λονδίνο Νέα Υόρκη, 1993, (Σύγχρονη Ιστορία της Τουρκίας -μετάφραση Βαγγέλης Κεχριώτης), εκδόσεις Αλεξάνδρεια, Αθήνα 2004

Δισκογραφία

«Bellini-Norma Tullio Serafin», (Great Recordings of the century) Callas, Filippeschi, Stignani, Rossi-Lemeni, Caroli, Cavallari, Coro e Orchestra del Teatro alla Scala di Milano, EMI Classics (Χ.Χ)

«Geçmişten Günümüze Türk Müziği, Aşk ve Hüzün», Türkiye İş Bankası (Χ.Χ)

«Hammâmizâde İsmail Dede Efendi», Hüzzam Mevlevi Ayin-i Şerif' i, Neva Mevlevi Ayin-i Şerif' i, Şarkı ve Köçekçeleri, İstanbul Büyükşehir Belediyesi-Kültür İşleri Daire Başkanlığı, Κωνσταντινούπολη 1996

«İzak Algazi Efendi», Osmanlı-Türk ve Osmanlı-Yahudi Musikisinin Büyük Sesi, επιμ. Bülent Aksoy, KALAN, Κωνσταντινούπολη 2004

«REMBETİKA», Aşk, Gurbet, Hapis ve Tekke Şarkıları, επιμ. Stelyo Berber-Pelin Suer, KALAN, Κωνσταντινούπολη 2007

«Κωνσταντίνος Νούρος-Το φωνητικό φαινόμενο», εκδ. Φαληρέα, Αθήνα 1993

«Μνήμες», -Η μουσική Σκηνή του Σμυρναίικου Τραγουδιού 1907-1939-. (Αυθεντικές ηχογραφήσεις από τη Σμύρνη, την Κωνσταντινούπολη, την Αθήνα και τη Νέα Υόρκη), επιμ. Φαληρέας Γρηγόρης, Αθήνα 2002

«Μουσική της Ελληνικής Ορθόδοξης Εκκλησίας, 1924-1930», -Ελλάδος Αρχείον-, επιμ. Ταμπούρης Πέτρος, παραγ. FM Records (Χ.Χ)

«Ο Δημήτρης Ατραΐδης και ο Κώστας Νούρος τραγουδούν ρεμπέτικα και αμανέδες», παραγ. Fm Records, Αθήνα 1996

«Τα άκαυτα τραγούδια της Σμύρνης», -Ηχογραφήσεις σε Σμύρνη, Πόλη, Αμερική, Αθήνα, 1909-1945-, παραγ. ΕΡΤ-3, επιμ. Πάνος Σαβόπουλος (Χ.Χ)

Ketencoğlu Muammer, İzmir Hatırası-Smyrna Recollections, Eski İzmir' den Türk, Rum ve Yahudi Türküleri, KALAN, Κωνσταντινούπολη 2007

Ψάλτης Κυριάκος. Κ. Εξωμετοχίτης, Ύμνοι Κυριακής των Αγίων 318 Θεοφόρων Πατέρων και της εορτής των Αγίων Κωνσταντίνου και Ελένης, επιμ. Ψάλτης Χρ. Κυριάκος, Λευκωσία (Χ.Χ)

Συνεντεύξεις-Ηχογραφήσεις πληροφορητών

- *Ξένη Μοναχή*, Ι. Μ. Μυρσινιωτίσσης, Καλλονή Λέσβου, Μάρτιος 2004
- *Βουτσής Γεώργιος*, Χίος, Ιούνιος 2004
- *Καρανικόλας Απόστολος*, Μανταμάδος Λέσβου, Ιούνιος 2004
- *Καραμάνης Αθανάσιος*, Νέα Ευκαρπία Θεσσαλονίκης, Ιούλιος 2004-Ιούλιος 2007
- *Παπαδόπουλος Δημήτριος*, Αλυκές Βόλου, Ιούλιος 2004
- *Βάλεσσης Ευστράτιος*, Αγιάσος Λέσβου, Αύγουστος 2004

- *Κονιαρέλλης Ευστράτιος*, Μυτιλήνη Λέσβου, Αύγουστος 2004
- *Κονιαρέλλης Παναγιώτης*, Μυτιλήνη Λέσβου, Αύγουστος 2004
- *Καμαριωτίδης Δημήτριος*, Μυτιλήνη Λέσβου, Αύγουστος 2004
- *Καρύκα Ελένη*, Μυτιλήνη Λέσβου, Αύγουστος 2004
- *Ευαγγέλου Δημήτριος*, Γέρα Λέσβου, Αύγουστος 2004
- *Χατζημανώλης Νικόλαος*, Μυτιλήνη Λέσβου, Αύγουστος 2004
- *Ρεπάνης Βασίλειος*, Μεγαλοχώρι Λέσβου, Αύγουστος 2004
- *Βαληνδράς Νικόδημος* -Μητροπολίτης Πατρών-, Πάτρα, Οκτώβριος 2004
- *Τσαμκιράνης Ματθαίος*, Καβάλα, Νοέμβριος 2004
- *Αστέρης Λεωνίδας* Α. Π. Μ. Χ. Ε., Κωνσταντινούπολη, Μάιος 2007
- *Δανιήλ Μοναχός Κατουνακιώτης*, Αθήνα, Ιούνιος 2007
- *Γιατράκος Χρήστος*, Αθήνα, Ιούνιος 2007
- *Γεράσιμος Μικραγιαννανίτης*, Άγιο Όρος, Ιούλιος 2007
- *Ψάλτης Κυριάκος*, Αμμόχωστος Κύπρου, Ιούλιος 2007

Νίκος Ανδρίκος

Προσημείωση

Το παρόν βιβλίο ερευνά το ψαλτικό ιδίωμα που αναπτύχθηκε στη Σμύρνη του 19ου αιώνα και έγινε γνωστό με τον σχηματικό όρο Σχολή της Σμύρνης. Η ενδιαφέρουσα από πολλές απόψεις χρονική περίοδος του ευρύτερου 19ου αιώνα (από το 1800 μέχρι το 1922), αλλά και ιδιαίτερα σημαντική για την εξέλιξη του εκκλησιαστικού μέλους εποχή, μελετάται εδώ λαμβάνοντας υπόψη τις πολιτισμικές, κοινωνικές και ιστορικές συνιστώσες που διαμόρφωσαν τον μουσικό πολιτισμό της Σμύρνης. Έτσι, ο συγγραφέας ερευνά τη μουσική παραγωγή της Σμύρνης θέτοντας συγκεκριμένα κριτήρια για τον τρόπο προσέγγισής της, τη μέθοδο περιγραφής της και τα εργαλεία ερμηνείας της. Το θέμα Η Εκκλησιαστική μουσική της Σμύρνης (1800-1922), υποστηριζόμενο από μία εξαντλητική και πολύπλευρη επεξεργασία των δεδομένων, είναι πρωτότυπο αφού αντικείμενο έρευνας είναι η αισθητική - υφολογική ιδιαιτερότητα της εν λόγω Σχολής.

Ο συγγραφέας αξιολογεί κριτικά το υλικό που συνέλεξε μετά από μια εκτεταμένη έρευνα σε δύσκολα προσβάσιμες ελληνικές και τουρκικές πηγές, δομώντας το σε τέσσερα κύρια μέρη. Στο Α' Μέρος προβαίνει σε μια ευμέθοδη και λεπτομερή περιγραφή του μουσικού πολιτισμού, στα πλαίσια του οποίου ήταν ενταγμένη η εκκλησιαστική μουσική, ενώ στο Β' Μέρος παρουσιάζει τους εκπροσώπους της Σμυρναϊκής Σχολής, κάτω από μια αντικειμενική ματιά με πολύπλευρες συνιστώσες που αποσκοπούν στην «ιστορική και ιδεολογική ερμηνεία των υπό διαπραγμάτευση γεγονότων». Στο Γ' Μέρος επιχειρείται μία ανάλυση με ερμηνευτική διάθεση της θεωρητικής σκέψης του Μιχαήλ Μισαηλίδη με την υπογράμμιση της συμβολής του στις μεταρρυθμιστικές τάσεις στα τέλη του 19ου αιώνα, και ιδιαίτερα στα πορίσματα της Μουσικής Επιτροπής του 1881. Στο Δ' και τελευταίο Μέρος ο συγγραφέας, κάνοντας χρήση εποπτικών παραδειγμάτων, καταπιάνεται με τη μορφολογική ανάλυση του συνθετικού έργου του Νικολάου Πρωτοψάλτη και του Μισαήλ Μισαηλίδη με απώτερο σκοπό τον καθορισμό του κυρίαρχου συνθετικού μοντέλου των Σμυρνιών συνθετών. Η διαφορετικότητα που προσφέρουν οι Σμυρνιοί συνθέτες υπογραμμίζει τον πλουραλισμό της Παράδοσης και ιδιαίτερα το χαρακτηρισμό της ως ζώσα Παράδοση ενώ ταυτόχρονα αποδεικνύει ότι η συγκεκριμένη Σχολή δεν ήταν αποκομμένη ούτε από το περιβάλλον του γεωγραφικού χώρου της ούτε και από την υπόλοιπη παράδοση της εκκλησιαστικής μουσικής.

Η έκδοση αυτή, με την συστηματική προσέγγιση των δεδομένων από μουσικολογικής και εθνομουσικολογικής πλευράς, αποτελεί μια σημαντική συνεισφορά στην επιστήμη της Βυζαντινής Μουσικολογίας. Ταυτόχρονα, δίνει μια εικόνα πληρότητας και αρτιότητας και αποτελεί ένα πρότυπο για ανάλογες έρευνες απαραίτητες για την αποσαφήνιση εκφραστικών τάσεων και υφολογικών ιδιαιτεροτήτων που συνήθως ανάγονται σε διαφορετικά μουσικά ιδιώματα ακόμα ανιχνεύσιμα στη σύγχρονη εκκλησιαστική μουσική. Ο συγγραφέας με την ευφυή και πρωτότυπη ανάλυση του πηγαίου υλικού αποδεικνύει την επιστημονική του επάρκεια· με τη μεθοδική του προσέγγιση εμπλουτίζει τον επιστημονικό διάλογο και με την ευρηματικότητά του αναδεικνύει σημαντικές πτυχές της μουσικής μας Παράδοσης. Πιστεύω ότι αποτελεί το αντιπροσωπευτικότερο ίσως δείγμα της νέας γενιάς μουσικολόγων που θα δώσουν νέες και αναγκαίες κατευθύνσεις στην έρευνα και τη μελέτη της εκκλησιαστικής μουσικής.

Δημήτρης Γιαννέλος
Αναπληρωτής Καθηγητής
Τμήματος Μουσικών Σπουδών
Ιονίου Πανεπιστημίου

Πρόλογος

Η διαπραγμάτευση ενός ζητήματος που χρονολογικά εντοπίζεται εντός των πλαισίων του 19ου αιώνα, αυτόματα φέρει μια ιδιαίτερη επιστημονική σημασία και σημαντικότητα, η οποία οφείλεται τόσο στην πολυδιάστατη ιστορική και πολιτισμική σύσταση της περιόδου αυτής, όσο και στο γεγονός της πραγματικά καταλυτικής επίδρασης που άσκησε στον σύγχρονο άνθρωπο, αναφορικά με τη διαδικασία δόμησης της ιδεολογικής και εκφραστικής του ταυτότητας. Το γεγονός αυτό καθίσταται επιπλέον εμφανές κατά την προσπάθεια ανάδειξης ιστορικών φαινομένων που σχετίζονται με την ύπαρξη και δράση του ελληνικού στοιχείου κατά την περίοδο αυτή, ειδικά δε σε χώρους και επίπεδα, όπως αυτά της πολιτιστικής έκφρασης και της πρωτογενούς δημιουργίας.

Η Εκκλησιαστική μουσική αποτελεί ένα ιδιάζον ιστορικό μέγεθος η επιστημονική εξέταση του οποίου, εντός των πλαισίων του 19ου αιώνα κρίνεται σίγουρα αναγκαία, ειδικά δε αν αναλογιστεί κανείς την μετεξελικτική πορεία την οποία θα διαγράψει σε επίπεδο δομικό και υφολογικό κατά την περίοδο αυτή, αλλά και το ποσοστό στο οποίο η συγκεκριμένη διαδικασία θα καθορίσει τη σύσταση του εν γένει υλικού κατά την σύγχρονη εποχή. Δυστυχώς μέχρι στιγμής, η έρευνα στον ελλαδικό χώρο δεν έχει επισημάνει επαρκώς την σημαντικότητα της περιόδου αυτής, παρά το γεγονός του μεγάλου μέρους το οποίο καλύπτει η προερχόμενη από την εν λόγω εποχή μουσική φιλολογία, στην

Νίκος Ανδρίκος

σημερινή εκτελεστική πρακτική, σε επίπεδο ρεπερτοριακό. Οι λόγοι που οδήγησαν στην επιλογή του συγκεκριμένου θέματος, πέρα από την έγκαιρη σύλληψη της επιστημονικής του σημαντικότητας, θα πρέπει να αναζητηθούν και στην διαπίστωση της απουσίας στα πλαίσια του ακαδημαϊκού χώρου, μιας έρευνας επικεντρωμένης ιστορικά στο εκκλησιαστικό μουσικό περιβάλλον της Σμύρνης του 19ου αιώνα. Η διάθεση για διερεύνηση του εν λόγω ζητήματος, οφείλεται μεταξύ άλλων, και στο γεγονός της βιωματικής σχέσης και επαφής με τους τελευταίους εκπροσώπους του συγκεκριμένου ρεύματος, πρόσφυγες πρώτης και δεύτερης γενιάς στη Λέσβο, αλλά και ντόπιους μουσικούς και ψάλτες με σαφή ωστόσο υφολογική και ιστορική αναφορά προς τη «Σχολή της Σμύρνης». Η εμπειρία αυτή από νωρίς κατέστη η αφορμή στο να εγερθεί ένα κρίσιμο ερώτημα, αναφορικά με το μέγεθος της διάδοσης και της αποδοχής του εν λόγω ιδιώματος, ώστε κατ' επέκταση να διασαφηνισθεί το ποσοστό στο οποίο απετέλεσε ένα απλό τοπικό φαινόμενο, περιορισμένο χωροχρονικά στο ευρύτερο γεωγραφικό διαμέρισμα της Σμύρνης και μόλις μέχρι τα γεγονότα του 1922, ή αν αντίθετα υπήρξε η πλέον ενδεικτική περίπτωση μιας γενικευμένης διαδικασίας με σαφές ιδεολογικό και στιλιστικό υπόβαθρο, που έλαβε χώρα σε όλη τη διάρκεια του 19ου αιώνα, επηρεάζοντας σημαντικά και τη σύγχρονη μουσική πραγματικότητα μετά την ανταλλαγή των πληθυσμών. Επίσης, σε παράλληλο άξονα με την παραπάνω προβληματική κατέστη αναγκαία η παρατήρηση-ερμηνεία του τρόπου με τον οποίο η «Σχολή της Σμύρνης» εντάχθηκε στην ευρύτερη μουσική παραγωγή του Οθωμανικού κόσμου κατά τον 19ο αιώνα, παρακολουθώντας κατά συνέπεια την ιδιότυπη ιδεολογική διαδικασία που έλαβε χώρα κατά την συγκεκριμένη περίοδο, στο επίπεδο της πρωτογενούς έκφρασης και δημιουργίας.

Τέλος, θα πρέπει να σημειωθεί, πως κατά την καθεαυτή ερευνητική περίοδο, το γεγονός της έλλειψης πρωτογενών πηγών από τη Σμύρνη, καθώς και εκείνου της απουσίας συστηματικής καταγραφής προσφύγων ψαλτών σμυρναϊκής καταγωγής, ενίσχυσαν τις αντικειμενικές δυσκολίες του ζητήματος, επιβάλλοντας παράλληλα την επέκταση του ερευνητικού σχεδιασμού σε ένα πεδίο ευρύτερο από εκείνο της Εκκλησιαστικής μουσικής, σαφέστατα ιστορικοκεντρικό αλλά με ποικίλες ανθρωπολογικές και κοινωνικο-ιδεολογικές προεκτάσεις.

Στο σημείο αυτό ευχαριστίες θα πρέπει να αποδοθούν στον κ. Δημήτριο Γιαννέλο, Αναπλ. Καθηγητή του Τμήματος Μουσικών Σπουδών του Ιονίου Πανεπιστημίου, τόσο για την εμπιστοσύνη κατά την ερευνητική περίοδο, όσο και για τις χρήσιμες επισημάνσεις του κατά την αντίστοιχη συγγραφική. Επίσης, σημαντική θα πρέπει να θεωρηθεί η συμβολή του Βαγγέλη Κεχριώτη, λέκτορα στο Πανεπιστήμιο του Βοσπόρου, ειδικά κατά τον μεθοδολογικό σχεδιασμό του ιστορικού μέρους της εργασίας. Τέλος, ειδική μνεία θα πρέπει να γίνει στο πρόσωπο του κ. Μανόλη Χατζηγιακουμή για την πάντοτε διακριτική και εύστοχη καθοδήγησή του, αλλά κυρίως για την έμπνευση του όλου οράματος.

Κλείνοντας, θα πρέπει να γίνει σαφές, πως η παρούσα εργασία δεν θα ήταν δυνατό να εκπονηθεί χωρίς την ανεκτίμητη συνεισφορά όλων εκείνων, προσφύγων μουσικών, συλλεκτών και πληροφορητών, οι οποίοι καταγράφηκαν κατά την ερευνητική περίοδο, εμπιστευόμενοι παράλληλα με πλήρη ανιδιοτέλεια τα πολύτιμα αρχεία και τις σπάνιες συλλογές τους, με την πίστη και την προσδοκία το βιβλίο αυτό να αποτελέσει ένα επιστημονικά έγκυρο εγχείρημα που να αναδεικνύει και να προβάλλει το σμυρναϊκό μουσικό πολιτισμό του 19ου αιώνα.

Çankaya-Σμύρνη, Νοέμβριος 2008

Εισαγωγή

Περιεχόμενο- Προβληματική -Έρευνα-Μεθοδολογία

Το θεματικό περιεχόμενο του παρόντος βιβλίου, όπως σημαίνεται ήδη από τον τίτλο του, αφορά σε μια ομάδα δράσεων και επιμέρους διαδικασιών που ορίζονται με τον περιληπτικό όρο «Εκκλησιαστική μουσική», και χωροχρονικά επικεντρώνονται στη Σμύρνη του ευρύτερου 19ου αιώνα. Ο συγκεκριμένος όρος χρησιμοποιήθηκε σκόπιμα, καθώς θεωρήθηκε ως πλέον κατάλληλος στο να περιλάβει εννοιολογικά ποικίλες μορφές έκφρασης και δημιουργίας, όπως για παράδειγμα εκείνων της συνθετικής παραγωγής, της διδακτικής-οργανωτικής ενασχόλησης, της ψαλτικής πρακτικής, της εκδοτικής δράσης κ. α, ενώ ο χρονικός προσδιορισμός του «ευρύτερου 19ου αιώνα», οριοθετεί το ιστορικό πλαίσιο στο οποίο εντοπίζονται τα παραπάνω φαινόμενα. Ο χαρακτηρισμός «ευρύτερος» δεν αποτελεί πλεονασμό, αλλά αντίθετα καλείται να υπηρετήσει την επιστημονική ανάγκη για εξέταση του ζητήματος βάσει του ισχύοντος στο γνωστικό αντικείμενο των Οθωμανικών και Μικρασιατικών Ιστορικών Σπουδών μεθοδολογικού σχήματος, που επιβάλλει την ενιαία παρακολούθηση των ιστορικών φαινομένων του 19ου αιώνα σε συνδυασμό με τα αντίστοιχα των αρχών του 20ού, και πιο συγκεκριμένα έως και το 1922, χρονολογικό ορόσημο τόσο για την Οθωμανική Αυτοκρατορία, όσο και για τον εν γένει μικρασιατικό ελληνισμό.

Η πρώτη φάση της έρευνας (Μάρτιος-Σεπτέμβριο 2004) κινήθηκε σε καθαρά ανθρωπολογικά πλαίσια, καθώς τόσο η έλλειψη εξειδικευμένης βιβλιογραφίας όσο και τα διάφορα, όπως θα αναδειχθούν στη συνέχεια, «σκοτεινά» σημεία που φέρει η συγκεκριμένη προβληματική του θέματος, ενέτειναν την ανάγκη άμεσης καταγραφής των τελευταίων εκπροσώπων της επονομαζόμενης «Σχολής της Σμύρνης». Το μεθοδολογικό πρότυπο που ακολουθήθηκε ήταν εκείνο της επιτόπιας έρευνας με παράλληλη συμμετοχική παρατήρηση, ενώ η σκοπιμότητα την οποία κλήθηκε να υπηρετήσει σχετίζεται με την πραγματικότητα της έως και σήμερα ζωντανής, έστω και αναπόφευκτα μετεξελιγμένης, ύπαρξης του εν λόγω μουσικού ιδιώματος, καθώς και με την επιστημονική πεποίθηση που επιβάλλει την εξέταση ζητημάτων του παρελθόντος στα πλαίσια μιας ιστορικής κίνησης που να αφορμάται από την σημερινή εποχή και να αναφέρεται στην υπό διαπραγμάτευση χρονική περίοδο. Με άλλα λόγια, ο μόνος τρόπος βάσει του οποίου, τουλάχιστον κατά προσέγγιση, θα μπορούσαν να αναδειχθούν γεγονότα και δράσεις που σχετίζονται με ένα δυναμικό ρεύμα του παρελθόντος, είναι εκείνος της εξέτασης και κριτικής αξιολόγησης των στοιχείων εκείνων που επιβιώνουν έως και την σημερινή εποχή, καθώς είναι δυνατό να λειτουργήσουν υπομνηματικά στην προσπάθεια ερμηνείας του καθ' εαυτού ιστορικού υλικού.

Στα πλαίσια της συγκεκριμένης έρευνας πραγματοποιήθηκε ένας σημαντικός αριθμός καταγραφών και συνεντεύξεων σε πολλές περιοχές του ελλαδικού χώρου (Λέσβος, Χίος, Άγιο Όρος, Βόλος, Πάτρα, Θεσσαλονίκη, Καβάλα) και του εξωτερικού (Κωνσταντινούπολη, Σμύρνη, Αμμόχωστος), με σκοπό την δια ζώσης προσέγγιση σημαντικών εκπροσώπων του υπό διαπραγμάτευση μουσικού ιδιώματος. Τα κριτήρια επιλογής εκείνων οι οποίοι θα μπορούσαν να συμβάλουν στο συγκεκριμένο τμήμα της έρευνας σχετίζονται με διάφορες συνιστάμενες, όπως π. χ ο τόπος καταγωγής του πληροφορητή, ο χώρος στα πλαίσια του οποίου εντοπίζεται η μουσική του σταδιοδρομία, το περιβάλλον μαθητείας του, η επιμέρους αισθητική τάση της οποίας φέρεται ως εκπρόσωπος, κ. α. Αναφορικά δε με το περιεχόμενο των συνεντεύξεων, προτιμήθηκε ένα πλέον ευέλικτο του συμβατικού ερωτηματολογίου μεθοδολογικό μοντέλο, ώστε να είναι δυνατή η προσαρμογή του στις επιμέρους ανάγκες και ιδιαιτερότητες τις οποίες ενείχε η εκάστοτε περίπτωση. Ωστόσο, θα μπορούσε να ειπωθεί πως διατηρήθηκε ακέραιος ένας βασικός πυρήνας ερωτημάτων, ο οποίος δεν περιοριζόταν απλά και μόνο σε βιογραφικού και ιστορικού τύπου πληροφορίες, αλλά έθιγε και ζητήματα σχετιζόμενα με το ύφος, το ρεπερτόριο, την εκτελεστική αισθητική-τεχνική, κ.α. Επίσης, στα πλαίσια των καταγραφών αυτών πραγματοποιήθηκε και ένας σημαντικός αριθμός ηχογραφήσεων σε έργα τα οποία επιλέχθηκαν,

Η Εκκλησιαστική μουσική της Σμύρνης (1800-1922)

είτε επειδή αποτελούσαν αναπόσπαστα μέλη του ρεπερτορίου των εκτελεστών, είτε γιατί θεωρήθηκε αναγκαία η απόδοσή τους λόγω της ιστορικής βαρύτητας που φέρουν σε σχέση με τη σύνολη μουσική φιλολογία της Σμύρνης του 19ου αιώνα. Η παραπάνω διαδικασία αποτέλεσε και την αφορμή ώστε να συλλεχθεί ένα πραγματικά σπουδαίο, όχι μόνο χάρη στον όγκο του, αλλά κυρίως λόγω της επιστημονικής του αξίας και πρωτοτυπίας, άγνωστο έως σήμερα στην έρευνα αρχειακό υλικό, αποτελούμενο από χειρόγραφες μουσικές συλλογές συνταγμένες από σμυρναϊκής καταγωγής μουσικούς και συνθέτες, καθώς και σπάνιες ιστορικές ηχογραφήσεις ψαλτών της εν λόγω «Σχολής», αναμφίβολα αποκαλυπτικές και χρήσιμες για την σύγχρονη μουσικολογική επιστήμη και έρευνα. Αν και το υλικό αυτό δεν θα παρουσιασθεί αυτόνομα στα πλαίσια της παρούσας εργασίας, καθώς θεωρήθηκε σκόπιμο να τηρηθεί απόλυτα το ιστορικό σχήμα του «ευρύτερου 19ου αιώνα», και να μην γίνει αναφορά στην παρουσία του «Σμυρναίικου ύφους» στον ελλαδικό χώρο μετά την ανταλλαγή των πληθυσμών, η όλη εμπειρία όπως και τα συμπεράσματα τα οποία εξήχθησαν απ' αυτήν, θα μπορούσαν να χαρακτηρισθούν όχι απλώς χρήσιμα, αλλά εξαιρετικά αναγκαία στην προσπάθεια ερμηνείας κρίσιμων ζητημάτων που εντοπίζονται στην μουσική παραγωγή και δραστηριότητα της Σμύρνης του 19ου αιώνα.

Το δεύτερο μέρος της έρευνας (Απρίλιος-Σεπτέμβριος 2007) επικεντρώθηκε κατά κύριο λόγο στη μελέτη του Ημερήσιου και Περιοδικού Τύπου της εποχής, με σκοπό την δόμηση μιας πλέον σφαιρικής και αντικειμενικής εικόνας αναφορικά με το ιστορικό σχήμα του θέματος. Η κίνηση αυτή κρίθηκε αναγκαία, ειδικά αν αναλογιστεί κανείς, τόσο την έλλειψη πρωτογενών πηγών (αρχεία δημόσιων-εκκλησιαστικών οργανισμών, πρακτικά πολιτιστικών-εκπαιδευτικών φορέων με έδρα τη Σμύρνη, κ. α), όσο και την μάλλον αποσπασματική έως και σήμερα, ανάδειξη φαινομένων που αφορούν σε ζητήματα κοινωνικού βίου, πολιτιστικής έκφρασης και πρωτογενούς δημιουργίας με επίκεντρο τη Σμύρνη του 19ου αιώνα. Πιο συγκεκριμένα, παρά την αξιοσημείωτη κατά την τελευταία δεκαετία, ενασχόληση διαφόρων τομέων της επιστημονικής κοινότητας (ιστορικού, κοινωνιολογικού, λαογραφικού, κ. τ. λ) σχετικά με τη Σμύρνη, είναι εμφανής η γενικότερη επικέντρωση και αναφορά του ερευνητικού σχεδιασμού στα γεγονότα του 1922 και σε ό,τι οδήγησε σε αυτά, με αποτέλεσμα την μη επαρκή δόμηση μιας ιστορικής εικόνας που να εστιάζεται στον ευρύτερο γεωγραφικό χώρο της περιοχής κατά τη διάρκεια του 19ου αιώνα. Αυτός λοιπόν ήταν και ο σημαντικότερος λόγος που οδήγησε στην εξέταση του ζητήματος, μεταξύ άλλων και μέσω του Τύπου της περιόδου αυτής, στα πλαίσια άλλωστε του οποίου καταγράφεται με τον πλέον έκδηλο και άμεσο τρόπο η ζώσα ιστορική πραγματικότητα της εποχής, και μάλιστα σε απόλυτο συγχρονισμό με τα διαδραματιζόμενα γεγονότα. Πιο συγκεκριμένα, μελετήθηκαν εφημερίδες και περιοδικά της Σμύρνης (Αμάλθεια, Αρμονία, Πρόοδος, Νέα Σμύρνη, Μέντωρ, Όμηρος, Ιερός Πολύκαρπος), της Κωνσταντινούπολης (Νεολόγος, Εποχή, Κωνσταντινούπολις, Εκκλησιαστική Αλήθεια) αλλά και της Αθήνας (Σωτήρ, Εφημερίς, Φόρμιγξ), κ. α, μετά από έρευνα η οποία πραγματοποιήθηκε κυρίως σε χώρους ιδρυματικούς, όπως βιβλιοθήκες, αρχεία, συλλόγους και ερευνητικά κέντρα με αναφορά στις Μικρασιατικές σπουδές και στον πολιτισμό. Η προσέγγιση και μελέτη του εν λόγω υλικού αποδείχθηκε εξαιρετικά επίπονη, δεδομένης τόσο της έλλειψης καταλογογράφησης ή πολύ περισσότερο ψηφιοποίησής του, όσο και των κακών σε πολλές, δυστυχώς, περιπτώσεων συνθηκών φύλαξης και συντήρησής του.

Πραγματικά σημαντικό μέρος της έρευνας καλύπτει η μελέτη των τουρκικών πηγών, και ειδικά εκείνων που σχετίζονται με τη μουσική φιλολογία που θα αναπτυχθεί κατά τον 19ο αιώνα στον αστικό χώρο της Οθωμανικής επικράτειας. Η προσέγγιση των πηγών αυτών δεν εξαντλήθηκε σε μια απλή, μουσικολογικού τύπου διαχείριση, αλλά επεκτάθηκε και στο επίπεδο της πρακτικής απόδοσης-εφαρμογής τους, καθώς μόνω μέσω μιας βιωματικού χαρακτήρα σχέσης με το εν λόγω υλικό μπορεί, υπό προϋποθέσεις, να συγκροτηθεί μια επιστημονικά έγκυρη τοποθέτηση επί του ζητήματος. Ο λόγος που ενίσχυσε την πραγματικότητα αυτή, συνδέεται με την μεθοδολογική ιδιαιτερότητα της παρούσας εργασίας, ειδικά δε σε σχέση με τον τρόπο που καθίσταται αντιληπτή η Εκκλησιαστική μουσική, ως γνωστικό αντικείμενο και πεδίο έρευνας. Πιο συγκεκριμένα, η Εκκλησιαστική μουσική παύει να προσεγγίζεται αυτόνομα και αποκομμένη από το ευρύτερο ιστορικό σχήμα, αλλά αντίθετα εκλαμβάνεται ως μέρος μιας γενικευμένης διαδικασίας που επιτελείται στα πλαίσια ενός συγκεκριμένου χωροχρονικού συνόλου. Κατ' αυτόν τον τρόπο το φαινόμενο της Σμύρνης δεν μελετάται ως απόλυτος αυτοσκοπός, αλλά ως ενδεικτικό παράδειγμα το οποίο θα μπορούσε να διαφωτίσει άγνωστες έως σήμερα πτυχές, που ορίζουν ιδεολογικά και στιλιστικά τον χαρακτήρα του μουσικού πολιτισμού που θα αναπτυχθεί στους κόλπους του Οθωμανικού κόσμου κατά τη διάρκεια του 19ου αιώνα.

Η παραπάνω μεθοδολογική σταθερά καθόρισε και σε μεγάλο βαθμό την συστηματική διάρθρωση της παρούσας εργασίας, αφού στο Α' Μέρος της επιχειρείται μια ιστορικο-κοινωνικού χαρακτήρα περιγραφή της μουσικής δραστηριότητας και παραγωγής στον ευρύτερο γεωγραφικό χώρο της Σμύρνης, με σκοπό την κατάδειξη του τρόπου με τον οποίο εντάσσεται εικαστικά αλλά και ιδεολογικά η Εκκλησιαστική μουσική στην εν γένει καλλιτεχνική-πνευματική κινητικότητα που παρατηρείται στην περιοχή κατά την διάρκεια του 19ου αιώνα. Κατ' επέκταση, εκείνο που αποτελεί ζητούμενο είναι το να διασαφηνισθεί ο τρόπος με τον οποίο η Εκκλησιαστική μουσική εξέρχεται από τις επιμέρους ιστορικές οσμώσεις, και ειδικά σε σχέση με το αν η ίδια συμμετέχει στην εξελικτική πορεία που ακολουθεί ο αστικός μουσικός πολιτισμός κατά την περίοδο αυτή, ή αντίθετα διαγράφει μια ανεξάρτητη από τις ευρύτερες συγκυρίες ιστορική τροχιά. Η σημαντικότητα αυτού του προβληματισμού θα γίνει επιπλέον αντιληπτή κατά την συστηματική παρουσίαση του σμυρναίικου ρεπερτορίου, καθώς ο συμβατικός, άμοιρος των παραπάνω προϋποθέσεων, μουσικολογικός υπομνηματισμός μπορεί μεν να περιγράψει φαινόμενα που εντοπίζονται εντός των πλαισίων του φιλολογικού υλικού, αλλά κρίνεται μάλλον ανεπαρκής στην προσπάθεια ερμηνείας του λόγου υπάρξεώς των.

Στο Β' Μέρος επιχειρείται μια σκιαγράφηση του χώρου εντός του οποίου αναπτύσσεται το ιδιότυπο υφολογικά μοντέλο της «Σχολής της Σμύρνης», ενώ παράλληλα αναδεικνύεται το έργο και η δράση των κυρίων εκπροσώπων της, από τις αρχές του 19ου αιώνα έως και τα γεγονότα του 1922. Εκείνο που από το σημείο αυτό θα πρέπει να διευκρινισθεί είναι το γεγονός, πως η εξέταση του ζητήματος δεν εξαντλείται απλά και μόνο στην παρουσίαση ορισμένων, χρήσιμων αναμφίβολα, βιογραφικών πληροφοριών, αλλά συνοδεύεται και από μια υπομνηματική πρακτική που επιδιώκει την ιστορική και ιδεολογική ερμηνεία των υπό διαπραγμάτευση γεγονότων. Στο Γ' Μέρος του βιβλίου παρουσιάζεται συστηματικά η θεωρητική σκέψη του Μισαήλ Μισαηλίδη, όπως αυτή αναδεικνύεται μέσω της μακρόχρονης αρθρογραφικής του δραστηριότητας στον Περιοδικό και Ημερήσιο Τύπο της εποχής, καθώς και διαμέσου του «Νέου Θεωρητικού» του, στα πλαίσια άλλωστε του οποίου, θα αναπτύξει με τον πλέον αναλυτικό τρόπο τον θεωρητικό του στοχασμό, τοποθετούμενος παράλληλα σε κρίσιμα για την εποχή μουσικολογικά ζητήματα. Και στην περίπτωση αυτή, η διαχείριση του υλικού δεν δεσμεύεται μονοδιάστατα σε έναν σχολαστικό υπομνηματισμό, αλλά αντίθετα επικεντρώνεται σε μια διαδικασία κριτικής αποδόμησης του βαθύτερου περιεχομένου του, ώστε να καταστεί δυνατός ο εντοπισμός και η περαιτέρω ανάδειξη των ποικίλων, έως και την εποχή μας επίκαιρων, ιστορικο-μουσικολογικών του προεκτάσεων. Στο Δ' και τελευταίο μέρος της εργασίας αναλύεται μορφολογικά ένας σημαντικός αριθμός επίλεκτων συνθέσεων από το μελοποιητικό έργο των εκπροσώπων της Σμύρνης, συνδυασμένος ωστόσο με μια παράλληλη παρακολού-

Νίκος Ανδρίκος

θηση ιστορικών τάσεων και συμπεριφορών, οι οποίες και καθορίζουν τον χαρακτήρα της πρωτογενούς συνθετικής έκφρασης και δημιουργίας στο πεδίο της Εκκλησιαστικής μουσικής κατά τον 19ο αιώνα. Έτσι, απώτερος στόχος της όλης πρακτικής είναι να καθορισθεί με σαφήνεια το συνθετικό μοντέλο που κυριαρχεί στους Σμυρνιούς συνθέτες, καθώς αυτό ορίζεται από μια ομάδα τεχνικών και αισθητικών χαρακτηριστικών διάχυτων στην περιρρέουσα μουσική ατμόσφαιρα της εποχής.

Κλείνοντας θα έλεγε κανείς, πως το κυρίαρχο μέλημα του παρόντος βιβλίου δεν είναι μόνον η απλή συστηματική καταγραφή ενός συγκεκριμένου ιστορικού φαινομένου και των αντίστοιχων ιδεολογικών και αισθητικών παραμέτρων που το συνοδεύουν, αλλά και η παράλληλη δόμηση ενός σύγχρονου προβληματισμού με βασικά χαρακτηριστικά το στοχασμό και την ερμηνευτική διάθεση, που αν και θα λαμβάνει την αφορμή της ύπαρξής του από ένα ιστορικό μέγεθος του παρελθόντος, θα μπορεί να καταστεί χρήσιμος ως πηγή εξαγωγής νέων ιδεών και θέσεων, που να τροφοδοτούν δημιουργικά τη σύγχρονη μουσικολογική επιστήμη και έρευνα.

Α΄ ΜΕΡΟΣ

Ο μουσικός πολιτισμός στα πλαίσια της Σμύρνης του 19ου αιώνα και η θέση της Εκκλησιαστικής μουσικής

Κεφάλαιο α΄

Η Σμύρνη ως κέντρο έκφρασης και πολιτισμού στον 19ο αιώνα

Η Σμύρνη επωφελούμενη τόσο από τα πλεονεκτήματα που απορρέουν από τη γεωπολιτική της θέση, όσο και από τις ιδιαίτερες ιστορικο-κοινωνικές συνθήκες που θα επικρατήσουν κατά τη διάρκεια του 19ου αιώνα στον χώρο της Οθωμανικής Αυτοκρατορίας αλλά και εκτός αυτής, θα καταστεί όχι απλώς ένα από τα σημαντικότερα κέντρα ανάπτυξης και προόδου της εποχής εκείνης, αλλά ταυτόχρονα και ένα αναπόσπαστο πολιτισμικό μέγεθος με ξεχωριστή συμβολική αξία και για τον μετέπειτα σύγχρονο Ελληνισμό. Αποτελώντας το δεύτερο σε αξία και συγκέντρωση δραστηριοτήτων αστικό κέντρο της Οθωμανικής επικράτειας και λόγω της ενδιαφέρουσας ιδιοσύστατης δομής της σε επίπεδο πληθυσμιακό-εθνοφυλετικό, θα κατορθώσει γρήγορα να αποτελέσει έναν μοναδικής σημασίας πόλο, που θα συγκεντρώσει γύρω του, αλλά και θα δημιουργήσει και ο ίδιος με τη σειρά του έναν πολυδιάστατο-πολυσυλλεκτικού περιεχομένου πολιτισμό.

Η γενικότερη ανάπτυξη της παγκόσμιας οικονομίας, καθώς και η κατάρρευση του γαλλικού μονοπωλίου στην ευρύτερη περιοχή της ανατολικής Μεσογείου ως φυσικό παρεπόμενο της Γαλλικής Επανάστασης και των Ναπολεόντειων πολέμων[1], θα δώσουν όλες τις προϋποθέσεις στην είσοδο

---

[1] Frangakis-Syrett Elena, «Implementation of the 1838 Anglo-Turkish convention on Izmir' s trade: European and Minority merchants», στο : New Perspectives on Turkey 7, 1992, σ. 91-112, επίσης της ιδίας, *The Commerce of Smyrna in the Eighteen Century (1700-1820)*, Αθήνα 1992.

και έπειτα στην κυριαρχία του βρετανικού κεφαλαίου στην περιοχή[2] συντελώντας καθοριστικά, ώστε η Σμύρνη να αποτελέσει το βασικότερο πυρήνα διαμετακομιστικού εμπορίου μεταξύ Δύσης και Ανατολής της περιοχής του Αιγαίου και των δυτικών Μικρασιατικών παραλίων, συγκεντρώνοντας σχεδόν κατ' αποκλειστικότητα το εμπόριο της περιοχής. Παράλληλα, τα ευρωπαϊκά κράτη εκμεταλλευόμενα τις διομολογήσεις τις οποίες παρείχε σε αυτά η Οθωμανική διοίκηση, αλλά κυρίως μέσω των συμφωνιών ελευθέρου εμπορίου που είχαν υπογραφεί κατά το διάστημα 1838-1841 μεταξύ αυτών και της Αυτοκρατορίας[3], θα συμβάλλουν καθοριστικά και με τη μορφή επενδύσεων πλέον, στην ενσωμάτωση της οθωμανικής οικονομίας στο καπιταλιστικό σύστημα[4]. Η ανάγκη της Σμύρνης για πλήρη προσαρμογή της στις διεθνείς αγορές και στη νέα τάξη πραγμάτων που ισχύει πλέον, θα αποτελέσει το κίνητρο για μια ταχύτατη ανάπτυξη μέσω έργων υποδομής, την κατασκευή και επιμέλεια των οποίων θα αναλάβουν εταιρίες και φορείς ξένων συμφερόντων[5]. Έτσι, η κατασκευή του λιμανιού και της νέας προκυμαίας, του περίφημου «Quai», ειδικότερα μετά τη διαπλάτυνση, που πραγματοποιείται στη δεκαετία του 1890, θα συνεισφέρει καίρια στον εκτεταμένο εκδυτικισμό-εξαστισμό της περιοχής[6], καθώς θα συγκεντρώσει γύρω της ένα μεγάλο μέρος των Ευρωπαίων -μη μουσουλμάνων κατοίκων της πόλης-, αλλά και ένα σημαντικό αριθμό πληθυσμών προερχόμενων από το εξωτερικό οι οποίοι εγκαθίστανται στη γύρω περιοχή για λόγους επαγγελματικούς, κομίζοντας ταυτόχρονα ό,τι αυτό συνεπάγεται σε επίπεδο κοινωνικού βίου και πολιτισμού[7].

---

2 Zürcher Erik, Turkey. *A Modern History*, 1993, σ. 94-97, (Σύγχρονη Ιστορία της Τουρκίας -μετάφραση Βαγγέλης Κεχριώτης, Αθήνα 2004).
3 Η σημαντικότερη από αυτές ήταν εκείνη του Balta Limanı η οποία υπογράφηκε μεταξύ Αγγλίας και Οθωμανικής Αυτοκρατορίας το 1838.
4 Zürcher, ό.π., σ. 94-95, 113 κ. ε.
5 Αναγνωστοπούλου Σία, *Μικρά Ασία 19ος αι. - 1919 Οι Ελληνορθόδοξες Κοινότητες -Από το Μιλλέτ των Ρωμιών στο Ελληνικό Έθνος*, Αθήνα 1998, σ. 78. Σημαντικότερα από αυτά θα πρέπει να θεωρηθούν η κατασκευή της σιδηροδρομικής γραμμής Σμύρνης-Αϊδινίου (1856) με αγγλικά κεφάλαια, και Σμύρνης-Κασαμπά (1864) με γαλλικά. Επίσης το 1885 θα αποπερατωθεί η σύνδεση Βαγδάτης-Σμύρνης από κατασκευαστική εταιρία γερμανικών συμφερόντων συνδέοντας κατ' αυτόν τον τρόπο τη Σμύρνη με την Οθωμανική ενδοχώρα και τη Μέση Ανατολή. Κατά την ίδια περίοδο θα πραγματοποιηθούν έργα εξοπλισμού και εξωραϊσμού της πόλης όπως τραμ, δίκτυο ύδρευσης, ηλεκτροδότησης, εγκατάστασης τηλεφωνικού δικτύου, φωταερίου κ. α. Για το ίδιο θέμα επίσης, Issawi, C., *The Economic History of Turkey*, Σικάγο 1982.
6 Στην περιοχή της προκυμαίας συγκεντρώνονται ξενοδοχεία, εστιατόρια, γραφεία ασφαλιστικών και ναυτιλιακών εταιριών, τράπεζες, λέσχες, θέατρα, κινηματογράφοι, κοσμικά κέντρα, ζυθοπωλεία, εστιατόρια, ζαχαροπλαστεία και σχολές χορού. Βλ. Θεμοπούλου Αιμιλία, «Ο εξαστισμός μιας μικρασιατικής πόλης», στο: ΣΜΥΡΝΗ, Η Μητρόπολη του Μικρασιατικού Ελληνισμού, Έκδοση του κέντρου Μικρασιατικών Σπουδών, Αθήνα 2002, σ. 79-111.
7 Το φαινόμενο θα λάβει ευρύτερες διαστάσεις χάρη στο νόμο του Sefer 1284-Ιούνιος 1867, μέσω του οποίου η Οθωμανική Αυτοκρατορία αναγνωρίζει την ιδιωτική ιδιοκτησία για όλους, συμπεριλαμβανομένων και των ξένων. Βλ. Georgelin Herve. ΣΜΥΡΝΗ. *Από τον κοσμοπολιτισμό έως τους*

Η ραγδαία αυτή ανάπτυξη του αστικού χώρου της Σμύρνης είναι άρρηκτα συνδεδεμένη με την έλευση πληθυσμών από τα νησιά του Αιγαίου και την Ηπειρωτική Ελλάδα, οι οποίοι είχαν ήδη αρχίσει να συγκεντρώνονται στα παράλια της Μικράς Ασίας από τον 17ο αιώνα, αναδιαμορφώνοντας κατά συνέπεια τη σύσταση του ανθρωπολογικού περιβάλλοντος της περιοχής. Ο ρυθμός αυτών των πληθυσμιακών μετακινήσεων θα αυξηθεί αισθητά κατά τη διάρκεια του 19ου αιώνα και το φαινόμενο θα πάρει μεγάλες διαστάσεις ειδικά κατά την περίοδο της διακήρυξης των μεταρρυθμίσεων (Tanzimat)[8]. Πιο συγκεκριμένα, τα Αυτοκρατορικά Διατάγματα του Hatt-ı Şerif του Gülhane το 1839 και του Hatt-ı Hümayun το 1856, προσφέροντας στις χριστιανικές κοινότητες της Αυτοκρατορίας ίσα πολιτικά δικαιώματα με εκείνα που απολάμβαναν οι μουσουλμάνοι υπήκοοί της, θα δημιουργήσουν ένα καθοριστικής σημασίας κίνητρο το οποίο θα ευνοήσει την παρουσία και την εν γένει δραστηριοποίηση χριστιανικών και κυρίως ελληνόφωνων πληθυσμών στην ευρύτερη περιοχή[9]. Ελλαδίτες επιχειρηματίες και έμποροι σε συνδυασμό με το ξένο κεφάλαιο και την ήδη αυξημένη δραστηριότητα κυρίως των μη μουσουλμανικών κοινοτήτων της περιοχής σε επίπεδο συναλλαγών και εμπορίου[10], θα συνεισφέρουν σημαντικά στο να καταστεί η Σμύρνη όχι απλώς το πλέον αναπτυσσόμενο οικονομικά αστικό κέντρο της ευρύτερης περιοχής αλλά και στο να αποτελέσει το σύμβολο των μεταρρυθμίσεων, της προόδου και του εκδυτικισμού της Αυτοκρατορίας[11].

εθνικισμούς, Αθήνα 2007, σ. 53.
8 Αναγνωστοπούλου, ό.π., σ. 110 κ. ε.
9 Οι εξελίξεις αυτές θέτουν επί της ουσίας το ζήτημα αναφορικά με το ποσοστό συμμετοχής του χριστιανικού στοιχείου στη δημογραφική ανάπτυξη της περιοχής. Αν και τα πορίσματα των σχετιζόμενων με την εθνολογική κατανομή των πληθυσμών της Σμύρνης πηγών διαφέρουν αισθητά μεταξύ τους, η αναλογική υπεροχή των Ελληνορθόδοξων κατοίκων είναι σαφής, τουλάχιστον όσον αφορά στην πόλη της Σμύρνης. Ωστόσο, δεν θα πρέπει να εξαχθεί το υπεραπλουστευμένο συμπέρασμα, σύμφωνα με το οποίο, η περιοχή φαίνεται να κατοικείται κατ' αποκλειστικότητα από Έλληνες, μιας και τα ποσοστά των Ελληνορθόδοξων πληθυσμών που επικρατούν στο εσωτερικό της πόλης δε συναντώνται και στην περιφέρεια (Βιλαέτι Αϊδινίου). Αναγνωστοπούλου, ό.π., σ. 137 κ.ε, καθώς και στους συγκριτικούς πίνακες που παρατίθενται στο επίμετρο της μελέτης, όπου και χρήσιμες αναφορές στη χωροθέτηση των Ελληνορθόδοξων πληθυσμών της περιοχής. Επίσης, Georgelin, ό.π., σ. 51. Για το ίδιο ζήτημα, Beyru Rauf, 19. Yüzyılda İzmir' de Yaşam, Κωνσταντινούπολη 2000, και ειδικά στο κεφάλαιο 19. Yüzyılda İzmir' in Nüfus Yapısı ve Toplumlar, σ. 49-97, όπου και παρουσιάζονται πίνακες σύμφωνα με την αναλογική συγκέντρωση πληθυσμών ανά κοινότητα στη Σμύρνη, κυρίως μέσα από πηγές περιηγητών.
10 Στα πλαίσια αυτής της ατμόσφαιρας της ελεύθερης οικονομίας και του διεθνούς ανταγωνισμού δεν θα απουσιάσουν και οι αντιδράσεις από τοπικά δίκτυα μη μουσουλμάνων κατοίκων, τα οποία έχοντας παλαιότερους δεσμούς με την όλη περιοχή, δεν θα υποδεχθούν με ικανοποίηση τις μεταρρυθμίσεις και επιπλέον θα αντιπαρατεθούν στο κύμα μεταναστών από την Ελλάδα το οποίο θα δραστηριοποιηθεί εμπορικά στην πόλη της Σμύρνης. Βλ. Kechriotis Vangelis, «Educating the Nation: Migration and Acculturation on the two Shores of the Aegean at the Turn of the Twentieth Century» (αδημοσίευτο).
11 Σχετικά με τη συμβολή αλλά και την πορεία που θα διαγράψει η ελληνική κοινότητα της Σμύρνης ως Rum Milleti πλέον, κατά την περίοδο του Tanzimat, βλ. Anagnostopoulou Sia, «The Process

Επίσης, οι γενικευμένες Ελληνοτουρκικές συρράξεις μετά τον Κριμαϊκό Πόλεμο του 1855, τα γεγονότα της Κρήτης μεταξύ 1866-1869, καθώς και ο Ρωσοτουρκικός πόλεμος του 1877-1878, θα έχουν ως συνέπεια τη μαζική μετακίνηση μουσουλμάνων από τη Βαλκανική και τον Καύκασο προς τα δυτικά Μικρασιατικά παράλια, που σε συνδυασμό με την έλευση στην περιοχή τουρκόφωνων ορθοδόξων από την Καππαδοκία (Καραμανλήδων), θα συμπληρώσουν το εθνολογικό μωσαϊκό της Σμύρνης του 19ου αιώνα. Ειδικά η παρουσία των τελευταίων, η οποία θα κομίσει εκ των πραγμάτων, τόσο μια ξεχωριστή αύρα από την παράδοση της Ανατολίας, όσο και μια διαφορετική προσέγγιση της σχετιζόμενης με την ύπαρξη των ορθόδοξων πληθυσμών της Αυτοκρατορίας κοσμοθεωρία[12], θα αποβεί καθοριστική στα πλαίσια της προσπάθειας που επιχειρεί η ρωμαίικη κοινότητα της Σμύρνης, σε πρώτη φάση να αυτοπροσδιορισθεί στα πλαίσια του Οθωμανικού κόσμου και στη συνέχεια να συγκροτήσει ένα ισχυρό και ανταγωνιστικό προφίλ ικανό να σταθεί επάξια στις προκλήσεις της σύγχρονης οικονομίας και αγοράς.

Η πόλη της Σμύρνης του 19ου αιώνα, κατά κανόνα τουλάχιστον, είναι κατανεμημένη χωροταξικά με καθαρά εθνοθρησκευτικά κριτήρια[13]. Είναι χαρακτηριστικό, ότι όλοι οι χάρτες που συντάχθηκαν στον 19ο αιώνα, χωρίζουν την πόλη σε ομοιογενείς συνοικίες[14], γεγονός που μαρτυρά την αυθύπαρκτη υπόσταση και δραστηριότητα των διάφορων κοινοτήτων, χωρίς ωστόσο κάτι τέτοιο να παραπέμπει σε πρότυπα εσωστρεφών και περιχαρακωμένων μικρόκοσμων. Η μουσουλμανική κοινότητα συγκεντρώνεται κυρίως στο βόρειο τμήμα της πόλης, γύρω από το όρος Πάγος (Kadifekale) και συνορεύει με την αντίστοιχη εβραϊκή, ενώ οι αρμενικής καταγωγής πληθυσμοί βρίσκονται στην περιοχή του Basmâne κοντά στο σιδηροδρομικό σταθμό της γραμμής Σμύρνης-Κασαμπά, χωρίς ωστόσο να

---

of Defining Izmir's "Historical National Mission" in the 19th c. -1919», The Passage from the Ottoman Empire to the nation-states, a long and difficult process: The Greek case, Analecta Ilisiana, LXXIII, I, The Isis Press, Κωνσταντινούπολη 2004, σ. 76-101.

12 Οι τουρκόφωνοι Ορθόδοξοι πληθυσμοί της Καππαδοκίας, λόγω του φαινομένου του πολιτισμικού και θρησκευτικού συγκρητισμού που εμφανιζόταν στην Ανατολία, με την έλευσή τους στη Σμύρνη θα καταστούν το αντίβαρο στον εκδυτικισμό, προβάλλοντας μια κοινωνικο-πολιτική πρόταση με καθαρά Αυτοκρατοριοκεντρικό χαρακτήρα. Εξαιρετικά ενδιαφέρουσες πληροφορίες σχετικά με τον κρίσιμο ρόλο που θα διαδραματίσουν οι Καππαδοκικής προέλευσης Ρωμιοί στη Σμύρνη, κυρίως προς το τέλος του 19ου αιώνα, παρουσιάζονται στη διδακτορική διατριβή : Kechriotis Vangelis, *The Greeks of Izmir at the end of the empire. (A non-Muslim Ottoman Community between Autonomy and Patriotism)*, Ph. D. dissertation, Leiden University, Άμστερνταμ 2005.

13 Κοντογιάννης Μ. Παντ., *Γεωγραφία της Μικράς Ασίας*, Σύλλογος προς διάδοσιν ωφελίμων βιβλίων, Αθήναι 1921, σ. 295-376, όπου και λεπτομερής περιγραφή της πληθυσμιακής κατανομής στη Σμύρνη, καθώς και ιστορικού -ανθρωπογεωγραφικού περιεχομένου στοιχεία για την υπόλοιπη ύπαιθρο στο Βιλαέτι του Αϊδινίου.

14 Georgelin, ό.π., σ. 52.

αποκλείεται η ύπαρξή τους σε περιοχές διαμονής των Ευρωπαίων[15]. Οι Έλληνες δε, λόγω της ενασχόλησής τους με το εμπόριο, κατά κύριο λόγο ζουν γύρω από το λιμάνι (Kordon), στο εμπορικό κέντρο της πόλης (Alsancak), καθώς και στη φράγκικη συνοικία, στην οποία διαμένουν ήδη από το 16ο αιώνα ευρωπαϊκής προέλευσης κάτοικοι (Γενουάτες, Βενετοί, Άγγλοι, Γάλλοι, Ολλανδοί), συνθέτοντας κατ' αυτόν τον τρόπο το χαρακτηριστικό φραγκολεβαντίνικο περιβάλλον της πόλης[16], το οποίο θα παίξει καθοριστικό ρόλο στην πορεία προς τον εκσυγχρονισμό και την πρόοδο που διαγράφει η Σμύρνη στον 19ο αιώνα.

Η Ελληνική κοινότητα θα αποτελέσει τον κινητήριο μοχλό της ανανέωσης και του εκδυτικισμού της περιοχής, άλλοτε υιοθετώντας με δημιουργικό τρόπο ιδέες και αντιλήψεις προερχόμενες από τη Δύση στον χώρο της τέχνης και της διανόησης, και άλλοτε παρασυρόμενη σε ένα ρηχό μιμητισμό εξωτερικών τύπων στο πεδίο της καθημερινής ζωής και της εν γένει νοοτροπίας. Εκπαιδευτήρια[17], πολιτιστικοί σύλλογοι[18], φιλανθρωπικές οργανώσεις, λέσχες, τυπογραφεία[19], ελληνόφωνες εφημερίδες και περιοδικά[20], παρά τις επιμέρους τάσεις που ανά περιόδους θα εκπροσωπήσουν, κατά κανόνα θα γίνουν το όχημα, της και σε ιδεολογικό πλέον επίπεδο, μετακένωσης παραστάσεων και πρακτικών από τον δυτικό κόσμο με στόχο την πρόοδο και τον εκσυγχρονισμό.

Η Σμύρνη του 19ου αιώνα θα χαρακτηρισθεί από μια γενικευμένη εξωστρέφεια και στο επίπεδο της καθημερινής ζωής-πρακτικής, αγγίζοντας σε πολλές περιπτώσεις τα όρια της αυτονομίας και της πλήρους χειραφέτησης από τα καθιερωμένα σχήματα. Οι Σμυρνιοί ντύνονται κατά τα ευρωπαϊκά ενδυματολογικά πρότυπα, μιλούν γαλλικά, παρευρίσκονται σε χοροεσπερίδες, συχνάζουν σε δεξιώσεις και είναι λάτρεις του θεάτρου και της όπερας[21].

---

15 Θεμοπούλου, ό.π., σ. 109-111, επίσης Beyru, ό.π., ειδικά στο κεφάλαιο Toplumlararasi Sosyal İlişkiler, σ. 101-120.
16 Λεπτομέρειες όσον αφορά στο ανθρωπολογικό περιεχόμενο καθώς και στην εν γένει επαγγελματική-κοινωνική δραστηριότητα των Λεβαντίνων, βλ. Φάλμπος Φ. , *Ο Φραγκομαχαλάς της Σμύρνης*, Αθήνα 1969.
17 Σολωμονίδης Χρήστος Σωκρ., *Η παιδεία στη Σμύρνη*, Αθήνα, 1961. Επίσης για την ιδιάζουσα παρουσία του Ιεραποστολικού Προτεσταντισμού στα εκπαιδευτικά ιδρύματα της Σμύρνης και τη μετάδοση της θρησκευτικής του προπαγάνδας μέσω της εκπαιδευτικής διαδικασίας, βλ. Νάσιουτζικ Παυλίνα, *Αμερικανικά οράματα στη Σμύρνη τον 19ο αιώνα. Η συνάντηση της αγγλοσαξονικής σκέψης με την ελληνική*, Αθήνα 2002.
18 Αναφορικά με τη λειτουργία των συλλόγων της Μικράς Ασίας, βλ. Μαμωνή Κυριακή, *Σύλλογοι των Ελλήνων της Μικράς Ασίας*, Αθήνα 1983.
19 Γιαννακόπουλος Γιώργος, «Ελληνικά βιβλία τυπωμένα στη Σμύρνη (1894-1922)» : Βιβλιογραφική συμβολή, Δελτίο Κέντρου Μικρασιατικών Σπουδών, Τόμος Ζ, 1988-1989, σ. 247-294.
20 Σολωμονίδης Χρήστος Σωκρ, *Η δημοσιογραφία στη Σμύρνη (1821-1922)*, Αθήνα 1959.
21 Beyru, ό.π., σ. 186 κ. ε, καθώς και του ιδίου, «İzmir' in Gezi ve Eğlence Yaşam», στο : Üç İzmir, Yapi Kredi Yayinlari, Κωνσταντινούπολη 1992, σ. 341 κ. ε.

Η νεωτερικότητα, ο εκμοντερνισμός και η εν γένει δυτικού προσανατολισμού αστική συμπεριφορά, τουλάχιστον των μη μουσουλμάνων κατοίκων της πόλης, θα είναι εκείνη που θα ενοποιήσει τα ετερόκλητα πολλές φορές συστατικά που αποτελούν το πολυσχιδές-πολυπολιτισμικό ιστορικό μέγεθος της Σμύρνης.

Η πληθυσμιακή αυτή όσμωση και ο αντίκτυπός της στο επίπεδο του κοινωνικού βίου και του πολιτισμού, θα είναι οι λόγοι που θα λειτουργήσουν καταλυτικά στη μετεξέλιξη της Σμύρνης από μια πολυσυλλεκτική εθνολογικά παραδοσιακή κοινωνία, σε ένα κέντρο που θα ενσαρκώνει πλέον το ζητούμενο της δυνατότητας του εκσυγχρονισμού της Αυτοκρατορίας, βάσει πρακτικών και αντιλήψεων του δυτικού κόσμου. Αυτή η διαδικασία αφ' ενός μεν θα επιβάλλει αναπόφευκτα, νέα ήθη και συμπεριφορές στο επίπεδο του κοινωνικού βίου καθιστώντας έναν πολυδιάστατο κοσμοπολιτισμό ικανό να λειτουργήσει μέσα σε ένα πλέγμα αλληλεπιδράσεων, αφ' ετέρου δε θα μορφοποιήσει εξελικτικά τον χαρακτήρα και τη σύσταση του ανθρωπίνου δυναμικού της περιοχής, προσδίδοντάς του ευελιξία και διάθεση μέθεξης και αφομοίωσης των νέων πολιτισμικών δεδομένων και μεγεθών που προβάλλουν με δυναμισμό στο προσκήνιο.

Η Εκκλησιαστική μουσική της Σμύρνης (1800-1922)

Κεφάλαιο β΄

Μορφές λόγιας και λαϊκής μουσικής έκφρασης στο αστικό περιβάλλον της Σμύρνης

Το πλέον χαρακτηριστικό πεδίο εντός των ορίων του οποίου θα λειτουργήσει καθοριστικά το γεγονός της πολυπολιτισμικής σύνθεσης της Σμύρνης, θα είναι εκείνο της τέχνης και της δημιουργίας. Η μουσική δραστηριότητα φυσικά, δεν ήταν δυνατό να εξαιρεθεί από την επιρροή αυτής της τάσης για ανανέωση των μορφών έκφρασης και ενσωμάτωσης στο παραδοσιακό υλικό ετερογενών στοιχείων, αντλούμενων από τη γενικότερη πολυποίκιλη πνευματική κινητικότητα της Σμύρνης του 19ου αιώνα. Τα στοιχεία αυτά θα αποδειχθούν επαρκώς ικανά τόσο στο να εμπλουτίσουν το τοπικό μουσικό ιδίωμα της περιοχής, όσο και στο να αναδιαμορφώσουν ριζικά τη σύνολη μουσική πραγματικότητα της εποχής εκείνης.

Τις τελευταίες κυρίως δεκαετίες του 19ου αιώνα, θα αναπτυχθεί στη Σμύρνη ένα ιδιότυπο μουσικό είδος, εκπροσωπούμενο κατά κανόνα από ελληνόφωνους καλλιτέχνες και δημιουργούς, το οποίο ειδολογικά αλλά και ιστορικά, αποτελεί το προϊόν μιας διαδικασίας έντεχνης-εμπλουτισμένης αποτύπωσης και εκφοράς μορφών λαϊκής μουσικής έκφρασης. Με άλλα λόγια, πρόκειται για μια ενδιαφέρουσα περίπτωση ανάπτυξης ενός αυτόνομου λαϊκού μορφώματος στον αστικό χώρο της υστεροθωμανικής Σμύρνης, με έντονη σε πολλές περιπτώσεις τη διαδικασία της λόγιας-επεξεργασμένης διαχείρισης του ήδη υπάρχοντος προφορικού ιδιώματος του ευρύτερου γεωγραφικού χώρου.

Σμυρναίικα συγκροτήματα εμφανίζονται σε μουσικά στέκια και στα λεγόμενα «Καφέ Αμάν» της πόλης, ενώ ήδη από το 1874 περιοδεύουν σε όλη την Ανατολική Μεσόγειο, παίζοντας ένα ευρύτατο ρεπερτόριο[22], αποτελούμενο από κομμάτια προερχόμενα από διάφορες μουσικές παραδόσεις της Βαλκανικής, της Εγγύς και της Μέσης Ανατολής[23]. Το πρόγραμμα, κατά κανόνα τουλάχιστον, εκτελείται από ορχήστρες του τύπου İnce Saz[24] (κανονάκι, ούτι, βιολί)[25], εμπλουτισμένο συχνά κι από άλλα λαϊκά όργανα (σαντούρι, κλαρίνο, μπάντζο, κιθάρα κ. α), ενώ ο ρόλος του τραγουδιστή είναι καίριος και πρωταγωνιστικός. Αναπόσπαστο επίσης μέρος του σμυρναίικου τραγουδιού είναι ο χαρακτηριστικός «μανές»[26], είδος πρωτογενούς, ελεύθερης ρυθμικά και μελωδικά φωνητικής εκτελεστικής πρακτικής, συνδυασμένης με κατάλληλη ρυθμική ή αυτοσχεδιαστική ενόργανη συνοδεία[27].

---

22 Καλυβιώτης Αριστομένης, ΣΜΥΡΝΗ, *Η μουσική ζωή 1900-1922. Η διασκέδαση, τα μουσικά καταστήματα, οι ηχογραφήσεις δίσκων*, Αθήνα 2002. σ. 18-26.

23 Χατζηπανταζής Θεόδωρος, *Της Ασιάτιδος Μούσης ερασταί*, Αθήνα 1986, σ. 67. «*Το ρεπερτόριό τους περιείχε [...], πέρα από τα τούρκικα και αράβικα τραγούδια (αμανέδες, σαρκιά, γιαρέδες, σαμπάι, ελφαζιέ κ. ά), εκτελεσμένα σε ελληνική, τουρκική, αρμενική και αραβική γλώσσα, τα προγράμματά τους πρόσφεραν πλήθος ελληνικά δημοτικά τραγούδια (Γιαννιώτικα, Κλέφτικα, Μωραΐτικα, κ. ά), λαϊκά των αστικών κέντρων της Ανατολής (Σμυρναίικα, Πολίτικα), αρβανίτικα (γκέκικα), ρουμάνικα (βλάχικα), βουλγάρικα και αιγυπτιακά[...]*». Στη μελέτη αυτή, μεταξύ άλλων, περιγράφεται η συμβολή των Σμυρνιών καλλιτεχνών στην ακμή του αθηναϊκού «καφέ αμάν» στα χρόνια της βασιλείας του Γεωργίου του Α΄.

24 Ο όρος αυτός στην κυριολεξία σημαίνει «λεπτά όργανα», και αντιδιαστέλλεται με τον αντίστοιχο όρο «Kaba Saz», που χρησιμοποιείται για ορχήστρες προοριζόμενες για επιτέλεση σε ανοιχτό χώρο, και φέρουν στις τάξεις τους όργανα όπως ο ζουρνάς και το νταούλι.

25 Ως μουσικολογικό παράλληλο της εμφάνισης και του χαρακτήρα του αστικού τραγουδιού της Σμύρνης, θα πρέπει να θεωρηθεί το είδος της Fasıl μουσικής, που κυριαρχεί κατά την ίδια περίοδο στα Meyhane (είδος καπηλειών-οινοποτείων) της Κωνσταντινούπολης. Παρά τις επιμέρους μεταξύ τους διαφορές (δομή και περιεχόμενο ρεπερτορίου), πρόκειται για δύο παράλληλες ιστορικές εκδοχές μορφών λαϊκής έκφρασης στα πλαίσια του υστεροθωμανικού αστικού χώρου. Έτσι, και τα δύο μουσικά είδη εκπροσωπούνται σχεδόν κατ' αποκλειστικότητα από μη μουσουλμάνους καλλιτέχνες, Ρωμιούς και Αρμένιους συνήθως, ενώ απευθύνονται σε μεσαία λαϊκά στρώματα των δύο μεγάλων αστικών κέντρων της Οθωμανικής επικράτειας, έχοντας ως κύριο σκοπό τη διασκέδαση. Βλ. σχετικά, Pennanen Risto Pekka, «The nationalization of Ottoman Popular Music in Greece», Ethnomusicology, Vol. 48, No. 1, Winter 2004, σ. 2-4, καθώς και Jouste Marko, «The Remains of Makam-based Music of the Ottoman Era in Anatolian Greek Music». In Jürgen Elsner & Risto Pekka Pennanen (eds) Structure and idea of maqam : historical aproaches. Proceedings of the Third Conferance of the ICTM Maqam Study Group, Tampere-Virrat, 2-5 October 1995, 125-74 Tampere, Finland : Dept of Folk Tradition, 1995.

26 Κατά καιρούς έχουν γραφεί διάφορες υποθέσεις σχετικά με την προέλευση του σμυρναίικου μανέ μερικές των οποίων αποπνέουν φανερά την αίσθηση της προσέγγισης του θέματος βάσει αρχών που παραπέμπουν σε Ρομαντικά πρότυπα. Η χαρακτηριστικότερη είναι εκείνη του Γεωργίου Φαιδρού, βάσει της οποίας "[...], ο Μανές δέν είναι ήχος τουρκικός καθάπερ οι πολλοί φρονούσιν αλλά ο καθαρός καί γνήσιος ήχος τών ημετέρων προπατόρων τών εν Ιωνία οικούντων. Παράγεται δέ εκ τού Μανία Έρως, Μανί Έρως, Μανέρως, Μανές, ήτοι Καρά Σεβδάς, ως είπομεν, διασωζώμενος και διαφυλασσόμενος πρό πάντων εν Σμύρνη μέ τήν αυτήν επωνυμίαν ώς ώνομάζετο εν Αιγύπτω κατά τούς αρχαίους συγγραφείς. Ως επίσης διαφυλάττεται καί ο Αΐλινος κατά τό τέλος πάσης στροφής". «*Πραγματεία περί τού Σμυρναίικου Μανέ ή τού παρ' αρχαίοις Μανέρω, ως καί περί ευρέσεως τού Αιλίνου καί Ελληνικών ηθών καί εθίμων διασοζωμένων εισέτι παρά τώ Ελληνικώ λαώ*», Σμύρνη 1881, σ. 5.

27 Το γεγονός του αυτοσχεδιασμού αναφορικά με λόγια και λαϊκά μεγέθη του μουσικού πολιτισμού της Ανατολής, συνδέεται περισσότερο με την διαδικασία «μετασχηματισμού» παραστάσε-

Τόσο στην ορχηστρική πρακτική, όσο και στην φωνητική εκτέλεση του Σμυρναίικου τραγουδιού, εντοπίζονται ιδιαίτερα μορφολογικού περιεχομένου χαρακτηριστικά, -μελωδικές φράσεις, εκτελεστικές τεχνικές, ρυθμική ποικιλομορφία, εκφραστικός πλουραλισμός, ερμηνευτικός πλούτος-, που εξασφαλίζουν την ιστορική του αυτοτέλεια και την υφολογική του αυτονομία. Επίσης, όπως τεκμαίρεται από την εξέταση του ηχογραφημένου υλικού των αρχών του 20ού αιώνα, η τάση για μια πλέον διατονική-συγκερασμένη απόδοση των διαστημάτων σε συνδυασμό με τη διακριτική, τουλάχιστον κατά την πρώτη περίοδο, ενόργανη αρμονική συνοδεία, δηλώνουν την εμφανή επίδραση της δυτικής μουσικής αντίληψης στο Σμυρναίικο τραγούδι.

Σημαντικοί Σμυρνιοί καλλιτέχνες όπως οι, Βαγγέλης Παπάζογλου (1896-1943), Κώστας Νούρος (1892-1972)[28], Δημήτρης Ατραΐδης (1900-1969), Ιωάννης Δραγάτσης ή Ογδοντάκης (1885-1958), Ζαχαρίας Κασιμάτης (1896-1965), Παναγιώτης Τούντας (1884-1942), Σπύρος Περιστέρης (1900-1966), Ρίτα Αμπατζή (1903-1969), Σταύρος Παντελίδης (1891-1956), Βαγγέλης Σοφρωνίου, ο περίφημος βιολιστής Γιοβανίκας (Γιάγκος Βλάχος) και άλλοι, με σπουδαίο ερμηνευτικό ή συνθετικό έργο και αξιομνημόνευτη παρουσία στον χώρο της δισκογραφίας στις αρχές του 20ού αιώνα[29], θα αποτελέσουν τους κύριους θεμελιωτές της επονομαζόμενης Σμυρναίικης Σχολής και παράλληλα τους κομιστές του Μικρασιατικού αστικού μουσικού Πολιτισμού στον Ελλαδικό χώρο μετά την ανταλλαγή των πληθυσμών[30].

ων, στα πλαίσια μιας πρωτογενούς εκτελεστικής πρακτικής, που πραγματώνεται μέσω της δημιουργικής αξιοποίησης πληροφοριών που ενυπάρχουν στον εμπειρικό χώρο του καλλιτέχνη. Άρα πρόκειται για ανάκληση συμβατών ανά περίπτωση δομικών μοντέλων, τα οποία και αποδίδονται εναλλακτικά, βάσει συνισταμένων μορφολογικών, υφολογικών και αισθητικών. Η εν λόγω διαδικασία δεν θα πρέπει να γίνει αντιληπτή ως άκριτη-υποκειμενική πρακτική, αλλά ως μια πηγαία-προσωπική αποτύπωση ευρύτερων-συλλογικών εμπειριών.

28 Η περίπτωση του Κώστα Νούρου αποκτά ξεχωριστό ενδιαφέρον λόγω της παράλληλης σταδιοδρομίας του ως ψάλτη στη Σμύρνη. Ο Δημήτρης Αρχιγένης στο έργο του «Τά σινάφια τῆς Σμύρνης», Αθήνα 1979, σ. 149, αναφέρει χαρακτηριστικά για τον Κώστα Νούρο: « Ὁ πατέρας του, κάθε Κυριακή καὶ Σκόλη τον ἔπαιρνε ματζί του στήν ἐκκλησιά τοῦ Νεκροταφείου «Οἱ Ταξιάρχηδοι». Κ' ἐκεῖνος ἡπάαινε στό δεξιό τόν ψάλτη κ' ηκαλοναρχοῦσε (ήκανοναρχοῦσε). Ὁ ψάλτης ὅμως πού εἶδε πώς τό παιδί αὐτό εἶχε καλή φωνή καί μεγάλη ἀντίληψη γιά τή μουσική, τονέ 'βαλε πιά δίπλα του νά ψαίλνει. Κ' ἔτσι ἠκαλλιέργησε τ' αὐτί του στή Βυζαντινή μουσική. Κι' ἄμαν ἤβαλε μακριά παν' τελόνια, τονέ βαλε νά λέει τόν «Ἀπόστολο». Κ' ἔτσι, ἀπό τότες, του φου' ντωσε στό μυαλό ἡ ἰδέα νά γένει παπάς». Ο πλούσιος σε λεπτομέρεια ερμηνευτικός τρόπος του Κώστα Νούρου, η φωνητική του τοποθέτηση, καθώς και ο ιδιότυπος στιλιστικά χαρακτήρας του ρεπερτορίου που έχει εκτελέσει, τον καθιστούν ως έναν από τους ενδεικτικότερους εκπροσώπους του Σμυρναίικου. Για χρήσιμες βιογραφικού χαρακτήρα πληροφορίες βλ. τα συνοδευτικά σχόλια του δίσκου «Κωνσταντίνος Νούρος-Το φωνητικό φαινόμενο», από τον Παναγιώτη Κουνάδη, Αθήνα 1993. Επίσης, το κείμενο του Θανάση Μωραΐτη από το δίσκο «Ο Δημήτρης Ατραΐδης και ο Κώστας Νούρος τραγουδούν ρεμπέτικα και αμανέδες», Αθήνα 1996.
29 Καλυβιώτης, ό.π., σ. 65-132, όπου και λεπτομερής περιγραφή της δραστηριότητας των δισκογραφικών εταιριών στη Σμύρνη, κυρίως κατά την περίοδο 1909-1911. Επίσης, βλ. Κουνάδης Παναγιώτης, Εις ανάμνησιν στιγμών ελκυστικών, Τόμος Α΄, Αθήνα 2000, σ. 285-304.
30 Η παρουσία των Σμυρνιών μουσικών στα λαϊκά πάλκα και στη δισκογραφική δραστηριότητα

Νίκος Ανδρίκος

Αντίθετα με τα λαϊκά στρώματα, η υψηλή κοινωνία της Σμύρνης διασκεδάζει κατά τα δυτικά πρότυπα (a la franca), άλλοτε παρευρισκόμενη σε χοροεσπερίδες και άλλοτε στα πολλά και πλούσια θέατρα της πόλης, όπου παίζονται οπερέτες και μελοδράματα[31]. Στην προκυμαία βρίσκονται ονομαστά κοσμικά κέντρα όπως το «Κράμερ», το «Καφέ Φώτης», το «Καφέ Κόρσο» και το «Λούνα Παρκ», τα οποία φιλοξενούν κυρίως μαντολινάτες ή κουαρτέτα εγχόρδων και συγκεντρώνουν την αριστοκρατία της Σμύρνης. Οι Σμυρνιοί δραστηριοποιούνται ενεργά στους διάφορους πολιτιστικούς συλλόγους (Απόλλων, Ορφέας, Πανιώνιος), στα πλαίσια των οποίων, κατά κανόνα, λειτουργούν και μουσικά τμήματα, όπου οι νέοι έχουν τη δυνατότητα να διδαχθούν μουσική γραφή (πεντάγραμμο), όργανα (μαντολίνο, κιθάρα, φλάουτο κ. α), καθώς και να συμμετάσχουν στα διάφορα φωνητικά σχήματα. Κατά την ίδια περίοδο, έντονη είναι η παρουσία των Φιλαρμονικών στο μουσικό γίγνεσθαι της Σμύρνης, με γνωστότερη εκείνη της ενορίας του Αγίου Δημητρίου. Αποτελούμενες από σύνολα χάλκινων πνευστών (φυσερά), συμμετέχουν σε εορταστικές εκδηλώσεις και πομπές, που διοργανώνονται από την ελληνική κοινότητα, παίζοντας ως επί το πλείστον, δημοφιλή τοπικά και όχι μόνο, εμβατήρια, τα λεγόμενα «marş».

Ο χώρος όμως που θα λειτουργήσει πολυσυλλεκτικά ενσωματώνοντας με τρόπο δημιουργικό στα πλαίσιά του επιμέρους μουσικά είδη, τα οποία συναντώνται από το δεύτερο μισό του 19ου αιώνα και έπειτα στη Σμύρνη[32], θα είναι η Εστουδιαντίνα, η οποία θα ιδρυθεί το 1898 από τους Βασίλη Σιδερή και Αριστείδη Περιστέρη, με την επωνυμία «Τα Πολιτάκια». Η κίνηση αυτή και η μετέπειτα τεράστια επιτυχία που θα σημειώσει, θα είναι η αφετηρία για την ίδρυση και την περαιτέρω δραστηριοποίηση πολλών ανάλογων μουσικών ομάδων με έδρα τη Σμύρνη[33]. Οι εστουδιαντίνες ου-

---

της Ελλάδας του Μεσοπολέμου θα είναι τόσο καθοριστική, ώστε το σύνολο του Μικρασιάτικου ρεπερτορίου, ανεξάρτητα από την επιμέρους προέλευσή του, να χαρακτηρισθεί ως «Σμυρναίικο». Βλ. Κουνάδης, ό.π., σ. 39-46, σχετικά με τη Σμυρναίικη "σχολή" στο ρεμπέτικο τραγούδι, όπου και σημαντικές βιογραφικού χαρακτήρα πληροφορίες για την παρουσία των Σμυρνιών καλλιτεχνών στη μουσική σκηνή των Αθηνών μετά το 1922.
31 Sevinçli Eftal, «İzmir Tiyatroları», στο : Üç İzmir, Κωνσταντινούπολη 1992, σ. 369.
32 Το γεγονός ότι το σημαντικότερο μέρος των πληροφοριών σχετικά με το Σμυρναίικο προέρχεται από πηγές (κυρίως δισκογραφία και μαρτυρίες προσφύγων) αναφερόμενες στις τελευταίες δεκαετίες του 19ου αιώνα και στις αρχές του 20ού, δεν θα πρέπει να οδηγήσει την έρευνα στο συμπέρασμα ότι το αστικό τραγούδι της Σμύρνης είναι αποκλειστικά προϊόν αυτής της συγκεκριμένης περιόδου. Η εξαιρετικά επεξεργασμένη δομή του, καθώς και το υψηλό επίπεδο τεχνικής που εμπεριέχει, απαιτούν απαραίτητα ένα ορισμένο χρονικό περιθώριο από την εμφάνισή του έως την εποχή που μας παραδίδεται σε μια πλήρως ολοκληρωμένη μορφή. Με αυτό το σκεπτικό θα μπορούσε να τοποθετήσει κανείς την πρώτη εμφάνιση του Σμυρναίικου ανάμεσα στις δεκαετίες 1830-50, χρονικό διάστημα που συμπίπτει με την περίοδο εκείνη, κατά την οποία παρουσιάζεται μια γενικότερη ανθρωπολογικού-πολιτισμικού χαρακτήρα κινητικότητα, λόγω της διαρκούς μετακίνησης πληθυσμιακών μαζών από τον Ελλαδικό χώρο και την Ανατολία προς τη Σμύρνη.
33 Καλυβιώτης, ό.π., σ. 71. [...] *«Οι σμυρναίικες εστουδιαντίνες, που συναντάμε σε ετικέτες δί-*

σιαστικά, ήταν σπουδαστήρια μουσικής αποτελούμενα από διάφορα επιμέρους ορχηστρικά και φωνητικά σύνολα, που λόγω της πολυδιάστατης σύνθεσής τους είχαν την ευχέρεια να παρουσιάσουν ένα ευρύ και πολυποίκιλο υφολογικά και ρυθμικά πρόγραμμα. Συνήθως αποτελούνταν από τύπους İnce Saz ορχήστρας (ούτι, βιολί, κανονάκι, κ. α), μαντολινάτες και ορχήστρες λαϊκής μουσικής με κύρια όργανα το σαντούρι και το βιολί, ώστε να έχουν τη δυνατότητα να εκτελούν «τοπικό» - λαϊκό ρεπερτόριο όπως, συρτά, καρσιλαμάδες, μπάλους, ζεϊμπέκικα, αλλά και βαλκανικής ή ευρωπαϊκής προέλευσης κομμάτια (χόρες, καζάσκες, χαμπανέρες, σεφαραδίτικες ρομάνσες, βαλς)[34].

Αξιομνημόνευτη επίσης, είναι η μουσική δραστηριότητα η οποία αναπτύσσεται κατά τις τελευταίες δεκαετίες του 19ου αιώνα, στους χώρους της μουσουλμανικής κοινότητας της Σμύρνης και ιδιαίτερα στους θρησκευτικούς. Από ιστορικής επόψεως, ως σημείο τομής, θα πρέπει να θεωρηθεί η έλευση στη Σμύρνη το 1886, του Tanbûri Alî Efendi[35], ενός εκ των σημαντικότερων εκπροσώπων της επονομαζόμενης "Ρομαντικής Σχολής" της λόγιας Οθωμανικής Μουσικής. Γεννημένος το 1836 στη Μυτιλήνη της Λέσβου, όπου έλαβε και τα πρώτα του μουσικά μαθήματα, από μικρή ηλικία θα ακολουθήσει και ο ίδιος το λειτούργημα του πατέρα του ως Hafız[36], αφού άλλωστε καταγόταν από μια οικογένεια με παράδοση 7-8 γενεών σχετιζόμενη με την θρησκευτική μουσική του Ισλάμ. Αργότερα, θα συνεχίσει τη μουσική του σταδιοδρομία, κατ' αρχήν σπουδάζοντας σε

σκων είναι: Ελληνική Εστουδιαντίνα, Σμυρναίικη Εστουδιαντίνα, Εστουδιαντίνα Πανελλήνιον, Εστουδιαντίνα Τσανάκα, Εστουδιαντίνα Γ. Βιδάλη, Εστουδιαντίνα του Κώτσου Βλάχου, Εστουδιαντίνα Βασίλη Σιδερή ή Εστουδιαντίνα Βασιλάκη». Επίσης ο Παναγιώτης Κουνάδης στο άρθρο του, «100 χρόνια από την ίδρυση της Σμυρναίικης Εστουδιαντίνας», Δίφωνο, τ. 36, Αθήνα Σεπτέμβριος 1998, παραθέτει τα ονόματα από 14 εστουδιαντίνες οι οποίες δραστηριοποιούνται σε Σμύρνη, Πόλη και Αθήνα από το 1890 και εξής.
34 Zerouali Basma, «Η μουσική κληρονομιά», στο: ΣΜΥΡΝΗ, Η Μητρόπολη του Μικρασιατικού Ελληνισμού, σ. 192, καθώς και Καρακάσης Λαίλιος, «Λαϊκά τραγούδια και χοροί της Σμύρνης», Μικρασιατικά Χρονικά, Τόμος Δ', 1948, σ. 301-316.
35 Πέρα από την εξαιρετικά πλούσια συνθετική του παραγωγή (σώζονται 110 έργα του), και την φήμη που τον συνόδευε σχετικά με τις πηγαίες ερμηνευτικές του ικανότητες στον χώρο της φωνητικής μουσικής, αυτό που ιστορικά τον καθιστά ιδιαιτέρα σημαντικό, είναι το γεγονός ότι υπήρξε ο δάσκαλος και καθοδηγητής του μεγαλύτερου Οθωμανού μουσικού και μεταρρυθμιστή της σύγχρονης εποχής, του Tanbûri Cemil Bey. Κατά τον Τούρκο μουσικολόγο και ερευνητή Yılmaz Öztuna, ο Cemil Bey, τόσο στην τεχνική παιξίματος του tanbur, όσο και στον τρόπο σύνθεσης των ορχηστρικών κομματιών, παρέμεινε υπό την επιρροή της λυρικής και ρομαντικής μουσικής αντίληψης του δασκάλου του. Επίσης, μεταξύ των σημαντικότερων μαθητών του Tanburi Alî Efendi, θα μπορούσε να μνημονεύσει κανείς και τον γνωστό Σμυρνιό συνθέτη Rakım Elkutlu (1872-1948). Βλ. Öztuna Yılmaz, Türk Mûsikîsi, Akademik Klasik Türk Sanat Mûsikîsi' nin Ansiklopedik Sözlüğü. I Cilt, Κωνσταντινούπολη 2006, σ. 50-51, καθώς και Ak Ahmet Şahin, Türk Musikisi Tarihi, (X.X), Άγκυρα, σ. 118-119.
36 Συνήθως με τον όρο αυτό χαρακτηρίζονται οι μουσικοί του ορθόδοξου κατά βάσει Ισλάμ, που αποστηθίζουν και στη συνέχεια απαγγέλουν μελωδικά το Κοράνι.

Medrese[37] της Κωνσταντινούπολης, και έπειτα ως βαθμοφόρος müezzin στα Οθωμανικά Ανάκτορα, κατά την εποχή του Abdülaziz[38]. Από τη στιγμή της εγκατάστασής του στη Σμύρνη έως και τον θάνατό του (1902), θα αποτελέσει τον πόλο που θα έλξει γύρω του έναν δυναμικό κύκλο καλλιτεχνών με σπουδαία προσφορά στον χώρο της λόγιας και της θρησκευτικής μουσικής. Επίσης, κατά την περίοδο του Tanzimat (Μεταρρυθμίσεων του 1839-1871), οι χώροι συγκέντρωσης των Mevlevi (Tekke) και των λοιπών μη ορθόδοξων-μυστικιστικών μουσουλμανικών ταγμάτων στην πόλη της Σμύρνης, θα αποτελέσουν, πέρα των άλλων, σημαντικά κέντρα έκφρασης και καλλιέργειας του μουσικού πολιτισμού[39]. Αξιοσημείωτη, τέλος, κινητικότητα παρατηρείται κατά την εποχή αυτή και μέσα στην εβραϊκή κοινότητα, καθώς σημαντικοί μουσικοί όπως οι, İsak Barki[40], Santo Şikâri[41] και ο περίφημος İsak Algazi[42], θα δημιουργήσουν έναν ισχυρό πυρήνα έκφρασης και παραγωγής στο μουσικό γίγνεσθαι της Σμύρνης. Ο τελευταίος ειδικά, γνωστός μεταξύ άλλων και από την παρουσία του σε ηχογραφήσεις που πραγματοποίησε η δισκογραφική εταιρία Favorite στη Σμύρνη τον Σεπτέμβριο του 1911[43], αποτέλεσε όχι μόνο έναν από τους κύριους εκπροσώπους της εβραϊκής θρησκευτικής μουσικής, αλλά και μια κλασική περίπτωση καλλιτέχνη της Σμύρνης που δραστηριοποιείται δημιουργικά στα πλαίσια ενός ευρύτατου, πολυσυλλεκτικού μορφολογικά, μουσικού περιβάλλοντος.

Κλείνοντας, θα ήταν χρήσιμο να γίνει έστω και μια σύντομη αναφορά στο λαϊκό μουσικό είδος των Zeybek, κυρίαρχο ιδίωμα στην ύπαιθρο της Σμύρνης και γενικότερα στην ευρύτερη περιοχή των Μικρασιατικών παραλίων (Ege Bölgesi)[44]. Πέρα από το πραγματικά εξαιρετικά μεγάλο ενδιαφέρον που παρουσιάζει ο χώρος των Zeybek σε επίπεδο ιστορικό-αν-

---

37 Είδος θρησκευτικού σχολείου του Ισλάμ, στα πλαίσια το οποίου ειδική βαρύτητα, μεταξύ άλλων, δινόταν και στην διδασκαλία της θρησκευτικής μουσικής.
38 Είχε τιμηθεί με το «αξίωμα της πόλης των Ιεροσολύμων» ("Kudüs Payesi"), και είχε καταφέρει να ανέλθει έως το επίπεδο της δεύτερης τάξης των İmam (Ο βασικότερος τύπος θρησκευτικού προσώπου στο ορθόδοξο Ισλάμ). Öztuna, ό.π., σ. 50.
39 Καλλιτέχνες όπως οι, Tanburi Alî Efendi, Nayi Emin Dede, Hafız Halil Efendi, Şeyh Nurettin Efendi, Kemânî Hüseyin Efendi, Kânûnî Cemal Bey, Udî İdris Dede, Şair Eşref, İsak Algazi και Santo Şikâri, αναπτύσσουν κατά την περίοδο αυτή σημαντική διδακτική δραστηριότητα στους λατρευτικούς χώρους των ισλαμικών αιρέσεων της Σμύρνης. Βλ Tarançs Berrak, «Şarkı Şehir İzmir», στο : Üç İzmir, Yapı Kredi Yayınları, Κωνσταντινούπολη 1992, σ. 395-399.
40 Öztuna, ό.π., σ. 392.
41 Ό.π., II Cilt, σ. 261, καθώς και Akdoğu İsmail Onur, Ege' de Müzikçiler Ansiklopedisi, Σμύρνη 1997, σ. 224.
42 Πλήρης βιο-εργογραφική παρουσίαση, στο έργο του Seroussi Edwin, The Life and Musik of R. Isaak Algazi from Turkey, Ιερουσαλήμ 1989.
43 Καλυβιώτης, ό.π., σ. 98-100.
44 Αναφορικά με τις απόψεις που έχουν διατυπωθεί σχετικά με την προέλευση και καταγωγή των Zeybek καθώς και πλούσια περιγραφή της ιστορικής τους πορείας, βλ. το τρίτομο έργο του Onur Akdoğu, Zeybekler, Σμύρνη 2004, Α' Τόμος, σ. 42-86.

θρωπολογικό⁴⁵, σημαντική θα μπορούσε να πει κανείς πως είναι και η ίδια η μορφολογική-υφολογική του φυσιογνωμία. Έτσι, χαρακτηριστικό είναι το γεγονός της σε σχέση με πρότυπα δημώδους προέλευσης, προηγμένης τεχνικά φυσιογνωμίας του εν λόγω ρεπερτορίου, που οφείλεται τόσο στην έντονη τροπική⁴⁶ διάθεση των μελωδικών του θεμάτων, όσο και στην πολυποίκιλη απόδοση των αντίστοιχων ρυθμικών του σχηματισμών⁴⁷. Τέλος, θα πρέπει να επισημανθεί, πως σε όλη τη διάρκεια του 19ου αιώνα, είτε ως ρυθμικό είδος, είτε ως μελωδική φόρμα, το είδος των Zeybek αποτέλεσε μια πλούσια πηγή άντλησης αφορμών εναλλακτικής έκφρασης και δημιουργίας για όλο τον αστικό μουσικό πολιτισμό της περιοχής, «ενθαρρύνοντας» κατ' αυτόν τον τρόπο την τάση για λόγια διαχείριση υλικού με χώρο προέλευσης τον λαϊκό μουσικό πολιτισμό της υπαίθρου⁴⁸.

Συνοψίζοντας, θα μπορούσε κανείς να πει, πως η κινητικότητα η οποία παρατηρείται στο μουσικό πεδίο της Σμύρνης του 19ου αιώνα, εντάσσεται στα πλαίσια μιας γενικότερης διαδικασίας αστικοποίησης και συγχρονισμένης με τα αισθητικά πρότυπα της εποχής, απόδοσης και εκφοράς δεδομένων που παραδοσιακά ανήκουν στον χώρο του δημώδους ή του θρησκευτικού μουσικού πολιτισμού. Επιπλέον, η γενικότερη κοινωνική τάση για ανανέωση και εκσυγχρονισμό κατά τα δυτικά πρότυπα που δεσπόζει την περίοδο αυτή, θα καταστήσει δυνατή τη δημιουργία μιας δεκτικής σε επιδράσεις και αλλαγές καλλιτεχνικής συνείδησης στους μουσικούς κύκλους της Σμύρνης, που θα είναι και η αφορμή για την εμφάνιση νέων εκφραστικών-αισθητικών προτύπων και ειδών.

---

45 Εκτενής πληροφορίες ιστορικού χαρακτήρα, δίνονται στο έργο του Ali Haydar Avcı, *Zeybeklik ve Zeybekler Tarihi*, Κωνσταντινούπολη 2004, σ. 425-474, καθώς και στην μελέτη του Θωμά Κοροβίνη, *Οι Ζεϊμπέκοι της Μικράς Ασίας*, Αθήνα 2005, σ. 65-112.
46 Ο όρος «τροπική» (makamsal) συμπεριφορά, χρησιμοποιείται στο σημείο αυτό εντελώς καταχρηστικά, χωρίς να προϋποθέτει σε καμιά περίπτωση την απόλυτη ένταξη του εν λόγω είδους σε ένα συγκεκριμένο θεωρητικό σύστημα. Άλλωστε, εκείνο που προέχει σε περιπτώσεις λαϊκής μουσικής έκφρασης, δεν είναι τόσο το ζητούμενο της θεωρητικής τους αξιοποίησης, αλλά η ανάδειξη του ιδιωματικού-προφορικού τους χαρακτήρα.
47 Διεξοδική ανάλυση της μορφολογικής δομής και των επιμέρους τεχνικών που χρησιμοποιούνται κατά την εκτέλεση του Ζεϊμπέκικου Ρεπερτορίου, βλ, Öztürk Okan Murat, *Zeybek Kültürü ve Müziği*, Κωνσταντινούπολη 2006, σ. 137-202.
48 Τρανό παράδειγμα αυτής της διαδικασίας είναι η υιοθέτηση όχι απλώς στοιχείων, αλλά ενός ευρύτατου ρεπερτορίου προερχόμενου από το μέγεθος των Zeybek, εκ μέρους του λεγόμενου αστικού Σμυρναϊκού, συμβάλλοντας κατ' αυτόν τον τρόπο στον γενικευμένο πολιτισμικό εξαστισμό των περιχώρων της πόλης. Έτσι, Εστουδιαντίνες και λαϊκές ορχήστρες της Σμύρνης διασκευάζουν και εκτελούν Ζεϊμπέκικα της υπαίθρου, βάσει των αισθητικών δεδομένων και πρακτικών που επικρατούν στο εσωτερικό της πόλης. (Χαρακτηριστική η εκτέλεση του τουρκόφωνου "Menemen Zeybeği", από τη Σμυρναίικη Εστουδιαντίνα το 1910-11, Odeon).

Κεφάλαιο γ'

Η διαδικασία εκσυγχρονισμού της Οθωμανικής Αυτοκρατορίας στα μέσα του 19ου αιώνα και ο ιδεολογικός της αντίκτυπος στη μουσική πραγματικότητα της εποχής

Η ιστορική πορεία την οποία θα διαγράψει η Οθωμανική Αυτοκρατορία κατά τη διάρκεια του «ευρύτερου» 19ου αιώνα (1800-1922), θα καθορισθεί από μια συνεχή μετεξελικτική διαδικασία, η οποία θα αναμορφώσει ριζικά όχι μόνο την θεσμική της υπόσταση και λειτουργία, αλλά και το βαθύτερο περιεχόμενο της ουσίας του χαρακτήρα της, το οποίο και αγωνιά να επαναδομήσει. Μέσα σ' αυτό το εκρηκτικά αναδιαμορφούμενο ιστορικοκοινωνικό πλέγμα, το ρωμαίικο millet θα επιχειρήσει να επαναπροσδιορίσει την θέση του στον εν εξελίξει ευρισκόμενο Οθωμανικό κόσμο, προσπαθώντας να ισορροπήσει μεταξύ αντίρροπων δυνάμεων που έχουν καταστήσει εμφανή πλέον την παρουσία τους στο ιδεολογικό προσκήνιο της εποχής.

Αυτή η ιδιαιτερότητα που παρουσιάζει ο 19ος αιώνας αναφορικά με τις δραματικές εξελίξεις που τον συνοδεύουν στην περιοχή της Ανατολικής Μεσογείου και στη Βαλκανική, επιβάλει μεθοδολογικά, την παράλληλη με αυτά τα γεγονότα παρουσίαση οποιουδήποτε επιμέρους θέματος, το οποίο προσεγγίζει εκφάνσεις του ίδιου χωροχρονικού συνόλου. Έτσι, σε ιστορικά μεγέθη προερχόμενα από τον χώρο της τέχνης και του πολιτισμού, θα πρέπει να επιζητούνται τα βαθύτερα αίτια αναφοράς και εξάρτησης του επιμέρους υλικού στο γενικότερο σύνολο. Ως χαρακτηριστικό παράδειγμα αυτής της σχέσης, στην προκειμένη περίπτωση, θα μπορούσε να θεωρηθεί η ιστορική πορεία της Οθωμανικής Μουσικής στον 19ο αιώνα, αφ' ενός μεν αποδίδοντας δημιουργικά το ιδεολογικό περιεχόμενο της ευρύτερης περιρρέουσας ατμόσφαιρας και αφ' ετέρου λειτουργώντας ως «βαρόμετρο» για τη μορφή και εξέλιξη των λοιπών μουσικών ειδών που συναντώνται στην περιοχή.

Η Αυτοκρατορία, ήδη από την εποχή του Selim του Γ' (1789-1807), βρίσκεται σε μια παρατεταμένη χρονικά μεταρρυθμιστική περίοδο, η οποία και θα κορυφωθεί τελικά κατά τη διάρκεια της βασιλείας του Mahmut του Β' (1808-1839). Απώτερος στόχος αυτής της διαδικασίας ήταν ο εκδυτικισμός του Οθωμανικού κόσμου, που για την επίτευξή του εφαρμόστηκαν ποικίλες διαμορφωτικές πολιτικές αναφορικά με τον εκσυγχρονισμό του στρατού, του γραφειοκρατικού μηχανισμού, του φορολογικού συστήματος και τη μορφή της εκπαίδευσης[49]. Ιδιαίτερα μετά τις σημαντικές απώλειες εδαφών και την ανάδυση των πρώτων εθνικών κρατών στα Βαλκάνια κατά τις πρώτες δεκαετίες του 19ου αιώνα, η διάθεση για ανανέωση και αναβάθμιση του περιεχομένου της Αυτοκρατορίας, θα μεταβληθεί πλέον σε επιτακτική ανάγκη συνολικής επανίδρυσής της. Κατά την περίοδο της διακυβέρνησης των διαδόχων του Mahmut του Β', Abdülmecit (1839-61) και Abdülaziz (1861-76), η διαδικασία μετασχηματισμού θα επεκταθεί και σε άλλους ζωτικής σημασίας χώρους, όπως π. χ των σχέσεων κράτους και υπηκόων (κυρίως μη μουσουλμάνων), και θα χαρακτηρισθεί ως περίοδος των Μεταρρυθμίσεων-Tanzimat (1839-1871)[50]. Τα Αυτοκρατορικά Διατάγματα του 1839 και του 1856[51], πέρα από το γεγονός ότι διασφαλίζουν την πλήρη ισότητα και ισονομία των Οθωμανών υπηκόων, εγκαινιάζουν και μια νέα αντίληψη αναφορικά με τον τρόπο ύπαρξης των μη μουσουλμανικών κοινοτήτων στα όρια του Οθωμανικού κράτους, μέσω των επιμέρους ρυθμίσεων περί ενδυμασίας, στράτευσης, δικαιοσύνης και εκπαίδευσης[52].

---

49 Zürcher, ό.π., σ. 85-89.
50 Berkes Niyazi, *Türkiye' de Çağdaşlaşma*, Κωνσταντινούπολη 2006, σ. 213-271, καθώς και Standford J. Shaw-Ezel Kural Shaw, *History of the Ottoman Empire and modern Turkey*, (Osmanlı İmparatorluğu ve Modern Türkiye), μετάφραση στα τουρκικά: Mehmet Harmancı, Cilt II, Κωνσταντινούπολη 2006, σ. 25-216, όπου και λεπτομερής παρουσίαση του ιστορικού ζητήματος του Tanzimat.
51 Το Διάταγμα του 1856, γνωστό και ως Hatt-ı Hümayun, συντάχθηκε ως συνέπεια του Κριμαϊκού Πολέμου (1853-1856), μετά τη συνθήκη του Παρισιού και κάτω από τις πιέσεις των Άγγλων για πλήρη διασφάλιση εκ μέρους της Υψηλής Πύλης των δικαιωμάτων και της ακεραιότητας των χριστιανών υπηκόων της.
52 Quataert Donald, *Η Οθωμανική Αυτοκρατορία, Οι τελευταίοι αιώνες, 1700-1922*, Αθήνα 2006, σ. 116.

Η αρχή της Οθωμανικότητας (Osmanlılık), στην οποία βασίζονται οι μεταρρυθμίσεις του Tanzimat και κυρίως το Σύνταγμα του 1876, λειτουργώντας ως συνεκτικό στοιχείο, θα συμβάλει στην ομογενοποίηση της κατακερματισμένης οθωμανικής κοινωνίας, επιτρέποντας τόσο τη νομιμοποίηση της πολιτικής εξουσίας επί όλων των Οθωμανών, όσο και την ενσωμάτωση κατά τρόπο ισότιμο όλων των μη μουσουλμάνων στην Οθωμανική κοινωνία[53]. Ειδικότερα μέσω του θεσμού των millet, δημιουργούνται ενδιάμεσοι εθνοθρησκευτικοί χώροι, μέσω των οποίων οι ελληνορθόδοξοι νομιμοποιούνται να συμμετέχουν στους οθωμανικούς θεσμούς, και συγχρόνως νομιμοποιούν την οθωμανική εξουσία[54].

Κατά την περίοδο της απολυταρχίας του Abdülhamit (1876-1909), το κοινωνικοπολιτικό σκηνικό θα καθορισθεί σε μεγάλο βαθμό από την παρουσία διάφορων ιδεολογικών κινημάτων -συχνά και εθνικιστικών-, τα οποία έχουν σαφώς ρομαντική προέλευση και αναφορά, στην προσπάθειά τους να εντάξουν σε ένα ενιαίο χωροχρονικό σύνολο ανομοιογενή πολλές φορές μεταξύ τους μεγέθη, τονίζοντας παράλληλα την αυτόνομη διαχρονική τους παρουσία. Ο Πανισλαμισμός της Χαμίτειας περιόδου, καλείται να αναλάβει την περάτωση μιας ενοποιητικού χαρακτήρα διαδικασίας για όλους τους μουσουλμάνους, χρησιμοποιώντας το Ισλάμ ως μήνυμα και φορέα εκμοντερνισμού[55]. Η Πατριαρχεία του Ιωακείμ του Γ', και κατά τις δύο περιόδους της (1878-1884, 1901-1912), θα χαρακτηρισθεί από μια προσπάθεια επαναπροσδιορισμού της Παράδοσης, με σαφείς ιδεολογικές-αισθητικές αναφορές σε αυτοκρατορικά πρότυπα (Βυζάντιο)[56]. Έτσι, όπως ο Πανισλαμισμός του Abdülhamit, έτσι και το Οικουμενικό κήρυγμα του Ιωακείμ του Γ'[57], -πέρα από τις εκκλησιολογικές του βέβαια προεκτάσεις-, συνέχονται δομικά από το ίδιο ρομαντικό όραμα άρσης της ετερότητας-διάστασης και ενσωμάτωσης των επιμέρους σε μια ενιαία συμβολικού περιεχομένου αρχή, ακυρώνοντας κατ' αυτόν τον τρόπο την ύπαρξη οποιασδήποτε μορφής δυϊσμού[58].

---

53 Αναγνωστοπούλου, ό.π., 271.
54 Ό.π., σ. 279.
55 Ό.π., σ. 273.
56 Άλλωστε δεν είναι τυχαίο, πως ο Ιωακείμ ο Γ' ήταν εκείνος που επανέφερε στο προσκήνιο την χρήση των Βυζαντινών Αυτοκρατορικών συμβόλων εκ μέρους του Πατριαρχείου, βλ. Anagnostopoulou Sia, «The terms Millet, Ethnos, Oikoumenikotita, Alytrotismos in the Greek Historiography», The passage from the Ottoman Empire to the nation-states, a long and difficult process; The Greek case, Analecta Ilisiana, LXXIII, : The Isis Press, Κωνσταντινούπολη 2004, σ. 47.
57 Για την ιδεολογική σύγκλιση μεταξύ του Παν-Ορθόδοξου Οικουμενισμού του Ιωακείμ και του Παν-Ισλαμισμού του Abdülhamit, βλ. λεπτομερή τεκμηρίωση στο, Anagnostopoulou, ό.π., σ. 37-55.
58 Ροζάνης Στέφανος, Μελέτες για τον Ρομαντισμό, Αθήνα 2001, σ. 36 «[...] η στιγμιαία αλλά διαρκής ταύτιση των αντιθετικών πόλων, είναι η αγχώδης προσπάθεια του ρομαντισμού να υπερβεί έναν δυϊστικό κόσμο σκέψης και αντίληψης, [...]».

Μέσα σε αυτήν την ατμόσφαιρα θα τεθεί εκ νέου το θέμα της οθωμανικής ταυτότητας των ελληνορθόδοξων πληθυσμών της Αυτοκρατορίας. Το δίλημμα το οποίο προβάλλει πλέον φανερά εδράζεται στα θεμέλια δύο αντιθετικά ευρισκόμενων προσεγγίσεων αναφορικά με την ιστορική συνέχεια και την εθνική συνείδηση των ελληνικών πληθυσμών. Οθωμανική ταυτότητα ως επέκταση του Βυζαντινού παρελθόντος ή Νεοελληνικό προφίλ με ενδιάμεση αναφορά στην Αρχαιότητα; Με άλλα λόγια, αποδοχή της θεώρησης μιας πολυεθνικής Οθωμανικής Αυτοκρατορίας με έντονη παρουσία του ρωμαίικου millet, ως μετεξέλιξη της Βυζαντινής κληρονομιάς και με κέντρο την Κωνσταντινούπολη, ή ένταξη στο ιδεολογικό σχήμα, Αρχαία Ελλάδα-εθνικό κράτος-Αθήνα με παράλληλο ευρωπαϊκό προσανατολισμό;

Η πρώτη προσέγγιση θα καλλιεργηθεί κυρίως ανάμεσα στους αριστοκρατικούς κύκλους του Φαναρίου, οι οποίοι αποτελώντας την ισχυρή «τάξη» των Ρωμιών, θα δομήσουν το ιδεολογικό περιεχόμενο του κινήματος του Ελληνοθωμανισμού, ως την τελευταία, ίσως, απόπειρα της Κωνσταντινούπολης να αρθρώσει το δικό της λόγο[59]. Αναφορικά δε, με το ζήτημα της ακεραιότητας της Αυτοκρατορίας, κατά την Έλλη Σκοπετέα, «[...] ο ελληνοθωμανισμός ήταν ένα σχήμα που επέτρεπε την αξιοποίηση -συνεπώς και την αποδοχή- της προοπτικής των μεταρρυθμίσεων, και η αποδοχή της προοπτικής αυτής προϋπέθετε αυτονόητα την αποδοχή του δόγματος της ακεραιότητας» [60]. Άλλωστε, κατά την ίδια, «[...] το νέο ελληνοθωμανικό σχήμα δεν μπορούσε να σημαίνει πολλά περισσότερα από την προοπτική της συγκυριαρχίας Ελλήνων και Τούρκων : όχι διάβρωση της Αυτοκρατορίας εκ των ένδον, αλλά ενσωμάτωση των Ελλήνων στον οθωμανικό κρατικό μηχανισμό· όχι επίλεκτα μέλη της ελληνικής εθνότητας οι ομογενείς, αλλά προνομιούχοι Οθωμανοί υπήκοοι» [61].

Από την άλλη πλευρά, μια νέα αστική τάξη, η οποία θα συγκροτηθεί αυτήν την περίοδο στα Μικρασιατικά παράλια και κυρίως στη Σμύρνη και θα αποτελείται, ως επί το πλείστον, από εμπόρους και επιχειρηματίες προερχόμενους από τα νησιά και την ηπειρωτική Ελλάδα, θα γίνει ο βασικός κήρυκας του ιδεολογικού σχήματος, βάσει του οποίου το Ελληνικό εθνικό κράτος, και πιο συγκεκριμένα η Αθήνα, θα πρέπει να είναι ο εμπνευστής και το σημείο αναφοράς της εθνικού πλέον περιεχομένου, προόδου των Ελλήνων της Ιωνί-

---

59 Αναγνωστοπούλου, ό.π., σ. 303. «[...] Άλλωστε, η Κωνσταντινούπολη ποτέ πλέον, από την ίδρυση του ελληνικού κράτους και μετά, δεν θα είναι το μοναδικό κέντρο του millet των Ρωμιών, μάλλον θα χάνει σταδιακά αυτόν το ρόλο της, ωστόσο, αυτήν την περίοδο τουλάχιστον, θα διεκδικήσει δυναμικά και σε μεγάλο βαθμό θα πετύχει να νομιμοποιείται ως το κέντρο των Ρωμιών».
60 Βλ. Σκοπετέα Έλλη, Το «πρότυπο Βασίλειο» και η Μεγάλη Ιδέα. -Όψεις του εθνικού προβλήματος στην Ελλάδα. (1830-1880), Αθήνα 1988, σ. 311.
61 Ό.π., σ. 315.

ας. Το ελληνικό σχολείο στη Σμύρνη θα συμβάλει καθοριστικά στην εδραίωση αυτής της ιδεολογικής στάσης μέσω μηχανισμών καλλιέργειας εθνικής συνείδησης, τα κίνητρα των οποίων δύσκολα μπορούν να διαχωριστούν από τα αντίστοιχα αλυτρωτικού χαρακτήρα, με κύρια πηγή προέλευσης το Βασίλειο της Ελλάδος. Αυτή η τάση θα ενδυναμωθεί περισσότερο, λόγω της ισότιμης αναγνώρισης από το ελληνικό κράτος των χορηγούμενων πτυχίων και της παράλληλης παροχής κινήτρων για σπουδές στο Πανεπιστήμιο των Αθηνών σε μαθητές προερχόμενους από τα ελληνικά σχολεία της Σμύρνης[62]. Κατ' αυτόν τον τρόπο, Σμυρνιοί με εμπειρία από τα εκπαιδευτικά ιδρύματα της Ελλάδας θα κομίσουν κατά τον εκπατρισμό τους και μια διαφορετική αντίληψη των πραγμάτων, αναφορικά με την ταυτότητα και το μέλλον των Ελλήνων της Αυτοκρατορίας, η οποία μοιραία θα παραγκωνίζει το συμβολικό και ενοποιητικό ρόλο της Κωνσταντινούπολης προς όφελος της Αθήνας.

Κάτω από αυτές τις προϋποθέσεις, εύκολα μπορεί να γίνει κατανοητό το έντονο φαινόμενο διπολισμού, το οποίο παρατηρείται στους χώρους της ελληνικής κοινότητας, κατά τις τελευταίες δεκαετίες του 19ου αιώνα και αγγίζει πέρα από τον πολιτικό χώρο και τα ζητήματα διοίκησης, όλες τις εκφάνσεις της πνευματικής υπόστασης του ελληνικού στοιχείου της Αυτοκρατορίας. Από αυτό το σημείο και έπειτα, είναι πλέον εξαιρετικά εφικτή η δόμηση του κλασικού ιστορικού στερεοτύπου, βάσει του οποίου αντιδιαστέλλεται η εικόνα μιας Αυτοκρατορικής-Οθωμανικής Κωνσταντινούπολης, σε σχέση με την αντίστοιχη μιας Ελληνικής-δυτικότροπης Σμύρνης. Αυτό το μοντέλο σχέσης των δύο μεγαλύτερων αστικών κέντρων της Οθωμανικής επικράτειας, επιβεβαιώνεται σχεδόν κατά κανόνα, κάθε φορά που το ελληνικό στοιχείο τοποθετείται πολιτικά ή εκφράζεται δημιουργικά στον χώρο της τέχνης και του πνεύματος.

Πριν επιχειρηθεί οποιαδήποτε προσπάθεια περιγραφής των γεγονότων που εξελίσσονται στον χώρο της Εκκλησιαστικής μουσικής κατά τη διάρκεια του 19ου αιώνα, κρίνεται σκόπιμο να γίνει μια σύντομη αναφορά στις κρίσιμες αλλαγές οι οποίες καθορίζουν τον χαρακτήρα της Κλασικής Οθωμανικής Μουσικής κατ' αυτήν την περίοδο, για δύο βασικούς λόγους: Κατ' αρχάς, επειδή ο χώρος που κατ' εξοχήν αντικατοπτρίζει τη γενικευμένη μετεξελικτική τάση, που ήδη αναπτύχθηκε παραπάνω, είναι εκείνος της καλλιτεχνικής δημιουργίας και ειδικότερα της λόγιας μουσικής έκφρασης, κυρίως χάρη στην άμεση εξάρτησή της από το Παλάτι και άρα από την πολιτική βούληση και ιδεολογική τοποθέτηση της εκάστοτε Οθωμανικής Αρχής. Ο άλλος λόγος στηρίζεται στην πεποίθηση, ότι η επίσημη μουσική

---

62 Το ζήτημα αυτό αναπτύσσεται διεξοδικά στο έργο του Herve Georgelin, ΣΜΥΡΝΗ..., και ειδικότερα στο κεφάλαιο, Το ελληνικό σχολείο: ένας βασικός μηχανισμός εξελληνισμού. σ. 114-135.

του Οθωμανικού κράτους κατά τον 19ο αιώνα, διαγράφει μια παράλληλη ιστορική πορεία με εκείνην της Εκκλησιαστικής μουσικής, καθώς βρίσκεται αντιμέτωπη με τις ίδιες προκλήσεις, σχετικά με την εύρεση εναλλακτικών μορφών πρωτογενούς έκφρασης και παράλληλα σαφούς οριοθέτησης της διαλεκτικής σχέσης μεταξύ Παράδοσης και ανανέωσης.

Το μεταβατικό διάστημα που θα παρεμβληθεί μεταξύ της Κλασικής εποχής της Οθωμανικής Μουσικής (17ος – μέσα 18ου αιώνα) και της περιόδου του Ρομαντισμού[63] και συμπίπτει με τη Βασιλεία του Selim του Γ΄(1789-1807), θα χαρακτηρισθεί από μια έντονη κινητικότητα στον χώρο της μουσικής δημιουργίας, κυρίως λόγω της προσωπικής ενασχόλησης και μέριμνας του Σουλτάνου με τη μουσική, αλλά και της παρουσίας του μεγαλύτερου Οθωμανού συνθέτη και δημιουργού, τουλάχιστον αυτής της περιόδου, του İsmâîl Dede Efendi (Hammâmî-zâde)[64]. Η εξωστρεφής πολιτική στάση του Selim προς τα ευρωπαϊκά κράτη, θα δώσει τον χώρο για την πρώτη σημαντική διείσδυση δυτικών προτύπων στον Οθωμανικό κόσμο, αφού με πρωτοβουλία του ιδίου, ευρωπαϊκής προέλευσης μπαλέτα και όπερες δίνουν, έστω και σε κλειστό περιβάλλον, παραστάσεις στο Παλάτι, σε βαθμό που να χρεωθεί το όχι και τόσο κολακευτικό παρωνύμιο του Gâvur Padişah (άπιστου-αλλογενή Σουλτάνου).

Το γεγονός ορόσημο όμως, για την πορεία της σύνολης μουσικής πραγματικότητας στα πλαίσια του Οθωμανικού κόσμου, θα είναι η κατάργηση του Μπεκτασικού Τάγματος των Γενιτσάρων (Yeniçeri Ocağı) το 1826[65], εκ μέρους του τότε Σουλτάνου και βασικού εκφραστή των Μεταρρυθμίσεων, Mahmut του Β΄. Το γεγονός αυτό, θα σημάνει και το οριστικό πλέον τέλος της δραστηριότητας, ενός εκ των βασικότερων χώρων μουσικής καλλιέργειας και παραγωγής, του Mehterhâne-i Hakani[66], που ανήκε στις τάξεις των Bektaşi[67]. Οι επιπτώσεις αυτής της πολιτικής κίνησης θα γίνουν

---

[63] Για την διάκριση των περιόδων κατά την ιστορική πορεία της Οθωμανικής Μουσικής, βλ. Körükçü Çetin, *Türk Sanat Müziği*, Κωνσταντινούπολη 1998, σ. 42-86.
[64] Öztuna, ό.π., I Cilt, σ. 394-405, Dr. Özalp Mehmet Nazmi, Türk musikisi Tarihi-Derleme-, I Cilt, Άγκυρα 1986, σ. 193-196, και επίσης Ak Ahmet Şahin, ό.π., σ. 94-99, όπου και εκτενή εργοβιογραφικά σημειώματα.
[65] Βλ. το κλασικό έργο του Βλαδίμηρου Μιρμίρογλου, *Οι Δερβίσσαι*, Σταμπούλ 1940, σ. 189-195.
[66] Πρόκειται για το κέντρο εκπαίδευσης και μουσικής καλλιέργειας των Γενιτσάρων, που έως και την εποχή του Mahmut απετέλεσε τον επίσημο μουσικό φορέα του Οθωμανικού στρατού.
[67] Στο σημείο αυτό, θα πρέπει να διευκρινιστεί ότι, το Μπεκτασικό Τάγμα είναι εκείνο το οποίο καλλιεργεί και παράλληλα κομίζει από την ύπαιθρο προς τα αστικά κέντρα της Αυτοκρατορίας μορφές του δημώδους πολιτισμού της Ανατολίας. Έτσι, η κίνηση αυτή του Σουλτάνου να αναστείλει την λειτουργία του Mehterhâne-i Hakani, εντάσσεται σε ένα ευρύτερο πολιτικό σχέδιο με σκοπό να πληγεί το θρησκευτικό Τάγμα των Bektâşi και κατά συνέπεια ο λαϊκός μουσικός πολιτισμός ο οποίος παραγόταν στις τάξεις του (ειδικά στα πλαίσια του Mehter). Το γεγονός αυτό φέρει μια εξαιρετικά ενδιαφέρουσα συμβολική σημασία, καθώς, έστω και έμμεσα, ο παραγκωνισμός των Bektâşi, σημαίνει αυτόματα και τον εξοβελισμό του λαϊκού μουσικού ιδιώματος από το αστικό

γρήγορα αντιληπτές σε όλα τα επίπεδα της μουσικής δραστηριότητας, καθώς εγκαινιάζεται ένας νέος πλέον τρόπος αντίληψης και διαχείρισης του μουσικού πολιτισμού, σε επίπεδο τόσο θεωρητικό-παιδαγωγικό, όσο και πρακτικό-εκφραστικό.

Η ίδρυση του Muzika-yι Hümayun[68] το 1826 και η περαιτέρω λειτουργία του ως επίσημου μουσικού φορέα του Οθωμανικού στρατού, δεν θα αντικαταστήσει απλώς την αρχαιότερη στρατιωτική μουσική παράδοση του Μπεκτασικού Mehter, αλλά και λόγω της ανάθεσης της γενικής εποπτείας του σε μουσικούς προερχόμενους από τη Δύση[69], μέσα σε μικρό χρονικό διάστημα θα συμβάλλει καθοριστικά στη δόμηση ενός μουσικού αισθητηρίου ικανού πλέον να δεχθεί με ευχάριστη διάθεση ακούσματα με στοιχεία που να παραπέμπουν στη δυτική μουσική κουλτούρα και έκφραση[70].

Έως την εποχή αυτή, ο βασικός θεσμός υπό την επιμέλεια του οποίου λειτουργούν «φυτώρια» νέων μουσικών είναι το Παλάτι[71], καθώς στα πλαίσιά του διδάσκεται κυρίως κοσμική, αλλά και θρησκευτική μουσική[72]. Το παιδαγωγικό σύστημα που εφαρμόζεται, είναι δομημένο βάσει της θεμελιώδους προσωπικής σχέσης δασκάλου-μαθητή (Hoca-Çιrak İlişkisi), και κυρίαρχη είναι η μέθοδος απομνημόνευσης μελωδικών θεμάτων μέσω της εκμάθησης του ρυθμικού σχήματος (Usûl), καθώς και της «μίμησης», όσον αφορά στην εκτέλεση και στην ερμηνεία του ρεπερτορίου (Meşk)[73]. Η

περιβάλλον της Οθωμανικής πρωτεύουσας, με σκοπό να δοθεί προτεραιότητα σε πρότυπα αστικά-αυτοκρατορικά, που εντοπίζονται σε άλλα μουσουλμανικά τάγματα και ειδικά σε εκείνο των Mevlevi.

68 Το ίδρυμα αυτό θα είναι εκείνο που θα αντικαταστήσει εναλλακτικά την προηγούμενη εκπαιδευτική παράδοση του Mehter (επίσημη στρατιωτική μουσική της Αυτοκρατορίας, Μπεκτασικής προέλευσης).

69 Ο πρώτος ευρωπαίος οργανωτής του θεσμού αυτού υπήρξε ο Γάλλος μουσικός Manguel, τον οποίον και διαδέχθηκε ο διάσημος Ιταλός συνθέτης Giuseppe Donizetti, αδελφός του φημισμένου Gaetano Donizetti, ο οποίος και παρέμεινε στην θέση αυτή έως και τον θάνατό του (10 Φεβρουαρίου 1856), συμβάλλοντας καίρια στην αποδοχή του εξευρωπαϊσμένου πλέον θεσμού της στρατιωτικής μπάντας εκ μέρους του οθωμανικού λαού. Βλ. στην τιμητική έκδοση, Geçmişten Günümüze Türk Müziği, Aşk ve Hüzün, Türkiye İş Bankasι, (X.X), σ. 5-6.

70 Εξαιρετικά ενδιαφέρουσες πληροφορίες σχετικά με τη λειτουργία των μουσικών τμημάτων του στρατού πριν και μετά τις μεταρρυθμίσεις του Mahmut, δίνονται στο έργο του Οθωμανού μουσικολόγου Rauf Yekta, La Musique Turque, 1922, μετάφραση στα τουρκικά, Murat Bardakçι, Κωνσταντινούπολη 1986, σ. 53-54.

71 Εκτός από το Παλάτι, παιδαγωγική-διδακτική δραστηριότητα κατά την Οθωμανική περίοδο, παρατηρείται στους διάφορους λατρευτικούς χώρους των επιμέρους θρησκευτικών κοινοτήτων και ομάδων (τζαμιά, εκκλησίες -ρωμαίικες και αρμένικες-, ευκτήριοι οίκοι Ισλαμικών αιρέσεων -Dergâh Tekkeleri, Mevlevi Haneleri-, συναγωγές, κ. ά). Επίσης, ιδιαίτερα κατά τις τελευταίες δεκαετίες του 19ου αιώνα και με αφορμή την έξαρση της Fasιl Μουσικής, σημαντικός αριθμός μουσικών, προερχόμενος από τις μη μουσουλμανικές κοινότητες της Πόλης, λαμβάνει το βασικότερο μέρος της παιδαγωγικής του παιδείας, στα πλαίσια της καθ' αυτής επιτέλεσης, και πιο συγκεκριμένα στο πεδίο της λαϊκής μουσικής διασκέδασης (piyasa).

72 Öztuna, ό.π., I Cilt, σ. 262-263.

73 Για τις μεθόδους διδασκαλίας και μάθησης της Οθωμανικής Μουσικής, βλ. Behar Cem, Aşk olmayιnca meşk olmaz, Κωνσταντινούπολη 1998.

ίδρυση, όμως, του Muzika-yı Hümayun, θα επισκιάσει και στη συνέχεια θα λάβει εξ' ολοκλήρου την θέση του Μουσικού Διδακτηρίου των Ανακτόρων (Topkapı Saray-ı Hümayunun' daki Enderun Musiki Mektebi), εφαρμόζοντας μάλιστα ένα παιδαγωγικό σύστημα δομημένο αυστηρά κατά τα πρότυπα των σύγχρονων ευρωπαϊκών Κονσερβατόριων και επικεντρωμένο στη μελέτη του κλασικού δυτικού ρεπερτορίου, μέσω της γνώσης του ευρωπαϊκού σημειογραφικού συστήματος. Παρόλο που η καθολική αποδοχή του πενταγράμμου, ως του επίσημου συστήματος καταγραφής της Οθωμανικής Μουσικής θα αργήσει αρκετά να έλθει[74], η παιδαγωγική μέθοδος του Muzika-yı Hümayun, θα παίξει σημαντικό ρόλο στη μετεξέλιξη της Οθωμανικής Μουσικής από προφορικής σε γραπτή, αφού κατ' αυτήν την περίοδο θα καθιερωθεί σε μεγάλη κλίμακα η καταγραφή του ρεπερτορίου μέσω διάφορων σημειογραφικών συστημάτων, με κυρίαρχο αυτό του Αρμένιου Hamparsum Limoncuyan (1768-1839)[75].

Το μέγεθος ωστόσο που κυριαρχεί στον ευρύτερο Οθωμανικό χώρο είναι εκείνο του εικαστικού-ιδεολογικού ρεύματος του «Οθωμανικού Ρομαντισμού», που αναπτύχθηκε κατά τη διάρκεια του 19ου αιώνα, καθορίζοντας μεταξύ άλλων, και το αισθητικό μοντέλο της μουσικής παραγωγής, άλλοτε μέσω της εναλλακτικής χρήσης προτύπων αντλημένων από τον δυτικό μουσικό πολιτισμό, και άλλοτε μέσω της ένταξης στο λόγιο-αστικό ρεπερτόριο, λαϊκών-ιδιωματικών στοιχείων της Οθωμανικής υπαίθρου (Ανατολία, Βαλκανική)[76]. Η πρακτική αυτή εντάσσεται ιστορικά στο ευρύτερο σχέδιο εξαστισμού που παρατηρείται κατά την εν λόγω περίοδο στην Οθωμανική επικράτεια, ενώ ερμηνεύεται κοινωνιολογικά σε σχέση με την δυναμική διαδικασία συγκρότησης μιας νέας, προοδευτικής ιδεολογικά πολιτισμικής ταυτότητας.

Επιγραμματικά, οι βασικότερες συνιστώσες του ρεύματος του Ρομαντισμού, όπως αυτές εντοπίζονται στη μουσική παραγωγή της εποχής σε επίπεδο υφολογίας και συνθετικής πρακτικής είναι οι εξής :

---

[74] Το σημερινό εν χρήσει σύστημα γραφής καθιερώθηκε στις αρχές της δεκαετίας του 1930, μετά από τη συνεργασία των Sâdeddin Arel και Subhi Ezgi. Αναφορικά με την προσαρμογή του πενταγράμμου στις ανάγκες του θεωρητικού συστήματος των makam, Öztuna, ό.π., I Cilt, σ. 137, καθώς και Behar Cem, *Musikiden Müziğe, Osmanlı/Türk Müziği: Gelenek ve Modernlik*, Κωνσταντινούπολη 2005, σ. 83-116, 271-279.

[75] Reinhard Kurt και Ursula, -μετάφραση από τα Γερμανικά- *Türkiye' nin Müziği*, I Cilt, Άγκυρα 2007, σ. 70. "*[...] Ο Giuseppe Donizetti (1788-1856) μάλιστα, κατά την περίοδο που συγκροτούσε τη νέα ορχήστρα του παλατιού, αφού πρώτα ο ίδιος έμαθε το σύστημα Hamparsum, έπειτα μέσω αυτού, κατάφερε να μεταδώσει στους μουσικούς του το δυτικό σύστημα γραφής με έναν πλέον πειστικό τρόπο [...]*".

[76] Η χρήση του όρου «Οθωμανικός Ρομαντισμός», δεν σημαίνει και την αποδοχή της μεθοδολογικής αρχής της σύγχρονης τουρκικής μουσικολογικής ιστοριογραφίας, σύμφωνα με την οποία η περιοδολόγηση της οθωμανικής μουσικής γίνεται με απόλυτη αναφορά στα αντίστοιχα ρεύματα του ευρωπαϊκού χώρου.

- Φανερή αποστασιοποίηση από τις εκτεταμένες και αργές φόρμες του κλασικού ρεπερτορίου με παράλληλη καθιέρωση πλέον ευέλικτων και συνοπτικών συνθετικών και ρυθμικών φορμών (küçük usûller)[77]
- Σε επίπεδο μορφολογίας, παρατηρείται η πυκνή έως επιτηδευμένα επεξεργασμένη ανάπτυξη του μουσικού θέματος, μέσω της χρήσης επιμέρους μινιμαλιστικών μοτίβων (ορναμενταλισμός)
- Συχνή χρήση τροπικών μετατροπιών (Geçki) και αλλοιώσεων
- Επέκταση του θεωρητικού μεγέθους της Οθωμανικής μουσικής θεωρίας μέσω της δόμησης μικτών (Şed) και μετατιθέμενων (Mürekkeb) makam
- Σε επίπεδο αισθητικής και υφολογίας, παρατηρείται έντονη διάθεση λυρισμού που αποβλέπει στην εσώτερη πνευματική-συναισθηματική φόρτιση

Σε μια δραματικά μεταλλασσόμενη Αυτοκρατορία στο επίπεδο της πολιτικής και των κοινωνικών θεσμών, η μουσική πραγματικότητα, ειδικά στα αστικά κέντρα, δεν θα μείνει ανεπηρέαστη από το βαθύτερο ιδεολογικό πλέγμα το οποίο συνέχει τη διαδικασία των μεταρρυθμίσεων και του εκσυγχρονισμού. Κάτω από αυτές τις συνθήκες θα μετεξελιχθεί στιλιστικά το περιεχόμενο και ο χαρακτήρας της Οθωμανικής Μουσικής, καθώς από προφορική-φωνοκεντρική, βαθμιαία θα εξελιχθεί σε γραπτή-οργανική, και από διαδικασία, σε παιδαγωγικό επίπεδο, θεμελιωμένη στη βιωματική σχέση δασκάλου-μαθητή, βάσει των παραδοσιακών μεθόδων απομνημόνευσης και μίμησης, θα μετατραπεί σε υπόθεση εξαρτώμενη από το αναλυτικό πρόγραμμα σπουδών των «άνωθεν» συγκροτούμενων μουσικών ιδρυμάτων και σχολών.

Λαμβάνοντας υπ' όψιν αυτές τις εξελίξεις και δεδομένης της γενικότερης κινητικότητας η οποία παρατηρείται κατ' αυτήν την χρονική περίοδο στους κόλπους της ελληνικής κοινότητας, αναφορικά με τον επαναπροσδιορισμό της Οθωμανικής της ταυτότητας, μπορεί να ανιχνευθεί με περισσότερη ακρίβεια το ιδεολογικό υπόβαθρο των επιμέρους τάσεων και «σχολών» που εμφανίζονται και δραστηριοποιούνται στον χώρο της Εκκλησιαστικής μουσικής του 19ου αιώνα. Αυτό που είναι σημαντικό, είναι το γεγονός της συγχρονισμένης-παράλληλης με τις γενικότερες κοινωνικο-πολιτισμικές εξελίξεις, εκδήλωσης επιμέρους αντιλήψεων και προσεγ-

---

[77] Στο επίπεδο αυτό μεγάλη θα πρέπει να θεωρηθεί η συμβολή του Hacı Arif Bey (1831-1885), καθώς ο ίδιος θα καθιερώσει ουσιαστικά την ευέλικτη φόρμα του Şarkı (αποτελείται δομικά από τέσσερις στροφές (mısra) -1. zemin, 2. nakarat, 3. meyan, 4. nakarat-), που μέχρι αυτήν την εποχή δεν κάλυπτε παρά μόνο ένα μικρό μέρος του συνόλου ιστορικού υλικού. Το γεγονός αυτό, σηματοδοτεί παράλληλα, την οριστική εγκατάλειψη των εκτεταμένων κλασικών συνθετικών ειδών Kâr, Ağır Semâî, Beste.

γίσεων σε σχέση με το ζητούμενο του καθορισμού της έννοιας της Παράδοσης και της δυνατότητας ή μη ενδεχόμενης ανανέωσης, ή ακόμα και υπέρβασής της, στο πεδίο της δημιουργίας και του πολιτισμού.

Κεφάλαιο δ΄

Το ιδεολογικό υπόβαθρο και οι ιστορικές σκοπιμότητες που ορίζουν τον χαρακτήρα της «Μεταμεταρρυθμιστικής» περιόδου στην Εκκλησιαστική μουσική

Αναμφίβολα, σημείο τομής στην ιστορική πορεία της Εκκλησιαστικής μουσικής κατά τη διάρκεια του 19ου αιώνα, απετέλεσε η «μεταρρύθμιση» του σημειογραφικού συστήματος από τους «τρεις Διδασκάλους», τον Χρύσανθο εκ Μαδύτων, τον Γρηγόριο Πρωτοψάλτη και τον Χουρμούζιο Χαρτοφύλακα, το 1814. Το γεγονός αυτό, από τη μια πλευρά, υπήρξε η απόληξη και παράλληλα ο καρπός μιας μακρόχρονης διεργασίας σχετικά με το ζητούμενο της ανάλυσης-απλοποίησης της σημειογραφίας[78] και από την άλλη, αποτέλεσε το εφαλτήριο μιας νέας περιόδου ακμής, με βα-

---

[78] Βλ. Χατζηγιακουμής Μανόλης, Χειρόγραφα Εκκλησιαστικής μουσικής 1453-1820, Εθνική Τράπεζα της Ελλάδος, Αθήνα 1980, σ. 55. «[...] Η μακρόχρονη εξέλιξη της μουσικής σημειογραφίας, η οποία ξεκίνησε ουσιαστικά με τις πρώτες εξηγήσεις (τέλος 17ου αι.) του Μπαλασίου, θεμελιώθηκε αργότερα με την απλούστερη γραφική διατύπωση (1756) του Ιωάννη Πρωτοψάλτη του Τραπεζουντίου, και η οποία διαμορφώθηκε και επιβλήθηκε γενικότερα με τον Πέτρο τον Πελοποννήσιο, κατέληξε κυρίως διαμέσου των παραπέρα αναλύσεων του Πέτρου Βυζαντίου και του Γεωργίου του Κρητός, στην οριστική επινόηση ενός καινούργιου γραφικού συστήματος, απλού, ευμέθοδου και στηριγμένου στην παράδοση [...]». Στα πλαίσια αυτής της γενικευμένης διεργασίας, θα μπορούσε να ενταχθεί, επίσης, και η πρόταση εφαρμογής νέας μεθόδου γραφής κατά τον τύπο των αλφαβητικών συστημάτων, εκ μέρους του Αγαπίου Παλιέρμου του Χίου, που κατατέθηκε και μάλιστα διδάχθηκε για μικρό διάστημα επί Πατριαρχείας Γρηγορίου του Ε΄. Βλ. Χρύσανθος έκ Μαδύτων, Θεωρητικόν Μέγα της Μουσικής, έν Τεργέστη 1832, Μέρος Β΄ §76, καθώς και Παπαδόπουλος Γεώργιος, Συμβολαί εις την Ίστορίαν της Εκκλησιαστικής Μουσικής, έν Αθήναις 1890, σ. 316.

σικό χαρακτηριστικό την τάση για πρωτογενή δημιουργία στα πλαίσια μιας ευρύτερης διάθεσης για ανανέωση και εμπλουτισμό του ιστορικού υλικού. Η κίνηση αυτή θα έχει ως αποτέλεσμα την εμφάνιση στο μουσικό προσκήνιο της εποχής (θεωρητικό-πρακτικό), νέων, ανατρεπτικών πολλές φορές προσεγγίσεων, οι οποίες και στο εξής, θα αναιρούν σε κάθε ευκαιρία την πεποίθηση περί ύπαρξης μίας και μοναδικής, ενιαίας και παράλληλα κοινά αποδεκτής αντίληψης και ερμηνείας των πραγμάτων. Η ευκολία πρόσληψης και περαιτέρω χρήσης ετερόκλητων στοιχείων στον χώρο της Εκκλησιαστικής μουσικής, προφανώς αποτελεί λογικό παρεπόμενο της γενικευμένης εκστατικού χαρακτήρα κίνησης του Ελληνισμού της εποχής αυτής, στον χώρο της τέχνης, της δημιουργίας και της διανόησης. Έτσι, γρήγορα θα αποτελέσει την αφορμή, στο να τεθεί εκ νέου προς συζήτηση το περιεχόμενο της «Παράδοσης» και κατά συνέπεια, το ποσοστό στο οποίο θα πρέπει να αποτελεί γνώμονα και σημείο αναφοράς κάθε πρωτογενούς πρότασης-προσέγγισης, στο επίπεδο της καλλιτεχνικής δημιουργίας και έκφρασης.

Ο προσδιοριστικός χαρακτήρας του νέου συστήματος σε συνδυασμό με την εν γένει αναλυτική λειτουργικότητά του[79], θα αποτελέσει την αφορμή αλλά και παράλληλα το κατάλληλο χρηστικό μέσο για τη δυνατότητα μιας πλέον λεπτομερούς-μικροσκοπικής απόδοσης μουσικών μοτίβων και θεμάτων. Το νέο αυτό δεδομένο θα συμβάλει καθοριστικά στη σαφέστερη αποτύπωση -πέραν του προφορικού πλέον τρόπου- των ιδιαίτερων συστατικών που δομούν τις εκάστοτε «σχολές» και τάσεις, ενθαρρύνοντας παράλληλα την ανάγκη για έκφραση της προσωπικής συνθετικής ανησυχίας, ακόμα και στην πλέον ακραία της μορφή. Επίσης, η ευρύτατη εκδοτική δραστηριότητα που παρατηρείται ειδικά μετά το 1830, θα καταστεί αρωγός στη διάδοση αλλά και στην περαιτέρω ιστορική κατοχύρωση επιμέρους τοποθετήσεων, καρπού άλλοτε προσωπικής και άλλοτε συλλογικής αναζήτησης στα πλαίσια μιας μουσικής πραγματικότητας που χαρακτηρίζεται από ένα διάχυτο-γενικευμένο προβληματισμό.

Το κρισιμότερο όμως γεγονός, που εξασφαλίζει στον 19ο αιώνα την ιστορική του αυτονομία και σημαντικότητα για την Εκκλησιαστική μου-

---

[79] Θα πρέπει στο σημείο αυτό να γίνει μία κρίσιμη επισήμανση αναφορικά με την ιδεολογική κυρίως διάθεση που χαρακτηρίζει το έργο των μεταρρυθμιστών, και αφορά κατά βάση στις αρχές και στα πρότυπα του Διαφωτισμού. Έτσι, το σημείο αναφοράς για τους τρεις Δασκάλους είναι το μέγεθος της Ευρώπης, και πιο συγκεκριμένα το εκσυγχρονιστικό μοντέλο το οποίο η ίδια προτείνει, με σαφή μάλιστα αναφορά προς την κληρονομιά της αρχαιότητας. Άλλωστε, η σημειογραφικά προσδιοριστική φιλοσοφία της νέας μεθόδου είναι εύκολο να αποδοθεί στην αντίστοιχη λειτουργική λογική του ευρωπαϊκού συστήματος γραφής, όπως επίσης, δυνατή είναι και η σύνδεση της θεωρητικής σκέψης του Χρυσάνθου, με τα μεθοδολογικά μοντέλα των αρχαίων ελλήνων μουσικοθεωρητικών.

σική, είναι εκείνο της έντονης κινητικότητας που αναπτύσσουν επιμέρους ομάδες με σαφή τόσο γεωγραφικό χώρο προέλευσης, όσο και προσανατολισμό, κατά κανόνα προσαρμοσμένο σε πρότυπα φυγόκεντρης-αυτοδιάθετης δραστηριοποίησης. Έτσι, κύκλοι μουσικών, συγκροτούμενοι από μέλη με κοινές γεωπολιτισμικές καταβολές, θα παίξουν έναν εξαιρετικά σημαντικό ρόλο στην εξέλιξη των πραγμάτων, επαληθεύοντας μέσα από τη δράση τους το γεγονός της υφολογικής διαφορετικότητας που καθορίζει τις επιμέρους εκδοχές.

Ως χαρακτηριστικότερη περίπτωση αυτού του φαινομένου εκλαμβάνεται συνήθως εκείνη η οποία εκδηλώθηκε στην ευρύτερη περιοχή της Σμύρνης, τόσο εξ' αιτίας του σαφώς διαφοροποιούμενου από τα κλασικά πρότυπα περιεχομένου της, όσο και λόγω των ποικίλων συζητήσεων-αντιδράσεων που προκλήθηκαν σε σχέση με αυτή. Παράλληλα όμως με την κίνηση της Σμύρνης, κυρίως μετά το 1850, είναι εύκολο να παρατηρήσει κανείς, ότι αναπτύσσεται μια ευρύτερη περιφερειακή δραστηριότητα και σε άλλα γεωγραφικά διαμερίσματα της Αυτοκρατορίας, όπως για παράδειγμα στην Ανατολική Θράκη και στην Προποντίδα[80], με ανάλογο χαρακτήρα και ιδεολογικό περιεχόμενο. Παρά τις διαφορές τους, το σίγουρο είναι, ότι όλες αυτές οι προσεγγίσεις είναι απόρροια του ίδιου ισχυρού ρεύματος, το οποίο διακατέχεται από μια έντονη διάθεση απεγκλωβισμού της δημιουργίας από τα κλασικά στερεότυπα του παρελθόντος και αξιοποίησης νέων προτύπων έκφρασης στα πλαίσια της Εκκλησιαστικής μουσικής.

Ωστόσο, μια έστω και πρόχειρη προσέγγιση της προερχόμενης από τον πατριαρχικό χώρο μουσικής φιλολογίας του ύστερου 18ου και 19ου αιώνα, οδηγεί μάλλον με ασφάλεια στο συμπέρασμα, ότι από την εποχή της Πρωτοψαλτείας του Δανιήλ (1771-1789), αν όχι και από εκείνη του δασκάλου του Παναγιώτη Χαλάτζογλου (1728-1736), τουλάχιστον όσον αφορά στον χώρο της συνθετικής δραστηριότητας, είχαν επιχειρηθεί σα-

---

80 Ως κυριότεροι εκπρόσωποι του τοπικού ιδιώματος της Θράκης, από τα μέσα του 19ου αιώνα κ. ε, θα πρέπει να θεωρηθούν οι, Χριστόδουλος Γεωργιάδης Κεσσανιεύς, Γεώργιος Σαρανταεκκλησιώτης, Συμεών Μανασσείδης, Χατζή Αφεντούλης Σαρανταεκκλησιώτης και φυσικά ο Γεώργιος Ραιδεστηνός. Όσον αφορά δε στο τοπικό ιδίωμα της ευρύτερης περιοχής του Μαρμαρά (Προποντίδα), οι κύριοι εκφραστές του είναι οι, Γεώργιος Ρύσιος, Πέτρος Φιλανθίδης από την Πάνορμο, Παναγιώτης Κηλτζανίδης ο Προυσσαεύς και Κοσμάς ο Μαδυτινός. Μουσικοί προερχόμενοι από την ανατολική Θράκη και τον Μαρμαρά, αφού λάβουν τη βασική τους εκπαίδευση στον τόπο καταγωγής τους, δραστηριοποιούνται κυρίως στην ευρύτερη Κωνσταντινούπολη, μεταφέροντας κατά τρόπο εμφανή διαμέσου του έργου τους στοιχεία από την τοπική παράδοση την οποία εκπροσωπούν. Χάρη σ' αυτή την κινητικότητα θα διαμορφωθούν οι διάφορες «κοινοτικές» παραδόσεις, που θα αποτελέσουν το επονομαζόμενο «εξωπατριαρχικό» ύφος της Πόλης, το οποίο θα παίξει καθοριστικό ρόλο κατά τις τελευταίες δεκαετίες του 19ου αιώνα, στην ιστορική εξέλιξη της Εκκλησιαστικής μουσικής, ακόμα και εντός των ορίων του Πατριαρχείου.

φείς απόπειρες εμπλουτισμού-ανανέωσης του έως τότε εν χρήσει ιστορικού υλικού με στοιχεία προερχόμενα από το ευρύτερο μουσικό περιβάλλον της εποχής. Αυτή η τάση θα εκπροσωπηθεί σχεδόν κατά κανόνα από τους συνθέτες του Πατριαρχείου, έως και τους μεταρρυθμιστές, στο έργο των οποίων θα αποκτήσει καθορισμένη πλέον υπόσταση και μορφή[81]. Η διεργασία αυτή πιστοποιεί το γεγονός, ότι και οι πλέον συντηρητικοί κύκλοι της εποχής, δεν θα μείνουν ανεπηρέαστοι και άθικτοι από τη γενικότερη κινητικότητα που παρατηρείται, αλλά αντιθέτως θα ενταχθούν και εκείνοι με τη σειρά τους σ' αυτό το δυναμικό πλέγμα εξελίξεων και αλλαγών που κυριαρχεί. Όσον αφορά στην Πατριαρχική Παράδοση, κάτι τέτοιο δεν θα πρέπει να εκληφθεί ως παραφθορά και αλλοτρίωση, άλλα αντίθετα ως ανάδειξη της εσώτερης δυναμικής που περικλείει και την καθιστά ανά πάσα στιγμή ικανή να εγκολπώνεται και στη συνέχεια να αναμορφώνει προσλαμβάνοντα στοιχεία ετερογενούς και «θύραθεν» προέλευσης.

---

[81] Η πεποίθηση περί εμπλουτισμού της Πατριαρχικής Παράδοσης με νέα ετερόκλητα στοιχεία από τα μέσα ήδη του 18ου αιώνα, ενισχύεται εκτός των άλλων και από τις εξαιρετικά ενδιαφέρουσες πληροφορίες-κρίσεις όπου παραδίδει ο Χρύσανθος στο β' μέρος του Θεωρητικού του. Πιο συγκεκριμένα, για τον Δανιήλ αναφέρει πως, «[...] τὸν ἐξηγηματικὸν αὐτὸν τρόπον ἤθελε μιμῆται, [...] διὰ τοῦτο εὑρίσκονται θέσεις καινότροποι και τολμηταί, οἵας δὲν μεταχειρίσθησαν οὔτε οἱ πρὸ αὐτοῦ ψαλμωδοὶ οὔτε οἱ μετ' αὐτόν· διὰ τὰς ὁποίας καὶ τολμῶσι τινὲς δι' ἀμάθειαν νὰ τὸν κατηγορῶσι. Διότι ἐπειδὴ οὗτος ἐπεχείρησε νὰ εἰσάγῃ εἰς τὰ ἐκκλησιαστικὰ μέλη καὶ ἐξωτερικά, δηλαδὴ μέλη τὰ ὁποῖα ἐσυνηθίζοντο εἰς τὸν καιρὸν του παρὰ τοῖς ὀργανικοῖς μουσικοῖς, ἃ τινα δὲν ἦτον δυνατὸν νὰ γράφωνται μὲ τὰς παλαιὰς τῆς ἐκκλησιαστικῆς μουσικῆς θέσεις, ἠναγκάσθη νὰ νεωτερίζῃ» (§76). Πάντως, κατ' αυτή την περίοδο, αν εξαιρέσει κανείς ίσως την περίπτωση του Ιακώβου, ο οποίος κατά τον Χρύσανθο «ἀκριβῶς φυλάττον τὰ παραδεδομένα, δὲν ἔχαιρε τόσον εἰς νεωτερισμούς» (§78), οι μουσικοί του Πατριαρχείου τείνουν προς μια στάση μάλλον εκσυγχρονιστική, τόσο αναφορικά με το ζήτημα του εμπλουτισμού του σημειογραφικού συστήματος, όσο και σε σχέση με την ανάγκη σύντμησης των κλασικών μελών. Για παράδειγμα, το γεγονός της απόδοσης του στιχηραρικού είδους σε σύντομη φόρμα από τον Πέτρο τον Πελοποννήσιο, -είτε θεωρηθεί ως εξήγηση του παλιού Στιχηραρίου με πιο ευσύνοπτο τρόπο, είτε ως καταγραφή της σύντομης προφορικής του εκδοχής-, αποτελεί μία κίνηση εκσυγχρονιστικού χαρακτήρα, σε σχέση με την αργή, έστω και εμπλουτισμένη, μορφή που παραδίδει ο Ιάκωβος. Το φαινόμενο αυτό θα γίνει περισσότερο εμφανές, και σε συνθετικό πλέον επίπεδο, μέσω του έργου του Μανουήλ Πρωτοψάλτου αλλά και των ίδιων των μεταρρυθμιστών, το οποίο χαρακτηρίζεται έντονα από μια εκτεταμένη και με τρόπο μάλιστα αυτόνομο χρήση μελωδικών συμπεριφορών δανεισμένων από το τροπικό σύστημα των makam. Επίσης, θα ήταν χρήσιμο να επισημανθεί η σημαντική ενασχόληση του Γρηγορίου και του Χουρμουζίου σχετικά με την ανθολόγηση συλλογών εξωτερικής μουσικής, οι οποίες και είναι ενδεικτικές της γενικότερης σχέσης αλληλεπίδρασης που είχε αναπτυχθεί, ακόμα και εντός των ορίων του πατριαρχικού περιβάλλοντος. Αναφορικά δε με τη ροπή που επιδεικνύει ο Γρηγόριος Πρωτοψάλτης προς το νεωτερισμό, δεν θα πρέπει να εκληφθεί ως ασήμαντο το γεγονός της μαθητείας του δίπλα στον İsmail Dede Efendi (Ντεντέ Ισμαηλάκης), καθώς και της μακρόχρονης εμπειρίας του σε κύκλους Αρμένιων μουσικών, οι οποίοι στον 19ο αιώνα απετέλεσαν την πλέον ακραία μερίδα του εκσυγχρονιστικού ρεύματος της μουσικής παραγωγής στην Κωνσταντινούπολη. Βλ. Παπαδόπουλος, ό.π., σ. 329-330. Δεδομένου αυτού του συνθετικού πλουραλισμού, καθίσταται φανερή η ύπαρξη επιμέρους τάσεων και αντιλήψεων εκ μέρους των εκπροσώπων της Πατριαρχικής μουσικής του 19ου αιώνα, δυσχεραίνοντας τη διασφάλιση της μορφολογικής ομοιογένειας του Πατριαρχικού ύφους, τουλάχιστον όσον αφορά στο πεδίο της μελοποιίας και της πρωτότυπης σύνθεσης.

Η Εκκλησιαστική μουσική της Σμύρνης (1800-1922)

Στον αντίποδα αυτής της εκσυγχρονιστικού τύπου διαδικασίας, έρχεται να τεθεί η σημαντική δραστηριότητα των Πατριαρχικών Μουσικών Σχολών και των Εκκλησιαστικών Μουσικών Συλλόγων της Κωνσταντινούπολης, στα πλαίσια των οποίων επιχειρείται μια γενικευμένου χαρακτήρα «κάθαρση» της Εκκλησιαστικής μουσικής από καθετί το καινοφανές και νεωτεριστικό[82]. Στο διάστημα λειτουργίας αυτών των θεσμών θα παρουσιασθεί μια εξαιρετικά ενδιαφέρουσα κινητικότητα, η οποία θα εκτείνεται σε πολλά επίπεδα (διδακτικό, εκδοτικό, θεωρητικό, οργανωτικό), λόγω της ίδιας της πολυκλαδικής σύστασης αυτών των θεσμών. Σημαντικές πρωτοβουλίες στα πλαίσια της λειτουργίας των μουσικών συλλόγων, θα αναλάβουν οι επιφανέστερες προσωπικότητες του μουσικού κόσμου της εποχής, μεταξύ άλλων και μέσω της σύστασης ειδικών επιτροπών με σκοπό τη ρύθμιση ζητημάτων θεωρητικής φύσεως, καθώς και την χορήγηση έγκρισης σχετικά με έργα που επρόκειτο να εκδοθούν. Αποκορύφωμα όλης αυτής της διαδικασίας υπήρξε η σύνταξη δύο εγκυκλίων «τοῖς ἱεροψάλτες τῶν ἐν Κωνσταντινουπόλει ἱερῶν Ἐκκλησιῶν» από τη Μεγάλη Πρωτοσυγκελία, επί Πατριαρχείας Ιωακείμ του Γ΄, και συγκεκριμένα στις 2 και 8 Ιανουαρίου του 1880[83]. Το πρώτο από τα δύο κείμενα περιέχει κυρίως γενικού περιεχομένου κατευθύνσεις-οδηγίες, σχετικά με την «ευσχημοσύνη και την τάξη», όπως αναφέρει χαρακτηριστικά, η οποία θα πρέπει να διακατέχει τη λατρευτική μουσική στους ναούς της Κωνσταντινούπολης.

---

82 Ο όρος «κάθαρσις» χρησιμοποιείται κατά κόρον σε όλες σχεδόν τις καταστατικές πράξεις και τους κανονισμούς των Μουσικών Σχολών και Συλλόγων της Κωνσταντινούπολης, από την ίδρυση της Δ΄ Πατριαρχικής Σχολής (1815) και έπειτα, όντας δηλωτικός του ευρύτερου ιδεολογικού προσανατολισμού αυτών των θεσμών. Για παράδειγμα, κατά τον Παπαδόπουλο (ό.π., σ. 380), η Εκκλησία μέσω της ίδρυσης της ΣΤ΄ Πατριαρχικής Μουσικής Σχολής, μερίμνησε «[...] ὑπὲρ τῆς διασώσεως τοῦ προγονικοῦ κειμηλίου, τῆς ἐκκλησιαστικῆς ἡμῶν μουσικῆς, καὶ τῆς **ἐκκαθάρσεως** αὐτῆς ἀπὸ τῶν ξενισμῶν, οὓς αἱ τῶν χρόνων ἐπιφοραὶ παρεισήγαγον ἐπ᾽ ἀλλοιώσει τοῦ ἀρχετύπου κάλλους τῆς ὡραίας τέχνης, [...]». Επίσης, οι δάσκαλοι της Ε΄ Πατριαρχικής Σχολής, «[...] ἔκριναν ἀναγκαῖον ὅπως τὰ διδαχθησόμενα ἐν τῇ σχολῇ ὦσιν εἰς τὸ ἑξῆς **κεκαθαρμένα** ἀπὸ τῶν διαφόρων ξενισμῶν, [...]», Παπαδόπουλος, ό.π., σ. 379. Αντίστοιχο είναι το πνεύμα που κυριαρχεί αυτήν την εποχή και στους μουσικούς συλλόγους της Πόλης, καθώς ο Ελληνικός Μουσικός Σύλλογος, «[...] ἀνέλαβε νὰ **ἐκκαθάρῃ** τὴν μουσικὴν ἡμῶν, ὡς ποτὲ ὁ Κοραῆς τὴν νεοελληνικὴν γλῶσσαν ἀπὸ τῶν παρεισφρησάντων ξενισμῶν, καὶ νὰ ἀναβιβάσῃ αὐτὴν εἰς τὸ καλλιτεχνικὸν ὕψος ἐξ οὗ κατέπεσεν». Ό.π., σ. 397. Σύμφωνα με επιστολή του προέδρου Δημητρίου Πεταλλίδη προς τον Πατριάρχη Κωνσταντίνο τον Ε΄, «[...] ὁ μουσικὸς σύλλογος ἔχει σκοπὸν ὅλως πρακτικόν, τὴν **κάθαρσιν** τῶν ἱερῶν ἀσμάτων ἀπὸ παντὸς ξένου καὶ ὀθνείου, τὴν ἐπάνοδον εἰς τὰ ἀρχαιοπρεπῆ Ἐκκλησιαστικὰ μέλη, τὴν διατήρησιν τοῦ ὕφους τῆς ἐκτελέσεως αὐτοῦ καὶ τὰ ὅμοια, καὶ ἐπὶ τέλους τὴν διὰ μουσικῆς σχολῆς διάδοσιν τῶν βελτιώσεων τούτων». Βλ. Εκκλησιαστική Αλήθεια, έτος 1891, τεύχος ΙΓ΄, σ. 214. Τέλος, σε μια λογοδοσία του ο Γεώργιος Παπαδόπουλος που απήγγειλε κατά την τριετηρίδα του μουσικού συλλόγου «Ορφεύς» το 1889, τονίζει ότι, «[...] τὰ μέλη τῶν νεωτέρων μελοποιῶν δέον νὰ **ἐκκαθαρθῶσιν** ἐκ τῶν εἰσφρησάντων τυχὸν ποικιλμάτων καὶ ἰδιωτισμῶν τῆς δημώδους ἀσιατικῆς ἐν γένει μουσικῆς, καὶ διορθωθῶσιν ἐντὸς τῶν ὅρων, οὓς ἔθηκαν οἱ πατέρες, καὶ τοῦ λοιποῦ νὰ μὴ εἰσάγωνται ἐν ταῖς ἐκκλησίαις μουσικὰ βιβλία ἄνευ προηγουμένης ἀδείας τῆς Μ. Ἐκκλησίας», βλ. Παπαδόπουλος, ό.π., σ. 424-425.
83 Και τα δύο αυτά κείμενα παρατίθενται ολόκληρα στον Παπαδόπουλο, σ. 420-424.

Στη δεύτερη ωστόσο εγκύκλιο, αφ' ενός μεν καθορίζεται με σαφή πλέον τρόπο, ένα συγκεκριμένο ρεπερτόριο το οποίο επιτρέπεται να εκτελείται -και μόνο μέσω ορισμένων εκδόσεων-, αφ' ετέρου δε, απαγορεύονται ρητά κάποια μέλη, τα οποία προφανώς θα βρίσκονταν εν χρήσει εκείνη την περίοδο. Από την εποχή αυτή και έπειτα, ο Εκκλησιαστικός Μουσικός Σύλλογος, ο οποίος και εδρεύει στο Πατριαρχείο, θα είναι ο υπεύθυνος που θα κρίνει την εγκυρότητα και τη συμβατότητα με την παράδοση της Μεγάλης Εκκλησίας, κάθε πρωτογενούς απόπειρας δημιουργίας, μέσω γνωμοδοτήσεων οι οποίες και θα συντάσσονται από ειδική «εξελεγκτική» επιτροπή.

Η ίδρυση και η περαιτέρω δραστηριοποίηση των μουσικών σχολών και συλλόγων στην Πόλη, εντάσσεται σε μια κατά πολύ ευρύτερη από τα όρια της Εκκλησιαστικής μουσικής διαδικασία που συντελείται την εποχή αυτή, και φέρει ως κύριο γνώρισμά της την τάση για ενοποιημένη χρονικά και μορφολογικά αντίληψη ευρύτατων ιστορικών μεγεθών. Για παράδειγμα, δε μπορεί να θεωρηθεί καθόλου τυχαίο το γεγονός, ότι η περίοδος ακμής αυτών των μουσικών ιδρυμάτων συμπίπτει σε μεγάλο ποσοστό με τις δύο Πατριαρχίες του Ιωακείμ του Γ' (1878-1884, 1901-1912), στα πλαίσια των οποίων υπηρετήθηκε με ιδιαίτερη αφοσίωση το παραπάνω ιδεολογικό μοντέλο. Η μέριμνα του Πατριάρχη για τα μουσικά πράγματα, πέρα από το ότι πιστοποιεί την φανερή φιλόμουση διάθεσή του, συγχρόνως, προδίδει και μια αγωνία εκ μέρους του Πατριαρχείου στο να ελέγξει τη γενικευμένη εκσυγχρονιστικού πνεύματος δραστηριότητα που αναπτύσσεται στην περιφέρεια. Έτσι, όπως ο Ιωακείμ οραματίζεται μια Παν-Ορθόδοξη Εκκλησία, η οποία να διασφαλίζει την πνευματική υπόσταση των επιμέρους εκκλησιαστικών παραδόσεων μέσω της διοικητικής υπαγωγής τους στο Οικουμενικό κήρυγμα του Πατριαρχείου, κατ' αντίστοιχο τρόπο αντιλαμβάνεται μια μουσική πραγματικότητα, της οποίας η μορφολογική συνοχή να προκύπτει μέσω της ιδεολογικής εξάρτησης της σύνολης περιφερειακής δραστηριότητας από ένα συγκεκριμένο κλασικό πρότυπο το οποίο θα εκπροσωπείται από το Πατριαρχείο. Είναι σαφές, ότι οι ιστορικές εξελίξεις που διαδραματίζονται τις τελευταίες δεκαετίες του 19ου αιώνα στον χώρο της Εκκλησιαστικής μουσικής, δεν είναι τίποτε άλλο παρά μια δυναμική διαδικασία κατά τα ιδεολογικά πρότυπα του Ρομαντισμού, τα οποία και κυριαρχούν στο πεδίο της σκέψης και της διανόησης, στα πλαίσια μιας προσπάθειας σχηματισμού ευρύτατα περιληπτικών μοντέλων, ικανών να άρουν την ετερότητα και τη διάσταση.

Αν επιχειρούσε κανείς να απομονώσει τις βασικές αρχές που συγκροτούν το ιδεολογικό σχήμα το οποίο προτείνεται, θα παρατηρούσε ότι: α).

Η Εκκλησιαστική μουσική της Σμύρνης (1800-1922)

Καίριο μέλημα αποτελεί η διαφύλαξη της ιστορικής ακεραιότητας της Εκκλησιαστικής μουσικής μέσω της προβολής της διαχρονικής της πορείας[84], η οποία και είναι ο εγγυητής της υφολογικής της ομοιογένειας. β). Για την επίτευξη του σκοπού αυτού θα πρέπει να καθορισθεί με σαφήνεια το περιεχόμενο της παράδοσης, γεγονός που συνεπάγεται ταυτόχρονα και την αυτόματη εξαίρεση από το σύνολο μέγεθος, οποιασδήποτε μη συμβατής προς εκείνη απόπειρας έκφρασης και δημιουργίας. γ). Η διαδικασία αυτή θα βρίσκεται υπό την εποπτεία μίας και μοναδικής αρχής, που στην προκειμένη περίπτωση είναι οι μουσικοί θεσμοί που λειτουργούν υπό την αιγίδα του Πατριαρχείου. δ). Επίσης βασικό προαπαιτούμενο για την ένταξη ενός νέου δεδομένου στη σφαίρα της παράδοσης, είναι ο χώρος προέλευσής του. Έτσι, ενώ η εγκυρότητα οποιασδήποτε νέας κίνησης τίθεται εν κρίσει, η μουσική παραγωγή η οποία αποτελεί καρπό της δραστηριότητας που αναπτύσσεται εντός των ορίων του Πατριαρχείου, εντάσσεται ντετερμινιστικά εντός του παραδεδεγμένου πλαισίου αποδοχής και αυθεντικότητας, ακόμη κι αν φέρει φανερά στοιχεία νεωτερισμού και πρωτοτυπίας. ε). Τέλος, απαραίτητο κριτήριο για την αξιολόγηση των μελών αποτελεί η ιστορική τους παλαιότητα, αφού κάτι τέτοιο, πιστοποιεί a priori τόσο τη διαχρονική τους αξία, όσο και τη μορφολογική τους ακεραιότητα, σύμφωνα δηλαδή με τα πρότυπα του «Κλασικισμού».

Την εποχή κατά την οποία θα σημειωθεί μια σημαντικότατη κινητικότητα στο μουσικό περιβάλλον της περιφέρειας, το ευρύτερο κλίμα του Πατριαρχείου, διανύοντας, όσον αφορά στον συνθετικό τομέα, μια περίοδο συντήρησης και εσωστρεφούς προσαρμογής σε κλασικά πρότυπα, θα γίνει ο κυριότερος φορέας και υποστηρικτής της λεγόμενης «κλειστής» ερμηνείας της Παράδοσης. Σύμφωνα με αυτήν την τοποθέτηση, οι συντηρητικοί[85] κύκλοι της Πόλης αντιλαμβάνονται την Παράδοση ως ένα μέγεθος

---

84 Ενδεικτικό αυτής της μεθόδου που ακολουθήθηκε είναι το γεγονός, ότι η προσπάθεια ιστορικής αναγωγής και σύνδεσης της Εκκλησιαστικής μουσικής με την Αρχαιότητα, με μια παράλληλη αντιδιαστολή της με την «Εξωτερική» Μουσική είναι ένα από τα πλέον δημοφιλή θέματα, τα οποία διαπραγματεύονται μέσω διαλέξεων στις συνεδρίες των μουσικών συλλόγων. Μεταξύ πολλών ανάλογων κειμένων, χαρακτηριστική είναι η διάλεξη του Γεωργίου Παπαδόπουλου, «Περὶ τῆς ἱστορικῆς καὶ τεχνικῆς σχέσεως τῆς ἀρχαίας ἑλληνικῆς μουσικῆς πρὸς τὴν βυζαντινὴν καὶ τὴν καθ' ἡμᾶς ἐκκλησιαστικὴν», μέσω της οποίας απέδειξε, «[...] ὅτι τὸ ἡμέτερον ἔθνος, ἐν τῇ μακρᾷ σειρᾷ τῶν αἰώνων ὑπὸ διάφορα ὀνόματα ζῆσαν, διετήρησεν ἄχρι τοῦδε μεταξὺ τῶν ἄλλων στοιχείων τοῦ πολιτισμοῦ καὶ τὴν μουσικὴν αὐτοῦ». -19 Μαρτίου 1889, Παπαδόπουλος, ό.π., σ. 429. Επίσης βλ. το πολύ ενδιαφέρον κείμενο του Πέτρου Φιλανθίδη, «Ἡ καθ' ἡμᾶς Ἐκκλησιαστικὴ Μουσικὴ ἐν σχέσει πρὸς τὰς τῶν ἄλλων ἐθνῶν», Παράρτημα Ἐκκλησιαστικῆς Ἀληθείας, Τεῦχος Πέμπτον, ἐν Κωνσταντινουπόλει 1902, σ. 153-176.

85 Στο σημείο αυτό, ο συγκεκριμένος όρος δεν είναι απαραίτητο να φορτιστεί μονοδιάστατα με αρνητικό περιεχόμενο, μιας και ο συντηρητισμός, με την προϋπόθεση φυσικά πως δεν ταυτίζεται με ιδεοληπτικές αγκυλώσεις και φανατισμούς, δομεί μαζί με τον προοδευτισμό την ίδια διαλεκτική σχέση που διέπει κάθε έκφανση της ιστορίας. Άλλωστε, ένας προοδευτισμός που είναι

απόλυτα οριοθετημένο, με περιορισμένη τόσο προσαρμοστικότητα στις εκάστοτε ιστορικές συγκυρίες, όσο και δεκτικότητα εξέλιξης μέσα σε δυναμικά σχήματα επιρροής και αλληλεπίδρασης. Ενδεικτικό είναι το γεγονός, ότι από το τέλος της θητείας του Κωνσταντίνου Πρωτοψάλτου (1855) έως και τις αρχές του 20ού αιώνα, ενώ στους κόλπους του Πατριαρχείου παρατηρείται μια έντονη και ταυτόχρονα εξαιρετικά ενδιαφέρουσα δραστηριότητα σε διάφορους τομείς (εξηγητικό, διδακτικό, θεωρητικό, εκδοτικό), η συμβολή στην πρωτογενή συνθετική δημιουργία είναι μάλλον περιορισμένη και σε πολλές περιπτώσεις ήσσονος σπουδαιότητας[86]. Αυτό που σε ιδεολογικό επίπεδο θα προσφέρει η παρουσία των επιμέρους μουσικών ρευμάτων του 19ου αιώνα στην Εκκλησιαστική μουσική, είναι η αποσυμφόρηση της δημιουργίας και της έκφρασης από ιδεολογικά στερεότυπα του παρελθόντος, μέσω της πρότασης μιας διασταλτικής και συγχρόνως πολυδιάστατης αντίληψης-ερμηνείας της Παράδοσης. Βάσει αυτού του σκεπτικού, η Παράδοση παύει να αποτελεί απαραίτητα το σημείο αναφοράς και παράλληλα το μοναδικό κριτήριο εγκυρότητας κάθε νέας πρότασης και δημιουργίας. Αποδεχόμενοι δηλαδή οι εκπρόσωποι των επιμέρους «σχολών» την Παράδοση ως έναν ζωντανό, άρα και δεκτικό σε επιδράσεις και αλλαγές, οργανισμό, αφ' ενός μεν την απαλλάσσουν από την ιδεολογική της δυσκαμψία, αφ' ετέρου δε, αμφισβητώντας την αυθεντική της νομοτέλεια και αποκλειστικότητα, ανοίγουν τον δρόμο για την εμφάνιση μιας πρωτότυπης και παράλληλα εξαιρετικά πολυσυλλεκτικής συνθετικής δημιουργίας.

εγκλωβισμένος στην αμάθεια και στο σύνδρομο της άκριτης αντίδρασης, μπορεί να οδηγήσει στα ίδια καταστρεπτικά αποτελέσματα που κυοφορεί η αντιληπτική ανελιξία και ανασφάλεια του συντηρητισμού.
86 Ο Ιωάννης Πρωτοψάλτης και ο Στέφανος ο Λαμπαδάριος δραστηριοποιήθηκαν, κατά κύριο λόγο στον εξηγητικό και εκδοτικό τομέα, διασώζοντας παράλληλα την προσωπική ερμηνευτική προφορά του Κωνσταντίνου Πρωτοψάλτου, επωφελούμενοι και οι δύο σε μεγάλο βαθμό από τη δυναμική που ενείχε το νέο σημειογραφικό σύστημα (βλ. ενδεικτικά το σημείωμα στο τέλος της έκδοσης του Ταμείου Ανθολογίας του Κωνσταντίνου, από τον Στέφανο Λαμπαδάριο -29 Μαΐου 1846-). Ωστόσο, τα έργα που παραδίδονται ως του Ιωάννου, αποτελούν μάλλον επεξεργασμένες εκδοχές του κλασικού ρεπερτορίου παρά πρωτότυπες συνθέσεις, ενώ και η πατρότητα των έως σήμερα εν χρήσει Κοινωνικών του, αμφισβητείται καθώς αποδίδονται στον Πέτρο τον Βυζάντιο. Παπαδόπουλος, ό.π., σ. 325. Οι εξαιρετικά ενδιαφέρουσες δε συνθέσεις του Γεωργίου Ραιδεστηνού -κατά κανόνα στο στιχηραρικό είδος-, αποτελούν ως επί το πλείστον καρπό της μεταπατριαρχικής του σταδιοδρομίας και αποπνέουν έντονα το ιδιαίτερο μουσικό ιδίωμα της Θράκης. Τελευταίος Πρωτοψάλτης του Πατριαρχείου για τον 19ο αιώνα υπήρξε ο Γεώργιος Βιολάκης, ο οποίος δραστηριοποιήθηκε έντονα στα πλαίσια των μουσικών συλλόγων της εποχής, συνθέτοντας παράλληλα σε αναθεωρημένη μορφή το Τυπικό της Μεγάλης του Χριστού Εκκλησίας (1888), χωρίς ωστόσο να αφήσει σημαντικό μελοποιητικό έργο. Είναι φανερή, δηλαδή, σ' αυτήν την περίοδο η πρόθεση των μουσικών του Πατριαρχείου να συγκεντρώσουν και να παρουσιάσουν με έναν πλέον άμεσο τρόπο το έως τότε ιστορικό υλικό, παρά να επικεντρωθούν στο πεδίο της πρωτογενούς συνθετικής δημιουργίας.

Η Εκκλησιαστική μουσική της Σμύρνης (1800-1922)

Στα πλαίσια μιας μετασχηματιζόμενης δομικά και ιδεολογικά Οθωμανικής Αυτοκρατορίας, η μουσική παραγωγή και δραστηριότητα θα ενταχθεί, και σε πολλές περιπτώσεις θα υπηρετήσει την ευρύτερη μεταρρυθμιστική διαδικασία. Ο χώρος της Εκκλησιαστικής μουσικής δεν θα μείνει ανεπηρέαστος από το όλο κλίμα, που χαρακτηρίζεται από μια έντονη κινητικότητα αναφορικά με το ζητούμενο του επαναπροσδιορισμού του περιεχομένου της Παράδοσης. Όλη η μουσική κίνηση της εποχής θα δομηθεί βάσει της διαλεκτικής σχέσης μεταξύ συντήρησης και προόδου σε τέτοιο βαθμό, ώστε η κάθε απόπειρα δραστηριοποίησης στο μουσικό περιβάλλον της εποχής, να αντικατοπτρίζει φανερά το βαθύτερο ιδεολογικό σχήμα που τη διέπει. Περιφερειακές και με σαφή φυγόκεντρη διάθεση ομάδες, θα αμφισβητήσουν έντονα την πεποίθηση περί μονοδιάστατης έκφανσης-απόδοσης του παραδοσιακού υλικού, σε μια εποχή που το Πατριαρχείο υποστηρίζει και προωθεί το ιδεολογικό σχήμα της ιστορικά διαχρονικής και υφολογικά ακέραιης πορείας της Εκκλησιαστικής μουσικής. Η Σμύρνη, αποτελούμενη από μια ξεχωριστή ανθρωπολογική-πολιτισμική σύσταση, και φέροντας μια διαφορετική κοινωνικοπολιτική κοσμοθεωρία, θα σταθεί στον αντίποδα του περιβάλλοντος της Πόλης, αναλαμβάνοντας παράλληλα έναν ρόλο εξισορροπητικό στο δραματικά μεταλλασσόμενο τοπίο της Εκκλησιαστικής μουσικής. Στον ευρύτερο γεωγραφικό χώρο της Σμύρνης θα αναπτυχθεί μια αυτόνομη και συγχρόνως εξαιρετικά πρωτότυπη δραστηριότητα, η οποία σύντομα θα γίνει το σύμβολο της πραγμάτωσης ενός δυναμικού εκσυγχρονιστικού ρεύματος στον χώρο της Εκκλησιαστικής μουσικής πραγματικότητας του 19ου αιώνα.

Β΄ ΜΕΡΟΣ

Η δραστηριότητα στον χώρο της Εκκλησιαστικής μουσικής στη Σμύρνη του ευρύτερου 19ου αιώνα

(1800-1922)

Περιβάλλον και πρόσωπα

Η Εκκλησιαστική μουσική κατά την διάρκεια του 19ου αιώνα, φέρει μια ξεχωριστή ιδιαιτερότητα αναφορικά με το περιεχόμενο και τη σύνθεσή της, η οποία οφείλεται στην πολυμερή προέλευση της μουσικής δραστηριότητας και παραγωγής, η οποία αναπτύσσεται στους κόλπους της. Οι ιστορικο-κοινωνικές συγκυρίες, καθώς και η γενικότερη ιδεολογική και καλλιτεχνική ανησυχία του ελληνισμού κατ' αυτήν την χρονική περίοδο, θα είναι οι βασικότεροι λόγοι που θα συμβάλουν καθοριστικά στη δημιουργία επιμέρους πόλων, οι οποίοι θα εκπροσωπήσουν με τη σειρά τους ιδιαίτερες τάσεις και συμπεριφορές στον χώρο της Εκκλησιαστικής μουσικής δραστηριότητας. Μεταξύ αυτών, η Σμύρνη θα φιλοξενήσει ένα ιδιότυπο, με σαφή μορφολογικά και στιλιστικά χαρακτηριστικά μουσικό ρεύμα, το οποίο πραγματώνοντας, σε μεγάλο βαθμό το ζητούμενο της ανανέωσης και του εκσυγχρονισμού του παραδοσιακού υλικού, θα καταλάβει κεντρική θέση στην εξέλιξη των πραγμάτων, τόσο σε επίπεδο συνθετικής δημιουργίας, όσο και θεωρητικού στοχασμού. Αυτό το οποίο όμως, αποτελεί ιδιαίτερο ζητούμενο για την Εκκλησιαστική μουσική πραγματικότητα της Σμύρνης στον 19ο αιώνα, είναι ο εντοπισμός των ιστορικών απαρχών αυτού του πρωτοποριακού ιδιώματος σε προγενέστερες ενδεχομένως, περιπτώσεις συνθετικής και εκφραστικής δραστηριότητας. Κάτι τέτοιο, αποτελεί απαραίτητη προϋπόθεση στα πλαίσια μιας προσπάθειας να καταστεί εφικτή η δυνατότητα ορισμού της ιστορικής πορείας του μουσικού αυτού ρεύματος, ούτως ώστε μέσω της παρουσίασης του έργου και της δράσης των κύριων εκπροσώπων του, να διαφανεί με ακρίβεια τόσο ο χώρος που καταλαμβάνει η Εκκλησιαστική μουσική στον κοινωνικό βίο της Σμύρνης, όσο και ο ρόλος που θα διαδραματίσει το τοπικό ιδίωμα της περιοχής στα πλαίσια της ευρύτερης μουσικής δραστηριότητας και κίνησης κατά την εποχή αυτή.

Η Εκκλησιαστική μουσική της Σμύρνης (1800-1922)

Κεφάλαιο α'

Δημήτριος Λώτος, ο Χίος (ακμή τέλη 18ου αιώνα)

Ένα από τα πλέον σημαντικά μουσικολογικά ζητήματα, αναφορικά με την Εκκλησιαστική μουσική της Σμύρνης, το οποίο χρήζει ιδιαίτερης μελέτης και προσοχής, είναι εκείνο της δυνατότητας ή μη ένταξης στη λεγόμενη «Σχολή της Σμύρνης» του Δημητρίου Λώτου. Κάτι τέτοιο περιλαμβάνεται στα πλαίσια ενός ευρύτερου προβληματισμού σχετικά με τον εντοπισμό των απαρχών του μουσικού ρεύματος του 19ου αιώνα, στο ήδη προϋπάρχον μουσικό περιβάλλον της περιοχής. Η λύση αυτού του ζητήματος θα φώτιζε, κατά έμμεσο τουλάχιστον τρόπο, και την θέση που κατέχει ο Λώτος στη μουσική παραγωγή της Σμύρνης, ως πρόδρομος ή ακόμα και πηγή του μουσικού ρεύματος των μέσων του 19ου αιώνα. Άρα, παρά το γεγονός ότι το μεγαλύτερο μέρος της δραστηριότητάς του δεν εντάσσεται στα χρονολογικά όρια της θεματικής που διαπραγματεύεται η παρούσα μελέτη, η ανάγκη ανίχνευσης των ιδιαίτερων χαρακτηριστικών γνωρισμάτων του έργου του, θεωρείται μάλλον επιβεβλημένη, σε μια προσπάθεια ιστορικής και υφολογικής σύνδεσης του κινήματος της Σμύρνης με τη μουσική δραστηριότητα που αναπτύσσεται στην περιοχή στα τέλη του 18ου αιώνα.

Το εκσυγχρονιστικό κίνημα της Σμύρνης έχει ιστορικά και στιλιστικά συνδεθεί απόλυτα με το έργο και την παρουσία του εισηγητή του, Νικολάου Γεωργίου, σε βαθμό που να θεωρείται ως καρπός μιας καθαρά αυτόνομης-προσωπικής πρωτοβουλίας, σχεδόν αμέτοχης του ήδη προερχόμενου από την περιοχή ιστορικού υλικού. Το επίπεδο έως το οποίο θα μπορούσε ο Δημήτριος Λώτος να θεωρηθεί ως πηγή και εμπνευστής του Νικολάου, είναι και αυτό που καθορίζει το βαθμό της σύνδεσης της «Σχολής της Σμύρνης» με μια καθαρά τοποκεντρική αντίληψη, αναφορικά με τις ιστορικές και αισθητικές της καταβολές. Με άλλα λόγια, μια πεποίθηση η οποία αντιλαμβάνεται τη μουσική δραστηριότητα του 19ου αιώνα ως παράγωγο και εξέλιξη του έργου των Σμυρνιών συνθετών της προηγούμενης περιόδου, αυτόματα μεταθέτει το ιστορικό σχήμα σε προγενέστερες μορφές έκφρασης και δημιουργίας, διευρύνοντάς το παράλληλα, από τα στενά πλαίσια της προσωποκεντρικής πρωτοπορίας, στο επίπεδο ενός συλλογικότερου, αλλά και με σαφή τοπικά χαρακτηριστικά φαινομένου.

Οι βασικές βιογραφικού περιεχομένου πληροφορίες[87], σχετικά με τον Δημήτριο Λώτο εξάγονται, σε μεγάλο βαθμό, από την αλληλογραφία του με τον πιστό φίλο και συμπολίτη του Αδαμάντιο Κοραή, κυρίως κατά τη δεκαετία 1782-1792[88]. Αν και οι ακριβείς ημερομηνίες γέννησης και θανάτου δεν είναι γνωστές, μία έμμεση αναφορά στην ηλικία του Πρωτοψάλτη από τον Κοραή, σε μια επιστολή του 1790, επιτρέπει να τοποθετηθεί η γέννηση του Λώτου μεταξύ της περιόδου 1730-1745[89]. Σε προχωρημένη πλέον ηλικία και αντιμετωπίζοντας σοβαρά προβλήματα υγείας, ο Δημήτριος Λώτος πρέπει να πεθαίνει λίγο μετά το 1811, όπου και αναφέρεται για τελευταία φορά σε μια επιστολή του Κοραή προς τον Αλέξανδρο Βασιλείου[90].

---

87 Καθώς στην κύρια προβληματική του κεφαλαίου αυτού δεν περιλαμβάνεται η σύνταξη ενός πλήρους και λεπτομερούς εργοβιογραφικού σημειώματος σχετικά με το Δημήτριο Λώτο, στο σημείο αυτό, θα αναφερθούν με συνοπτικό μάλιστα τρόπο, μόνον οι απαραίτητες ιστορικές πληροφορίες που απαιτούνται, με σκοπό την ανάδειξη της σχέσης του Λώτου με το μουσικό ρεύμα της Σμύρνης των μέσων του 19ου αιώνα. Για επιπλέον στοιχεία, βλ. Μερλιέ Μέλπω, «Ένα μουσικό χειρόγραφο του Δημητρίου Λώτου, φίλου του Κοραή», Ελληνικά 6, 1933, σ. 37-51, καθώς και Στάθη Γρ. Πηνελόπη, «Ο φίλος του Κοραή Δημήτριος Λώτος και τα μουσικά του χειρόγραφα», Ο Ερανιστής 10, 1973 σ. 157-186, όπου και αναφορές στη βιβλιογραφική του δραστηριότητα. Επίσης, ενδιαφέροντα συμπεράσματα για το βίο του Λώτου μέσω των Κοραϊκών επιστολών, εξάγει και ο Τάσος Γριτσόπουλος στο άρθρο του, «Ο αντικληρικός Κοραής εκ της αλληλογραφίας του με τον Πρωτοψάλτη Σμύρνης Δημ. Λώτον», Θεολογία, Τόμος 5, Τεύχος 4, Οκτώβριος-Δεκέμβριος 1985, σ. 830-877.

88 Στην περίοδο αυτή εντοπίζεται και το μεγαλύτερο μέρος των επιστολών του Κοραή, ενώ στις 21 Ιανουαρίου του 1793, χρονολογείται η τελευταία μακρά επιστολή του προς «Πρωτοψάλτην Σμύρνης». Μετά από άλλες δύο που ακολούθησαν το 1796 και το 1797, η τελευταία γνωστή επιστολή του χρονολογείται στις 11 Οκτωβρίου του 1808. Βλ. Γριτσόπουλος, ό.π., σ. 831.

89 Κατά την Πηνελόπη Στάθη, «[...] ο Κοραής σ' αυτήν την επιστολή, δίνει μεταξύ αστείου και σοβαρού μια μαρτυρία για την ηλικία του Λώτου, «...Μὲ λέγεις ὅτι εἶσαι τεσσαράκοντα καὶ πέντε ἐτῶν· ἀλλ' ἐγὼ ἐνθυμοῦμαι καλώτατα ὅτι εἶναι σήμερον δώδεκα χρόνοι ἀφ' οὗ μὲ εἶπες ὅτι εἶσαι παιντεκαιτεσσαρακονταετής». Σύμφωνα μ' αυτά, κατά την ίδια, δύο είναι οι πιθανότερες ημερομηνίες γεννήσεως του Πρωτοψάλτη: το 1745 ή το 1733, χωρίς βέβαια να αποκλείεται και μια τρίτη, πιθανόν ακριβέστερη. Βλ. Στάθη, ό.π., σ. 158.

90 Ο.π., σ. 158, καθώς και Μερλιέ, ό.π., σ. 38.

Από αυτόγραφο του Λώτου αρ. 337 της Μονής Δοχειαρίου, «Ανθολογία του έτους 1764», γίνεται σαφές ότι υπήρξε μαθητής του Θεοδοσίου Ιεροδιακόνου του Χίου, γνωστού για τη συνθετική αλλά και διδακτική του προσφορά στην περιοχή της Σμύρνης στα μέσα του 18ου αιώνα[91]. Αν και δεν είναι εύκολο να υπολογισθεί με ακρίβεια η χρονολογία έναρξης της Πρωτοψαλτικής του σταδιοδρομίας στη Σμύρνη, σίγουρο είναι, ότι το γεγονός της παύσης του από το Μητροπολιτικό Ναό της Αγίας Φωτεινής επέρχεται έπειτα από εντολή του τότε Μητροπολίτη Σμύρνης Γρηγορίου το 1888, με παράλληλη ανάκληση του οφικίου του[92]. Ως Πρωτοψάλτης Σμύρνης, επίσης, φαίνεται να επιδεικνύει μια έστω και περιορισμένη διδακτική δραστηριότητα, της οποίας όμως ο χαρακτήρας δεν είναι απόλυτα σαφής, καθώς δεν διευκρινίζεται στις πηγές αν επρόκειτο για κάποια οργανωμένη προσπάθεια στα πλαίσια ενός μουσικού σπουδαστηρίου ή για μια απλή, πρακτικής κυρίως κατεύθυνσης, εκπαίδευση των μαθητών που πλαισίωναν το αναλόγιο του Μητροπολιτικού Ναού. Πάντως, όποια και να ήταν η ευρύτητα και ο χαρακτήρας του παιδαγωγικού του έργου, η γενικότερη αναγνωρισιμότητα και αποδοχή της παρουσίας και της προσφοράς του, του επιτρέπουν να αυτοαποκαλείται σε χειρόγραφό του και ως «Δημήτριος Λώτος, Διδάσκαλος Σμύρνης»[93].

Όσον αφορά στη μουσική του παραγωγή, ο Λώτος θα πρέπει να θεωρηθεί ως ένας από τους αξιολογότερους συνθέτες και αντιγραφείς της εποχής, καθώς η βιβλιογραφική του δράση καλύπτει συνολικά 14 μουσικά αυτόγραφα (των ετών 1763-1805)[94], από τα οποία τα δέκα τουλάχιστον

---
91 Βλ. Χατζηγιακουμής Μανόλης, Μουσικά Χειρόγραφα Τουρκοκρατίας (1453-1832), Τόμος Α΄, Αθήνα 1975, σ. 297. «Μεταξύ άλλων στο βιβλιογραφικό του χειρογράφου σημειώνεται «*[...] όσα μαθήματα εδιορίστηκαν καὶ εγράφησαν παλαιὰ εἰς ἕνα τόμον παρὰ τοῦ οσιοτάτου καὶ μουσικωτάτου εν ιεροδιακόνοις κὺρ Θεοδοσίου καὶ ἡμετέρου διδασκάλου [...]*».
92 Εκτενής αναφορά στο γεγονός καθώς και στον τρόπο που αντιμετωπίστηκε από τον Κοραή, βλ. Γριτσόπουλος, ό.π., σ. 863 κ. ε. Τον Δημήτριο Λώτο φαίνεται να διαδέχεται ο Απόστολος Ζαφειρόπουλος ο Πελοποννήσιος, «πρωτοψάλτης της των Σμυρναίων Εκκλησίας», γνωστός για τα τρία γνωστά αυτόγραφά του των ετών 1786-1797. Βλ. Χατζηγιακουμής Μανόλης, *Η Εκκλησιαστική μουσική του Ελληνισμού μετά την Άλωση (1453-1820), Σχεδίασμα Ιστορίας*, Κέντρο Ερευνών και Εκδόσεων, Αθήνα 1999, σ. 89.
93 Στάθη, ό.π., σ. 164-165.
94 Από αυτές, οι δεκατρείς χειρόγραφες συλλογές που παρουσιάζονται από την Πηνελόπη Στάθη, ό.π., σ. 166-179, είναι οι εξής :
1. Βιβλιοθήκη Ευαγγελικής Σχολής Σμύρνης, αρ. 128. **Αναστασιματάριον**, γραμμένο στα 1763.
2. Άγ. Όρος-Μονή Δοχειαρίου, αρ. 337/33. **Ανθολογία**, γραμμένη στα 1764.
3. Άγ. Όρος-Μονή Δοχειαρίου, αρ. 338/34. **Ανθολογία**, γραμμένη στα 1767.
4. Άγ. Όρος-Μονή Δοχειαρίου, αρ. 339/35. **Μαθηματάριον**, γραμμένο στα 1768.
5. Πατριαρχική Βιβλιοθήκη Ιεροσολύμων, αρ. 540. **Κρατηματάριον**, γραμμένο στα 1769.
6. Άγ. Όρος-Μονή Αγίου Παύλου, αρ. 132. **Ανθολογία ήτοι Παπαδική**, γραμμένη στα 1774.
7. Άγ. Όρος-Μονή Ξηροποτάμου, αρ. 330. **Παπαδική**, γραμμένη στα 1781-1782.
8. Εθνική Βιβλιοθήκη Παρισιού, Suppl. Gr. 1333. **Ανθολογία**, γραμμένη στα 1783.
9. Άγ. Όρος-Μονή Βατοπεδίου, αρ. 1341. **Δοξαστάριον**, γραμμένο στα 1790.

είναι Ανθολογίες της Παλαιάς και της Νέας Παπαδικής, καταρτισμένες συνήθως από τον ίδιο, με πλούσιο, πολυώνυμο υλικό και πολλά προσωπικά μέλη[95]. Οι μουσικοί του κώδικες, πέρα των άλλων, διακρίνονται και για την καλλιτεχνική τους λεπτότητα και καλλιέπεια, καθώς είναι διανθισμένοι με ποικιλόμορφα διακοσμητικά και σχεδιάσματα, αποτελώντας χαρακτηριστικά δείγματα της χειρόγραφης Εκκλησιαστικής μουσικής παραγωγής της ύστερης Οθωμανικής περιόδου. Παράλληλα με την κωδικογραφική του δραστηριότητα, ο Δημήτριος Λώτος ανέπτυξε ένα ευρύτατο συνθετικό έργο το οποίο καλύπτει σχεδόν όλο το φάσμα της εκκλησιαστικής μελοποιίας. Πιο συγκεκριμένα, στους αυτόγραφους κώδικές του παραδίδονται ως προσωπικές του συνθέσεις, Δοξολογίες, Ασματικά «συνοπτικώς συνθεμένα», Ευλογητάρια, Δοξαστικά Πολυελέων, δύο πλήρεις σειρές Χερουβικών (αργά-συνοπτικά), Κοινωνικά Κυριακών, εβδομάδος και του ενιαυτού, μέλη της Λειτουργίας των Προηγιασμένων, Οίκοι του Ακαθίστου, Θεοτοκία μαθήματα, Κρατήματα κ. α, ενώ παράλληλα σώζονται στο όνομά του και κάποιες εξηγήσεις[96]. Η ποικιλομορφία της συνθετικής του παραγωγής σε συνδυασμό με την πληρότητα που παρουσιάζουν οι κώδικές του όσον αφορά στην ευρύτητα αλλά και στην ιστορική αξία του υλικού το οποίο εμπεριέχουν, καθιστούν αναμφίβολα τον Δημήτριο Λώτο, όχι απλά ως έναν εκ των κυριότερων εκπροσώπων της Σμύρνης, αλλά και γενικότερα της σύνολης Εκκλησιαστικής μουσικής έκφρασης και παραγωγής, στα τέλη του 18ου αιώνα.

Εκείνο όμως το οποίο έχει ιδιαίτερο ενδιαφέρον επιστημονικά, είναι ο καθορισμός του χώρου στον οποίο θα μπορούσε να καταγεί ο Λώτος, σύμφωνα με την τάση την οποία εκπροσωπεί ως συνθέτης και εξηγητής. Από τα μέσα του 18ου αιώνα είχε κάνει εμφανή την παρουσία του ένα

---

10. Μονή Μεγάλου Σπηλαίου, αρ. 364. **Ανθολογία**, γραμμένη στα 1800.
11. Βιβλιοθήκη Σπύρου Λοβέρδου, αρ. 51. **Ανθολογία**, γραμμένη στα 1800.
12. Βιβλιοθήκη Μονής Σινά, αρ. 1441. **Παπαδική**, γραμμένη στα 1802.
13. Χειρόγραφο συλλογής Μέλπως Μερλιέ, **Παπαδική**, γραμμένη στα 1805.
Σύμφωνα με τον Μανόλη Χατζηγιακουμή, στον κατάλογο αυτό θα πρέπει να προστεθεί και το αβιβλιογράφητο χειρόγραφο της Γενναδείου Βιβλιοθήκης (Αθήνα) αρ. 25. Πρόκειται για σύμμικτο κώδικα, στον οποίο συμπεριλαμβάνεται το αυτόγραφο του Λώτου στα φ 133r-223v, **Ανθολογία** (κολοβή). Η ταύτιση έγινε από τον ίδιο βάσει της γραφής αλλά και κάποιων έμμεσων ενδείξεων σε μια στάση Χερουβικών (φ 198r) και μια άλλη Κοινωνικών (φ 212v). Σύμφωνα πάντα με τον Χατζηγιακουμή, μεγάλη ομοιότητα προς τη γραφή του Λώτου έχει και το υπ' αρ 25. 2 της ίδιας Βιβλιοθήκης (**Ανθολογία**, χρονολογούμενο ανάμεσα στα 1800-περ 1810). Βλ. Χατζηγιακουμής, «Μουσικά Χειρόγραφα...» ό.π., σ. 206.
95 Βλ. Χατζηγιακουμής, «Σχεδίασμα Ιστορίας...», όπ., σ. 86.
96 Ό.π., 86, σ. 334-335, καθώς και Στάθη, ό.π., σ. 182 κ. ε. Ενδεικτικά από το εξηγητικό έργο του Λώτου θα μπορούσαν να αναφερθούν μία εξήγηση του Αλληλούια της Μεγάλης Εβδομάδος σε ήχο πλ. δ', και μία «συνοπτική» της Λειτουργίας του Μεγάλου Βασιλείου. Και οι δύο παρατίθενται στην Ανθολογία της Νέας Παπαδικής από τη συλλογή της Μέλπως Μερλιέ.

ξεχωριστό ρεύμα αποτελούμενο από μουσικούς με σαφή εκσυγχρονιστικό προσανατολισμό, τόσο λόγω της δεκτικότητάς τους αναφορικά με την υιοθέτηση νεωτερικών στοιχείων στο εκκλησιαστικό ρεπερτόριο, όσο και λόγω της προτίμησής τους στην αναλυτική χρήση του σημειογραφικού συστήματος[97]. Χαρακτηριστικότερη περίπτωση είναι εκείνη του Πέτρου του Πελοποννησίου, καθώς είναι εκείνος που ιστορικά θα καθιερωθεί ως η μουσική προσωπικότητα η οποία θα ωθήσει καθοριστικά τα πράγματα προς μια πλέον αναλυτική-προσδιοριστική απόδοση των ιστορικών μελών, παρόλο που συνήθως το έργο του εκλαμβάνεται ως η εγκυρότερη και παράλληλα η πλέον αξιόπιστη πηγή του παραδοσιακού υλικού. Ακόμα και αν θεωρηθεί ως δεδομένη η διάθεση του Πέτρου να διασώσει το κλασικό ρεπερτόριο, παραδίδοντάς το μέσω μιας απλούστερης και πλέον εύληπτης φόρμας, ο τρόπος με τον οποίον επιχειρεί κάτι τέτοιο, κρινόμενος σε σχέση με τις παράλληλες απόπειρες που επιχειρήθηκαν κατά την ίδια χρονική περίοδο, μόνο ως εκσυγχρονιστικός μπορεί να θεωρηθεί[98]. Αυτό όμως το οποίο καθιστά ιδιαίτερα σημαντική την περίπτωση του Πέτρου, αναφορικά με την μουσική κίνηση της Σμύρνης κατά τη διάρκεια του 18ου αιώνα, είναι το πέρασμά του από την περιοχή κατά τα χρόνια της νεότητάς του, και η παράλληλη μαθητεία του δίπλα στον Θεοδόσιο Ιερομόναχο τον Χίο, δάσκαλο του Δημητρίου Λώτου[99]. Από αυτό το γεγονός εύκολα μπορεί να συμπεράνει κανείς, πως ο Πέτρος, τουλάχιστον όσον αφορά στην πρώτη περίοδο της μουσικής του σταδιοδρομίας, αποτελεί ένα από τα αναπόσπαστα μέλη ενός ιδιαίτερου περιβάλλοντος περί τον Θεοδόσιο και με έδρα τη

---

[97] Ως βασικότεροι εκπρόσωποι αυτής της τάσης θα πρέπει να θεωρηθούν οι, Παναγιώτης Χαλάτζογλου, Δανιήλ Πρωτοψάλτης και Ιωάννης Τραπεζούντιος, ο τελευταίος, κυρίως χάρη στην αναλυτική χρήση του γραφικού συστήματος στα εξηγητικά του έργα.

[98] Σχετικά με το θέμα αυτό και πιο συγκεκριμένα για τις δύο διαφορετικές προσεγγίσεις που εκπροσωπούν ο Πέτρος και ο Ιάκωβος ο Πρωτοψάλτης, έχει γίνει ήδη λόγος σε προηγούμενο κεφάλαιο (βλ. Μέρος Α', Κεφάλαιο δ'). Επίσης, στο σημείο αυτό θα πρέπει να επισημανθεί, πως η εκσυγχρονιστική διάθεση του Πελοποννησίου, πέρα των άλλων, εντοπίζεται και στο αμιγώς πρωτότυπο συνθετικό του έργο, στο οποίο δεν διστάζει να χρησιμοποιεί μουσικές φόρμουλες και σχήματα με σαφή εξωγενή προέλευση και επιρροή (βλ. ενδεικτικά τα Δοξαστικά του Πολυελέου Δούλοι Κύριον σε ήχο πλ. α' με τα αντίστοιχα Κρατήματα -Πανδέκτη Τόμος Β', Κωνσταντινούπολη 1851, σ. 113-126-, καθώς και τα δύο «ανέκδοτα» Κοινωνικά σε ήχο βαρύ και πλ. δ', Θεοδώρου Φωκαέως, Ταμείον Ανθολογίας, Κωνσταντινούπολη 1889, σ. 483-488).

[99] Το πέρασμα του Πέτρου από τη Σμύρνη, φαίνεται να ήταν αρκετά ευρύ χρονικά αν εκληφθεί ως έγκυρη η πληροφορία του Παπαδόπουλου, ότι «ἐμαθήτευσε παιδιόθεν ἐν Σμύρνῃ παρά τινι Ἱερομονάχῳ», βλ. Παπαδόπουλος,, ό.π., σ. 318. Έπειτα από αυτήν τη μαρτυρία, ο Πέτρος επανεμφανίζεται στις πηγές ως Δομέστικος πλέον της Μεγάλης Εκκλησίας, κατά την περίοδο της Πρωτοψαλτείας του Ιωάννου του Τραπεζουντίου, στα μέσα της δεκαετίας του 1860. Κατά τον Μανόλη Χατζηγιακουμή, το γεγονός της μαθητείας του Πελοποννησίου στον Θεοδόσιο τον Χίο, τεκμαίρεται μέσω ενός αυτογράφου του Δημητρίου Λώτου (Μονή Δοχιαρείου, χφ αρ 338) στο οποίο σημειώνεται, προκειμένου για το μέλος Σιγησάτω πάσα σαρξ ηχ πλ α', η ακόλουθη ένδειξη: «Πέτρου Μπαρδάκη έκ Μορέως μαθητού κυρ Θεοδοσίου, τανύν δε χρηματισθέντος δομέστικος τής Μεγ. Εκκλησίας». Βλ. Χατζηγιακουμής, «Σχεδίασμα Ιστορίας...», ό.π., σ. 153.

Σμύρνη, το οποίο κινείται δυναμικά και με σαφή προοδευτικό προσανατολισμό στον χώρο της Εκκλησιαστικής μουσικής έκφρασης και δημιουργίας του 18ου αιώνα. Κατ' ανάλογο τρόπο, στο ίδιο κλίμα εντάσσεται και δραστηριοποιείται και ο Δημήτριος Λώτος, χωρίς να διστάζει να το δηλώνει έμμεσα, μέσω της φανερής προτίμησής του στους σύγχρονους με τον ίδιο συνθέτες και δασκάλους οι οποίοι απαρτίζουν τον προοδευτικό χώρο της σύνολης μουσικής πραγματικότητας. Έτσι, δε μπορεί να θεωρηθεί τυχαίο το γεγονός, ότι τόσο το ρεπερτόριο το οποίο επιλέγει για να καταρτίσει τις ανθολογίες του, όσο και οι εξηγήσεις που παραθέτει στις συλλογές του, προέρχονται από το περιβάλλον το οποίο ήδη περιγράφηκε προηγουμένως. Δηλωτικό αυτής της διάθεσης του Λώτου, είναι το γεγονός ότι το μεγαλύτερο μέρος των αυτογράφων του καλύπτεται από συνθέσεις του Δανιήλ Πρωτοψάλτου, του Πέτρου Λαμπαδαρίου και φυσικά του δασκάλου του Θεοδοσίου Ιεροδιακόνου, ενώ παραθέτει μόλις τα απαραίτητα για την κατάρτιση μιας Ανθολογίας, αρχαία μέλη. Όσον αφορά δε στις εξηγήσεις, είναι ολοφάνερη η προτίμησή του στις συνοπτικές και απλούστερες του Πέτρου Πελοποννησίου και του Πέτρου του Βυζαντίου, ενώ και οι προσωπικές του εξηγήσεις κινούνται στο ίδιο μήκος κύματος με τις αντίστοιχες του Πελοποννησίου, καθώς και ο ίδιος φαίνεται να αρέσκεται στην πλέον προσδιοριστική-αναλυτική απόδοση του κλασικού ρεπερτορίου.

Η προσπάθεια καθορισμού του ακριβούς περιεχομένου της σχέσης η οποία συνδέει ιστορικά τον Λώτο με το μουσικό ρεύμα της Σμύρνης του 19ου αιώνα, περνάει απαραίτητα και από το ίδιο το πρωτογενές μελοποιητικό του υλικό, καθώς μέσω αυτού είναι δυνατόν, έστω και έμμεσα, να διαφανεί το αν και ο ίδιος ως συνθέτης ακολουθεί μια πορεία με τάση προς την καινοτομία και τον νεωτερισμό. Παρόλο που μόνο ως ατυχές θα πρέπει να θεωρηθεί το γεγονός της μη μεταγραφής του συνθετικού έργου του Δημητρίου Λώτου στη νέα μέθοδο, ο αναλυτικός τρόπος με τον οποίο χρησιμοποιεί το σημειογραφικό σύστημα, καθιστά εφικτό όχι απλώς τον εντοπισμό των βασικών δομικών συστατικών των συνθέσεών του, αλλά και μια πλέον μικροσκοπική προσέγγισή τους σε μορφολογικό επίπεδο. Άλλωστε, ο ίδιος ανήκει σε μια γενιά διδασκάλων και συνθετών, το έργο των οποίων φέρει ως κύριο γνώρισμα τη σταδιακή εγκατάλειψη των μεγάλων άχρονων υποστάσεων και την παράλληλη αναλυτική-εξηγηματική απόδοση των μουσικών θέσεων σε τέτοιο μάλιστα βαθμό, ώστε η πρακτική που ακολούθησαν εύκολα να μπορεί να θεωρηθεί ως το ύστατο και παράλληλα το πλέον καθοριστικό στάδιο πριν από την οριστική μεταρρύθμιση του σημειογραφικού συστήματος το 1814[100].

---

100 Ωστόσο θα είχε μεγάλο ενδιαφέρον, στα πλαίσια μιας εξειδικευμένης μελέτης σχετικά με τον Λώτο, να επιχειρηθεί μια πλέον λεπτομερής και διεξοδική προσέγγιση του τρόπου με τον οποίο

Η Εκκλησιαστική μουσική της Σμύρνης (1800-1922)

Πέρα όμως από την φανερή διάθεση του Λώτου να ακολουθήσει την προοδευτική τάση της εποχής, αναφορικά με την χρήση της σημειογραφίας, είναι εύκολο να διακρίνει κανείς τη δεκτικότητα του στην υιοθέτηση νεωτερικών και πρωτότυπων μελωδικών σχημάτων στα έργα του. Κάτι τέτοιο είναι ιδιαίτερα αισθητό στις δύο Δοξολογίες του και ειδικά σε εκείνη του πλ. δ΄, στην οποία η χρήση χρωματικού γένους κατά την πτωτική κίνηση του μέλους προς τη βάση παραγωγής του είναι, αντίθετα με τα συνθετικά δεδομένα της εποχής, εξαιρετικά συχνή[101]. Πρόκειται δηλαδή, για την κλασική στους συνθέτες του 19ου αιώνα, μετατροπία της διατονικής χρόας του πενταχόρδου Δι-Νη σε σκληρή χρωματική, καθώς εκείνο κινείται καταληκτικά προς τη βάση του μέλους. Επίσης, στο Παπαδικό είδος, ο Λώτος φαίνεται να ακολουθεί την καινοφανή για εκείνη την περίοδο συνθετική έποψη των περί τον Δανιήλ συνθετών, καθώς στα έργα του είναι φανερή η διάθεση για απεξάρτηση από τους παραδοσιακούς κανόνες που διέπουν τη μελοποιητική φόρμα των αργών μαθημάτων της κλασικής περιόδου. Πιο συγκεκριμένα, στα Χερουβικά του, προτιμάται η έως τότε ασυνήθιστη, εκτεταμένη ανάπτυξη του «Τριάδι» στην τονικά υψηλή περιοχή με την παράλληλη χρήση έντεχνων-καλλωπιστικών στοιχείων. Για παράδειγμα, στο αργό Χερουβικό του Α΄ Ήχου, εντύπωση προκαλεί η μονομερής-παρατεταμένη κίνηση του «Τριάδι» και του «προσάδοντες» στο οξύ τετράχορδο, καθώς και η διαδοχική πλοκή του μέλους μέσω αλυσιδωτών δομικών σχημάτων κατά την καθοδική του πορεία προς τη βασική τονική του βαθμίδα[102]. Η διάθεση του Λώτου να ακολουθήσει το ύφος και το συνθετικό τρόπο των σύγχρονων με τον ίδιο μουσικών, φανερώνεται, πέρα των άλλων, και μέσω μιας σύνθεσής του κατά τα μελοποιητικά πρότυπα του Ιωάννου και του Δανιήλ Πρωτοψάλτου. Πρόκειται για έναν Οίκο του Ακαθίστου «Δύναμις του Υψίστου» σε Ήχο Δ΄, για τον οποίο ο Λώτος αναφέρει χαρακτηριστικά: «Σύνθεσις ἡμετέρα, μιμούμενος κατὰ τὸ δυνατὸν τὸ ὕφος τῶν νεοτέρων τῶν ἐν Κωνσταντινουπόλει κὺρ Ἰωάννου καὶ κὺρ Δανιὴλ τῶν Πρωτοψαλτῶν»[103].

Το γεγονός της απουσίας των συνθέσεων του Δημητρίου Λώτου από τα έργα των μετέπειτα Σμυρνιών συνθετών σε συνδυασμό με την παράλληλη έλλειψη κάθε αναφοράς στο όνομα και στο βίο του από την τοπική

αντιλαμβάνεται και χρησιμοποιεί το σημειογραφικό σύστημα. Κάτι τέτοιο, θα απαιτούσε φυσικά και την παράλληλη αντιπαραβολική παρουσίαση της γραφής του Λώτου με τα αντίστοιχα εξηγητικά συστήματα της εποχής και ειδικά σε σχέση με εκείνο του Πέτρου του Πελοποννησίου.
101 Ανθολογία της Νέας Παπαδικής, Συλλογή Μέλπως Μερλιέ, φ. 186v-189r. Βλ. «Επίμετρο» της παρούσας εργασίας.
102 Ό.π., φ 230v-231r.
103 Χειρόγραφο Μονής Ξηροποτάμου. 330 φ. 341v –Αυτόγραφη Παπαδική Δημητρίου Λώτου-.

αρθρογραφία της εποχής, δυσχεραίνει εξαιρετικά κάθε απόπειρα σχετικά με την απόδειξη μιας απόλυτου τύπου ιστορικής-υφολογικής συνάφειάς του με το μουσικό κίνημα της Σμύρνης του 19ου αιώνα. Προκαλεί μάλλον αίσθηση, το ότι ο Νικόλαος δεν εξηγεί στη νέα μέθοδο κανένα έργο του Λώτου, ο δε Μισαηλίδης δεν κάνει σε κανένα σημείο του ευρύτατου συγγραφικού του υλικού, λόγο για το πρόσωπο και την προσφορά του ως Πρωτοψάλτη Σμύρνης. Επίσης, παρά το γεγονός ότι ο Λώτος διατηρεί μια φανερά προοδευτική στάση, τόσο αναφορικά με την χρήση της σημειογραφίας, όσο και με τον εμπλουτισμό του κλασικού ρεπερτορίου με νεωτεριστικά στοιχεία, είναι μάλλον ριψοκίνδυνο το να υποστηρίξει κανείς με βεβαιότητα την ύπαρξη στα έργα των μεταγενέστερων συνθετών της Σμύρνης, θεμάτων και μουσικών πλοκών αντλημένων από το προσωπικό του έργο. Για παράδειγμα, όσο και αν θεωρηθούν ως πρωτότυπα και ίσως ανατρεπτικά για τα μελοποιητικά δεδομένα του 18ου αιώνα τα μουσικά μοτίβα τα οποία χρησιμοποιεί ο Λώτος, ο αυτόνομος εντοπισμός ή και περαιτέρω ταύτισή τους με αντίστοιχα μελωδικά σχήματα που συναντώνται σε συνθέσεις του Νικολάου, είναι μάλλον δύσκολη.

Ωστόσο, μέσω των αυτογράφων του Λώτου, μεταξύ άλλων, μαρτυρείται με σαφήνεια η ύπαρξη ενός ξεχωριστού, προφορικού μουσικού ιδιώματος στη Σμύρνη του 18ου αιώνα, το οποίο και ο ίδιος καταγράφει στους κώδικές του. Πιο συγκεκριμένα, στην Παπαδική της Μονής Ξηροποτάμου, αρ. 330 φ. 165r-166v, παραδίδονται τα Μεγαλυνάρια της Θ' Ωδής και στους οκτώ ήχους με την χαρακτηριστική σημείωση, «Σύνθεσις ἡμετέρα κατὰ τὴν τάξιν Σμύρνης», ενώ στο φ. 400r-03r, της Νέας Ανθολογίας του Λώτου από τη συλλογή της Μέλπως Μερλιέ, βρίσκεται ένα μέλος με την ένδειξη, «Ἄμωμος συνοπτικὸς ψαλλόμενος εἰς κοιμηθέντας, κατὰ τὸ ἔθος τῆς Ἐκκλησίας Σμύρνης, σύνθεσις ἡμετέρα». Επίσης, έμμεσα μπορεί να διαφανεί και η ύπαρξη ενός ιδιάζοντος προσωπικού ύφους του Λώτου, βάσει της μαρτυρίας του αναφορικά με τη σύνθεσή του «Ζάλην ἔνδοθεν ἔχων» σε Ἠχο Δ', καθώς αναφέρει χαρακτηριστικά, «Ἕτερος οἶκος, σύνθεσις ἡμετέρα μὲ τὸ ἴδιον ὕφος» [104].

Συνοψίζοντας, θα μπορούσε να πει κανείς πως ο Δημήτριος Λώτος ακόμα κι αν δεν απετέλεσε πηγή και σημείο αναφοράς για τους συνθέτες της Σμύρνης του 19ου αιώνα, αναμφίβολα υπήρξε ο προπαρασκευαστής ενός εδάφους κατάλληλου να δεχθεί και να αφομοιώσει δημιουργικά την πληθώρα νεωτεριστικών στοιχείων και δεδομένων που επέφερε η συνθετική ανησυχία των εκπροσώπων της «Σμυρναϊκής Σχολής». Έτσι, η έλευση

---

[104] Μονή Ξηροποτάμου, χφ αρ. 330, φ. 353r.

του Νικολάου στη Σμύρνη στις αρχές της δεκαετίας του 1830, βρίσκει ένα κοινό το οποίο έχει ήδη διαμορφώσει ένα αισθητήριο, συμβατό και προσαρμοσμένο στα νέα συνθετικά και εκφραστικά δεδομένα που εγκαινιάζονται με το νέο προσδιοριστικό σημειογραφικό σύστημα. Χωρίς αμφιβολία, η προσφορά του Δημητρίου Λώτου μέσω της διαμόρφωσης ενός δεκτικού σε εξελίξεις και αλλαγές περιβάλλοντος, υπήρξε καθοριστική όσον αφορά στην εμφάνιση και στην περαιτέρω παγίωση του ιδιάζοντος ύφους της Σμύρνης στα μέσα του 19ου αιώνα. Κατ' αυτόν τον τρόπο, κατέστη σύντομα εφικτή η καθολική αποδοχή και εδραίωση στην ευρύτερη περιοχή σε μεγάλο μάλιστα βαθμό, τόσο του νέου σημειογραφικού συστήματος, όσο και των εν γένει πρωτότυπων συνθετικών εγχειρημάτων του Νικολάου Πρωτοψάλτου και των λοιπών εκπροσώπων της «Σμυρναϊκής Σχολής».

Κεφάλαιο β'

Νικόλαος Γεωργίου, Πρωτοψάλτης Σμύρνης (περ. 1790-1887)

Η συνολη δραστηριότητα η οποία αναπτύχθηκε στον χώρο της Εκκλησιαστικής μουσικής στα μέσα του 19ου αιώνα και με επίκεντρο τη Σμύρνη, φέρει αναμφίβολα το ιδιαίτερο στίγμα της προσωπικότητας και του έργου του Νικολάου Πρωτοψάλτου σε τέτοιο μάλιστα βαθμό, ώστε το λεγόμενο «Σμυρναίικο ύφος», όχι απλά να βρίσκει την πλέον ενδεικτική του περιγραφή στα έργα του, αλλά και συχνά να ταυτίζεται απόλυτα με το είδος και τον χαρακτήρα της πρωτογενούς συνθετικής του δημιουργίας. Ο Νικόλαος απετέλεσε και μάλλον συνεχίζει να αποτελεί, ένα πραγματικά αμφιλεγόμενο φαινόμενο στο πεδίο της Εκκλησιαστικής μουσικής, καθώς το έργο του δηλώνει εμφατικά, σε ιδεολογικό επίπεδο, τη δυνατότητα μιας εξαιρετικά επεξεργασμένης εκφοράς της Παράδοσης, σε σημείο δε τέτοιο, ώστε συχνά να αγγίζει ακόμη και τα όρια της υπέρβασής της. Κατ' αυτόν τον τρόπο, ο Νικόλαος, τόσο ως ιστορικό φαινόμενο, όσο και ως αισθητική άποψη, επαναφέροντας σε κάθε ευκαιρία το κρίσιμο ζήτημα σχετικά με τα πλαίσια εντός των οποίων μπορεί και θα πρέπει να κινείται η εκάστοτε πρωτότυπα εκφραζόμενη δημιουργική κίνηση, παραμένει ακόμη και ως σήμερα επίκαιρος, όντας ικανός να εγείρει πληθώρα συζητήσεων και μουσικολογικών προβληματισμών.

Παρά το γεγονός της έλλειψης επαρκών πληροφοριών αναφορικά με τη ζωή και το έργο του, είναι πραγματικά πολλές και συχνά με ξεχωριστό ενδιαφέρον οι διάφορες ανεκδοτολογικού χαρακτήρα διηγήσεις αναφορικά με το πρόσωπό του, οι οποίες είναι έως και σήμερα αρκετά διαδεδομένες σε κύκλους ψαλτών και μουσικόφιλων[105]. Οι διηγήσεις αυτές, ως επί το πλείστον, κινούνται σε πλαίσια μάλλον μυθολογικά και παρά το γεγονός ότι η ιστορική τους εγκυρότητα δύσκολα μπορεί να εξασφαλισθεί, αυτή καθ' εαυτή η ύπαρξή τους, σε συνδυασμό με το ιδιάζον περιεχόμενο καθώς και την πλατιά διάδοσή τους, μαρτυρούν αναμφίβολα την ύπαρξη μιας προσωπικότητας η μοναδικότητα της οποίας ήταν ικανή στο να αποτελέσει αφορμή για τη δημιουργία αλλά και για την περαιτέρω εξάπλωση λαϊκών ιστοριών, κινούμενων μεταξύ αλήθειας και υπέρμετρης, σε πολλές περιπτώσεις, υπερβολής. Άλλωστε, το γεγονός της επί μισό και πλέον αιώνα Πρωτοψαλτικής του σταδιοδρομίας στο πρώτο, αμέσως μετά την πρωτεύουσα, σε συγκέντρωση πληθυσμού και δραστηριοτήτων αστικό κέντρο της Αυτοκρατορίας, δικαιολογεί τόσο τον θαυμασμό και την τιμή την οποία εισέπραττε ως καλλιτέχνης, όσο και την ευρύτατη απήχηση την οποία γνώρισε το έργο και το ξεχωριστό ερμηνευτικό-συνθετικό του ιδίωμα. Επίσης, η σημαντικότητα την οποία ενείχε ως δάσκαλος και δημιουργός στα πλαίσια του μουσικού περιβάλλοντος της εποχής του, μεταξύ άλλων, διαφαίνεται και μέσω της σχεδόν χωρίς εξαίρεση παρουσίας του στους πίνακες συνδρομητών που παρατίθενται στα επίμετρα των μουσικών εντύπων του β' μισού του 19ου αιώνα.

Ο Νικόλαος γεννιέται γύρω στο 1790, καθώς σύμφωνα με τον Παπαδόπουλο, τον Νοέμβριο του 1887, όπου και χρονολογείται ο θάνατός του, πλησίαζε τα εκατό χρόνια της ζωής του[106]. Σύμφωνα με τον ίδιο ιστορικό, γεννήθηκε στην Καβάλα, άλλα μάλλον ως πιο ακριβής θα πρέπει να θεωρηθεί η πληροφορία του Μιχαήλ Περπινιά, βάσει της οποίας ο Νικόλαος φέρεται να γεννήθηκε στην Αίνο της Ανατολικής Θράκης και στη συνέχεια να ακολούθησε την οικογένειά του που μεταναστεύει αρχικά στην Καβάλα

---

[105] Κατά το ανθρωπολογικό μέρος της έρευνας της παρούσας μελέτης, και συγκεκριμένα μέσω των συνεντεύξεων που πραγματοποιήθηκαν με εκπροσώπους της Σμυρναίικης Σχολής, συγκεντρώθηκε πλήθος τέτοιων διηγήσεων και αναφορών, άλλοτε με περισσότερο και άλλοτε με λιγότερο ενδιαφέρον. Αυτό που είναι σημαντικό, είναι το ότι σχεδόν όλοι οι ψάλτες και πληροφορητές, οι οποίοι καταγράφηκαν, ανεξάρτητα από τον τόπο καταγωγής τους, είχαν να διηγηθούν και αρκετές από αυτές τις ιστορίες, ανεξάρτητα με το βαθμό της αξιοπιστίας που έφεραν. Μία από αυτές τις διηγήσεις αναφέρει χαρακτηριστικά, πως ο Verdi σε ένα από τα γνωστά ταξίδια του στην Ανατολή, επισκέφθηκε τη Σμύρνη, και μεταξύ άλλων και το Μητροπολιτικό Ναό της Αγίας Φωτεινής, για να γνωρίσει τον περίφημο Πρωτοψάλτη Νικόλαο. Όταν βρέθηκε στο Ναό, τελείτο Νεκρώσιμος Ακολουθία, ο δε Πρωτοψάλτης έψαλλε το αργό, αρχαίο Νεκρώσιμο Ασματικό σε ήχο «Νενανώ». Ο Ιταλός συνθέτης, σύμφωνα με τη διήγηση, φέρεται να εντυπωσιάστηκε σε τέτοιο σημείο από την ερμηνεία του Νικολάου, ώστε να χρησιμοποιήσει κάποιες χαρακτηριστικές φράσεις από το αρχαίο Ασματικό στο γνωστό σε όλους έργο του, Aida.
[106] Βλ. Παπαδόπουλος Γεώργιος, «Ἱστορικὴ Ἐπισκόπησις τῆς Βυζαντινῆς Ἐκκλησιαστικῆς Μουσικῆς, ἀπὸ τῶν Ἀποστολικῶν χρόνων μέχρι τῶν καθ' ἡμᾶς», Ἀθήνα 1904, σ. 216.

και έπειτα στην Κωνσταντινούπολη[107]. Σε νεαρή ηλικία, μαθητεύει κοντά στο Μανουήλ Πρωτοψάλτη, μαθαίνοντας σε πρώτη φάση από τον ίδιο, το παλαιό σημειογραφικό σύστημα[108]. Κατά την περίοδο της Πρωτοψαλτείας του Μανουήλ (1805-1819), χρέη Δομεστίκου στο Πατριαρχείο εκτελεί ο Κωνσταντίνος ο Βυζάντιος, με τον οποίον ο Νικόλαος φέρεται να συνδέεται στα πλαίσια της κοινής τους μαθητείας δίπλα στο Μανουήλ[109]. Αυτό το γεγονός, σύμφωνα με τον Εμμανουήλ Φαρλέκα, είναι και εκείνο που δικαιολογεί την φανερή υφολογική-εκφραστική συνάφεια μεταξύ των συνθετικών έργων του Νικολάου Σμύρνης και του Κωνσταντίνου Πρωτοψάλτου[110]. Παράλληλα, φοιτά στη Γ΄ Πατριαρχική Σχολή, όπου και διδάσκεται τη νέα μέθοδο, με δασκάλους τους τρεις μεταρρυθμιστές, Χρύσανθο εκ Μαδύτων, Γρηγόριο Πρωτοψάλτη και Χουρμούζιο τον Χαρτοφύλακα[111]. Μια μάλλον άγνωστη, αλλά με ξεχωριστό ενδιαφέρον πληροφορία αναφορικά με την ψαλτική σταδιοδρομία του Νικολάου στην Πόλη, δίδεται στο έργο του Γεωργίου Π. Γεωργιάδου, «Ὁ ἐν Γαλατᾷ Ἱερὸς Ναὸς τοῦ Ἁγίου Ἰωάννου τῶν Χίων», καθώς συγκαταλέγεται μεταξύ εκείνων που υπηρέτησαν ως Πρωτοψάλτες και Λαμπαδάριοι στο ναό από το 1780 έως και το 1898[112]. Αν και δεν αναφέρεται η ακριβής χρονολογία που να ορίζει ιστορικά το πέρασμα του Νικολάου από τον Άγιο Ιωάννη των Χίων, αυτό και μόνο το γεγονός της θητείας του σε αυτόν το ναό, ενέχει μια ξεχωριστή συμβολική σημασία, καθώς έμμεσα αναδεικνύει τον χώρο από τον οποίον προέρχεται αλλά και την τάση την οποία εκπροσωπεί ο Νικόλαος κατά τη νεανική του περίοδο στην Κωνσταντινούπολη. Κατά τη διάρκεια του 19ου αιώνα, ο Άγιος Ιωάννης στον Γαλατά, αποτελεί το περιβάλλον εκείνο,

---

107 Περπινιάς Μιχαήλ, *Σμυρναίοι και Μικρασιάται Μουσικολόγοι, Μουσικοδιδάσκαλοι και Πρωτοψάλται της Βυζαντινής Εκκλησιαστικής μουσικής του παρελθόντος και παρόντος αιώνος, μέχρι της Μικρασιατικής Καταστροφής -Η δράσις και το έργο αυτών-*, Χίος 1968, σ. 6. Οι πληροφορίες που δίδονται σ' αυτό το δεκαοχτασέλιδο δακτυλόγραφο του Μιχαήλ Περπινιά, εκτός φυσικά από εκείνες που προέρχονται απ' ευθείας από τις γνωστές ιστορικές πηγές -Παπαδόπουλο, Εκκλησιαστική αλήθεια, Φόρμιγγα -, έχουν ιδιαίτερη βαρύτητα, δεδομένης της προέλευσης του Περπινιά από τη Σμύρνη και ειδικότερα από τον κύκλο των μαθητών του Μισαηλίδη.
108 Για την ιδιαίτερη σχέση του Νικολάου με τον Μανουήλ τον Πρωτοψάλτη κάνει λόγο στο θεωρητικό του και ο Μισαήλ Μισαηλίδης. *Νέον Θεωρητικόν, Συντομότατον*, Αθήνα 1902, σ. 98-99.
109 Παπαδόπουλος Γεώργιος, *Λεξικόν της Βυζαντινής Μουσικής*, Αθήνα, σ. 168.
110 Βλ. Φαρλέκας Ι. Εμμανουήλ, *Τριώδιον*, ἐν Ἀθήναις 1931, σελ. ζ΄. «[...]Ὁ *Πρωτοψάλτης Σμύρνης Νικόλαος (1887) ἐμαθήτευσε παρά τῷ Μεγ. Πρωτοψάλτῃ Μανουὴλ τῷ Βυζαντίῳ (1819), οὗτινος ἀφ' ἑτέρου Δομέστιχος ὑπῆρξε καί ὁ μετέπειτα Πρωτοψάλτης Κωνσταντῖνος ὁ Βυζάντιος (1862). Εἰς τοῦτο δὲ ἀποδοτέα ἡ καταπληκτική ὁμοιότης τῶν συνθέσεων τοῦ τε Κωνσταντίνου καί τοῦ Νικολάου, μιμηθέντων πιστῶς τό σοβαρόν καί γλαφυρόν ὕφος τοῦ Πρωτοψάλτου Μανουήλ. Αἱ μελῳδίαι τοῦ Νικολάου σπουδαίαν ἐπίδρασιν ἤσκησαν ἐπί τῶν Μουσικῶν καί ἱεροψαλτῶν τῆς Σμύρνης καί ἁπάσης τῆς Μικρᾶς Ἀσίας ὡς καί τῶν Νήσων τοῦ Αἰγαίου».*
111 Βλ. Παπαδόπουλος, *Λεξικόν*, σ. 168.
112 Γεωργιάδης Π. Γεώργιος, «Ὁ ἐν Γαλατᾷ Ἱερὸς Ναὸς τοῦ Ἁγίου Ἰωάννου τῶν Χίων», ἐν Κωνσταντινουπόλει, τύποις Κ. Ζηβίδου, Κωνσταντινούπολη 1898, σ. 365.

στα πλαίσια του οποίου αναπτύσσεται με σαφή εκσυγχρονιστική διάθεση το λεγόμενο «κοινοτικό» μουσικό ιδίωμα της Κωνσταντινούπολης. Έτσι, ο ναός αυτός θα καταστεί το κατ' εξοχήν πεδίο έκφρασης και δραστηριοποίησης των πλέον προοδευτικών μουσικών της εποχής, παρά το γεγονός ότι, σε πολλές περιπτώσεις, οι ίδιοι στη συνέχεια θα δραστηριοποιηθούν στον ευρύτερο χώρο του Πατριαρχείου[113].

Η έλευση του Νικολάου στη Σμύρνη θα πρέπει να τοποθετηθεί στα τέλη του 1833, καθώς σύμφωνα με τον Περπινιά, ο Νικόλαος φέρεται να μετακαλείται και στη συνέχεια να εγκαθίσταται στο Μητροπολιτικό ναό της Αγίας Φωτεινής, μετά από προσωπική πρωτοβουλία του Χρυσάνθου του εκ Μαδύτων[114], ο οποίος και εκλέγεται μητροπολίτης Σμύρνης τον Ιούλιο του 1833. Η ορθότητα της πληροφορίας αυτής ενισχύεται επιπλέον, καθώς σύμφωνα με τον Χρήστο Σολομωνίδη, ο Χρύσανθος μετέβη στη Σμύρνη το Σεπτέμβριο του 1833 και συγκρότησε εκκλησιαστικούς χορούς[115]. Έτσι, ο Νικόλαος φαίνεται να είναι εκείνος ο οποίος κρίθηκε από τα αρμόδια πρόσωπα της Γ' Πατριαρχικής Σχολής και ειδικά από τον Χρύσανθο, ως ο πλέον κατάλληλος για την εφαρμογή και την περαιτέρω διάδοση στη Σμύρνη του νέου σημειογραφικού συστήματος. Άλλωστε, η αποστολή εκλεκτών αποφοίτων της Σχολής στα διάφορα αστικά κέντρα της περιφέρειας, με σκοπό τη διάδοση της νέας μεθόδου, μεταξύ άλλων και μέσω της ίδρυσης μουσικών σχολών, απετέλεσε θεμελιώδη πρακτική εκ μέρους των υπευθύνων της Σημειογραφικής Μεταρρύθμισης[116].

Ο Νικόλαος, φθάνοντας το 1833 στη Σμύρνη, θα συναντήσει ένα κοινό που χάρη στο έργο του Λώτου και των λοιπών Σμυρνιών συνθετών του 18ου αιώνα, θα είναι αρκετά υποψιασμένο και άρα προδιατεθειμένο θετι-

---

113 Μεταξύ αυτών θα πρέπει να μνημονευθούν οι, Χουρμούζιος Χαρτοφύλαξ (1786-92), Πέτρος ο Βυζάντιος (;-1821), Γεώργιος Βιολάκης (1843-51), Γεώργιος ο Ραιδεστηνός (1876-77) και Αριστείδης Νικολαΐδης (;-1881). Ό.π., σ. 363-366.
114 Βλ. Περπινιάς, ό.π., σ. 6. "[...]Λέγεται ότι ο Χρύσανθος μεγάλως εξετίμα τον Νικόλαον και τα μουσικά και φωνητικά αυτού προσόντα, τούτου δ' ένεκα, όταν εγένετο Μητροπολίτης Σμύρνης, μετεκάλεσεν αυτόν και εγκατέστησεν ως Πρωτοψάλτην εις τον Μητροπολιτικόν Ναόν της Αγίας Φωτεινής Σμύρνης[...]».
115 Βλ. Σολομωνίδης Σωκρ. Χρήστος, Η Εκκλησία της Σμύρνης, Αθήνα 1960, σ. 204. Ο Χρύσανθος παρέμεινε στο μητροπολιτικό θρόνο της Σμύρνης έως και το 1838, όπου και μετετέθη στην Προύσα. Το 1833 ως χρονολογία έλευσης του Νικολάου στη Σμύρνη, είναι συμβατή και με την πληροφορία του Παπαδόπουλου, σύμφωνα με την οποία, το 1877 -έτος θανάτου του- ο Νικόλαος φέρεται να είχε συμπληρώσει 53 χρόνια Πρωτοψαλτείας.
116 Στο ζήτημα αυτό αναφέρεται και ο Παπαδόπουλος, βλ. «Συμβολαί...», ό.π., σ. 375, σημειώνοντας χαρακτηριστικά : «[...] έκ τής σχολής ταύτης έξελθόντες ίκανώτατοι μουσικοί διεσπάρησαν είς τάς έπαρχίας καί είς διαφόρους έλληνικάς άποικίας καί ίδρυσαν μουσικάς σχολάς ή συνετέλεσαν πρός είσαγωγήν τοῦ μαθήματος τής έκκλησιαστικής μουσικής έν ταίς έλληνικαίς σχολαίς. [...]. Τό μάθημα τής μουσικής είσήχθη προσέτι καί είς τάς έλληνικάς σχολάς τής Αίνου, τής Άνδριανουπόλεως, τών Κυδωνιών, τής Μυτιλήνης, τής Σμύρνης καί Τραπεζοῦντος καί έδιδάσκετο ύπό τών μαθητών τής τρίτης Πατριαρχικής Σχολής λίαν εύδοκίμως».

Η Εκκλησιαστική μουσική της Σμύρνης (1800-1922)

κά στο να δεχθεί τις αλλαγές που επρόκειτο να επιφέρει η πλήρης εφαρμογή της Νέας Μεθόδου. Έτσι με την παράλληλη, φυσικά, ενθάρρυνση του Χρυσάνθου, θα είναι εκείνος που θα συνδράμει καθοριστικά στη διαμόρφωση μιας συνείδησης, στα πλαίσια του μουσικού περιβάλλοντος της περιοχής, αντιλαμβανόμενης θετικά το ζήτημα της σημειογραφικής αλλαγής. Επίσης, χάρη στη συνθετική του ικανότητα, θα είναι το πρόσωπο εκείνο, που θα αναδείξει στο μέγιστο βαθμό την ιδιαίτερη δυναμική που περίκλειε το νέο σύστημα, αφού λόγω της καταλληλότητάς του αναφορικά με την απόδοση σύνθετων και επιμέρους μουσικών σχημάτων, η νέα μέθοδος θα αποτελέσει το κίνητρο και συγχρόνως την αφορμή για την εμφάνιση νέων συνθετικών τάσεων και πρωτοβουλιών.

Η φήμη της προσωπικότητας, καθώς και η εμβέλεια του έργου του Νικολάου φαίνεται να προκάλεσε την έντονη εντύπωση του διάσημου Γάλλου μουσικολόγου και περιηγητή Louis Albert Bourgault-Ducoudray, κατά το ταξίδι του στη Σμύρνη το 1875. Έτσι στο έργο του, «Souvenirs d'une mission musicale en Grèce et en Orient»[117], που εκδόθηκε στο Παρίσι ένα χρόνο αργότερα, περιγράφει με γλαφυρό τρόπο την εμπειρία από τη συνάντησή του με το Νικόλαο Πρωτοψάλτη στο Μητροπολιτικό Μέγαρο της Σμύρνης:

«Ἀδύνατον εἶνε νὰ τύχῃ τις ἐγκαρδιωτέρας ὑποδοχῆς ἐκείνης, ἧς ἔτυχον παρὰ τοῖς κατοίκοις τῆς Σμύρνης. Πάντες οἱ μεθ' ὧν συνεσχετίσθην ἡμιλλῶντο περὶ τοῦ πότερος νὰ μοὶ φανῇ χρησιμότερος καὶ νὰ μοὶ βοηθήσῃ εἰς τὰς ἐρεύνας μου. Τὴν ἐπιτυχίαν ταύτην ὀφείλω οὐ μόνον εἰς τὰς συστάσεις δι' ὧν ἤμην ἐφωδιασμένος, ἀλλ' εἰς τὸν κατ' οὐσίαν φιλόξενον χαρακτῆρα τῶν ἑλλήνων, εἰς τὴν προτίμησιν αὐτῶν δι' ὅτι ἀφορᾷ εἰς τὰς ἐπιστήμας καὶ τέχνας. Μόλις εἶχον ἀποβιβασθῆ καὶ εὐθὺς πλούσιος ἔμπορος τῆς πόλεως μὲ ὠδήγησεν εἰς τὸν ἀρχιεπίσκοπον[118], ὅστις εἰδοποιηθεὶς περὶ τοῦ σκοποῦ τοῦ ταξειδίου μου, συγκατετέθη, καίτοι κλινήρης ἕνεκεν νόσου, νὰ μὲ δεχθῇ. Μετακαλέσατο

---

117 Βλ. Ducoudray L. A. Bourgault, *Souvenirs d'une mission musicale en Grèce et en Orient*, J. Baur, Libraire-Editeur, Παρίσι 1876, σ. 25-26. Στο σημείο αυτό παρατίθεται η μετάφραση από ένα δημοσίευμα της εφημερίδας «Πρόοδος» της Σμύρνης, της 24ης Ιανουαρίου του 1876. Προτιμήθηκε το κείμενο αυτό, για δύο βασικούς λόγους: Πρώτον, επειδή το άρθρο αυτό, δημοσιεύεται σε μια εποχή κατά την οποία οι πρωταγωνιστές του συμβάντος που εξιστορείται, βρίσκονται ακόμη στο ιστορικό προσκήνιο. Αυτός μάλλον είναι και ο λόγος που ωθεί τον αρθρογράφο-μεταφραστή να αποδώσει το όλο περιστατικό με έντονα γλαφυρό τρόπο, μεταξύ άλλων και μέσω του ιδιαίτερου γλωσσικού ιδιώματος που χρησιμοποιεί. Ο άλλος λόγος, έχει να κάνει με τον εντοπισμό καθώς και με την προσβασιμότητα του συγκεκριμένου άρθρου, η οποία δυστυχώς, ακόμη και σήμερα, παραμένει εξαιρετικά δύσκολη. Επίσης, βλ. Μουσικολογία Τεύχος 7-8, 1989, -περιοδική έκδοση θεωρίας και πράξης-, όπου και μετάφραση του ίδιου κειμένου από την Καίτη Ρωμανού.
118 Πρόκειται για τον Μελέτιο, η αρχιερατεία του οποίου στη Σμύρνη διήρκεσε από το 1869 έως και τον θάνατό του το 1884. Βλ. Σολομωνίδης, ό.π., σ. 213-215.

Νίκος Ανδρίκος

δε παρευθύς δύο έκ τών πρωτίστων ψαλτών της Σμύρνης, τον Μισαήλ καί τον Νικόλαον πρωτοψάλτην της μητροπολιτικής εκκλησίας καί διδάσκαλον της βυζαντινής μουσικής.

Ό πρεσβύτης ούτος όγδοηκοντούτης, ένδεδημένος κατά τον άνατολικόν τρόπον, φέρων μακρόν φαιόν μύστακα, εν τη προσπελάσει αύτού έχει το μεγαλόφρον. Έν τώ όλίγω θεατρικώ παραστήματι αύτού εκδηλούται το αίσθημα της αξίας και της σπουδαιότητος, ην έχει περί έαυτού»[119].

Στα 53 χρόνια της Πρωτοψαλτικής του σταδιοδρομίας στη Σμύρνη, ο Νικόλαος ανέπτυξε ένα πραγματικά σπουδαίο έργο, τόσο λόγω της πολυσχιδούς σύνθεσής του -εκτελεστικό, διδακτικό, συνθετικό, εξηγητικό, εκδοτικό-, όσο και λόγω της ευρύτατης αποδοχής την οποία γνώρισε, σε βαθμό μάλιστα που να υπερβαίνει τη δυναμική και τα όρια της τάσης, και να μπορεί να θεωρηθεί ως «Σχολή», με σαφή και εύκολα διακρινόμενα χαρακτηριστικά. Αυτό επίσης, το οποίο είναι εξαιρετικά σημαντικό, είναι το γεγονός της μεγάλης εκδοτικής δραστηριότητάς του, η οποία καλύπτοντας σχεδόν όλα τα είδη της έντυπης μουσικής παραγωγής, τον καταξιώνουν ως τον πλέον δραστήριο συνθέτη, με πρωτογενές έργο, στο εκδοτικό τοπίο του β΄ μισού του 19ου αιώνα[120]. Η ευτυχής συγκυρία, να έχει κυκλοφορήσει σε έντυπη μορφή τη σύνολη συνθετική του δημιουργία, αφ' ενός μεν καλύπτει σε μεγάλο βαθμό το ιστορικό κενό που δημιουργεί η ελλιπής βιογραφική του εικόνα, αφ' ετέρου δε, δίνει τη δυνατότητα στο σύγχρονο ερευνητή να έχει μια αρκετά ολοκληρωμένη και σαφή άποψη σχετικά με το μορφολογικό-υφολογικό χαρακτήρα του μελοποιητικού του έργου. Πιο συγκεκριμένα, ο Νικόλαος εξέδωσε σε έντυπη μορφή τα εξής έργα:

Α). «Δοξαστάριον Τριωδίου καί Πεντηκοσταρίου», περιέχον τά Δοξαστικά αυτών μετά των Ίδιομέλων και τινών Προσομοίων, Νεκρωσίμων Δοξαστικών, τών ένδεκα Εωθινών καί τών αργών Ίδιομέλων. Έν Κωνσταντινουπόλει, τύποις Σ. Ίγνατιάδου, 1857

---

119 Πληροφορίες αναφορικά με την ιδιαίτερη καλλιτεχνική παρουσία αλλά και την εν γένει φυσιογνωμία του Νικολάου, προσφέρει και ο Μιχαήλ Περπινιάς, τονίζοντας χαρακτηριστικά : «[...] Ο Νικόλαος ήτο κεκοσμημένος δι' εξόχου μελωδικής, ευστρόφου, μεγάλης ευρύτητος και ηχηράς φωνής, και σπανίου μουσικού ταλάντου. [...] Ο αοίδιμος ούτος μουσικοδιδάσκαλος είχεν αθλητικόν παράστημα· όταν δε έψαλλε ίστατο ευθυτενής, ουδόλως μετακινών το σώμα αυτού, ούτε χειρονομίαν τινά έκαμε, αλλά μόνον τα χείλη του εκίνει». Ο συγγραφέας συμπληρώνει, πως όλα τα ανωτέρω τα πληροφορήθηκε από κάποιον υπέργηρο Σμυρνιό, θαυμαστή, φίλο και ακουστή του Νικολάου. Βλ. Περπινιάς, ό.π., σ. 6.

120 Η περίπτωση φυσικά του Θεοδώρου Φωκαέα θα πρέπει να εξαιρεθεί, καθώς η πραγματικά ευρύτατη εκδοτική του δραστηριότητα καλύπτεται, κατά βάσει, από συμπιληματικού χαρακτήρα συλλογές, και όχι από πρωτογενές συνθετικό έργο, όπως συμβαίνει στην περίπτωση του Νικολάου.

Β). «Νέον Ταμείον Ανθολογίας», Τόμος Α', Ακολουθία Εσπερινού. Εν Σμύρνη, έκ τοῦ τυπογραφείου Αντ. Δαμιανού, 1862

Γ). «Νέον Ταμείον Ανθολογίας», Τόμος Β' , Ακολουθία Όρθρου. Εν Σμύρνη, έκ τοῦ τυπογραφείου Νικολάου Πρωτοψάλτου, 1864

Δ). «Νέον Ταμείον Ανθολογίας», Τόμος Γ', Ακολουθία Λειτουργίας. Εν Σμύρνη, έκ τοῦ τυπογραφείου Νικολάου Πρωτοψάλτου, 1867

Ε). «Δοξαστάριον τοῦ ὅλου ἐνιαυτοῦ», Τόμος Α', περιέχον τὰ Δοξαστικὰ τῶν τε ἑορταζομένων Ἁγίων, μετὰ τῶν Ἰδιομέλων τῶν Δεσποτικῶν καὶ Θεομητορικῶν ἑορτῶν καὶ τινων Ἁγίων, μετὰ τῶν ἀπολυτικίων αὐτῶν καὶ ἄλλων τινῶν. (Σεπτέμβριος-Δεκέμβριος). Ἐν Σμύρνῃ, τύποις Νικολάου Πρωτοψάλτου Σμύρνης, 1873

ΣΤ). «Δοξαστάριον τοῦ ὅλου ἐνιαυτοῦ», Τόμος Β', (Ἰανουάριος-Αὔγουστος), Ἐν Σμύρνῃ, τύποις Νικολάου Πρωτοψάλτου Σμύρνης, 1879

Η ευρύτητα της εκδοτικής δραστηριότητας του Νικολάου, εκτός φυσικά από το πλήθος των συνδρομητών, οφείλεται και στο γεγονός ότι από τα μέσα της δεκαετίας του 1860 διατηρεί ο ίδιος τυπογραφείο, στο οποίο και εκδίδει τα έργα του. Πάντως, δεν φαίνεται κατ' αυτήν την περίοδο, να είχε αναλάβει ο ίδιος την επιμέλεια και την έκδοση σ' αυτόν τον χώρο, βιβλίων με έργα άλλων συνθετών. Μετά τον θάνατό του, ο εγγονός του Ν. Βλαντιάδης, σε συνεργασία με τον μουσικοδιδάσκαλο και μαθητή του Νικολάου, Γ. Φινέλη, εκδίδει άλλα δύο έργα του:

Α). «Νεότατον Αναστασιματάριον», πλῆρες Ἀργόν καὶ Σύντομον μελοποιηθὲν μὲν παρὰ διαφόρων διδασκάλων παλαιῶν τε καὶ νεωτέρων ἐπεξηργασθὲν δὲ ἤδη παρὰ Νικολάου Γεωργίου Πρωτοψάλτου Σμύρνης Ἀδείᾳ τοῦ Αὐτ. Ὑπουργείου τῆς Παιδείας, ὑπ' ἀρ. 561 καὶ ἡμ. 22 Μουχαρὲμ 1307. Ἰδιοκτήτης Νικόλαος. Γ. Βλαντιάδης ἐκδόται Ἰ. Κατρᾶς καὶ Ἰ. Καρακιζῆς. Τῇ ἐπιμελείᾳ καὶ ἐπιστασίᾳ τοῦ Μαθητοῦ αὐτοῦ καὶ Μουσικοδιδασκάλου Γεωργίου Φινέλη. Σμύρνη, τυπογραφεῖον «Ἀμαλθείας», 1899

Β). «Πλῆρες Ἀναστασιματάριον», Μέρος Δεύτερον, Σύντομον εἱρμολογικόν, Ἐν Σμύρνῃ, ἐκ τοῦ τυπογραφείου τῆς «Ἀμαλθείας», 1899

Στο συνθετικό δε τομέα, ο Νικόλαος μελοποιεί σχεδόν ολόκληρη τη σειρά των εγκύκλιων μουσικών μαθημάτων, σε σημείο ώστε δίκαια να μπορεί να θεωρηθεί ως ο παραγωγικότερος μουσικός, με το ευρύτερο και παράλληλα πληρέστερο πρωτογενές συνθετικό έργο στο 19ο αιώνα. Το γεγονός ότι το έργο του Νικολάου καλύπτει όλο το φάσμα των μελοποιητικών ειδών, εκτός από το ότι φανερώνει την αναμφισβήτητη συνθετική του ευρηματικότητα, μαρτυρά και τη σαφή του διάθεση, στο να αποδείξει τη δυνατότητα εφαρμογής και απόδοσης του προσωπικού του ιδιώματος στο σύνολο του ρεπερτορίου και όχι αποσπασματικά σε ορισμένες εξαιρετικές περιπτώσεις. Εκτός από τα αυτόνομα μελοποιητικά του έργα, -Αναστασιματάριον, Δοξαστάριον Τριωδίου και Πεντηκοσταρίου, Δοξαστάριον του όλου ενιαυτού-, τα οποία εμπεριέχουν αποκλειστικά δικές του συνθέσεις, οι τρεις Ανθολογίες του, όσον αφορά στο ρεπερτόριο και στη κατανομή του υλικού, ακολουθούν τα καθιερωμένα πρότυπα στελέχωσης μουσικών συλλογών της εποχής. Ωστόσο, δεν παραλείπει να τις εμπλουτίζει με αμιγώς από τον ίδιο συνθεμένα μαθήματα, τα οποία επιγραμματικά είναι τα εξής:

Μέλη Εσπερινού:

- **Ανοιξαντάρια τα μέγιστα,** Ήχος πλ. Δ΄. -με ενδιάμεση παρεμβολή επιλογών από τα του Κουκουζέλους-
- **Κεκραγάριον αργόν**, Ήχος Βαρύς διατονικός
- **Στιχηρά Αναστάσιμα** σε Ήχο Β΄ ψαλλόμενα στον Εσπερινό της «Αγάπης»
- **Προκείμενα των Δεσποτικών εορτών**
- **Ρόδον το αμάραντον**, Μάθημα Θεοτοκίον, Οκτάηχο
- **Ίδωμεν το φως το αληθινόν**, Μάθημα Τριαδικόν Οκτάηχο
- **Κοντάκιον του Μ. Κανόνος**, Ψυχή μου ψυχή μου, Ήχος Β΄
- **Μάθημα ψαλλόμενον εις τον Μ. Κανόνα**, Ψυχή μου ψυχή μου - Κράτημα, Ήχος πλ. Β΄
- **Το προσταχθέν**, σύντομο, Ήχος πλ. Δ΄
- **Καθίσματα** εις τον όρθρον της Αγίας και Μεγάλης Δευτέρας και Τρίτης, αργά, εις τον όρθρον της Μ. Τετάρτης, σύντομα
- **Κύριε η εν πολλαίς αμαρτίαις**, Δοξαστικό των αποστίχων του όρθρου της Μ. Τετάρτης, Ήχος πλ. Δ΄, αργό και σύντομο
- **Μάθημα ψαλλόμενον τη Αγία και Μεγάλη Τετάρτη**, εσπέρας εις την συγχώρησιν ως είθισται εν τη Σμύρνη, Τω συνδέσμω της αγάπης - Κράτημα, Ήχος πλ. Β΄
- **Ότε οι ένδοξοι**, σύντομο, Ήχος πλ. Δ΄
- **Κύριε αναβαίνοντός Σου, Ήδη βάπτεται κάλαμος**, Ήχος πλ. Δ΄
- **Σε τον αναβαλλόμενον το φως**, Ήχος πλ. Α΄
- **Εις την είσοδον του Επιταφίου**, Τον ήλιον κρύψαντα, Ήχος πλ. Α΄

Μέλη του Όρθρου:

- **Πολυέλεος, Λόγον Αγαθόν**, Ήχος Δ΄ Άγια
- **Ο Ν΄ Ψαλμός**, Ελέησόν με ο Θεός, Ήχος Βαρύς
- **Ιδιόμελα τη Αγία και Μεγάλη Τεσσαρακοστή**, μετά τον Ν΄ Ψαλμό, Ήχος πλ. Δ΄

-**Δοξολογίες αργές**, σε Ήχο Δ΄ λέγετο, Γ΄, Δ΄ Άγια, πλ. Α΄, πλ. Β΄ και Βαρύ εναρμόνιο
-**Μάθημα ψαλλόμενον εις πάσαν εορτήν της Θεοτόκου και όταν ενδύεται ο Αρχιερεύς**, Σε μεγαλύνομεν-Κράτημα, Ηχος Βαρύς διατονικός

Μέλη Λειτουργίας:

-**Τυπικά**, Ήχος Βαρύς διατονικός
-**Τρισάγιον και Δύναμις** (αργό-σύντομο), Ήχος Βαρύς διατονικός
-**Δύναμις Όσοι εις Χριστόν** - Κράτημα, Ήχος πλ. Α΄
-**Δύναμις Τον σταυρόν Σου** - Κράτημα, Ήχος Β΄
-**Κύριε σώσον τους ευσεβείς**, εις Λειτουργίαν Αρχιερέως και εις χειροτονίας, μελοποιηθέν κατ' αίτησιν του Αγίου Σμύρνης κ. Χρυσάνθου, Ηχος Α΄[121]
-**Κύριε ελέησον** (αργά) εις διαφόρους ήχους
-**Χερουβικά μέγιστα**, κατ' ήχον μελοποιηθέντα
-**Χερουβικά συντομότερα** σε όλους τους ήχους
-**Του δείπνου Σου του μυστικού**, μέλος Λειτουργίας Μ. Πέμπτης, Ηχος πλ. Β΄
-**Αγαπήσω σε Κύριε**, εις τον εν τω Ιερώ ασπασμόν των Αρχιερέων, Ήχος Β΄
-**Άξιον εστίν** σε Ήχο Α΄, πλ. Β΄, Βαρύ διατονικό και εναρμόνιο, πλ. Δ΄
-**Οι Ειρμοί της εννάτης ωδής** ψαλλόμενοι αντί του Άξιον εστίν εις τας Δεσποτικάς και Θεομητορικάς Εορτάς
-**Νυν αι δυνάμεις**, Ήχος πλ. Α΄ και Βαρύς διατονικός
-**Κοινωνικά Κυριακών** σε όλους τους ήχους
-**Εις μνημόσυνον,** ήχος Α΄, Δ΄ και Βαρύς
-**Ποτήριον**, Ήχος Α΄, Δ΄ και Βαρύς
-**Εις πάσαν**, Ήχος πλ. Δ΄
-**Κοινωνικά του όλου ενιαυτού**
-**Εις την εορτήν της Αναστάσεως**, Σώμα Χριστού, Ήχος Α΄, Β΄, Δ΄, πλ. Δ΄ και Βαρύς
-**Ειρμός Καλοφωνικός**, Πεποικιλμένη τη Θεία δόξη, Ήχος Α΄
-**Το όμμα της καρδίας μου** - Κράτημα, Ήχος πλ. Β΄
-**Δέσποινα και Μήτηρ του Λυτρωτού**, Ήχος πλ. Δ΄

---

[121] Είναι πιθανότερο να πρόκειται για τον Χρύσανθο τον Β΄ και όχι για τον «εκ Μαδύτων», καθώς η έκδοση του Γ΄ Τόμου της Νέας Ανθολογίας του Νικολάου το 1867, (1858-1869), τοποθετείται εντός των χρονολογικών ορίων της δεύτερης αρχιερατείας του στη Σμύρνη (1858-1869). Βλ. Σολομωνίδης, ό.π., σ. 210-213.

Σ' αυτές τις συνθέσεις θα πρέπει να προστεθεί και ένας Πολυχρονισμός της Α. Μ. του Αυτοκράτορος Πασών των Ρωσσιών, σε Ήχο πλ. Δ', που παρατίθεται στο Γ' Μέρος του «Νέου Θεωρητικού» του Μισαήλ Μισαηλίδη (σ. 134). Επίσης, θα πρέπει να προστεθεί το μοναδικό ανέκδοτο μάθημα του Νικολάου, το οποίο βρέθηκε στα πλαίσια της έρευνας που πραγματοποιήθηκε με αφορμή την παρούσα μελέτη και παρατίθεται στο «Επίμετρο» του βιβλίου[122]. Πρόκειται για ένα εξαιρετικά ενδιαφέρον, αργό Κύριε ελέησον σε Ήχο πλ. Β', που περιλαμβάνεται στη χειρόγραφη μουσική συλλογή του Βασιλείου Ηλιάδη από την Φώκαια της Μικράς Ασίας, και φυλάσσεται στη Δημόσια Βιβλιοθήκη της Μυτιλήνης.

Στο όνομα του Νικολάου σώζονται δύο εξηγήσεις καθώς και κάποιες συντμήσεις. Πιο συγκεκριμένα, έχει εξηγήσει το Οκτάηχο «Θεοτόκε Παρθένε» του Μπερεκέτη, κατά την παράδοσιν, όπως αναφέρει χαρακτηριστικά, κ. Μανουήλ Πρωτοψάλτου, καθ' υπαγόρευσιν του Μουσικολογιωτάτου κ. Πέτρου του Αγιοταφείτου. Επίσης, σε δική του εξήγηση παραδίδει τη γνωστή σειρά χερουβικών του Κωνσταντίνου Πρωτοψάλτου στον Γ' Τόμο της «Νέας Ανθολογίας» του. Εκτός αυτών, έχει συντμήσει το «Άνωθεν οι Προφήται» του Κουκουζέλη, καθώς και το «Περίζωσαι την ρομφαίαν σου» του Γρηγορίου Πρωτοψάλτου, μαθήματα και τα δύο σε Ήχο Βαρύ.

Ένα από τα κρισιμότερα και πλέον ακανθώδη θέματα αναφορικά με το πρόσωπο του Νικολάου Πρωτοψάλτου Σμύρνης, παραμένει και ως σήμερα, το ζήτημα της έγκρισης των έργων του εκ μέρους του Πατριαρχείου και των αρμόδιων μουσικών συλλόγων και σχολών. Πέρα από τη φανερή ιδεολογική σκοπιμότητα που εκ των πραγμάτων εμπεριέχει η οποιαδήποτε τοποθέτηση επί του θέματος, η εξαγωγή ασφαλών συμπερασμάτων δυσχεραίνεται επιπλέον, λόγω της έλλειψης πηγών που να αναφέρονται στο θέμα μέσω μιας προσέγγισης αμερόληπτης και πλέον σφαιρικής. Η χαρακτηριστικότερη διατύπωση σχετικά με το ζήτημα, είναι εκείνη του Γεωργίου Παπαδόπουλου, σύμφωνα με την οποία, «[...] *τὰ μουσουργήματα τοῦ Νικολάου δὲν ἔτυχον τῆς ἐπιδοκιμασίας τῆς Μ. Ἐκκλησίας ὡς παρεκκλίνοντα πως τῶν ἀρχαίων ἐκκλησιαστικῶν γραμμῶν*» [123]. Σε άλλο του δε έργο, εντοπίζει την πεποίθηση περί παρέκκλισης των συνθέσεων του Νικολάου από τις «*αρχαίες σοβαρές μουσικές γραμμές*», στο γεγονός της «*κατ' έννοιαν μελισματικής δομής των εκκλησιαστικών μαθημάτων του*»[124]. Αυτή η πληροφορία θα καθορίσει μονοδιάστατα και σε μεγάλο βαθμό τις μετέπειτα επιστημονικές τοποθετήσεις επί του θέματος, οδηγώντας τες μοιραία σε μια υπεραπλουστευμένη θεώρηση

---

122 Βλ. «Επίμετρο» της παρούσας εργασίας.
123 Βλ. Παπαδόπουλος, «Συμβολαί...», ό.π., σ. 356.
124 Βλ. Παπαδόπουλος, «Ἱστορική ἐπισκόπησις», ό.π., σ. 216.

του, στα πλαίσια της οποίας δεν θα λείψουν και κάποιες ιστορικές ανακρίβειες και γενικεύσεις[125].

Για τις ανάγκες της παρούσας έρευνας, καταβλήθηκε ιδιαίτερη προσπάθεια με σκοπό την ανεύρεση πηγών αναφερόμενων στο θέμα, οι οποίες ενδεχομένως να μπορούσαν να λειτουργήσουν είτε συνθετικά σε σχέση με την πληροφορία του Παπαδόπουλου, είτε να δώσουν μια νέα τροπή στο όλο ζήτημα. Δυστυχώς, στο επίσημο Πατριαρχικό Αρχείο, πέρα από το γνωστό κείμενο των δυο εγκυκλίων επιστολών του 1880, δε διασώζεται κάτι επιπλέον υπό μορφή υπομνήματος, εισηγητικής έκθεσης ή πρακτικών, το οποίο να διαπραγματεύεται το ζήτημα της ένταξης των έργων του Νικολάου στον κατάλογο των εγκεκριμένων βιβλίων εκ μέρους του Πατριαρχείου. Αυτό φυσικά, δεν αποκλείει το ενδεχόμενο της ύπαρξης στο παρελθόν κάποιας επίσημης απόφασης, την οποία και να λαμβάνει υπ' όψιν του ο Παπαδόπουλος, λόγω της έντονης δράσης του στα πλαίσια των μουσικών συλλόγων της εποχής. Ωστόσο, θα πρέπει να θεωρηθεί εξαιρετικά αμφίβολο κάποιο τέτοιο κείμενο να είχε συνταχθεί κατά την περίοδο της δικής του θητείας στους μουσικούς συλλόγους, αφού ο ίδιος εμφανίζεται στο προσκήνιο το 1880, με την ίδρυση του Ελληνικού Μουσικού Συλλόγου στον Γαλατά, εποχή κατά την οποία ο Νικόλαος είχε ήδη ολοκληρώσει την πορεία του στον εκδοτικό χώρο.

Η δυνατότητα δόμησης αντικειμενικής εικόνας για το θέμα είναι κατ' απόλυτο τρόπο εξαρτημένη από το περιεχόμενο το οποίο θα πρέπει να δοθεί στον χαρακτηρισμό του Παπαδόπουλου περί «αποδοχής». Οι ενδεχόμενες ερμηνείες ποικίλουν, καθώς μπορούν να εκτείνονται από την πεποίθηση περί ύπαρξης μιας επίσημης καταδικαστικής κρίσης, έως την

---

125 Για παράδειγμα στο έργο του Γεωργίου Χατζηθεοδώρου, Βιβλιογραφία της Βυζαντινής Εκκλησιαστικής μουσικής-περίοδος Α΄(1820-1899), Θεσσαλονίκη 1998, γίνεται αρκετές φορές λόγος για το ζήτημα, χωρίς ωστόσο να παρατίθεται παράλληλα κάποια έγκυρη πηγή που να τεκμηριώνει τις απόψεις που υποστηρίζονται. Στη σελ. 46 π. χ, ο συγγραφέας αναφερόμενος στο Νικόλαο Σμύρνης, υποστηρίζει ότι «[...] η δυναμική εκδοτική παρουσία του, καθώς και το ιδιάζον μουσικό του συνθετικό ύφος -μελοποίηση κατ' απόλυτη έννοια, ελευθεριότητα ρυθμού, αναλυτική γραφή απόδοσης των σημείων ποιότητας, νέοι μελωδικοί σχηματισμοί κ. ά- έδωσαν την αφορμή για να ξεσηκωθούν οι κύκλοι των πατριαρχικών κυρίως ψαλτών. Τελικά οι κύκλοι αυτοί κατάφεραν να πείσουν το Πατριαρχείο να μην εγκρίνει -το γεγονός σημειώνεται για πρώτη φορά- τα βιβλία του Νικολάου, πλην δεν μπόρεσαν να εμποδίσουν την πλατιά διάδοσή τους [...]». Στο σημείο αυτό, παρά τις εύστοχες παρατηρήσεις του συγγραφέα σχετικά με τον εντοπισμό των νεωτερικών στοιχείων στα έργα του Νικολάου, είναι ολοφάνερη η επίδραση της πληροφορίας του Παπαδόπουλου, βάσει της οποίας εξάγονται περαιτέρω συμπεράσματα, καθώς θεωρείται εκ των προτέρων ως έγκυρη και ασφαλής. Η παράλληλη απουσία κατοχύρωσης των απόψεων αυτών βάσει πηγών, δημιουργεί μοιραία μια απλουστευμένη θεώρηση του ζητήματος, εδραζόμενη απλώς σε μια αφηρημένη αίσθηση περί απόρριψης των έργων του Νικολάου, η οποία και βρίσκεται διάχυτη στο όλο περιβάλλον της εποχής. Πάντως, ο συγγραφέας δεν παραλείπει να τονίζει εμφατικά, σε πολλά σημεία της εργασίας του, τη σημαντικότητα καθώς και τη μεγάλη διάδοση των έργων του Νικολάου. Βλ. ό.π., σ. 46, 116 κ. α.

υπόθεση περί απλής αδυναμίας των έργων του Νικολάου να καταστούν δημοφιλή στο κλειστό περιβάλλον των μουσικών της Πόλης. Το γεγονός δε της απουσίας της επίσημης Πατριαρχικής σφραγίδας από τις προμετωπίδες των εντύπων του Νικολάου, δεν θα πρέπει να εκληφθεί απόλυτα ως ένδειξη της μη εγκυρότητάς τους, καθώς αυτή η πρακτική εφαρμόσθηκε σε ορισμένες μόνο περιόδους και κυρίως για τα έργα που εκδόθηκαν από το ίδιο το Πατριαρχικό Τυπογραφείο.

Ακόμη όμως κι αν θεωρηθεί ιστορικά δεδομένη η απαγόρευση των έργων του Νικολάου Σμύρνης ως μη συμβατών στην παράδοση της Μεγάλης Εκκλησίας, κάτι τέτοιο δεν θα πρέπει να εκληφθεί απλά και μόνο ως μια λογική-προβλέψιμη αντίδραση του Πατριαρχείου στα πλαίσια της γενικότερης προσπάθειας καθορισμού συγκεκριμένων ορίων στην πρωτογενή έκφραση από τους συντηρητικούς κύκλους της Πόλης. Η απόκλιση του ύφους των συνθέσεων του Νικολάου από τα κλασικά πρότυπα δεν αποτελεί μουσικολογικό ζητούμενο, καθώς είναι από φανερή έως αυτονόητη για τον κάθε ερευνητή, ενώ για τον ίδιο τον Νικόλαο αποτελεί πράξη ενσυνείδητης καλλιτεχνικής τοποθέτησης. Τα ουσιαστικά αίτια αυτής της προβληματικής θα πρέπει να αναζητηθούν στο βαθύτερο ιδεολογικό περιεχόμενο που καθορίζει τη σύνολη δραστηριότητα που αναπτύσσεται στο μουσικό περιβάλλον της εποχής, καθώς και στο γεγονός της πολιτισμικής απόστασης που χαρακτηρίζει τη σχέση Κωνσταντινούπολης και Σμύρνης κατά τη διάρκεια του 19ου αιώνα[126]. Πάντως, είναι γεγονός, πως κατά καιρούς έχουν εκφραστεί και πλέον τολμηρές απόψεις, μάλιστα με αρκετά καυστικό τρόπο, οι οποίες εντοπίζουν τα βαθύτερα αίτια της μη έγκρισης των έργων του Νικολάου, τόσο σε συμφέροντα στο πεδίο του εκδοτικού ανταγωνισμού, όσο και σε προσωπικές εμπάθειες και αντιζηλίες[127]. Αυτό που είναι ωστόσο σίγουρο, είναι ότι το ζήτημα της έγκρισης

---

[126] Η απόσταση που παρεμβάλλεται μεταξύ Κωνσταντινούπολης και Σμύρνης (βλ. Α' Μέρος, Κεφάλαιο γ'), σε ιδεολογικό επίπεδο, γίνεται αισθητή ακόμα και στον χώρο της Εκκλησιαστικής διοίκησης. Η Σμύρνη αποτελεί συνεχώς για το Πατριαρχείο μια σοβαρή πηγή προβλημάτων, καθώς αρνείται να υποταχθεί στην άμεση επιτήρηση της Ιεράς Συνόδου, η οποία και εντείνεται λόγω της αυξημένης δικαιοδοσίας επί όλων των ορθοδόξων υπηκόων της Αυτοκρατορίας, που αναγνωρίζει πλέον στον εκάστοτε Πατριάρχη ο θεσμός των millet. Οι σχέσεις των δύο Εκκλησιών θα φθάσουν σε οριακό σημείο επί Μητροπολίτου Βασιλείου (1885-1910), με αφορμή τη συμμαχία του με τους ελληνικής υπηκοότητας Σμυρνιούς και τον πρόξενο της Ελλάδος. Βλ. Kechriotis Vangelis, «The Greeks of Izmir...», ό.π., σ. 105-119. Η κίνηση αυτή του Βασιλείου, ενέχει μια ιδιαίτερη συμβολική η οποία αντιβαίνει στη στάση που διατηρεί αυτήν την περίοδο το Πατριαρχείο, το οποίο με τη σειρά του αδυνατεί να επιβάλει τη γνώμη του στους ισχυρούς άνδρες της Σμύρνης. Το όλο πρόβλημα είναι ενδεικτικό της διάθεσης της Σμυρναϊκής Εκκλησίας-Κοινότητας, να μείνει αμέτοχη του ιδεολογικού σχήματος που υποστηρίζεται από τον Ιωακείμ το Γ' και προτείνει την πνευματική και διοικητική υπαγωγή όλων των επιμέρους Εκκλησιών στο Οικουμενικό Πατριαρχείο, κατά τα πρότυπα ενός Παν-Ορθόδοξου οράματος. Βλ. Anagnostopoulou, ό.π., σ. 90.

[127] Χαρακτηριστικά είναι τα όσα αναφέρει ο Μιχαήλ Περπινιάς. «[...] Ο Νικόλαος κατανοών ότι

Η Εκκλησιαστική μουσική της Σμύρνης (1800-1922)

κάθε νέας πρωτότυπης απόπειρας εκ μέρους των μουσικών συλλόγων της Πόλης, όπως έχει παρατηρηθεί και σε προηγούμενο κεφάλαιο, δικαιολογείται σε σχέση με το ευρύτερο ιδεολογικό μοντέλο, το οποίο και βρίσκεται σε εφαρμογή κατ' αυτήν την χρονική περίοδο. Επίσης, η φανερά περιορισμένη πρωτογενής συνθετική παραγωγή που παρατηρείται μετά τον Κωνσταντίνο Πρωτοψάλτη στο Πατριαρχικό περιβάλλον, καθίσταται αναπόφευκτα η αφορμή για τη δημιουργία ενός λογικού αισθήματος ανασφάλειας, εκ μέρους των συντηρητικών κύκλων της Πόλης, απέναντι στο ενδεχόμενο μιας πιθανής μετατόπισης του επίκεντρου της μουσικής δραστηριότητας και παραγωγής από την πρωτεύουσα στην περιφέρεια.

Αν θελήσει κανείς να αξιολογήσει επιστημονικά τη σημαντικότητα και το μέγεθος της συμβολής του Νικολάου στην εξέλιξη της Εκκλησιαστικής μουσικής, θα πρέπει να σταθεί στα εξής τρία βασικά σημεία : α). Σε μια εποχή που προβάλλεται με ιδιαίτερη έμφαση η ανάγκη της ενοποιημένης αντίληψης της δομής και του περιεχομένου της Εκκλησιαστικής μουσικής, το έργο του Νικολάου έρχεται να αποδείξει, με τον πλέον εναργή τρόπο, τον πολυδιάστατο και παράλληλα, υφολογικά πλουραλιστικό χαρακτήρα αυτής της μορφής έκφρασης. Έτσι, μέσω του συνθετικού του έργου αναδεικνύεται, εκτός της προσωπικής του έμπνευσης και ικανότητας, και η ύπαρξη ενός ξεχωριστού τοπικού μουσικού ιδιώματος, το οποίο με τη σειρά του προστίθεται στον πολυποίκιλο καμβά των επιμέρους προφορικών παραδόσεων της περιφέρειας. Αυτό και μόνο το γεγονός, ισχυροποιεί την έποψη, σύμφωνα με την οποία, η Εκκλησιαστική μουσική, τόσο μορφολογικά όσο και στιλιστικά, είναι δυνατό αλλά και πρέπει να αποτελεί καρπό

η Εκκλησία δια των ποιημάτων και των ασμάτων αυτής διδάσκει και κινεί εις ψυχικήν ανάτασιν τους πιστούς, εμέλισε τα μουσουργήματα αυτού κατ' άκραν των ποιημάτων έννοιαν, και πρώτος αυτός εξ' όλων των παλαιών μουσικών, καινοτομών τρόπον τινά, κατώρθωσε λίαν εντέχνως να καθυποτάξη την μουσικήν εις την έννοιαν των εκκλησιαστικών ποιημάτων και να αποδώσει τας υψηλάς εννοίας αυτών δια της μουσικής. Το τοιούτον εθεωρήθη υπό των συγχρόνων αυτού μουσικών, ιδίως εν Κωνσταντινουπόλει, και εκ φθόνου ίσως προς τα μουσικά αριστουργήματα του υψιπετούς και ευφάνταστου της Σμύρνης Πρωτοψάλτου, ως καινοτομία, έσπευσαν δε να χαρακτηρίσουσι τα μουσουργήματα αυτού ως δήθεν παρεκκλίνοντα εκ των σοβαρών αρχαίων μουσικών γραμμών (;;;), ως άρυθμα (;;;) κ. τ. κ, λησμονήσαντες ίσως το του Αισώπου «όμφακες εισίν». Ούτω, διαβληθέντα τα μουσουργήματα του Νικολάου, δεν έτυχον της επιδοκιμασίας της Μεγάλης Εκκλησίας». Βλ. Περπινιάς, ό.π., σ. 7. Επίσης, σε μια αφιερωματική εκδήλωση στη «Σμυρναϊκή Εκκλησιαστική μουσική Παράδοση», που πραγματοποιήθηκε τον Νοέμβριο του 1992 στον Ι. Ν Αγίας Τριάδος Πατρών, με αφορμή τα 70 χρόνια από τη Μικρασιατική καταστροφή, ο τότε μητροπολίτης Πατρών και διευθυντής του χορού ψαλτών που λάμβαναν μέρος στην εκδήλωση, είχε σημειώσει στο προλόγισμά του : «Τα μουσικά έργα του Νικολάου δεν περιεβλήθησαν δια της εγκρίσεως της Μεγάλης του Χριστού Εκκλησίας, ως έχοντα ύφος διάφορον των αρχαίων και παραδοσιακών μουσικών γραμμών. Κυρίως όμως, διότι υπήρξεν εκ Κωνσταντινουπόλεως αντίδρασις δια να μη περιέλθουν τα σκήπτρα της Βυζαντινής Μουσικής εις την Σμύρνην, αντί της Κωνσταντινουπόλεως». (Οπτικοακουστικό υλικό από τον Τηλεοπτικό Σταθμό Πατρών «Ο Λύχνος»).

ενός πολυσυλλεκτικού μοντέλου έκφρασης και δημιουργίας, αποδεσμευμένου από κάθε μορφής ιδεολογική προσέγγιση με επίκεντρο την μονομερή αποκλειστικότητα. β). Το δεύτερο σημείο σχετίζεται με τη συμβολή του συνθετικού έργου του Νικολάου στην καθιέρωση και περαιτέρω διάδοση του νέου σημειογραφικού συστήματος. Πιο συγκεκριμένα, οι συνθέσεις του Νικολάου, εντάσσονται σε μια μελοποιητική τάση της εποχής, που φέρει ως κύριο σκοπό της, τη γραπτή απόδοση επιμέρους μινιμαλιστικών μουσικών φράσεων και μοτίβων, εκμεταλλευόμενης τον σαφή προσδιοριστικό χαρακτήρα της Νέας Μεθόδου. Κατ' αυτόν τον τρόπο, η νέα γραφή, για αυτούς τους συνθέτες, θα αποτελέσει το όχημα που τεχνικά θα τους επιτρέψει να αποτυπώσουν με τον πλέον λεπτομερή και σαφή τρόπο, μουσικά μοντέλα με εξαιρετικά εκλεπτυσμένο περιεχόμενο. Η δε Νέα Μέθοδος, με τη σειρά της, θα βρει στο πρόσωπο αυτών των μουσικών την πλέον ενδεικτική πραγμάτωση του βαθύτερου ιδεολογικού της περιεχομένου, υποβοηθούμενη, φυσικά, και από την τάση της εποχής για υιοθέτηση και περαιτέρω ενσωμάτωση στο εν γένει εκκλησιαστικό μουσικό είδος, εξωγενών και ετερόκλητων στοιχείων. γ). Τέλος, ο Νικόλαος, όντας ο πλέον παραγωγικός συνθέτης της εποχής του, συνέβαλλε, αναμφίβολα και στην ανανέωση τόσο του ρεπερτορίου, όσο και του εν γένει συνθετικού τρόπου που βρισκόταν σε εφαρμογή έως αυτήν την χρονική περίοδο. Ο εμπλουτισμός του ιστορικού υλικού με νέα, πρωτότυπα στοιχεία και η καθιέρωση μιας καινοφανούς, σε σύγκριση με τα κλασικά πρότυπα, φρασεολογίας εντός του ρεπερτορίου, έδωσαν μια σαφή ώθηση στα μουσικά πράγματα της εποχής, αναφορικά με το ζητούμενο της ανανέωσης και της περαιτέρω εξέλιξης του συνθετικού είδους. Έτσι, ο Νικόλαος, ήταν εκείνος που μέσω του έργου του, απέδειξε τη δυνατότητα εύρεσης και αξιοποίησης νέων μουσικών μοντέλων τα οποία θα μπορούσαν να είναι ικανά στο να επεκτείνουν τα όρια της πρωτογενούς συνθετικής δημιουργίας και έκφρασης στα πλαίσια της Εκκλησιαστικής μουσικής.

Τέλος, αν θεωρηθεί ως αναγκαία κάποια ιστορικού περιεχομένου αξιολόγηση της προσωπικότητας του Νικολάου, θα πρέπει να τονιστεί εμφατικά η ιδιαίτερη σχέση του με τους πλέον εκσυγχρονιστικούς μουσικούς κύκλους της εποχής. Πιο συγκεκριμένα, ο Νικόλαος αποτελεί καρπό του εν εξελίξει ευρισκόμενου μουσικού περιβάλλοντος της Κωνσταντινούπολης, μέσω της θητείας του στα Πατριαρχικά αναλόγια στην τελευταία γόνιμη συνθετικά και εκφραστικά περίοδο, πριν εκείνη της ιδεολογικής εσωστρέφειας και συντήρησης (β' μισό 19ου αιώνα). Έτσι, δεν θα πρέπει να θεωρηθεί τυχαίο το γεγονός, πως ακόμη και η μακρά θητεία του στον Πατριαρχικό χώρο, και μάλιστα στα κρίσιμα νεανικά του χρόνια, τον φέρνει σε επαφή και σχέση με τις πλέον χαρισματικές, αλλά κυρίως θετικά προσκείμενες στο νεωτερισμό προσωπικότητες του χώρου αυτού, όπως τον Μανουήλ, τον Κωνσταντίνο Πρωτοψάλτη αλλά και τον Χρύσανθο τον εκ Μαδύτων, από την τάξη των μεταρρυθμιστών. Επίσης, το πέρασμά του από τον Άγιο Ιωάννη των Χίων, αποτελεί ενδεικτικό γεγονός, που φανερώνει τόσο τις ιδεολογικές καταβολές, όσο και την εν γένει αισθητική του τοποθέτηση και αντίληψη.

Συνοψίζοντας, εύκολα μπορεί να παρατηρήσει κανείς, πως το έργο του Νικολάου, δεν συνίσταται από αμιγώς και μόνο, τοπικά χαρακτηριστικά της ήδη προϋπάρχουσας μουσικής παράδοσης της περιοχής της Σμύρνης. Αλλά, όπως και οποιαδήποτε άλλης μορφής έκφραση στα πλαίσια του ελληνικού στοιχείου της περιοχής κατά την εποχή εκείνη, φέρει με τον πλέον εμφανή τρόπο όλα τα ιδιαίτερα συστατικά που καθορίζουν κάθε μετακενωτικού περιεχομένου διαδικασία στο β' μισό του 19ου αιώνα. Με άλλα λόγια, το έργο του Νικολάου, αλλά και ο ίδιος ως καλλιτεχνική προσωπικότητα, εντάσσεται στα ευρύτερα πλαίσια μιας διεργασίας η οποία επιτελείται στην περιοχή, με κύριο γνώρισμά της την εισροή νέων δεδομένων και τάσεων στο κοινωνικό γίγνεσθαι της Σμύρνης, με αφορμή την γενικότερη πληθυσμιακή-ανθρωπολογική κινητικότητα η οποία παρατηρείται, ειδικά μετά το 1830. Έτσι, όπως και σε άλλους τομείς του κοινωνικού και καλλιτεχνικού βίου, μια κίνηση με σαφή ανανεωτικό πνεύμα, αν και με διαφορετικές γεωγραφικές καταβολές, θα μεταφερθεί στη Σμύρνη, όπου και θα συναντήσει το πλέον πρόσφορο και κατάλληλο έδαφος για να εκφρασθεί με τρόπο πηγαίο αλλά και εξαιρετικά επεξεργασμένο, σε επίπεδο μάλιστα, ώστε να διεκδικεί με κάθε αξίωση την ιστορική-αισθητική του αυτοτέλεια και μοναδικότητα.

Κεφάλαιο γ΄

Μισαήλ Μισαηλίδης, Πρωτοψάλτης Σμύρνης (μέσα δεκαετίας 1820-1906)

Ο Μισαήλ Μισαηλίδης κατέχει την κεντρικότερη, μετά το Νικόλαο φυσικά, θέση στον χώρο της Εκκλησιαστικής μουσικής της Σμύρνης του 19ου αιώνα. Πιο συγκεκριμένα, η μακρόχρονη μαθητεία του κοντά στο Νικόλαο Γεωργίου, η εν γένει δραστήρια παρουσία του στην ψαλτική πραγματικότητα της περιοχής, το συνθετικό, εκπαιδευτικό, αλλά προπάντων το θεωρητικό του έργο τον καθιστούν αναμφίβολα ως μια ιστορική περίπτωση η προσέγγιση και κατανόηση της οποίας αποτελεί απαραίτητο προαπαιτούμενο για μια όσο το δυνατόν αντικειμενικότερη παρουσίαση και αξιολόγηση του μουσικού ρεύματος της Σμύρνης την εποχή αυτή. Πέραν όμως αυτών, ο Μισαηλίδης θα πρέπει να θεωρηθεί ως μία εξαιρετικά σημαντική προσωπικότητα για την εν γένει εξέλιξη και διαμόρφωση του εκκλησιαστικού μουσικού είδους στη νεότερη εποχή, καθώς ο ρόλος ο οποίος παίζει κατά τη διάρκεια των συζητήσεων αναφορικά με την οριστική διευθέτηση των κρίσιμων, θεωρητικών κυρίως, ζητημάτων κατά τις τελευταίες δεκαετίες του 19ου αιώνα, είναι αν μη τι άλλο πρωταγωνιστικός και παράλληλα καίριος. Δεν είναι τυχαίο άλλωστε το γεγονός, ότι τα πλέον σημαντικά ζητήματα θεωρητικού περιεχομένου που απασχολούν τη μουσική κοινότητα αυτή την περίοδο, τέθηκαν προς συζήτηση μετά από δικές του τοποθετήσεις και παρεμβάσεις, οι οποίες αν και εκ πρώτης όψεως θα μπορούσαν να κριθούν ως ακραίες και εξαιρετικά ανατρεπτικές, υπήρξαν η αφορμή για την ανάπτυξη ενός πραγματικά γόνιμου και ουσιαστικού μουσικολογικού διαλόγου.

Ο Μισαήλ Μισαηλίδης γεννήθηκε περί τα μέσα της δεκαετίας του 1820[128] στα Κούλα της Φιλαδελφείας, όπου και έθεσε τις πρώτες βάσεις για την περαιτέρω εξέλιξη και διαμόρφωση της μουσικής του φυσιογνωμίας[129]. Καθοριστική ωστόσο, θα πρέπει να θεωρηθεί η μετάβασή του στην Κωνσταντινούπολη, η οποία καθίσταται η αφορμή στο να έρθει σε επαφή με τις σημαντικότερες προσωπικότητες του ευρύτερου μουσικού περιβάλλοντος της Πόλης, όπως οι Ιωάννης Πρωτοψάλτης και Θεόδωρος Φωκαέας. Σε ηλικία δε είκοσι πέντε ετών θα καταλάβει την πρωτοψαλτική θέση του Ιερού Ναού του Αγίου Νικολάου στον Γαλατά, όπου και θα παραμείνει σε όλη τη διάρκεια της τριετούς παρουσίας του στην Πόλη. Στις αρχές της δεκαετίας του 1850 επιστρέφει στη Σμύρνη, όπου και διορίζεται Λαμπαδάριος του Μητροπολιτικού Ναού της Αγίας Φωτεινής, έχοντας τη μοναδική ευκαιρία να συμψάλλει επί έντεκα συναπτά έτη με τον τότε Πρωτοψάλτη, Νικόλαο. Έπειτα, αναλαμβάνει τα καθήκοντα α' ψάλτη στον Άγιο Δημήτριο, ναό στον οποίο και παραμένει για δέκα εννιά χρόνια, έως ότου το 1883 προσλαμβάνεται Πρωτοψάλτης του Μητροπολιτικού Ναού της Σμύρνης. Από την θέση αυτή ο Μισαηλίδης θα επιδείξει ένα πραγματικά αξιόλογο έργο τόσο εκτελεστικό όσο και διδακτικό-εκπαιδευτικό. Ως Πρωτοψάλτης θα παραμείνει στην Αγία Φωτεινή για είκοσι χρόνια έως την «ένεκα γήρατος» αποχώρησή του, συμβάλλοντας με τον πλέον άμεσο τρόπο στη διαμόρφωση μιας εναργούς μουσικής αντίληψης και συνείδησης στο φιλόμουσο κοινό της Σμύρνης[130].

---

128 Ως πιθανότερη χρονολογία γέννησης θα πρέπει να θεωρηθεί το 1825, καθώς κάτι τέτοιο τεκμέρεται υπολογιστικά βάσει του έτους όπου γιορτάστηκε το Ιωβηλαίο της μουσικής σταδιοδρομίας του Μισαηλίδη στη Σμύρνη. Αυτή η πρόταση φυσικά, προϋποθέτει την εγκυρότητα της πληροφορίας της Φόρμιγγας, βάσει της οποίας ο Μισαηλίδης φέρεται να ήταν είκοσι πέντε ετών όταν ανέλαβε το α' αναλόγιο του Αγίου Νικολάου και μετά από τρία χρόνια να επέστρεψε στη Σμύρνη. Έτσι δεν αποκλείεται και κάποια άλλη πιθανή χρονολογία όπως το 1822, που προτείνει ο Κωνσταντίνος Ηλιάδης. Βλ. *Μελετήματα Βυζαντινής Εκκλησιαστικής μουσικής*, Τόμος Α', Αθήναι 2002, σ. 144. Πάντως δεν θα πρέπει να θεωρηθεί ακριβής η πληροφορία του Παπαδόπουλου, σύμφωνα με την οποία ο Μισαηλίδης γεννήθηκε κατά την πρώτη δεκαετία του ΙΘ' αιώνα, που παραδίδει στο «Λεξικό» του. Βλ. Παπαδόπουλος, «Λεξικόν...», ό.π., σ. 160.
129 «Μουσικό περιοδικό Φόρμιγξ», Τεύχος 15ης Μαρτίου 1903, όπου και εκτενές βιογραφικό σημείωμα. Επίσης, βλ. Περπινιάς, ό.π., σ. 10-15.
130 Η Φόρμιγγα χαρακτηριστικά ανέφερε πως, ο Μισαηλίδης «[...] ώς Πρωταψάλτης τοῦ Μητροπολιτικοῦ Ναοῦ Σμύρνης ἔνθα ἐπί εἴκοσι ὅλα ἔτη κατεκύλησε καί συνήρπασε διά τῆς ὑπερόχου αὐτοῦ τέχνης καί τῆς γλυκήτητος καί εὐστροφίας τῆς φωνῆς του τό εὐσεβές ἐκκλησίασμα, δι' ὅπερ καί ἐγένετο καί ἀντικείμενον σεβασμοῦ καί ἄκρας ἐκτιμήσεως ἐκ μέρους τῆς ἐκεί ὁμογενοῦς κοινότητος, ἥτις μετ' ἀφάτου λύπης εἶδε μετά τήν ἕνεκα γήρατος ἀποχώρησιν αὐτοῦ ἀπό τοῦ ἐκκλησιαστικοῦ χοροῦ τῆς Μητροπόλεως. Οὔτω πεντήκοντα ὅλα ἔτη ψάλλων ἐν Σμύρνῃ καί ἀγαπητός τοῖς πᾶσι γενόμενος διά τό μείλιχιον καί προσηνές τοῦ χαρακτῆρος αὐτοῦ, ἀπέσπασεν ἰδίᾳ τήν ἐκτίμησιν τῶν περί τήν Ἐκκ. ἡμῶν μουσικήν ἀσχολουμένων ἐν Σμύρνῃ τε καί ἐν τῷ ἐξωτερικῷ». Βλ. Τεύχος 15ης Μαρτίου 1903.

Ο βασικότερος ωστόσο χώρος στον οποίο δραστηριοποιείται και κάνει εμφανή την παρουσία του ο Μισαηλίδης, είναι εκείνος του Ημερήσιου και Περιοδικού Τύπου της Σμύρνης και της Κωνσταντινούπολης, ειδικά κατά την περίοδο 1874-1890[131]. Στα πλαίσια αυτά, δημοσιεύοντας άρθρα, επιστολές, εκτεταμένες διατριβές και διαλέξεις, θα έχει την ευκαιρία να αναπτύξει με τον ιδιότυπο προσωπικό του τρόπο, τον θεωρητικό του στοχασμό, λαμβάνοντας παράλληλα θέση στο εν εξελίξει ευρισκόμενο μουσικό τοπίο της εποχής, αναφορικά με την οριστική παγίωση του χαρακτήρα και της μορφής του τροπικού συστήματος της Εκκλησιαστικής μουσικής, μετά την σημειογραφική μεταρρύθμιση. Η συμβολή του σε όλη αυτή τη διαδικασία αποδεικνύεται καθοριστικής σημασίας, ειδικά στα πλαίσια μιας υπερχρονικής, και κατά συνέπεια αποδεσμευμένης από την ιδεολογική φόρτιση και ένταση της εποχής, αξιολόγησης των απόψεων και του συνόλου της επιχειρηματολογίας του. Οι ριζοσπαστικές σε πολλές περιπτώσεις, θεωρητικές του προτάσεις, θα καταστούν η αφορμή στο να επανακινηθούν προς συζήτηση και κατά συνέπεια να διασαφηνισθούν οριστικά, ζητήματα διφορούμενα ή ακόμη και απροσδιόριστα από την έως τότε θεωρητική σκέψη και παραγωγή.

Η προσωπικότητα και η εν γένει μουσική φυσιογνωμία του Μισαηλίδη φαίνεται να είχε κινήσει έντονα το ενδιαφέρον του Γάλλου μουσικολόγου Bourgault Ducoudray, καθώς εκείνος αφιερώνει μία αρκετά εκτενή αναφορά για τον Σμυρνιό μουσικό και συνθέτη στο γνωστό περιηγητικό του έργο, «Souvenirs d'une mission musicale en Grèce et en Orient», αναφέροντας χαρακτηριστικά τα εξής[132]:

«*Ἡ εἰς Σμύρνην περιήγησίς μου οὐ μόνον ἀπέβη μοι ἐπιτυχὴς ὑπὸ τὴν ἔποψιν τῆς δημοτικῆς μουσικῆς, ἀλλὰ καὶ παρέσχε μοι τὴν μόνην εὐκαιρίαν τοῦ ν' ἀκούσω καλὴν ἐκτέλεσιν τῆς θρησκευτικῆς μουσικῆς.*

Ταύτην διηύθηνεν ὁ Πρωτοψάλτης τοῦ Ἁγίου Δημητρίου Μισαὴλ Μισαηλίδης. Ἐν τῇ περιπτώσει ταύτῃ δὲν ὑπῆρχεν τὸ ἴσον, χαλαρούμενον ὑπὸ τῶν κραυγῶν τῶν παιδίων, οὔτε αἱ ἐκτροχιάσεις αὗται, αἵτινες ἀντικαθιστῶσι τοὺς νόμους παραδόξου τινὸς μουσικῆς διὰ παραδοξοτέρας ἔτι φαντασίας.

---

131 Στο σημείο αυτό δεν θα επιχειρηθεί κάποια αναλυτική παρουσίαση της αρθρογραφίας και της εν γένει θεωρητικής σκέψης του Μισαηλίδη, καθώς, στο επόμενο, Γ' Μέρος της παρούσας μελέτης που είναι αφιερωμένο στο συγκεκριμένο θέμα, θα αναπτυχθεί με τρόπο διεξοδικό.
132 Βλ. Ducoudray, ό.π., 23-25, καθώς και εφημερίδα «Πρόοδος» Σμύρνης, δημοσίευμα της 24 Ιανουαρίου του 1876, από όπου και η μετάφραση. Επίσης, στο Μουσικολογία Τεύχος 7-8, 1989, -περιοδική έκδοση θεωρίας και πράξης-, όπου και μετάφραση του ίδιου κειμένου από την Καίτη Ρωμανού. Εκτενή αναφορά στο πρόσωπο του Μισαηλίδη με αφορμή τη μαρτυρία αυτή του Ducoudray κάνει και ο Οθωμανός μουσικολόγος Rauf Yekta σε ένα δημοσίευμά του το 1899 στην εφημερίδα İkdam της Πόλης. Βλ. İkdam Gazetesi, 17 Kanunsani 1899, καθώς και επαναδημοσίευση στο, Bardakçı Murat, *Fener Beyleri' ne Türk Şarkıları*, Κωνσταντινούπολη 1993, σ. 62-70.

Εν τῇ προκειμένη περιπτώσει τὸ ἴσον ἦν κεκανονισμένον· διετήρει τὴν φωνὴν τῶν ψαλτῶν, χωρὶς νὰ καλύψη αὐτήν· μεταβάλλετο ἁρμοδίως κατὰ τὰς ἀπαιτήσεις τῆς μελωδίας καὶ μελοποιήσεως. Κατὰ πρῶτον, ἀπὸ τῆς ἀφίξεώς μου εἰς Ἀνατολὴν, ὑφιστάμην, ἀκούων τὴν ἑλληνικὴν θρησκευτικὴν μουσικὴν αἴσθημα, ὅπερ δὲν ἐξηγεῖτο πλέον διὰ τῆς ἰσχυρᾶς ἐπιθυμίας τοῦ ν' ἀπέλθω.

Ὁ Μισαὴλ εἶνε ἄνθρωπος ἄλλως νοήμων καὶ εὐπαίδευτος. Ἐὰν δὲν κατορθώσῃ ν' ἀναγεννήσει τὴν βυζαντινὴν μουσικήν, θ' ἀποδώση διὰ τῶν ἔργων του, ἀδιαφειλονικήτους ὑπηρεσίας ἐν Ἀνατολῇ. Κέκτηται τὸ σπάνιον πλεονέκτημα τοῦ νὰ μὴ παραδέχηται θεωρίαν τινὰ ἀνόητον. Συλογίζεται, σκέπτεται, ἀνέρχεται εἰς τὰς πηγὰς. Ἀνέγνω τὰς πραγματείας τῶν ἀρχαίων, καὶ εἰς σπουδαιότατον σύγγραμμα, ὅπερ δὲν ἐξεδόθη εἰσέτι δυστυχῶς, ἀναζητεῖ τὰς ἀντινομίας μεταξύ τῶν ἀρχῶν τῶν ἀρχαίων μουσικοφιλοσόφων καὶ τῶν μὴ γενομένων παραδεκτῶν κανόνων τῶν νεωτέρων θεωριῶν. Δὲν ἠρκέσθη μόνον νὰ ἐπανορθώση τὰς πλάνας, ὦν βρίθουσιν αἱ θεωρίαι αὗται, αἵτινες ἀξιοῦσι νὰ δώσωσιν ὡς βάσιν τῆς βυζαντινῆς μουσικῆς τὴν ἀρχαίαν· συνέταξε συγκριτικὴν γραμματικήν. Δι' αὐτοῦ πᾶς μουσικὸς βυζαντινὸς θέλει δυνηθῆ νὰ κατορθώσῃ ἐν βραχυτάτῳ ν' ἀναγνώσῃ τὴν εὐρωπαϊκὴν μουσικὴν καὶ τανάπαλιν, ἕκαστος Ἕλλην γινώσκων τὴν εὐρωπαϊκὴν θὰ δυνηθῇ εὐκόλως νὰ μάθῃ τὴν ἀνατολικὴν παρασημαντικήν.

Ὁ Μισαὴλ κατενόησεν ὅτι μέγιστον ἐνδιαφέρον θέλει προκύψει ἐὰν ἄρῃ τοὺς διαχωρίζοντας τὴν Ἀνατολὴν ἀπὸ τῆς Δύσεως φραγμοὺς ὑπὸ μουσικὴν ἔποψιν. Ἐὰν τοσοῦτον ἐπιθυμητὸς καὶ ἐπὶ τοσοῦτον ὑψηλὸς σκοπὸς ἠδύνατο νὰ ἐπιτευχθῇ ὁπόσαι συνέπειαι δὲν ἤθελον προκύψῃ;»

Μία από τις σημαντικότερες, ωστόσο, στιγμές στη μουσική σταδιοδρομία του Μισαηλίδη αναμφίβολα, θα πρέπει να θεωρηθεί η μετάβαση του τον Ιούλιο του 1879 στην Κωνσταντινούπολη, με σκοπό την άμεση, και με προφορικό πλέον τρόπο, έκθεση των θεωρητικών του απόψεων και ιδεών. Πράγματι, στα πλαίσια δύο εκτεταμένων διαλέξεων που έδωσε κατ' αρχήν στη Λέσχη «Μνημοσύνη» και έπειτα στη Μεγάλη του Γένους Σχολή[133], ενώπιον ακροατηρίου αποτελούμενου «εκ των τα πρώτα φερόντων περί τε την Μουσικήν και τα γράμματα»[134], είχε την ευκαιρία να διαπραγματευτεί τα εξής σημαντικά για το μουσικό περιβάλλον της εποχής θεωρητικά ζητήματα: α). Περί της καταγωγής της Εκκλησιαστικής μουσικής, μέσω ιστορικής αντιδιαστολής με την αντίστοιχη Εβραϊκή. β). Περί της

---

133 Βλ. Παπαδόπουλος, «Συμβολαί...» ό.π., σ. 444-445.
134 Φόρμιγξ, αρ. 5, 15 Μαρτίου 1903.

ορθότητας διαιρέσεως της φυσικής κλίμακας σε 72 και όχι σε 68 τμήματα. Προς ενίσχυση της θέσεώς του, κατά την παρουσίαση χρησιμοποίησε και έγχορδο όργανο ενισχύοντας τις θεωρητικές του πεποιθήσεις και με μαθηματικό πλέον τρόπο. γ). Περί του Πυθαγορείου όρου της «Βαρείας Υπάτης», και των κρίσιμων προβλημάτων που μοιραία ανακύπτουν λόγω της εσφαλμένης ερμηνείας του. δ). Αποσαφήνιση μιας ομάδας θεμάτων εχόντων ανάγκη διορθώσεως, καθώς και παράλληλη σύγκριση της Εκκλησιαστικής μουσικής με την αντίστοιχη Ευρωπαϊκή[135].

Οι παραπάνω παρουσιάσεις έτυχαν μεγάλης αποδοχής από το κοινό της Κωνσταντινούπολης, και σημαντική θα πρέπει να θεωρηθεί η κίνηση του Πατριάρχη Ιωακείμ του Γ΄, κατ' αρχήν να συγχαρεί το Μισαηλίδη για την επιστημονική του ακρίβεια και πληρότητα, και στη συνέχεια μετά από κατ' ιδίαν και εν περιλήψει ακρόαση των ίδιων διαλέξεων, να προτρέψει τη μετάβασή του και στην Αθήνα, με σκοπό να αναπτύξει και εκεί τα πορίσματα των μελετών του, δίδοντάς του μάλιστα και κατάλληλη συστατική επιστολή προς των Αθηνών Προκόπιο[136].

Ο Μισαηλίδης πράγματι, μετέβη στην Αθήνα τον Ιούλιο του 1881, και μετά από πρόσκληση του προέδρου του τότε Μουσικού Συλλόγου Π. Κουπιτόρη, στα πλαίσια έκτακτης συνεδρίας και ενώπιον ακροατηρίου αποτελούμενου *«υπό του άνθους του μουσικού και επιστημονικού κόσμου των Αθηνών»*[137], ανέπτυξε τις θεωρητικές του θέσεις μέσω δύο διαλέξεων που πραγματοποιήθηκαν στην αίθουσα του Α΄ Γυμνασίου Αθηνών. Στα πλαίσια αυτών των παρουσιάσεων, ασχολήθηκε πέραν από το ζήτημα της αποκατάστασης των ελλιπών και σε πολλές περιπτώσεις εσφαλμένων απόψεων

---

135 Σχετικά με το περιεχόμενο της διάλεξης του Μισαηλίδη στη λέσχη Μνημοσύνη, δημοσιεύθηκε ειδικό κείμενο στην εφημερίδα της Κωνσταντινούπολης «Θράκη» (αριθ. 1620), το οποίο και παραδίδεται κατ' εκλογήν από τον Παπαδόπουλο. Βλ. «Συμβολαί...», ό.π., σ. 444-445. Στο προοιμίο του ο συντάκτης του κειμένου τονίζει τα εξής: «*Ὁ κ. Μισαήλ Μισαηλίδης, ἐκ νεαρᾶς αὑτοῦ ἡλικίας ἀσχολούμενος, [...] καὶ ἐπὶ πολλὰ ἔτη ἐπισταμένως μελετῶν καὶ ἐρευνῶν τὰ κατὰ τὴν ἡμετέραν ἐκκλησιαστικὴν μουσικὴν μετ' ἀφοσιώσως πρὸς τὴν ἐπιστήμην ταύτην, δικαίως, ὡς φρονοῦμεν κατατίθησι πρώτην ἤδη φορὰν τὸν θεμέλιον λίθον τῆς ἀναμορφώσεως καὶ διορθώσεως τῆς καθ' ἡμᾶς μουσικῆς*». Μέσα στο κείμενο αυτό, παρουσιάζεται όλη η επιχειρηματολογία του Μισαηλίδη, σχετικά με τα ζητήματα που ανέπτυξε στα πλαίσια της ομιλίας του, καθώς και η έμμεση πρότασή του για την ανάγκη επανορθώσεως των κακώς κειμένων στον χώρο της Εκκλησιαστικής μουσικής, μέσω της σύστασης ειδικού Μουσικού Συλλόγου.
136 Το κείμενο αυτό παραδίδεται ολόκληρο από τον Παπαδόπουλο, ό.π., σ. 446. Μεταξύ άλλων, ο Πατριάρχης Ιωακείμ, απευθυνόμενος προς τον Αθηνών Προκόπιο, ανέφερε τα εξής: «*[...] Ὁ ἐπιδιδοὺς τὴν παροῦσαν ἡμετέραν ἀδελφικὴν ἐκ Σμύρνης κὺρ Μισαήλ Μισαηλίδης, ἀσχοληθείς ἐν τῇ μελέτῃ τῆς καθ' ἡμᾶς ἐκκλησιαστικῆς μουσικῆς καὶ ἱκανὰς περὶ αὑτῆς ἀποκτήσας γνώσεις καὶ πολλὰς λύσας ἀπορίας, [...] συνιστῶμεν αὑτὸν τῇ ἡμετέρᾳ περισπουδάστῳ ἡμῖν Πανιερότητι, ὡς ἕνα τῶν δοκιμοτέρων καὶ πολυμαθεστέρων τῆς ἐποχῆς μουσικοδιδασκάλων καὶ μᾶλλον φλεγόμενον ὑπὲρ τοῦ θερμοῦ πόθου τῆς διασώσεως τοῦ ἱεροῦ τούτου κειμηλίου ἀπὸ τῆς τελείας αὑτοῦ καταστροφῆς [...]*».
137 Μεταξύ αυτών και οι διακεκριμένοι Λόγιοι και μουσικοί Ι. Σκυλίτσης και Ιούλιος Ένιχ. Βλ. Φόρμιγξ, ό.π.

των μεταρρυθμιστών μέσω πειραμάτων επί της χορδής, και με το «ως απολεσθέν» θεωρούμενο εναρμόνιο γένος των Αρχαίων, το οποίο ο Μισαηλίδης εντοπίζει, κατά μεγάλη προσέγγιση, στο μέλος του «νεννανώ»[138].

Μια ζωντανή και συγχρόνως σπάνια μαρτυρία από την ψαλτική σταδιοδρομία του Μισαηλίδη εμπεριέχεται στο έργο του Αλέξανδρου Μωραϊτίδη «Με του βοριά τα κύματα», καθώς ο συγγραφέας περιγράφει με το χαρακτηριστικό λογοτεχνικό του ύφος την εμπειρία του από έναν Εσπερινό Σαββάτου στο Μητροπολιτικό Ναό της Σμύρνης το 1898: «*Ἦτο Σάββατον ἑσπέρας, ὅτε εἰσῆλθον εἰς τὸν ναόν. Ἐψάλλετο ὁ Ἑσπερινός. [...] Οἱ ψάλται μὲ τὸ ἱερὸν των ἔνδυμα, μὲ τοὺς βοηθοὺς των, ἔψαλλον παναρμονίως ὅλην τὴν ἀκολουθίαν τοῦ ἑσπερινοῦ, ἐνῷ ὁ ναὸς ἐπληροῦτο, (ἀκούσατε! ἀκούσατε) ἐπληροῦτο κόσμου. [...] Τὴν ἐπαύριον ἐκκλησιάσθην πάλιν εἰς τὴν Ἁγίαν Φωτεινήν. Ἐλειτούργησεν ὁ Μητροπολίτης Σμύρνης. Λίγο-λίγο ἐγέμισεν ἡ ἐκκλησία ἀπὸ Σμυρναίους. Τὰ ἐργατικὰ ἰσνάφια, τοῦ ἐμπορίου τοῦ πολυδαιδάλου οἱ ἀντιπρόσωποι, τὰ πληρώματα τῶν ἐμπορικῶν μας ἱστιοφόρων, ὅπου προτιμοῦν ἰδιαιτέρως τὴν Ἁγίαν Φωτεινήν, κατέλαβον ὅλας τὰς στοὰς καὶ τὴν αὐλὴν ὁλόκληρον. Ὡραία ἡ ἀκολουθία. Ὁ δὲ ὀνομαστὸς πρωτοψάλτης τῆς Σμύρνης, ὁ γλυκύμολπος Μισαηλίδης, ἔψαλε τὰς ὡραίας καταβασίας. Νὰ μουυικὴ μιὰ φορά! Καὶ ὄντως εἶναι γλυκήτατον τὸ σμυρναϊκὸν ἰδίωμα τῆς βυζαντινῆς μουσικῆς, τὸ ὁποῖον πρῶτος ἀνέδιξεν ὁ πρωτοψάλτης τῆς Σμύρνης, ὁ ἀηδονόστομος Νικόλαος, τοῦ ὁποίου τὰ μουσουργήματα ἀκουόμενα ἀφίνουσιν ἀνεξάλειπτον γοητείαν, βαθειὰ εἰς τὴν καρδίαν διὰ τὸ πάθος των. [...] Εἰς τὴν Ἁγίαν Φωτεινὴν τελεῖται καθ' ἑκάστην ἡ Θεία Λειτουργία -εἰς τὰ δύο του παρεκκλήσια ὅμως- δεξιὰ καὶ ἀριστερά· κατανυκτικότατα πάντα καὶ σεμνότατα· διότι οἱ ἱερεῖς τῆς Ἁγίας Φωτεινῆς ἐναρμονίζουσι τὴν φωνήν των σύμφωνα μὲ τὰς ὁδηγίας τοῦ κ. Μισαηλίδου· καὶ οὕτως ἀποκτᾶ μίαν χάριν ἐμμελῆ πᾶσα ἱερουργία των, ἔστω καὶ ἐν καθημερινῇ*»[139].

Το 1903 απετέλεσε ένα από τα πλέον σημαντικά έτη στην καριέρα του Μισαήλ Μισαηλίδη, αφού στις 26 Ιανουαρίου γιορτάστηκε με κάθε λαμπρότητα το Ιωβηλαίο του σε μια επίσημη τελετή στο νεότευκτο ναό

---

138 Τις δύο αυτές διαλέξεις του Μισαηλίδη ανέπτυξε στο υπ' αριθ. 236 φύλλο της 7ης Ιουλίου του 1881, η εφημερίδα «Θεσσαλία». Βλ. Παπαδόπουλος, ό.π., σ. 446-448. Για την σπουδαιότητα των απόψεων του Μισαηλίδη, αναφορικά με τα ζητήματα της διαιρέσεως της κλίμακας, καθώς και του εναρμονίου γένους, που διαπραγματεύονται σ' αυτές τις διαλέξεις, θα γίνει εκτενέστερα λόγος σε επόμενο, ειδικό κεφάλαιο. Πάντως, ο συντάκτης της «Θεσσαλίας», δεν παραλείπει να τονίσει πως, «*εἰς τὸν κύριον Μισαηλίδην ὀφείλομεν τὴν πρώτην ἀνακάλυψιν τοῦ ὡς ἀπολεσθέντος θεωρουμένου τούτου γένους, διὸ καὶ ἐπαινοῦμεν καὶ συγχαίρομεν αὐτῷ, ἡμεῖς δὲ προσθέντες τὴν συμπλήρωσιν διὰ τῆς ἐν τῷ μέσῳ τῶν διέσεων ἀνευρέσεως τοῦ δίτονου, χαίρομεν ὅτι ἐδόθη ἀφορμὴ νὰ συντελέσωμεν κατά τι εἰς τὴν ἀνακάλυψιν ταύτην, ἥτις τοσοῦτον τιμᾷ τὴν τε ὀρθόδοξον ἐκκλησίαν καὶ τὴν ἑλληνικὴν μουσικήν*».
139 Βλ. Σολομωνίδης, «Η Εκκλησία...», ό.π., σ. 61-63.

Η Εκκλησιαστική μουσική της Σμύρνης (1800-1922)

της Αγίας Αικατερίνης στη Σμύρνη. Σε εκτενές της αφιέρωμα η «Φόρμιγξ» ανέφερε τα εξής[140]: «*Οἱ φιλότιμοι καὶ εὐγνώμονες αὐτοῦ μαθηταὶ λίαν εὐγενῶν καὶ γενναίων αἰσθημάτων ἐμφορούμενοι, τιμῶντες τὸν διακεκριμένον αὐτῶν διδάσκαλον καὶ ψηλαφητότερον θέλοντες να ἀποδίξωσιν τὴν ἀμέριστον καὶ ἡλικρινῆ αὐτῶν ἀγάπην ὡς καὶ τὴν ζωηρὰν αὐτῶν εὐγνωμοσύνην ἐν προθυμίᾳ ἀξιαγάστῳ ἀπεφάσισαν δημοτελῶς καὶ δι' ἀρχιερατικῆς λειτουργίας νὰ ἑορτάσωσι τὴν πεντηκονταετιρίδα αὐτοῦ ἐνταῦθα ἀναλαβόντες αὐτοὶ νὰ ψάλωσι τὰ τῆς θείας ἀκολουθίας ἀποκλειστικῶς ἐκ τῶν ὑπὸ τοῦ διαπρεποῦς μουσικοῦ καὶ τοῦ ἀειμνήστου πρωτοψάλτου Σμύρνης Νικολάου μελοποιηθέντων μαθημάτων*». Σύμφωνα με το δημοσίευμα, ο Μισαηλίδης παρακολούθησε συγκινημένος όλη την ακολουθία από τιμητική θέση που του είχε παραχωρηθεί στο α' αναλόγιο, ενώ 20 νεαροί ψάλτες διηρημένοι σε δύο χορούς έψαλαν ιερουργούντος του Θεοφ. Επισκόπου Μοσχονησίων κ. Αμβροσίου. Στο ναό επικρατούσε συνωστισμός από το φιλακόλουθο κοινό της Σμύρνης, ενώ μετά την εκφώνηση του Ευαγγελίου, ο διδάσκαλος της Ευαγγελικής Σχολής Ιωάννης Κεσίζογλους εκφώνησε τιμητικό λόγο, σκιαγραφώντας με τρόπο γλαφυρό και συγκινητικό το βίο και το έργο του τιμώμενου Πρωτοψάλτη. Μετά το πέρας της Θ. Λειτουργίας, ο Μισαήλ Μισαηλίδης έλαβε τις θερμές ευχές των παρισταμένων και των μαθητών του, ενώ συνοδευόμενος επέστρεψε εις τα ίδια για να δεχθεί εγγράφως και προφορικώς συγχαρητήρια από θαυμαστές και φίλους. Το γεγονός θεωρήθηκε ως πρωτόγνωρο για τα τοπικά δεδομένα της κοινωνίας της Σμύρνης, και γι' αυτό κυριάρχησε για αρκετές ημέρες στον Ημερήσιο Τύπο της πόλης, που αφιέρωσε ειδικά αναφερόμενες στην τιμητική αυτή εκδήλωση στήλες, καθώς και βιογραφικού περιεχομένου αφιερώματα στο πρόσωπο του Μισαηλίδη[141].

Η εκδήλωση αυτή πέραν των άλλων, ενέχει και μια άλλη ιστορική σπουδαιότητα καθώς στο περιθώριό της ετέθη για πρώτη φορά εκ μέρους του Σμυρνιού ιεροψάλτη Σταύρου Βενή η ιδέα της ίδρυσης μουσικού συλλόγου, ο δε Μισαηλίδης, υποσχέθηκε τη σύμπραξη και αρωγή του προς επίτευξη του σκοπού αυτού. Πράγματι, ο σύλλογος ιδρύθηκε τον Μάιο του ίδιου έτους υπό την αιγίδα του Μητροπολίτου Σμύρνης Βασιλείου[142], και υπό την προεδρία και γενική εποπτεία του Μισαήλ Μισαηλίδη. Σκοπός του

---

140 Βλ. Φόρμιγξ, αρ. 4, 28 Φεβρουαρίου 1903, «Λυδία Φόρμιγξ». Επίσης, Φόρμιγξ, αρ. 2, 30 Ιανουαρίου 1903, όπου ο Μισαηλίδης συγχαίρεται για τον εορτασμό της πεντηκονταετηρίδας του.
141 Μεταξύ άλλων «*[...] ὁ γνωστός ποιητὴς καὶ δικηγόρος ἐν Σμύρνῃ κ. Γ. Βουτζαλίδης εἰς ἐκτενὲς καὶ ἐμβριθὲς αὐτοῦ ἄρθρον ἐν τῇ ἐφημερίδι «Ἀμαλθείᾳ» ἐξῆρε τὸ ἔργον τοῦ κ. Μισαηλίδου ἀποδούς τὸν προσήκοντα ἔπαινον καὶ τὴν δικαίαν ἐκτίμησιν εἰς τοὺς εὐγενεῖς καὶ πολιτίμους αὐτοῦ ὑπὲρ τῆς Ἐκκλησιαστικῆς Μουσικῆς ἀγῶνας*». Βλ. ό.π.
142 Βλ. Σολομωνίδης, «Η Εκκλησία...», ό.π., σ. 218, επίσης δημοσίευμα για την ίδρυση του Εκκλησιαστικού Μουσικού Συλλόγου της Σμύρνης στην εφημερίδα «Αμάλθεια», 30-5-1903.

συλλόγου ήταν «ή επιμελής και συστηματική καλλιέργεια της εκκλησιαστικής μουσικής, ή σύστασις οργανοθήκης και μουσικής βιβλιοθήκης και ή μόρφωσις αξίων τής αποστολής αυτών ιεροψαλτών εκ των καλλιφώνων και χρηστοήθων νέων της ενταύθα ομογενούς κοινότητος»[143]. Ο σύλλογος, σύμφωνα με δημοσίευμα της Φόρμιγγας, κατά τους πρώτους μήνες της λειτουργίας του θα πρέπει να είχε επιδείξει εξαιρετική δραστηριότητα, καθώς πέρα από τη διδακτική προσφορά και την έντονη παρουσία του στη λατρευτική ζωή της Σμύρνης, κάτι τέτοιο μαρτυρείται και από το γεγονός, ότι αριθμούσε πάνω από εκατό τακτικά μέλη[144]. Παρά τις αρχικές προσδοκίες των ιδρυτών και τις φιλότιμες προσπάθειες των μελών του, ο Σύλλογος φαίνεται να είχε την τύχη των περισσότερων μουσικών σχολών και συνδέσμων της εποχής αυτής, καθώς μετά τον θάνατο του Μισαηλίδη, η λειτουργία του μάλλον ανεστάλη, καθώς η ύπαρξή του δε μαρτυρείται πουθενά πλέον στις πηγές.

Πέραν όμως από την αμιγώς θεωρητική και εκπαιδευτική παρουσία του Μισαηλίδη στον χώρο της Εκκλησιαστικής μουσικής, θα πρέπει κανείς απαραίτητα, να σταθεί και στο πολυδιάστατο και εξαιρετικά πρωτοποριακό συνθετικό του έργο. Οι συνθέσεις του εκτείνονται από το κλασικό είδος των λειτουργικών μελών -Δοξολογίες, Χερουβικά, Άξιον εστίν, κ.τ λ, - έως τη μελοποίηση τουρκόφωνων Πολυχρονισμών, σχολικών- τετράφωνων

---

[143] Βλ. Φόρμιγξ, Αρ. 7, 15 Απριλίου 1903, όπου και πληροφορίες σχετικά με την ίδρυση, τη σύσταση και το σκοπό λειτουργίας του συλλόγου. Επίσης, βλ. Παπαδόπουλος, «Ιστορική επισκόπησις...», ό.π., σ. 272.

[144] Αναφορικά με τη δραστηριότητα και την απήχηση του έργου του συλλόγου κατά τους πρώτους μήνες της λειτουργίας του, το σχετικό δημοσίευμα της «Φόρμιγγος» ανέφερε τα εξής: «Τής έπιτυχοῦς δὲ ἐκπληρώσεως τοῦ σκοποῦ αὐτοῦ περιφανές δεῖγμα ἔδωκε τὸ εἰρημένον Σωματεῖον κατὰ τὴν τέλεσιν τῆς ἑορτῆς αὐτοῦ τῆς Δευτέρας τοῦ Παναγίου Πνεύματος καθ' ἣν χορός ἐξ' εἴκοσιν ἱεροψαλτῶν τελείως ἠσκημένων καὶ ἐν συνοδείᾳ καλλιφώνων βοηθῶν καὶ ἰσοκρατῶν καταλλήλων ἔψαλλε τὰ τῆς θείας ἀκολουθίας ἐκ τῶν μελοποιηθέντων ὑπὸ τοῦ ἐν μακαρίᾳ τῇ λήξει πρωτοψάλτου Σμύρνης Νικολάου καὶ τοῦ γνωστοῦ μουσικοδιδασκάλου κ. Μ. Μισαηλίδου. Ἡ ἐπιτυχία ἦτο πλήρης· τὸ ἄπειρον ἐκκλησίασμα ἐν προφανεῖ ἐνθουσιασμῷ καὶ θρησκευτικῇ ἐξάρσει πρὸ τῶν θείων ἐκείνων μελῳδιῶν τῶν τόσον ἁρμονικῶς καὶ ἱεροπρεπῶς ἐκτελουμένων, ἀπήλαυε τῶν θειοτάτων συγκινήσεων τῆς πρωτοφανοῦς διὰ τὴν Σμύρνην ἱερᾶς ἀκολουθίας, μετὰ τὸ πέρας τῆς ὁποίας τὸ πλεῖστον τῶν παρισταμένων μετέβη εἰς τὴν Σχολὴν τοῦ εἰρημένου Ναοῦ καταλλήλως διακεκοσμημένην, ἔνθα τὸν μὲν πανηγυρικὸν τῆς ἡμέρας ἐξεφώνησεν ὁ διακεκριμένος καθηγητὴς κ. Ἀναστάσιος Ζάκκας πολλάς δοὺς τὰς σοφὰς συμβουλὰς εἰς τὸ ἀρτιπαγὲς Σωματεῖον μεθ' ὃν ὁ ἐκ τῶν διδασκόντων ἐν τῇ Εὐαγγελικῇ Σχολῇ κ. Ἰωάννης Κεσίσογλους μὲ καλλιεπεῖς ἐκφράσεις ἐσκιαγράφησε καταλλήλως τὸν σκοπὸν τοῦ Συλλόγου προσηκόντως χαρακτηρίσας τὸν ἔνθερμον ζῆλον ὑπὲρ τῆς πατρίου μουσικῆς τῶν φιλοτίμων ἱεροψαλτῶν. [...] Μετὰ ταῦτα ὁ χορὸς τῶν ἱεροψαλτῶν διευθυνόμενος ὑπὸ τοῦ ἱκανωτάτου ἱεροψάλτου κ. Κ. Παπαπέτρου ἔψαλε μελῳδικώτατα καταθέλξας τοὺς παρισταμένους τὸν ὕμνον τοῦ Συλλόγου ποιηθέντα παρὰ τοῦ δημοφιλεστάτου παρ' ἡμῖν καὶ διακεκριμένου λογίου κ. Στίλπωνος Πιττακῆ μελοποιηθέντα δὲ ὑπὸ τοῦ κ. Μ. Μισαηλίδου, ὅστις ἐπὶ ἑξήκοντα ὅλα ἔτη ἐν τῇ πρώτῃ γραμμῇ δράσας ηὐτύχησε νὰ ἴδῃ τοὺς μαθητὰς αὐτοῦ φιλοτίμως καὶ ἐπιτυχῶς ἀσχολουμένους εἰς τὴν Μουσικὴν πλεῖστα δὲ ὑπὲρ αὐτῆς ὑπισχνουμένους διὰ τοῦ εὐγενοῦς ἔργου εἰς ὃ μὲ τόσον ζῆλον καὶ αὐταπάρνησιν ἐνθουσιωδῶς ἀπεξεδύθησαν».

ασμάτων, καθώς και στη μεταγραφή από το πεντάγραμμο έργων δυτικής μουσικής. Ο πολυσυλλεκτικός χαρακτήρας της συνθετικής του έμπνευσης και δημιουργίας σε συνδυασμό με τον πλούτο και την τεχνική αρτιότητα της μουσικής του παιδείας και αντίληψης, αποτελούν αναντίρρητο τεκμήριο της ευρύτητας του καλλιτεχνικού του ορίζοντα, καθώς και της δεκτικότητάς του αναφορικά με την εγκόλπωση και περαιτέρω αξιοποίηση στοιχείων και μορφών προερχόμενων από ετερογενή μουσικά και πολιτισμικά μεγέθη. Το μεγαλύτερο τμήμα του συνθετικού του έργου εμπεριέχεται ως Γ' Μέρος «Πρακτικόν», στο γνωστό Θεωρητικό του, το οποίο εξεδόθη στην Αθήνα το 1902[145], αν και ένα σημαντικό μέρος των εξωλατρευτικών του έργων είχαν ήδη περιληφθεί στο Μουσικό «Απάνθισμα» του Ζωγράφου Κέϊβελη -Μεδζμουάϊ Μακαμάτ-, το 1872[146].

Οι λειτουργικές συνθέσεις του Μισαήλ Μισαηλίδη είναι οι εξής:
-**Κύριε ελέησον**, κατ' ήχον, (εκτός πλ. Β' και πλ. Δ')
- **Δοξολογίαι αργοσύντομοι**, Ήχος Α' μικτός μετά του πλ. Α', Ήχος Β' χρωματικός μικτός κατά το διαπασών, Ήχος Δ' Άγια, κατά το διαπασών, Ήχος πλ. Α' κατά το διαπασών, Ήχος πλ. Β', Ήχος Βαρύς οκτάφωνος διατονικός, Ήχος μικτός Βαρύς διατονικός, Ήχος βαρύς εναρμόνιος μικτός μετά χρωματικού, Ήχος πλ. Δ' οκτάφωνος, ετέρα Μεγάλη σε Ήχο μικτό αρμονικό
-**Αντίφωνα** σε Ήχο Βαρύ διατονικό
-**Δύναμις του Βήματος**, Ήχος Β', ως συνήθως ψάλλεται
-**Δύναμις Όσοι εις Χριστόν**, Ήχος πλ. Α'
-**Δύναμις του Βήματος τη εορτή του Τιμίου Σταυρού**, Ήχος Β', όπερ και από χορού ψάλλεται
-**Δόξα σοι Κύριε**, μετά την ανάγνωσιν του Ευαγγελίου, Ήχος πλ. Δ' οκτάφωνος, Εις πολλά έτη, Αρχιερέως ιερουργούντος, ήχος ο αυτός
-**Χερουβικά κατ' ήχον**
-**Τη Λειτουργία των Προηγιασμένων, αντί Χερουβικού Νυν αι Δυνάμεις**, Ήχος Α', έτερον εν Ηχω Β' μικτώ κατά το διαπασών μετά του Β' και πλ. Β' κατά το Νενανώ, έτερον εν ήχω Βαρεί ου ο φθόγγος Γα εν διέσει εξαγγέλεται

---

[145] «Νέον Θεωρητικόν», συντομότατον, ήτοι περί τής καθ' ημάς Εκκλησιαστικής και Αρχαίας Ελληνικής Μουσικής, υπό Μισαήλ Μισαηλίδου πρωτοψάλτου Σμύρνης, μετά πολλών μουσικών κλιμάκων και τεσσάρων μονοχόρδων και μετά πρακτικού μέρους, εν Αθήναις, εξεδόθη αναλώμασι τού συγγραφέως, 1902.

[146] «Μουσικόν Απάνθισμα (Μεδζμουάϊ Μακαμάτ)», Διαφόρων ασμάτων, μελοποιηθέντων παρά διαφόρων Μελοποιών, τονισθέντων μεν παρά Ιωάννου Γ. Ζωγράφου Κέϊβελη και παρ' άλλων μουσικοδιδασκάλων. Εκδοθέντων δε υπ' αυτού, περιέχον προσέτι την οδηγίαν των ρυθμών της Ασιατικής Μουσικής, εν Κωνσταντινουπόλει, εκ τού Τυπογραφείου «Η Ανατολή», Ευαγγελινού Μισαηλίδου, 1872.

-**Άξιον εστίν εν διαφόροις Ήχοις**, Β΄, Γ΄, Λέγετος, πλ. Β΄, Βαρύς τετράφωνος, οκτάφωνος, αρμονικός μικτός
-**Τη Αγία και Μεγάλη Πέμπτη, αντί Χερουβικού και Κοινωνικού**, Ήχος πλ. Β΄
-**Κύριε οι εν πολλαίς αμαρτίαις**, Ήχος πλ. Δ΄
-**Λειτουργικά κατά τετραφωνίαν**, Ήχος πλ. Δ΄

Οι δε εξωλατρευτικές του μελοποιήσεις όπου περιλαμβάνονται στο Γ΄ Μέρος του Θεωρητικού, είναι οι εξής:

-**Ύμνοι και Πολυχρονισμοί** ψαλλόμενοι εις Δοξολογίας Αυτοκρατορικών και Βασιλικών εορτών της τε Α. Α. Μεγαλειότητος του Σουλτάνου και άλλων Βασιλέων
-**Πολυχρονισμός του Πατριάρχου Αλεξανδρείας**, Ήχος Βαρύς διατονικός
-**Πολυχρονισμός του Πατριάρχου Ιεροσολύμων**, Ήχος Βαρύς διατονικός
-**Πολυχρονισμός των εν ταις επαρχίαις Μητροπολιτών**, Ήχος Βαρύς διατονικός
-**Άσματα τη Αυτού Α. Α. Μ. τω Σουλτάνω**, ψαλλόμενα κατά τας εορτάς Αυτού, ήχος Βαρύς αρμονικός «Νε ίζζου αδαλέτ ασάρη Αζίζ» (περιλαμβάνεται και στον Κέϊβελη ως «Σιτρέϊλε γιαραμπι»), Έτερον Άσμα τω Σουλτάνω, Ήχος πλ. Β΄ «Πι χαμδουλλάχ», Έτερον Άσμα τω Σουλτάνω μεταβεβλημένον εν Ήχω πλ. Α΄ αρμονικώ «Νε ίζζου αδαλέτ ασάρη Αζίζ», Έτερον Άσμα τω Σουλτάνω ψαλλόμενον τη επετείω εορτή της εις τον θρόνον αναβάσεως Αυτού, Ήχος πλ. Β΄ «Ταδζου ταχτήν σεβκετι»
-**Πολυχρονισμός τη Α. Μ. Αυτοκράτορος Πασών των Ρωσιών**, Ήχος πλ. Α΄
-**Πολυχρονισμός της Α. Μ. του Βασιλέως των Ελλήνων**, Ήχος πλ. Δ΄, έτερος κατά συμφωνίαν, του Αυτού Βασιλέως
-**Ασματική Ευχή τοις Γάμοις εξαγγελομένη**, Ήχος πλ. Δ΄
-**Άσματα Σχολικά**, «Φωνή της σάλπιγγος ηχεί», «Προς Σε τον Δημιουργόν», Ήχος πλ. Δ΄, «Θεέ των όλων Κύριε» Ήχος πλ. Α΄ αρμονικός (τα δύο τελευταία μέλη και στον Κέϊβελη)
-**Άσμα τη κοιμήσει της Θεοτόκου**, «Οι Προφήται Θεομήτωρ», Ήχος πλ. Α΄ αρμονικός, έτερον Άσμα τη Κοιμήσει της Θεοτόκου κατά δίχορον συμφωνίαν
-**Τη Εορτή των Τριών Ιεραρχών**, Ήχος πλ. Δ΄, Τη Εορτή του Αγίου Δημητρίου και Γεωργίου, Ήχος πλ. Β΄
-**Προσευχαί**, ων η ποίησις εκ του Αθηναϊκού υμνολογίου, Ήχος πλ. Α΄ «Ω Θεέ μη συγχωρήσεις από Σου να πλανηθώ»

- **Άσμα τη του Σωτήρος Αναστάσει**, Ήχος πλ. Δ', έτερον εις Ήχον πλ. Α'
- **Νουθεσία προς την νεολαίαν**, Ηχος πλ. Δ' «Αν φίλε νυν ζεις ευτυχής»
- **Άσμα Σχολικόν κατά δίτονον συμφωνίαν**, Ήχος πλ. Δ' «Απονέμωμεν τον φόρο ευγνωμόνων καρδιών»

Τα δε έργα που περιλαμβάνονται στη συλλογή του Κέϊβελη, είναι τα εξής:
- **Άσμα εις την Α. Μ. Βασιλέα των Ελλήνων Γεώργιον τον Α**', μελοποιηθέν κατά τετράφωνον σύστημα παρά του εν Σμύρνη Μισαήλ Μισαηλίδου, Ήχος πλ. Δ'
- **Άσμα έτερον κατά το τετράφωνον σύστημα** μελοποιηθέν παρά Μισαήλ Μισαηλίδου, κατ' αίτησιν του εν Σμύρνη γυμνασιάρχου της Ευαγγελικής Σχολής Κ. Ξανθοπούλου και ετέρων εξόχων ανδρών, εις Ήχον πλ. Δ', «Η παιδεία τρισμέγιστον δώρον»
- **Έτερον Άσμα διά Σχολεία** στιχουργηθέν μεν παρά του Διδασκάλου Κ. Ν. Κοντοπούλου, μελοποιηθέν δε κατά το τετράφωνον παρά Μ. Μισαηλίδου, εις Ήχον πλ. Δ', «Ο ήλιος ζωοποιεί»
- **Έτερον Άσμα του αυτού διά διαφόρους εορτάς**, αναγνωστηρίων και λεσχών, Ήχος πλ. Δ'
- **Aria nella Norma Bellini**. Νόρμα εξηγηθείσα εκ του Ευρωπαϊκού παρά του εν Σμύρνη Μισαήλ Μισαηλίδου, Ήχος Γ'

Αν και στο σημείο αυτό δεν πρόκειται να επιχειρηθεί κάποια αναλυτική παρουσίαση και αξιολόγηση του συνθετικού έργου του Μισαηλίδη, ωστόσο θα πρέπει να υπογραμμισθεί τόσο η ιδιαίτερη σύσταση όσο και ο πραγματικά πολυσυλλεκτικός χαρακτήρας του ρεπερτορίου του. Η ειδολογική ευρύτητα καθώς και η περιεκτικότητα που παρουσιάζουν οι συνθέσεις του αναφορικά με τη χρήση μουσικών θεμάτων και πληροφοριών, δηλώνει αναμφίβολα όχι μόνο την πλούσια δημιουργική του έμπνευση, αλλά κυρίως την ιδιαίτερή του ικανότητα στο ζητούμενο της προσαρμοστικότητας σε είδη και μοντέλα έκφρασης και δημιουργίας ευρύτερα των πλαισίων της πρωτογενούς σύνθεσης του εκκλησιαστικού είδους. Έτσι, ο Μισαηλίδης αποτελεί μια χαρακτηριστική περίπτωση δημιουργίας στο μουσικό περιβάλλον του 19ου αιώνα, η οποία φέρει όλα εκείνα τα ιδιαίτερα χαρακτηριστικά τα οποία πιστοποιούν τη γενικότερη διάθεση που παρατηρείται την εποχή αυτή, για εφαρμογή νέων, εναλλακτικών σε πολλές περιπτώσεις, μορφών έκφρασης, με παράλληλη απόκλιση από τα κοινώς παραδεδεγμένα αρχετυπικά μοντέλα.

Ο Μισαήλ Μισαηλίδης πέθανε στις 26 Ιανουαρίου του 1906, η δε συρροή του πλήθους κατά την κηδεία του στο Μητροπολιτικό Ναό της Αγίας Φωτεινής «*[...] ήτο έτι μία ένδειξις τής άγάπης τής άμερίστου καί τής άκρας έκτιμήσεως καί σεβασμού πρός άνδραν όστις διεκρίνετο μέν διά τὴν ἔκτακτον μουσικὴν δυνότητα ἀλλὰ καὶ διὰ τὸ μειλίχιον τοῦ ἤθους καὶ τὸ ἤπιον τοῦ χαρακτῆρος»*[147]. Στο γεγονός του θανάτου αφιερώθηκαν ειδικές στήλες όχι μόνο από τον ημερήσιο τύπο της Σμύρνης, αλλά και από τον Εκκλησιαστικό και Μουσικό περιοδικό Τύπο της εποχής, στη δε νεκρολογία που παρατέθηκε στη «Φόρμιγγα» αναφέρονται τα εξής χαρακτηριστικά: *«Ὁ θάνατος τοῦ Μισαηλίδη ἀπέστέρησε ἕνα ἔτι ἀκάματον ἀγωνιστὴν τῆς πατρίου ἡμῶν μουσικῆς, ὅλον αὐτοῦ τὸν βίον ἀφιερώσαντα ὑπέρ ταύτης καὶ μόνον, προσενεγκόντα δε ἐν τῷ ταμείῳ αὐτῆς ἔργον, τὸ ὁποῖο ἀείποτε θὰ ἀπασχολῇ τὴν νῦν καὶ τὴν μέλλουσαν μουσικὴν γενεάν»*[148].

Αν και η τελική αποτίμηση και αξιολόγηση της προσωπικότητας του Μισαήλ Μισαηλίδη θα γίνει σε επόμενα κεφάλαια, όπου και θα αναπτυχθεί συστηματικά τόσο το συνθετικό του έργο όσο και η θεωρητική του σκέψη, στο σημείο αυτό θα μπορούσε κανείς να σταθεί σε κάποια βασικά σημεία τα οποία ίσως θα μπορούσαν, έστω και σε πρώτη φάση, να συντελέσουν θετικά στην προσπάθεια δόμησης μιας ολοκληρωμένης εικόνας αναφορικά με το Σμυρνιό μουσικό και συνθέτη. Κατ' αρχάς, θα πρέπει να τονιστεί πως ο Μισαηλίδης αποτελεί μια κλασική περίπτωση καλλιτέχνη και ανθρώπου του πνεύματος στη Σμύρνη του β΄ μισού του 19ου αιώνος. Στο έργο του αντικατοπτρίζεται με ενάργεια η γενικότερη εικαστική

---

[147] Εφημερίδα «Αμάλθεια» Σμύρνης, 28 Ιανουαρίου 1906, όπου και αναφερόμενο στην κηδεία του Μισαηλίδη σχετικό δημοσίευμα. Μαζί με το κείμενο αυτό, παρατίθεται και ένα «επίκαιρον» κατά το συντάκτη του άρθρου ελεγείον, το οποίο εκφωνήθηκε από τον Ν. Τσαγκρίδη, μετά το πέρας της Εξοδίου Ακολουθίας και του σύντομου κηρύγματος του Μητροπολίτη.

Εἰς Μισαὴλ Μισαηλίδην Πρωτοψάλτην Σμύρνης

Βαρὺς ὁ χρόνος ἔθραυσεν ἡδύμολπον κινύραν,
Εἰς σιωπὴν ἐβύθισε τὴν ἐμπνευσμένην λύραν,
Τῆς ἀηδόνος ἔκλεισε διὰ παντὸς τὸ στόμα,
τὸν ψάλτην τὸν μελισταγῆ μετέτρεψεν εἰς χῶμα.

Δὲν θέλη πλέον ἀκουσθῆ ἡ εὔλαλος μολπή του,
ἡ πάντας κατανύγουσα μελίρρυτος φωνή του,
ἡ τοῦ ἐκκλησιάσματος ὑψοῦσα τὰς καρδίας,
ἀκρουωμένου εὐλαβῶς τὰς θείας μελωδίας.

Ἀλλ' ἂν ὁ κύκνος ἔδυσε, τὰ ᾄσματά σου ζῶσι,
Καὶ τὸν λυγὶν μελοποιὸν θὰ μᾶς ἀναπολῶσιν.
ὁσάκις ἡ τῶν μαθητῶν αὐτοῦ πυκνὴ χορεία,
τοῦ διδασκάλου τ' ᾄσματα θὰ μέλπωσι τὰ θεῖα.

Καὶ ἤδη μοῦσαι σπαύσατε· θρηνήσατ' ἐν χορείᾳ,
τὸν κύκνον σας τὸν λιγυρὸν
Καὶ μ' ἄνθη στεφανώσατε καὶ μὲ εὐώδη ἴα,
Θεράποντά σας ὀτρηρόν.

[148] «Φόρμιγξ», αρ. 24, 28 Φεβρουαρίου 1906, καθώς και σε δημοσίευμα του τεύχους της 15ης και 31ης Ιανουαρίου του ίδιου έτους (αρ. 21-22).

αλλά και πολιτισμική αναζήτηση του ελληνικού στοιχείου της Σμύρνης, που αγωνιά να αυτονομηθεί συστοιχούμενο με την γενικότερη τάση προς τον εκδυτικισμό και την πρόοδο. Ο Μισαηλίδης επίσης, θα μπορούσε να χαρακτηρισθεί ως ένα ιστορικό τεκμήριο των ιδιότυπων καλλιτεχνικών και κοινωνικών ρευμάτων τα οποία εμφανίζονται στη Σμύρνη την εποχή αυτή, δραστηριοποιούμενα κυρίως σε σχέση με τον άξονα της δυνατότητας μορφοποίησης του παραδοσιακού παρελθόντος της Ανατολής, εντός των αισθητικών πλαισίων που διέπουν τη σύγχρονη δυτική σκέψη και έκφραση. Η γενικότερη άλλωστε αίσθηση η οποία διακατέχει το σύνολο έργο του (συνθετικό-θεωρητικό), είναι εκείνη της δυνατότητας μιας έστω και μετριοπαθούς σύμπραξης, αν όχι σύγκρασης, του πνεύματος της Ανατολής με εκείνο της Δύσης στον χώρο της έκφρασης, του θεωρητικού στοχασμού και της πρωτογενούς δημιουργίας. Φυσικά, μια τέτοια αγωνία και διάθεση στον καλλιτεχνικό χώρο μπορεί να γίνει κατανοητή μόνο υπό την προϋπόθεση της γνώσης των ιστορικών και κοινωνικών παραμέτρων που διέπουν τη σύνολη συμπεριφορά και δράση του ελληνισμού της Σμύρνης, καθώς αυτός προσπαθεί να επαναδομήσει την πολιτισμική αλλά και ιστορική του ταυτότητα και εικόνα στα τέλη του 19ου αιώνα.

Η Εκκλησιαστική μουσική της Σμύρνης (1800-1922)

Κεφάλαιο δ'

Λοιποί εκπρόσωποι της Σμυρναϊκής Σχολής και η Εκκλησιαστική μουσική πραγματικότητα στη Σμύρνη έως τα γεγονότα του 1922

Η Εκκλησιαστική μουσική δραστηριότητα και παραγωγή η οποία αναπτύχθηκε κατά τη διάρκεια του 19ου αιώνα στη Σμύρνη, αναμφίβολα, φέρει τη σφραγίδα των δύο κατ' εξοχήν εκπροσώπων, ή σωστότερα θεμελιωτών του ιδιότυπου στιλιστικά και μορφολογικά ρεύματος της περιοχής, του Νικολάου Πρωτοψάλτου και του Μισαήλ Μισαηλίδη. Ωστόσο, στα πλαίσια μιας προσπάθειας ιστορικής απόδοσης και ερμηνείας του ιδιαίτερου αυτού φαινομένου, απαραίτητη προϋπόθεση αποτελεί μια έστω και σύντομη αναφορά στο γεγονός της παρουσίας ορισμένων προσωπικοτήτων και θεσμών, οι οποίοι δραστηριοποιούμενοι στη Σμύρνη συμπληρώνουν την ανθρωπολογική σύσταση του μουσικού περιβάλλοντος της Εκκλησιαστικής μουσικής στην περιοχή. Η πολυπρόσωπη εκπροσώπηση του συγκεκριμένου ιδιώματος, σε συνάρτηση με τη λειτουργία μουσικών σχολών και συνδέσμων στις αρχές του 20ού αιώνα, αισθητικά διευρύνει τα όρια του ρεύματος της Σμύρνης πέρα από εκείνα του έργου των βασικών εισηγητών του, πιστοποιώντας παράλληλα την ευρύτερη ανταπόκριση και αποδοχή του όλου κλίματος, σε σημείο που να αναιρεί την θεώρηση του έργου των Σμυρνιών συνθετών, ως μιας απλής, υφολογικά εξαίρεσης στο γενικότερο μουσικό γίγνεσθαι της εποχής.

Όπως αναφέρθηκε και σε προηγούμενο κεφάλαιο, η διδακτική-παιδαγωγική δράση του Νικολάου Σμύρνης και του Μισαηλίδη στην ευρύτερη περιοχή υπήρξε εξαιρετικά σημαντική, καθώς υπό την καθοδήγηση και εποπτεία τους αναδείχθηκε μια ομάδα μουσικών και δασκάλων, η οποία και έπαιξε άλλοτε σημαντικό και άλλοτε ήσσονος σπουδαιότητας ρόλο στην εξέλιξη και στην περαιτέρω διαμόρφωση του Σμυρναίικου μουσικού ιδιώματος. Έτσι στην ιστορική πορεία της Εκκλησιαστικής μουσικής της Σμύρνης, μπορεί να διακρίνει κανείς δύο επιμέρους ομάδες οι οποίες κινούνται στα πλαίσια μιας πολυδιάστατης δραστηριότητας (επιτελεστικής, διδακτικής, συγγραφικής, συνθετικής), από τα μέσα περίπου του 19ου αιώνα έως και τα Μικρασιατικά γεγονότα του 1922. Αυτές οι δύο ομάδες στην πραγματικότητα είναι ένας κύκλος μαθητών υπό τον Νικόλαο, και ένας δεύτερος υπό την καθοδήγηση του Μισαηλίδη, ο οποίος και κάνει εντονότερη την παρουσία του κυρίως κατά τις τελευταίες δεκαετίες του 19ου, και στις αρχές του 20ού αιώνα. Παρακάτω θα γίνει μια περιληπτική αναφορά στη δράση και στο έργο των κυριότερων-λοιπών εκπροσώπων της Σμυρναϊκής Σχολής, ενώ θα εξαιρεθούν οι περιπτώσεις εκείνων οι οποίοι έγιναν περισσότερο γνωστοί λόγω της σταδιοδρομίας τους στον Ελλαδικό χώρο μετά την ανταλλαγή των πληθυσμών.

Ιωάννης Γιαλουσάκης: Από τα πλέον σημαντικά πρόσωπα στη μουσική ζωή της Σμύρνης στα μέσα του 19ου αιώνα, με πλούσια ψαλτική σταδιοδρομία. Συνέψαλλε ως Λαμπαδάριος του Νικολάου στο Μητροπολιτικό Ναό της Αγίας Φωτεινής μέχρι το 1883[149], όπου και προσελήφθη ο Μισαήλ Μισαηλίδης στην θέση του Πρωτοψάλτη έχοντας ως Λαμπαδάριο τον Γεώργιο Παπαδόπουλο. Στο διάστημα αυτό έψαλλε στο Ναό του Τιμίου Προδρόμου, ενώ μετά την παραίτηση του Μισαηλίδη «ένεκα γήρατος», θα επανέλθει στη Μητρόπολη ως Πρωτοψάλτης, αναπτύσσοντας παράλληλα έντονη διδακτική δράση. Ο Γιαλουσάκης, πέρα των άλλων, συναντάται στις πηγές και ως αρθρογράφος στον Ημερήσιο Τύπο της Σμύρνης[150], ενώ σημαντικές θα πρέπει να θεωρηθούν οι τρεις απαντητικές επιστολές «εἰς Μισαηλίδην», που συνέταξε σε συνεργασία και με άλλους Σμυρνιούς μουσικούς, και δημοσιεύθηκαν τον Αύγουστο-Σεπτέμβριο του 1881 στην «Αρμονία», με τον τίτλο «Ζήτημα Εκκλησιαστικής μουσικής»[151]. Τέλος, υπο-

---

149 Η πληροφορία του Παπαδόπουλου, σύμφωνα με την οποία ο Γιαλουσάκης φέρεται να συνέψαλλε ως Λαμπαδάριος του Νικολάου από το 1884-1888, δεν θα πρέπει να θεωρηθεί ως ακριβής, καθώς το 1883 είχε ήδη παραιτηθεί ο Νικόλαος από την θέση του Πρωτοψάλτη και είχε προσληφθεί εκ νέου ο Μισαηλίδης. Βλ. Παπαδόπουλος, «Ιστορική Επισκόπησις...», ό.π., σ. 216-217.
150 Βλ. «Αρμονία Σμύρνης», έτος ΙΓ', αρ. 2703, φύλλο της 17ης Οκτωβρίου 1892 και στη «Νέα Σμύρνη», έτος ΚΓ', αρ. 4682 και 4683, φύλλα της 17ης και 19ης Οκτωβρίου, όπου και βιβλιοκρισία του έργου του Παπαδόπουλου, Συμβολαί εις την Ιστορίαν της Εκκλησιαστικής μουσικής. Το κείμενο αυτό επαναδημοσιεύθηκε από τον ίδιο τον Παπαδόπουλο, «Ιστορική Επισκόπησις...», ό.π., σ. 47-53.
151 «Ζήτημα Εκκλησιαστικής μουσικής». Απάντησις Ιεροψαλτών Σμύρνης Φ. Ξανθίδου, Ι. Γιαλου-

Η Εκκλησιαστική μουσική της Σμύρνης (1800-1922)

δεικνύεται από τον Τριαντάφυλλο Γεωργιάδη, ως ο βασικός υποκινητής και αίτιος μιας μακράς δημοσιογραφικής έριδας, αναφορικά με την τοπική Εκκλησιαστική μουσική της Σμύρνης το 1901, η οποία και θα αποτελέσει την αφορμή στο να απευθυνθούν χαρακτηρισμοί και προκλήσεις με έντονα φορτισμένο, τόσο από ιδεολογικές όσο και από προσωπικές εμπάθειες, περιεχόμενο[152].

Γεώργιος Φινέλης: Μουσικοδιδάσκαλος, μαθητής του Νικολάου Πρωτοψάλτου με έντονη παρουσία στην Εκκλησιαστική μουσική πραγματικότητα της Σμύρνης. Γνωστός και ως επιστάτης-επιμελητής της έκδοσης του Νέου Αναστασιματαρίου του Νικολάου, το 1899. Δραστήριος αρθρογράφος στον Ημερήσιο Τύπο της Σμύρνης, καθώς και κεντρική προσωπικότητα κατά τη μουσικολογική διαμάχη μεταξύ του Τριαντάφυλλου Γεωργιάδη και των Σμυρνιών ιεροψαλτών στην εφημερίδα «Αρμονία», στις αρχές του 1901[153]. Επίσης, φέρεται ως ο μελοποιός του ύμνου της θρησκευτικής αδελφότητας «Ευσέβεια» στη Σμύρνη[154], ενώ στο όνομά του παραδίδονται ένα εξαιρετικά ενδιαφέρον Άξιον εστίν σε Ήχο Δ' Λέγετο, καθώς και δύο αργά Κύριε ελέησον σε Ήχο Β' διατονικό με ξεχωριστή μελωδική πλοκή και ανάπτυξη[155].

Φώτιος Ξανθίδης: Πρόκειται για έναν από τους πολυγραφότερους θεωρητικούς και μουσικολόγους της Σμύρνης, με έντονη παρουσία στο μουσικό περιβάλλον της περιοχής, μέσω των δημοσιεύσεών του στις εφημερίδες «Αρμονία» και «Νέα Σμύρνη» κατά τις δύο τελευταίες δεκαετίες του 19ου αιώνα[156]. Επίσης, είναι ένας από τους βασικότερους συντελεστές

σάκη, Ι. Αγαθαγγέλου και Ι. Οικονομίδου εις τας διατριβάς Μ. Μισαηλίδου. «Αρμονία εν Σμύρνη». Έτος ΙΑ' αρ. 2437, 2447, 2454, φυλλ. Της 28ης Αυγούστου, 12ης και 28ης Σεπτεμβρίου 1891.
152 Πρόκειται για μια σειρά δημοσιευμάτων της εφημερίδας «Αρμονία», με βασικούς συντάκτες τον Γ. Α. Καμπά και τον Γεώργιο Φινέλη με τίτλο, «Το ζήτημα της Εκκλησιαστικής μουσικής ανακινούμενον δήθεν εν Σμύρνη», Έτος ΚΑ', αρ. 4657, 4665, 4666, 4680, φυλλ. 12, 24, 25ης Ιανουαρίου και 16ης Φεβρουαρίου. Στις επιστολές αυτές απάντησε με αντίστοιχα άρθρα του ο Τριαντάφυλλος Γεωργιάδης στην εφημερίδα «Αρμονία» (φυλλ. 31ης Ιανουαρίου και 1, 22, 23ης Φεβρουαρίου). Αποκορύφωμα αυτής της έριδας ήταν ένα εξαιρετικά ενδιαφέρον -κυρίως για το ύφος και όχι τόσο για το περιεχόμενό του- δημοσίευμα του Γεωργιάδη στην εφημερίδα «Νέα Ζωή» της Σάμου, όπου καταφέρεται με απροκάλυπτο τρόπο και σε έντονα ειρωνικό ύφος προς τους ψάλτες της Σμύρνης, στερούμενος παράλληλα κάθε επιχειρηματολογικής υποστήριξης των απόψεών του. Βλ. «Νέα Ζωή», εν Σάμω, Διατριβαί, «Το ζήτημα της Εκκλησιαστικής μουσικής εν Σμύρνη», -Τοις εν Σμύρνη νικολαϊσταίς και μισαηλιδισταίς ιεροψάλτες, υπό Τριανταφύλλου Γεωργιάδου, έτος Α', αρ. 54, 11η Απριλίου 1901.
153 «Η Εκκλησιαστική μουσική εν Σμύρνη», (απάντησις εις τα υπό του «Παρατηρητού» εν τη «Αρμονία» δημοσιευθέντα) υπό Γεωργίου Φινέλη. «Αρμονία», εν Σμύρνη, έτος ΚΑ', αρ. 4665, φυλλ. της 24ης Ιανουαρίου 1901.
154 Βλ. Γεωργιάδης, ό.π.
155 Βλ. «Πλήρες Αναστασιματάριον Αργόν και Σύντομον», μελοποιηθέν παρά Νικολάου Γ. Πρωτοψάλτου Σμύρνης, Μέρος Δεύτερον, Σμύρνη 1899, Προσθήκαι, σ. 141-143.
156 Μεταξύ των άρθρων που δημοσίευσε τα πλέον σημαντικά είναι τα εξής: «Τοις περί Μουσικής ενδιαφερομένοις», «Νέα Σμύρνη», Έτος ΙΖ', αρ. 3602, φυλλ. της 16ης Μαρτίου, «Πρόσκλησις εις

του ευρύτερου μουσικολογικού διαλόγου που αναπτύχθηκε στη Σμύρνη το 1891 με αφορμή τις θεωρητικές τοποθετήσεις του Μισαήλ Μισαηλίδη. Από την ηλικία των οκτώ έψαλλε στην Αγ. Φωτεινή δίπλα στον Νικόλαο, ενώ είχε χειροθετηθεί πρωτοκανονάρχης από τον ίδιο τον Χρύσανθο των εκ Μαδύτων, κατά την περίοδο της Αρχιερατείας του στη Σμύρνη[157]. Σύμφωνα δε με τον Παπαδόπουλο, «[...] *ὁ ἐκ Μυτιλήνης ὁρμώμενος ἔγκριτος θεωρητικὸς καὶ πρακτικὸς μουσικός συνεργάσθη μετὰ τοῦ Νικολάου εἰς τὸ Δοξαστάριον, [..]*»[158], ενώ υπήρξε Πρωτοψάλτης της Αγ. Αικατερίνης στη Σμύρνη. Παράλληλα, είχε στείλει στη μουσική επιτροπή των Ελλανοδικών της Δ΄ Ολυμπιακής εκθέσεως σχέδια περί νέου συστήματος μουσικής γραφής και διαιρέσεως των μουσικών τόνων, πέθανε δε στη Σμύρνη σε ηλικία άνω των ογδόντα ετών[159]. Στην επιτροπή αυτή συμμετείχε και ο συμπατριώτης του Ξανθίδη και μαθητής του Νικολάου Σμύρνης, ιατρός **Ευστράτιος Βαφειάδης**[160].

Τον κύκλο των μαθητών του Νικολάου συμπληρώνουν και ορισμένοι άλλοι μουσικοί και δάσκαλοι, μεταξύ των οποίων, θα πρέπει κανείς να ξεχωρίσει τον **Χαραλάμπη Φλωρόπουλο** και τον **Ιωάσαφ τον Ρώσο**. Ο πρώτος γεννήθηκε στη Σμύρνη, διετέλεσε και Πρωτοψάλτης της Μητροπόλεως των Αθηνών, ενώ πέθανε το 1883[161]. Ο δεύτερος, ήταν κληρικός, σπουδαστής της Ευαγγελικής Σχολής της Σμύρνης και μαθητής του Νικολάου Πρωτοψάλτου. Ανέπτυξε έντονη δραστηριότητα ως μοναχός στο Άγιο Όρος, καθώς και ως δάσκαλος και θεωρητικός συγγραφέας κατά την παραμονή του στην Κωνσταντινούπολη[162]. Επίσης, ως μαθητής του Νικολάου παρουσιάζεται από τον Παπαδόπουλο και ο **Δημήτριος Αντωνιάδης**, ο οποίος διετέλεσε Β΄ Δομέστικος στα Πατριαρχεία, επί της Πρωτοψαλτείας του Κωνσταντίνου, ενώ παράλληλα δίδαξε και στην Ε΄ Πατριαρχική Σχολή[163]. Σημαντική δράση στον χώρο της Εκκλησιαστικής μουσικής επέδειξαν και οι τρεις γιοι του Νικολάου Γεωργίου, **Νικηφόρος, Αντώνιος** και **Γεώργιος Νικολαΐδης**[164]. Εξ' αυτών ο Νικηφόρος σταδιοδρόμησε ως

το νέον της μουσικής σύστημα», «Αρμονία», εν Σμύρνη, Έτος 19, αρ. 2148, φυλλ. της 7ης Ιουνίου 1890, «Μία απάντησις υπό Φ. Ξανθίδου εις Μ. Μισαηλίδην», «Νέα Σμύρνη», έτος ΚΑ΄, αρ. 4097, 4098, 4100, φυλλ. της 26ης, 27ης, 30ης Απριλίου 1890.
157 Βλ. «Αρμονία» Σμύρνης, έτος ΙΑ΄, αρ. 2447 και 2454, φυλλ. της 12ης και 28ης Σεπτεμβρίου 1891.
158 Βλ. Παπαδόπολος, «Ιστορική Επισκόπησις...», ό.π., σ. 216.
159 Βλ. Παπαδόπουλος, «Συμβολαί», ό.π., σ. 491-492.
160 Βλ. ό.π., σ. 466, καθώς επίσης, Αβαγιανού Σίμος, «Τριώδιον», Πρόλογος, σελ. ζ΄, Αθήνα 1891.
161 Βλ. Παπαδόπουλος, «Συμβολαί», ό.π., σελ. 451.
162 Βλ. ό.π., σ. 450, όπου και αναλυτική αναφορά στην πραγματικά πλούσια συγγραφική, συνθετική και διδακτική του δράση στα πλαίσια του εκπαιδευτικού και πολιτιστικού χώρου της Κωνσταντινούπολης.
163 Βλ. ό.π., σ. 356.
164 Βλ. Περπινιάς, ό.π., σ. 18.

μουσικοδιδάσκαλος στη Σύρο αναδεικνύοντας πολλούς μαθητές[165], ενώ ο Αντώνιος συναντάται ως βασικός συνεργός και οικονομικός συντελεστής στην έκδοση του Β' Τόμου του Δοξασταρίου του Νικολάου, το 1879. Τέλος, ενδιαφέρουσα υπήρξε η παρουσία στη μουσική κίνηση της Σμύρνης των δύο γαμβρών του Νικολάου, **Γεωργίου Βλαντή** και **Ιωάννου Κορωναίου**. Ο πρώτος, όπως μαρτυρείται στην προμετωπίδα του Γ' Τόμου της Νέας Ανθολογίας, απετέλεσε το βασικό συνδρομητή αναφορικά με την έκδοση του συγκεκριμένου έργου το 1867, ενώ ο δεύτερος διετέλεσε, για ένα διάστημα και Λαμπαδάριος της Αγ. Φωτεινής επί Πρωτοψαλτείας Νικολάου Γεωργίου.

Παράλληλα, και ιδιαίτερα κατά τις τελευταίες δεκαετίες του 19ου αιώνα, μια ομάδα μουσικών με αναφορά στο Μισαήλ Μισαηλίδη θα είναι εκείνη η οποία θα πρωταγωνιστήσει στο επίπεδο των διεργασιών και των οσμώσεων, αναφορικά με την οριστική παγίωση του χαρακτήρα της Εκκλησιαστικής μουσικής της Σμύρνης, κατά τα επόμενα χρόνια. Οι περισσότεροι από αυτούς τους μουσικούς συναντώνται στις πηγές κυρίως χάρη στη δράση τους στα πλαίσια των μουσικών συλλόγων και σχολών που λειτουργούν στην περιοχή, ενώ κάποιοι άλλοι θα αποτελέσουν τον βασικό πυρήνα ψαλτών, οι οποίοι ως ανταλλαχθέντες πλέον, θα σταδιοδρομήσουν στον ελλαδικό χώρο στο α' μισό του 20ού αιώνα. Σε αυτήν την ομάδα των μαθητών του Μισαηλίδη, θα πρέπει να ειπωθεί, πως εντάσσονται κάποιες σημαντικές, μουσικές προσωπικότητες όπως οι **Σταύρος Βενής** και **Κωνσταντίνος Παπαπέτρου**. Ο πρώτος εξ' αυτών ήταν δημοδιδάσκαλος και α' ψάλτης στον Ναό των Γενεθλίων της Θεοτόκου στη Σμύρνη[166], ενώ παράλληλα υπήρξε και ένα από τα ιδρυτικά μέλη του Μουσικού Συλλόγου της Σμύρνης, που συστήθηκε το Μάιο του 1903[167]. Ο Κωνσταντίνος Παπαπέτρου δε, ο οποίος είναι γνωστός στις πηγές και ως ο διευθυντής χορού ψαλτών του Μουσικού Συλλόγου της Σμύρνης[168], το 1899 μαρτυρείται ως α' ψάλτης του Αγίου Νικολάου[169]. Το 1908 βάσει πληροφορίας της «Φόρμιγγας», φέρεται ως α' ψάλτης του Αγ. Νικολάου[170], ενώ σύμφωνα

---

[165] Γνωστότερος αυτών υπήρξε ο Πρωτοψάλτης Πατρών Ιωάννης Μουφλής. Σύμφωνα με σχετικό δημοσίευμα της «Φόρμιγγος», ο Ιωάννης Μουφλής είχε μεταβεί το 1867 στη Σύρο όπου προσελήφθη κατ' αρχήν ως α' Δομέστικος και στη συνέχεια ως Λαμπαδάριος του Χριστόφορου Νικολαΐδη στον Ναό του Αγίου Νικολάου. Βλ. «Φόρμιγξ», Περίοδος Β', έτος Δ' - (ΣΤ), αρ. 17-18, φύλλ. της 15-31ης Δεκεμβρίου 1908.
[166] Βλ. «Αναστασιματάριον» Νικολάου Πρωτοψάλτου Σμύρνης, Μέρος Β', Σύντομον-Ειρμολογικόν, Κατάλογος Φιλόμουσων συνδρομητών, Σμύρνη 1899.
[167] Βλ. Φόρμιγξ, 7-15 Απριλίου 1903.
[168] Ό.π.
[169] Βλ. «Αναστασιματάριον» Νικολάου Πρωτοψάλτου Σμύρνης, Μέρος Β', Σύντομον-Ειρμολογικόν, Κατάλογος Φιλόμουσων συνδρομητών, Σμύρνη 1899.
[170] Βλ. Φόρμιγξ, αρ. 15-16, 15 και 30ης Νοεμβρίου 1908.

με τον Περπινιά, υπήρξε ο τελευταίος Λαμπαδάριος της Αγίας Φωτεινής, πριν τη Μικρασιατική Καταστροφή[171]. Από το περιβάλλον, επίσης, του Μισαηλίδη προέρχεται και ο **Κωνσταντίνος Μεταξάς**, ο οποίος διετέλεσε επί σειρά ετών διδάσκαλος της Εκκλησιαστικής μουσικής στο Διδασκαλείο της Σμύρνης, ενώ υπήρξε α' ψάλτης κατ' αρχήν, του Ιερού Ναού του Τιμίου Προδρόμου στην περιοχή «Σχοινάδικα», και έπειτα της Αγ. Αικατερίνης[172]. Τέλος, ο **Ιωάννης Βασιλειάδης** στις αρχές του 20ού αιώνα υπήρξε για μια πενταετία Λαμπαδάριος του Αγ. Δημητρίου, ενώ μετά την αποχώρηση του Κωνσταντίνου Παπαπέτρου, προσελήφθη ως α' ψάλτης του Αγ. Νικολάου το 1908, δραστηριοποιούμενος παράλληλα και ως μέλος της Επιτροπής του Εκκλησιαστικού Μουσικού Συνδέσμου Σμύρνης[173].

Το γεγονός πάντως, το οποίο δεσπόζει στον χώρο της Εκκλησιαστικής μουσικής της Σμύρνης, κατά τις δύο πρώτες δεκαετίες του 20ού αιώνα, είναι η λειτουργία και δράση του «Εκκλησιαστικού Μουσικού Συνδέσμου», ο οποίος ιδρύθηκε τον Νοέμβριο του 1908, επί Αρχιερατείας Βασιλείου και με τη σύμπραξη των επιφανέστερων μουσικών της πόλης. Αυτό που προκαλεί αναμφίβολα ιδιαίτερη εντύπωση, είναι η έντονη ακτιβιστική-κοινωνική διάθεση του συνδέσμου, η οποία διαφαίνεται ακόμη κι από το ιδρυτικό του καταστατικό, που ορίζει τον σκοπό και τον τρόπο δράσης του. Έτσι, στα πλαίσια του ψηφισθέντος από τα μέλη του συνδέσμου Κανονισμό, κατατίθενται αρκετά πρωτοποριακές ακόμη και για τα σημερινά δεδομένα προτάσεις, όπως η σύσταση ειδικού ταμείου προς ενίσχυση αναξιοπαθούντων συναδέλφων ιεροψαλτών, καθώς και ειδικής επιτροπής, η οποία θα έχει δικαίωμα παρέμβασης στα εκάστοτε εκκλησιαστικά συμβούλια, σε περιπτώσεις όπου θα θίγονται τα αναφαίρετα δικαιώματα των ιεροψαλτών[174].

---

171 Βλ. Περπινιάς, ό.π., σ. 15. Ο Περπινιάς παραδίδει και κάποια άλλα ονόματα Σμυρνιών ψαλτών, προερχόμενα κυρίως από το περιβάλλον του Μισαηλίδη, όπως των, **Ηρακλή Βεντούρα, Δημητρίου Κονταξή, Παντελή Γεωργίου Καισαρέως, Ιωάννη Οικονόμου, Παναγιώτη Μαυρουδή, Ανδρέα Παπαδόπουλου** και **Γεωργίου Χαμουδόπουλου**. Επίσης, ονόματα μουσικών καθώς και οι θέσεις τις οποίες κατείχαν ως ψάλτες της Σμύρνης, παραδίδονται στους καταλόγους συνδρομητών στα μουσικά έντυπα των Σμυρνιών δασκάλων, όπως και στο φιλολογικό περιοδικό «Μέντωρ» Σμύρνης.
172 Ό.π. Σύμφωνα με τον Περπινιά, ο Κωνσταντίνος Μεταξάς διετέλεσε α' ψάλτης του Καθεδρικού Ναού των Αγ. Αναργύρων Ν. Ιωνίας Αθηνών, επί 30 έτη.
173 Βλ. Φόρμιγξ, αρ. 15-16, 15 και 30 Νοεμβρίου 1908.
174 Ό.π. Στο σχετικό με αυτό το γεγονός δημοσίευμα αναφέρεται, πως ο αποτελούμενος από 42 άρθρα Κανονισμός του Συνδέσμου, ψηφίσθηκε από την ολομέλεια του, στην Δ΄ τακτική συνεδρία του στις 12 Οκτωβρίου του 1908, ενώ επικυρώθηκε από τον Σμύρνης Βασίλειο στις 16 του ίδιου μήνα. Επίσης, παραδίδονται τα ονόματα εκείνων που αποτελούν το Διοικητικό Συμβούλιο, καθώς και τα μέλη της Επιτροπής των Ιεροψαλτών του Συνδέσμου. Στο δε πρώτο άρθρο του Κανονισμού όπου γίνεται λόγος για τον σκοπό και τη σύσταση του Συνδέσμου, αναφέρονται τα εξής: «Συνιστάται Ἐκκλησιαστικὸς Μουσικὸς Σύνδεσμος, οὗτινος σκοπός εἶναι ἡ διὰ παντὸς τρόπου καλλιέργεια τῆς Βυζαντινῆς Ἐκκλησιαστικῆς Μουσικῆς, ἡ ἀνύψωσις τοῦ γοήτρου τῶν ἱεροψαλτῶν, ἡ μεταξύ αὐτῶν ἀλληλεγγύη, ἡ ἠθική ἀρωγή πρὸς τοὺς ἱεροψάλτας τοὺς ἐγγεγραμμένους ἐν

Η λειτουργία όμως του συνδέσμου αναστέλλεται για δύο περίπου χρόνια, έως τις 5 Αυγούστου 1910 όταν θα ανασυσταθεί με προσωπική πρωτοβουλία του από Δράμας Μητροπολίτου Σμύρνης Χρυσοστόμου Καλαφάτη, και υπό τη μέριμνα του Μ. Πρωτοσυγκέλου της Μητροπόλεως[175]. Οι δραστηριότητες και οι εμφανίσεις του χορού των ιεροψαλτών του Συνδέσμου, καταλαμβάνουν συχνά μέρος στην ημερήσια διάταξη της Σμύρνης, μέσω δημοσιευμάτων στον τοπικό Τύπο και στα Θρησκευτικά περιοδικά της εποχής. Ο πολυμελής αυτός εκκλησιαστικός χορός, ο οποίος αποτελείτο από τα πλέον επίλεκτα στελέχη του ψαλτικού περιβάλλοντος της τοπικής κοινωνίας, συμμετείχε στη μουσική κίνηση της πόλης, λαμβάνοντας μέρος είτε σε ειδικές εκδηλώσεις Εκκλησιαστικής μουσικής είτε στα λατρευτικά δρώμενα των τοπικών πανηγύρεων, στα οποία χοροστατούσε ο Μητροπολίτης[176]. Τον Απρίλιο του 1912 εγκαινιάστηκε στη Σμύρνη νέα Μουσική Σχολή, στα πλαίσια της οποίας λειτουργούσαν τμήματα σπουδής και εκμάθησης τόσο Ευρωπαϊκής, όσο και Εκκλησιαστικής μουσικής, υπό τη διεύθυνση του Δ. Μηλανάκη. Από την εποχή αυτή και στο εξής, ο Σύνδεσμος θα στεγασθεί στις κτιριακές εγκαταστάσεις της Σχολής, αναλαμβάνοντας παράλληλα τη διεύθυνση και συντήρηση του τετρατάξιου τμήματος της Εκκλησιαστικής μουσικής[177].

Ένα άλλο γεγονός το οποίο έχει ιδιαίτερη ιστορική αλλά και συμβολική σημασία[178], είναι η σταδιακή καθιέρωση της διδασκαλίας της Εκκλησι-

---

τῷ Μητρώῳ τοῦ Συνδέσμου, παρεχομένη διὰ τῆς διὰ παντὸς νομίμου μέσου προστασίας καὶ ἐνθαρρύνσεως τῶν ἐκτελούντων τὸ ἐαυτῶν καθῆκον καὶ ἀναξιοπαθούντων, ἡ ὑλική ἀρωγὴ πρὸς ἀτυχήσαντας καὶ παθόντας καὶ πρὸς ὀρφανὰς αὐτῶν οἰκογενείας, παρεχομένη ἐκ τῶν πόρων τοῦ Συνδέσμου, ἢ διὰ συστάσεως εἰδικοῦ Ταμείου». Εξίσου ενδιαφέρον είναι και το άρθρο 3 του Κανονισμού: «*Ὁ Σύνδεσμος ἓν τῶν κυριοτέρων αὐτοῦ μελημάτων θεωρεῖ τὴν ὑποστήριξιν παντὸς συναδέλφου αὐτοῦ ἀδικουμένου τυχὸν ὑπὸ τῆς οἰκίας Ἐφορίας τοῦ οὗ ὑπηρετεῖ Ναοῦ ἢ καὶ ὑπὸ ἄλλου συναδέλφου ἐπιβουλευομένου τὴν κάλυψιν τῆς θέσεως αὐτοῦ. Πρὸς τούτοις ἔχων ὑπ' ὄψιν αὐτοῦ ὁ Σύνδεσμος ὅτι πρὸς ἐκλογὴν τοῦ καταλλήλου ἱεροψάλτου δι' ἐκκλησίαν τινά, ἀκατάλληλοι εἶναι πολλάκις αἱ ἐπιτροπαὶ τῶν ἐνοριακῶν Ναῶν, θὰ ἐπεμβαίνῃ εἰς τὸ μέλλον εἰς τὸν διορισμὸν τῶν ἱεροψαλτῶν μέσον τῆς ἐκκλ. ἡμῶν ἀρχῆς, καὶ τοῦτο πρὸς κατάπαυσιν τῶν μεμψιμοιριῶν τῶν ἡμετέρων κατὰ τῆς ἐκκλ. ἡμῶν Μουσικῆς καὶ τῆς μορφῆς τῶν ξένων».*
175 Βλ. Φόρμιγξ, αρ. 3-4, φυλλ. 15 και 31ης Αυγούστου 1910.
176 Βλ. «Ιερός Πολύκαρπος», Σμύρνη, από το 1911. (Εβδομαδιαίον θρησκευτικόν φύλλον), προνοία και επιστασία του Μητροπολίτου Σμύρνης Χρυσοστόμου. Δαπάνη δε προς όφελος της θρησκευτικής αδελφότητος «Ευσέβειας». Έτος Α', αρ. 21, φυλλ. 27ης Αυγούστου 1911, σ. 831. Στο κείμενο αυτό γίνεται λόγος για τον πρώτο μετά την επαναύσταση του Ιεροψαλτικού Συνδέσμου εορτασμό, στα πλαίσια του οποίου ο εικοσιτετραμελής χορός ψαλτών του σωματείου απέδωσε εκκλησιαστικά μέλη, εισπράττοντας παράλληλα, την ευχαρίστηση και τον θαυμασμό των παρευρεθέντων.
177 Βλ. «Ιερός Πολύκαρπος», έτος Β', φυλλ. 14ης Απριλίου 1912, σ. 879-880.
178 Το γεγονός της καθιέρωσης στο Αναλυτικό Πρόγραμμα Σπουδών του μαθήματος της Εκκλησιαστικής μουσικής ως «εθνικής», εμπεριέχει μια ιδιαίτερη συμβολική σημασία, καθώς εντάσσεται στα πλαίσια μιας γενικευμένης προσπάθειας της Ελληνικής Κοινότητας της Σμύρνης, προς πλήρη «εξελληνισμό» της τοπικής Εκπαίδευσης. Η συνδρομή του Σμύρνης Χρυσοστόμου υπήρξε

αστικής μουσικής στα Εκπαιδευτικά Ιδρύματα της Σμύρνης και η ένταξη της στα αναλυτικά προγράμματα σπουδών. Για πρώτη φορά κάτι τέτοιο εφαρμόστηκε το 1910, όταν το νεοϊδρυθέν Διδασκαλείον της Σμύρνης προσέλαβε, μετά από πρόταση του Μητροπολίτη Χρυσοστόμου, ως καθηγητή Βυζαντινής και Ευρωπαϊκής Μουσικής το Γεώργιο Βασιλά[179]. Σύντομα οι επιδόσεις των μαθητών της Σχολής σε μουσικές εκδηλώσεις που πραγματοποιούνται στη Σμύρνη, θα κινήσουν το ενδιαφέρον του Τύπου, ο οποίος με τη σειρά του θα αποδώσει το γεγονός της μεγάλης επιτυχίας αυτής της κίνησης, αφ' ενός μεν στην παιδαγωγική μέθοδο του Γεωργίου Βασιλά και αφ' ετέρου στην φιλόμουση διάθεση του Γυμνασιάρχη κ. Καπετανάκη και των λοιπών μελών της Εφορίας της Ευαγγελικής Σχολής, στα πλαίσια της οποίας λειτουργούσε το Διδασκαλείο[180]. Η πρωτοβουλία αυτή, φαίνεται να υπήρξε η αφορμή κατ' αρχήν για τη διεύρυνση και έπειτα πλήρη εφαρμογή του προγράμματος αυτού σε όλες τις Σχολές και τα Εκπαιδευτήρια της Επαρχίας της Σμύρνης. Έτσι, στο επίσημο αναλυτικό πρόγραμμα σπουδών του 1911, η Εκκλησιαστική μουσική διδάσκεται ως βασικό μέρος του υποχρεωτικού μαθήματος της Ωδικής, και στις έξι τάξεις του Σχολείου. Πιο συγκεκριμένα, η διδακτέα ύλη διαιρείται, όσον αφορά στο ρεπερτόριο, σε «Άσματα κοινά» και «Εκκλησιαστικά», ανάλογα με την ηλικία και το επίπεδο των μαθητών, ενώ οι ύμνοι που εμπεριέχονται στο πρόγραμμα, αποτελούν αντιπροσωπευτικό δείγμα ειρμολογικών και άλλων σύντομων, προφορικών μελών, κατάλληλων για εκμάθηση από νεαρούς σπουδαστές[181].

Ενδιαφέρον επίσης, παρουσιάζει και το γεγονός της παρουσίας Σμυρνιών ψαλτών στα πλαίσια ηχογραφήσεων που πραγματοποιούν στην περιοχή ξένες δισκογραφικές εταιρίες στη δεκαετία του 1910. Το πρόσωπο που δεσπόζει στις εκτελέσεις αυτές, είναι εκείνο του **Πέτρου Μανέα**, μαθητή του Μισαήλ Μισαηλίδη, και γνωστού στο ευρύ κοινό χάρη στη λαμπρή ψαλτική του σταδιοδρομία στον Ελλαδικό χώρο, μετά την μόνιμη εγκατάστασή του το 1922[182]. Ο Μανέας σε συνεργασία με την εταιρία Gramofone,

---

καθοριστική στην όλη διαδικασία, καθώς και ο ίδιος υπήρξε θερμός υποστηρικτής του ιδεολογικού αυτού μοντέλου στον χώρο της Παιδείας. Το δημοσίευμα της Φόρμιγγος άλλωστε, αναφέρει χαρακτηριστικά πως, «[...] Οἱ ἐν Σμύρνῃ φίλοι τῆς πατρώας ἡμῶν μουσικῆς [...] θείᾳ προνοίᾳ ἔτοιχον ἀπό τινος Ποιμενάρχου μουσοτραφοῦς τά μέγιστα ἐνδιαφερομένου καί διά τήν ἐθνοπρεπῆ μουσικήν μόρφωσιν τῶν αὐτόθι ἑλληνοπαίδων». Βλ. «Φόρμιγξ», αρ. 3-4, φυλλ. 15ης και 31ης Αυγούστου 1910.
179 Βλ. «Φόρμιγξ», αρ. 3-4, φυλλ. 15ης και 31ης Αυγούστου 1910.
180 Βλ. «Φόρμιγξ», αρ. 9-10, φυλλ. 15ης και 30ης Νοεμβρίου 1910.
181 Βλ. «Αναλυτικόν Πρόγραμμα τῶν Σχολῶν τῆς Επαρχίας Σμύρνης», ἐκ τοῦ Τυπογραφείου ὁ «Ερμής», Σμύρνη 1911, σ. 36-39.
182 Ο Πέτρος Μανέας γεννήθηκε το 1870 και έψαλλε επί σειρά ετών σε διάφορους ναούς της Σμύρνης, όπως για παράδειγμα, στον Άγιο Παντελεήμονα Γκιοζ-Τεπέ, στην Κοίμηση της Θεοτόκου,

Η Εκκλησιαστική μουσική της Σμύρνης (1800-1922)

τον Δεκέμβριο του 1911 θα πραγματοποιήσει την ηχογράφηση οκτώ συνολικά δίσκων, στους οποίους εκτέλεσε ύμνους Μ. Εβδομάδος, Πεντηκοσταρίου και Δωδεκαημέρου, με την συνοδεία εκκλησιαστικού χορού, και επίσης ένα Άξιον εστίν, το οποίο απέδωσε μονωδιακά[183]. Επίσης, σύμφωνα με τον Αριστομένη Καλυβιώτη, τον Ιούλιο του 1912 η δισκογραφική εταιρία Favorite, στα πλαίσια ενός ευρύτερου ηχοληπτικού προγράμματός της στη Σμύρνη, θα συμπεριλάβει και τις ερμηνείες κάποιου ψάλτη, η ταυτότητα του οποίου δυστυχώς δεν έχει εξακριβωθεί, στο Δοξαστικό του Πάσχα «Αναστάσεως ημέρα» και σε ένα Άξιον εστίν[184]. Τέλος, σύμφωνα με μια εξαιρετικά ενδιαφέρουσα πληροφορία του Μάρκου Δραγούμη[185], το 1917 και σε ηλικία 30 ετών θα ηχογραφηθεί ο Σμυρνιός ψάλτης Κωνσταντίνος Βοριάς, ο οποίος και θα εκτελέσει το Εξαποστειλάριο του Όρθρου της Μ. Δευτέρας «Τον νυμφώνα σου βλέπω» και ένα Πάσα πνοή. Η ηχογράφηση αυτή πραγματοποιήθηκε στο Γκέρλιτς της Γερμανίας (σημερινής Πολωνίας), όπου είχε οδηγηθεί ο Βοριάς, ως μέλος κάποιας μεραρχίας του «Στρατού της Θράκης», η οποία και αιχμαλωτίστηκε από τους Γερμανούς στα πλαίσια του Α΄ Παγκοσμίου Πολέμου. Οι καταγραφές έγιναν σε ισπανικό κερί από ειδικά κλιμάκια λαογράφων και ανθρωπολόγων, το δε υλικό φυλάσσεται σήμερα στο μουσείο Εθνολογίας του Βερολίνου.

Ωστόσο, τα δύο καίρια σημεία τα οποία ορίζουν τον χαρακτήρα της Εκκλησιαστικής μουσικής πραγματικότητας στη Σμύρνη έως το 1922, είναι η εκτεταμένη προσπάθεια «λειτουργικής μεταρρύθμισης» η οποία επιχειρείται κατά την περίοδο αυτή, με την προσωπική πρωτοβουλία του Μητροπολίτη Χρυσοστόμου, καθώς και η σταδιακή μεν, αλλά σταθερή επικράτηση του πολυφωνικού εκκλησιαστικού είδους στη λατρευτική ζωή της περιοχής. Σε μια ενδεικτική μάλιστα, του όλου κλίματος εγκύκλιο του 1914, ο Σμύρνης Χρυσόστομος προτρέπει τους ιερείς και εφοροεπιτρόπους της επαρχίας του να συμβάλλουν στην προσπάθεια εφαρμογής ορισμένων «διαρρυθμίσεων», όπως αναφέρει χαρακτηριστικά, με σκοπό την λειτουργική ευταξία και ευπρέπεια.

στην Αγία Αικατερίνη και στον Άγιο Δημήτριο. Για βιογραφικού χαρακτήρα πληροφορίες και ειδικά σε σχέση με την πλούσια δράση του στην Αθήνα ως Πρωτοψάλτης του ναού της Ζωοδόχου Πηγής Ακαδημίας, βλ. Οικονόμου Φίλιππος, *Βυζαντινή Εκκλησιαστική Μουσική και Ψαλμωδία*, Τόμος Β΄, Αίγιο 1994, σ. 212-213, καθώς και Αντωνέλλης Παναγιώτης, *Η Βυζαντινή Εκκλησιαστική Μουσική*, Αθήνα 1956, σ. 123.
183 Βλ. Καλυβιώτης, ο.π., σ. 74 και 188, όπου και αναλυτικός πίνακας με τους τίτλους του ρεπερτορίου που εκτελέστηκε, τους αριθμούς μήτρας του δίσκου και της σειράς της εταιρίας. Στις ετικέτες των δίσκων αυτών, ο Μανέας εμφανίζεται ως Κύριος Πέτρος-Monsieur Petros. Βλ. ο.π, σ. 89 και 163, όπου και δείγμα από τις ετικέτες των εν λόγω δίσκων.
184 Ο.π., 98, 115 και 193, όπου και ο σχετικός κατάλογος. Οι δύο αυτές εκτελέσεις επανακυκλοφόρησαν το 1916 από την αμερικανική εταιρία Columbia. Ο.π., 115-116.
185 Η συγκεκριμένη πληροφορία δόθηκε από τον ίδιο τον Μάρκο Δραγούμη, σε συνάντηση που πραγματοποιήθηκε τον Μάιο του 2007 στην Αθήνα, για τις ανάγκες της παρούσας έρευνας.

Μεταξύ άλλων οδηγιών και παρατηρήσεων αναφορικά με τη λατρευτική εικόνα που θα πρέπει να παρουσιάζουν οι εκάστοτε ενορίες, επιβάλλεται η «[...] ή ἀνάγνωσις ὁμιλιῶν τοῦ ἀειμνήστου Θεοτόκη, ἀντὶ Κοινωνικοῦ, ψαλλομένου χῦμα, ἡ συγχώνευσις τῶν δύο χορῶν εἰς ἕνα μονόχορον, καὶ ἐπὶ πᾶσι τὴν ἐν τῷ πρέποντι χρόνῳ ἐκτέλεσιν τῆς ψαλμῳδίας, οὕτως ὥστε ν' ἀποκλεισθῇ, διὰ παντὸς ἐκ τῶν Ἱερῶν ἡμῶν ἀκολουθιῶν ἡ αὐτάρεσκος παρ' ἑκάστου ψάλτου παράτασις ὑπὲρ τὸ δέον τῆς δημοσίας λατρείας καὶ νὰ ὁρισθῇ, ὅπως αὕτη σταθερῶς τελῆται ἐντὸς ὁρισμένου χρονικοῦ διαστήματος [...]»[186]. Το σημαντικό σε αυτήν την περίπτωση είναι, ότι όλες αυτές οι λειτουργικής φύσεως μεταρρυθμιστικές παρεμβάσεις δεν θα πρέπει να γίνουν αντιληπτές ανεξάρτητα από ένα ευρύτερο ποιμαντικό σχέδιο το οποίο βρίσκεται σε εφαρμογή κατά την περίοδο της Αρχιερατείας του Σμύρνης Χρυσοστόμου. Έτσι, αν θελήσει κανείς να ερμηνεύσει αυτό το γεγονός με κριτήρια κοινωνιολογικά, θα πρέπει να παρατηρήσει πως, το κυρίαρχο στοιχείο το οποίο καθορίζει τον εκκλησιαστικό βίο της Σμύρνης κατ' αυτήν την περίοδο, είναι μια γενικευμένη τάση εξωστρέφειας, η οποία κινείται σε πολλές περιπτώσεις στα όρια ενός εκκοσμικευμένου μοντέλου εκκλησιαστικής πνευματικότητας. Κάτι τέτοιο φυσικά, φέρει, σε επίπεδο πολιτισμικής αντίληψης αλλά και στοιχειώδους αισθητικής, τον έντονο απόηχο της συνειδητής επιλογής της Εκκλησίας της Σμύρνης, να διαγράψει μια ανεξάρτητη από το επίσημο παραδοσιακό εκκλησιολογικό πρότυπο του Φαναρίου πορεία, τουλάχιστον από την περίοδο της Αρχιερατείας του Βασιλείου και έπειτα[187]. Επίσης, δεν θα πρέπει να αγνοηθεί το γεγονός πως, όλη αυτή η μεταρρυθμιστική διαδικασία στον χώρο της λατρείας και του πνευματικού βίου της τοπικής Εκκλησίας,

---

[186] Το εξαιρετικά ενδιαφέρον αυτό κείμενο δημοσιεύθηκε με τον τίτλο, «Εγκύκλιος περί της εν ταις Ι. Εκκλησίαις ευταξίας», από το θρησκευτικό περιοδικό Ιερός Πολύκαρπος -βλ. σ. 2335-, ενώ υπογράφεται από τον ίδιο τον Σμύρνης Χρυσόστομο, με ημερομηνία 1η Ιανουαρίου 1914. Στην εγκύκλιο αυτή, εμπεριέχονται και άλλες λειτουργικού τύπου μεταρρυθμιστικές υποδείξεις, όπως π. χ αναφορικά με την τήρηση του ωραρίου των ακολουθιών και τον τρόπο διάταξης των πιστών στο εσωτερικό των ναών, ανάλογα με το φύλο και την ηλικία τους. Παρόλα αυτά, ο Μητροπολίτης υποχρεούται μέσω αυτής της εγκυκλίου τους ιεροψάλτες της επαρχίας της Σμύρνης, να τηρούν τα γνήσια, όπως αναφέρει χαρακτηριστικά, Βυζαντινά μέλη, «[...] τὰ τόσην ἐνέχοντα χάριν, δι' ὧν ἐτρέφετο καὶ ἐνθουσιάζετο ἡ γενεὰ τῶν εὐσεβῶν ἡμῶν πατέρων [...]». Επίσης, σε προγενέστερη εγκύκλιο του Χρυσοστόμου, με αφορμή τον εορτασμό του Πάσχα, καυτηριάζει την παρείσφρυση στη λατρεία της Εκκλησίας, καινοφανών εθίμων και ατόπων, όπως τονίζει, συνηθειών, όπως τη συμμετοχή γυναικών και νεαρών κοριτσιών στις Ακολουθίες των Αγίων Παθών και του Επιταφίου. Επιπλέον, συνιστά, «[...] ὅπως οἱ διευθύνοντες τοὺς Ἐκκλησιστικοὺς χοροὺς ἱεροψάλται καταρτίσωσιν, ἐκτὸς τοὺς τῶν Κανοναρχῶν, καὶ χοροὺς ἐκ τῶν μαθητῶν τῶν Σχολῶν, οἵτινες νὰ ψάλωσι τοὺς Ἐπιταφίους Θρήνους κατὰ τὰς ἁγίας καὶ ἀμώμους ἐκκλησιαστικὰς παραδόσεις μας, καὶ ὄχι μὲ τετραφωνίας καὶ ἄλλους τοιούτους νεωτερισμοὺς. Κατὰ δὲ τὴν ἔξοδον τοῦ Ἐπιταφείου ἐκ τῶν Ἱερῶν Ναῶν ἀπαγορεύεται νὰ συνοδεύῃ τὴν τελετὴν ἐνόργανος μουσική, ἀλλ' οἱ ψάλται κατὰ τὴν τάξιν θὰ ψάλωσι τὸ νενομισμένον θαυμάσιον ἐκκλησιαστικὸν ἐμβατήριον καὶ ᾆσμα «Τὸν ἥλιον κρύψαντα» κ. τ. λ. Ἐν Σμύρνῃ τῇ 2 Μαρτίου 1912, Ὁ Σμύρνης Χρυσόστομος». Βλ. «Ιερός Πολύκαρπος», έτος Α', αρ. 51, φυλλ. 24ης Μαρτίου 1912, σ. 831.
[187] Βλ. και Kechriotis, «The Greeks of Izmir...», ό.π.

Η Εκκλησιαστική μουσική της Σμύρνης (1800-1922)

εντάσσεται σε μια γενικότερη κίνηση επαναπροσδιορισμού του ορθόδοξου ήθους, η οποία επιτελείται κάτω από την καταλυτική επιρροή τόσο του Προτεσταντικού Μισσιοναρισμού, όσο και της έντονης δράσης μιας ομάδας εξωεκκλησιαστικών οργανώσεων και θρησκευτικών αδελφοτήτων, των οποίων ο ρόλος στην κοινωνική πραγματικότητα της περιοχής υπήρξε καίριος και καθοριστικός, από τα μέσα κιόλας του 19ου αιώνα[188].

Όσον αφορά δε στην εισαγωγή του πολυφωνικού μέλους στη λατρευτική πράξη της Σμύρνης, θα πρέπει να σημειωθεί, πως αν και το φαινόμενο θα επεκταθεί λαμβάνοντας μεγάλες διαστάσεις στις αρχές του 20ού αιώνα, το θέμα φαίνεται να είχε απασχολήσει την πνευματική κοινότητα της περιοχής από πολύ νωρίτερα, προκαλώντας μάλιστα ποικίλες συζητήσεις και αντιδράσεις σε εκκλησιαστικούς και καλλιτεχνικούς κύκλους[189]. Αυτό όμως το οποίο είναι σίγουρο, είναι ότι οι εκπρόσωποι της Εκκλησιαστικής μουσικής, έστω και βαθμηδόν, θα συσταθούν απόλυτα με την γενικότερη εκφραστική και ιδεολογική τάση της εποχής, η οποία προβάλλει μονοδιάστατα τη Δύση ως τη μοναδική πηγή εκσυγχρονισμού και προόδου. Έτσι, κατά τις δύο πρώτες δεκαετίες του 20ού αιώνα, μπορεί κανείς με ασφάλεια να υποστηρίξει, ότι αυτό που κυριαρχεί στον χώρο της Εκκλησιαστικής μουσικής

---

188 Για το θέμα αυτό βλ, Σολομωνίδης, «Η Εκκλησία...», ό.π., σ. 338-356. Χαρακτηριστικό δείγμα του ήθους και της ιδεολογικής τοποθέτησης αυτών των οργανώσεων αποτελεί το εβδομαδιαίο θρησκευτικό περιοδικό «Ιερός Πολύκαρπος», το οποίο εκδίδεται προνοία και επιστασία του Μητροπολίτου Σμύρνης Χρυσοστόμου, δαπάναις δε και προς όφελος της θρησκευτικής αδελφότητος «Ευσέβεια». Αυτό που κυριαρχεί στο έντυπο είναι ο έντονος ιεραποστολικός-κατηχητικός του χαρακτήρας σε συνδυασμό με μια φανερή πιετιστικού τύπου διάθεση που αποπνέει. Ακόμα και σε επίπεδο αισθητικής, η συμβατότητα με τα αντίστοιχα έντυπα των παραεκκλησιαστικών οργανώσεων του ελλαδικού χώρου στον 20ό αιώνα, είναι αυτονόητη, μιας και διάκοσμος, γλωσσικό ύφος, καθώς και οι έντονες εθνικιστικού περιεχομένου αναφορές, εντάσσουν και τις δύο αυτές ιστορικές περιπτώσεις στον ίδιο ιδεολογικό και πολιτισμικό άξονα.
189 Χαρακτηριστικότερη υπήρξε η διαμάχη η οποία αναπτύχθηκε από το 1889 και έπειτα μεταξύ του Νικολάου Παγανά και ενός ανώνυμου Σμυρνιού αρθρογράφου, ο οποίος υπογράφοντας ως Α. Δ.. Χ, θα υποστηρίξει στα δημοσιεύματά του στην «Αμάλθεια», την εισαγωγή της Ευρωπαϊκής Μουσικής στη λατρεία. Οι απόψεις του αυτές θα προκαλέσουν την αντίδραση του Παγανά, καθώς θα αναπτύξει μια εκτεταμένη αναφορικά με το ζήτημα επιχειρηματολογία, μέσω των δημοσιευμάτων του στον «Νεολόγο» και στη «Νέα Επιθεώρηση». Βλ. «Περί της Εκκλησιαστικής ημών Μουσικής», «Αμάλθεια» Σμύρνης, αρ. 4463, φυλλ. 4/16-Σεπτεμβρίου, 1889, υπό Α. Δ. Χ, «Η Εκκλησιαστική μουσική υπό Α. Δ. Χ», Αμάλθεια, Έτος ΝΕ΄, αρ. 5131, φυλλ. Της 15ης Οκτωβρίου 1892, Παγανάς Νικόλαος, «Περί της Εκκλησιαστικής ημών Μουσικής», Νεολόγος, 23-7-1889, 12-10-1889, Νέα Επιθεώρησις, Έτος Γ΄, αρ. 630, φυλλ. 3ης Νοεμβρίου 1892, κατά Α. Δ. Χ. Επίσης, από τα κείμενα αυτά του Παγανά διαφαίνεται έμμεσα, πως από το 1889 είχε επιχειρηθεί η εισαγωγή της πολυφωνίας στη λατρεία της Σμύρνης, καθώς αναφέρει πως, *«[...] δέν είχεν άδικον ή ιερά μητρόπολις Σμύρνης, ήτις τά άρχαία κρατούσα, ήμπόδισε τούς προσενεχθέντας όπως ψάλωσιν έν τετραφώνω εύρωπαϊκή μελωδία έν τώ ιερώ ναώ, έν ώ τόπω άρμονικώς ήχεί άδιακόπως ή σεμνοπρεπής φωνή τής έκκλησιαστικής ήμών Μελπομένης».* Βλ. «Νεολόγος», 23-7-1889. Επίσης, οι δίφωνες λειτουργικές συνθέσεις του Μισαηλίδη, καθώς και η βασική θεματολογία των διατριβών του σε «Όμηρο» και «Μέντωρα», φανερώνουν έμμεσα την ύπαρξη του σχετιζόμενου με την αντικατάσταση της Εκκλησιαστικής μουσικής στη λατρεία, προβληματισμού στους καλλιτεχνικούς και πνευματικούς κύκλους της Σμύρνης.

Νίκος Ανδρίκος

πρακτικής, είναι η ύπαρξη και δράση πολυφωνικών χορωδιών -με πλουραλιστική τεχνική και εκτελεστική τοποθέτηση- στους κεντρικότερους ναούς της Σμύρνης. Σαφής και πλήρης εικόνα για το κλίμα το οποίο επικρατεί κατ' αυτήν την χρονική περίοδο, και συγκεκριμένα το 1918, δίνεται σε ένα κείμενο του Παγκρατίου Αρχιμανδρίτου του Βατοπεδινού, από το έργο του, «Ή ἐναρμόνησις τῆς Βυζαντινῆς Ἐκκλησιαστικῆς Μουσικῆς». Πιο συγκεκριμένα, σύμφωνα με το κείμενο, «[...] ἐν Σμύρνῃ, εὐλογίᾳ πάντως καὶ ἐμπνεύσει τοῦ ἐνταῦθα εὑρισκομένου πνευματικοῦ κυριάρχου αὐτῆς μητροπολίτου κ. Χρυσοστόμου, ἀντηχεῖ εἰς τοὺς ἱεροὺς θόλους πάντων τῶν ναῶν ἡ τετράφωνος μουσικὴ ἁρμονία, ἥτις ἠλεκτρίζουσα, μαγνητίζουσα, σαγηνεύουσα, συναρπάζουσα, συγκινοῦσα καὶ κατανύττουσα ἀθρόους καὶ κατὰ στίφη προσελκύει τοὺς εὐσεβεῖς χριστιανοὺς εἰς τὰς ἱερὰς ἐκκλησίας οὕτως, ὥστε αἱ πρόσοδοι αὐτῶν ὑπερεδεκαπλασιάσθησαν, διότι πάντες πρὸς ἐκδήλωσιν τῆς ἐκ τῆς τετραφώνου μουσικῆς εὐαρεσκείας αὐτῶν γενναίως τὸν ὀβολὸν αὐτῶν συνεισφέρουσι.

Τέσσαρες μουσικοὶ χοροὶ τετραφωνίας τελείως κατηρτισμένοι ἀνθαμιλλῶνται ἐν τῇ πόλει ἐκείνῃ, οἱ μὲν δύο τακτικοὶ ὑπὸ τὴν διεύθυνσιν τοῦ κ Πέτρου Μανέα μὲν ἐν τῷ ναῷ τοῦ Ἁγίου Δημητρίου, τοῦ κ. Δ. Οἰκονόμου δὲ ἐν τῷ ναῷ τῆς Μιρακτῆς, οἱ δὲ ἕτεροι δύο, ὁ μὲν συστήματος Σακελλαρίδου ὑπὸ τὴν διεύθυνσιν τοῦ κ. Δ. Μηλανάκη, ὁ δὲ συστήματος Χαβιαρᾶ ὑπὸ τὴν διεύθυνσιν τοῦ κ. Δ. Γάζη, καὶ ἐξ ἐρασιμόλπων νέων ἀμφότεροι ἀποτελούμενοι, ψάλλουσιν ἐκ περιτροπῆς εἰς τοὺς λοιποὺς τῆς Σμύρνης ναούς, ὥστε καθ' ἑκάστην Κυριακὴν ἐπικροτούμενοι καὶ ἐπευφημούμενοι δάφνας δόξης καὶ τιμῆς δρέπουσιν. Ἐκτὸς τῶν τεσσάρων τούτων χορῶν τῆς τετραφωνίας ὑπάρχει καὶ πέμπτος ὑπὸ τὴν διεύθυνσιν τοῦ κ. Ἐμμ. Φαρλέκα, τοῦ μόνου ἐν τῇ Ἀνατολῇ κατὰ βάθος καὶ ἐπιστημονικῶς πράξει τε καὶ θεωρίᾳ γινώσκοντος τὴν τε ἡμετέραν ἐκκλησιαστικὴν καὶ τὴν τῶν εὐρωπαίων τετράφωνον μουσικήν, καὶ μετὰ χοροῦ, ἀποκλειστικῶς ἐκ κορασίων ἀποτελουμένου, ψάλλοντος ἐναλλάξ, ὁτὲ μὲν βυζαντινά, ὁτὲ δὲ τετραφώνως. Καὶ οὕτως ὁ μὲν λαὸς τῆς Σμύρνης, προοδευτικότερος ὤν, καὶ τὸ Πάσχα ἐτέλεσε καὶ καθ' ἑκάστην Κυριακὴν μετ' εὐχαριστήσεως καὶ κατανύξεως ἀκροᾶται τῆς θείας λειτουργίας ἐν τῇ ἁρμονίᾳ τῆς τετραφώνου μουσικῆς, ἥτις δονεῖ καὶ τὰς βαθυτέρας χορδὰς τῆς καρδίας»[190].

Το απόσπασμα αυτό, παρά την φανερή αντιρρητική του διάθεση, η οποία άλλωστε διακατέχει όλο το έργο του Παγκρατίου, δίνει μια αρκετά σαφή εικόνα για το κλίμα και την γενικότερη διάθεση που χαρακτηρίζει το περιβάλλον της Εκκλησιαστικής μουσικής της Σμύρνης, πριν από τα γε-

---

[190] Αρχιμανδρίτης Παγκράτιος Βατοπεδινός, «Η εναρμόνησις της Βυζαντινής Εκκλησιαστικής μουσικής, εν Κωνσταντινουπόλει, εκ του Πατριαρχικού Τυπογραφείου», 1918, σ. 50-52.

γονότα του 1922. Η έντονη παρουσία τετράφωνων φωνητικών συνόλων στη λατρεία, καθώς και η γενικότερη τάση για εναρμονισμένη απόδοση των λειτουργικών μελών από τους πλέον επιφανείς Σμυρνιούς εκκλησιαστικούς συνθέτες και μουσικούς, αποτελεί έναν προφανή αντικατοπτρισμό της ευρύτερης καλλιτεχνικής διάθεσης η οποία επικρατεί στην περιρρέουσα ατμόσφαιρα αυτής της εποχής στον χώρο του πνεύματος, της εκπαίδευσης και της καλλιτεχνικής δημιουργίας. Όπως αναπτύχθηκε και σε προηγούμενο κεφάλαιο, από τα τέλη του 19ου αιώνα το γεγονός που καθορίζει την πρωτογενή δημιουργία στον χώρο της τέχνης και ειδικότερα της μουσικής, είναι η απόδοση του ιστορικού υλικού μέσω τεχνικών, αισθητικών προτύπων και μοντέλων με χώρο προέλευσης τη Δύση. Η Ευρώπη, αποτελεί το μοναδικό μέγεθος το οποίο μπορεί να εξασφαλίσει στο ελληνικό στοιχείο της Σμύρνης, την κοινωνική και πολιτισμική τεκμηρίωση της προοδευτικής και παράλληλα αυτόνομα από τα συμβατικά ιστορικά πλαίσια του οθωμανικού του παρελθόντος εκφραζόμενης, διάθεσης. Με άλλα λόγια, η Δύση για τους Σμυρνιούς αυτής της εποχής προβάλει ως η μοναδική διέξοδος από τη μονομερή οθωμανική τους διάσταση, και παράλληλα ο πλέον ενδεικτικός χώρος άντλησης στοιχείων με σκοπό την συνειδητή απόδειξη της εκφραστικής και δημιουργικής τους ιδιαιτερότητας. Όσον αφορά δε στη μουσική παραγωγή, η υιοθέτηση στοιχείων από τον δυτικό κόσμο για το μουσικό περιβάλλον της Σμύρνης, αποτελεί αυτονόητο προαπαιτούμενο για κάθε απόπειρα δημιουργίας, η οποία θα φιλοδοξούσε να γνωρίσει την αποδοχή και την καταξίωση. Έτσι, η Εκκλησιαστική μουσική πρακτική, εντάσσεται και εκείνη με τη σειρά της, ενεργά στο ευρύτερο μουσικό γίγνεσθαι, στοιχούμενη απόλυτα τόσο με τα εξωτερικά-αισθητικά του στοιχεία, όσο και με το βαθύτερο ιδεολογικό σχήμα που το διέπει.

Στη Σμύρνη του 19ου αιώνα θα αναπτυχθεί μια έντονη δραστηριότητα στον χώρο της Εκκλησιαστικής μουσικής, της οποίας η ιδιοτυπία και διαφορετικότητα θα επέτρεπαν στη σύγχρονη έρευνα να αναγνωρίσει την ύπαρξη στην περιοχή μιας ιδιαίτερης «Σχολής» με διακριτά μορφολογικά και δομικά χαρακτηριστικά. Ο Νικόλαος Γεωργίου θα είναι η προσωπικότητα, η συμβολή της οποίας θα καθορίσει σε μεγάλο βαθμό το αισθητικό περιεχόμενο και το ύφος της όλης μουσικής κίνησης και παραγωγής στη Σμύρνη. Η εμπειρία που θα αποκτήσει εντός των πλέον εκσυγχρονιστικών μουσικών κύκλων της Κωνσταντινούπολης, θα είναι καθοριστική στο να κομίσει στη Σμύρνη μια νέα αντίληψη των πραγμάτων, περισσότερο φιλελεύθερη και πρωτογενή. Οι κοινωνικές συνθήκες, η γενικότερη εξωστρεφής διάθεση που κυριαρχεί μεταξύ του ελληνικού στοιχείου στην περιοχή, καθώς και το εξαιρετικά πρωτοποριακό και νεωτερικό έργο των Σμυρνιών συνθετών του προηγούμενου αιώνα, θα δομήσουν το πλέον κατάλληλο περιβάλλον εντός του οποίου ο Νικόλαος θα αναπτύξει την πλούσια και πολυσχιδή μουσική του δραστηριότητα. Μεταξύ των επιγόνων του Νικολάου, ο Μισαήλ Μισαηλίδης θα εκφρασθεί κινούμενος κατά κανόνα, βάσει της ίδιας αισθητικής αντίληψης, τόσο αναφορικά με το συνθετικό του έργο όσο και με τις πρωτότυπες θεωρητικές απόψεις που θα διατυπώσει. Έτσι, η παρουσία των Σμυρνιών μουσικών θα επεκταθεί πέρα της πρακτικής ψαλτικής δράσης και της συνθετικής δημιουργίας στα επίπεδα του μουσικολογικού στοχασμού, παίζοντας μάλιστα σε πολλές περιπτώσεις, και πρωταγωνιστικό ρόλο στη διαμόρφωση του θεωρητικού περιεχομένου της Εκκλησιαστικής μουσικής στα τέλη του 19ου αιώνα. Στις αρχές του 20ού αιώνα το κέντρο της δραστηριότητας θα μετατεθεί σε ιδρυματικούς κυρίως χώρους, όπως σχολές, συλλόγους και σωματεία, των οποίων η φυσιογνωμία και ιδεολογική τοποθέτηση θα λειτουργήσουν καθοριστικά, ώστε το Σμυρναίικο μουσικό ιδίωμα να μετεξελιχθεί φανερά, μεταξύ άλλων, και μέσω της αθρόας υιοθέτησης μοντέλων και τεχνικών με δυτική προέλευση.

Αυτό όμως που θα πρέπει να σημειωθεί είναι, ότι πέρα από την πλούσια μουσική φιλολογία και θεωρητική συγγραφή η οποία θα παραχθεί κατά τον ευρύτερο 19ο αιώνα στην Σμύρνη, εκείνο που σε ιδεολογικό πλέον επίπεδο θα τεθεί προς συζήτηση με αφορμή την όλη κίνηση, αφορά στο κρίσιμο ζήτημα της ερμηνείας της Παράδοσης, και πιο συγκεκριμένα του καθορισμού των ορίων μεταξύ παράδοσης-συντήρησης, καθώς και πρωτογενούς δημιουργίας-αυθαίρετης παραγωγής. Έτσι, η «Σχολή της Σμύρνης» θα βρεθεί για αρκετές δεκαετίες στο επίκεντρο της επικαιρότητας, καθώς το υφολογικό της περιεχόμενο και η αισθητική της σύσταση θα τεθούν στον αντίποδα μιας γενικευμένης προσπάθειας ιδεολογικού επαναπροσδιορισμού του είδους και της ουσίας του εκκλησιαστικού μέλους. Όλη αυτή η διαδικασία θα καταστεί η αφορμή στο να τηρηθεί από τους μουσικούς και συγγραφείς του 19ου αιώνα μια μάλλον καχύποπτη και με αρνητικό περιεχόμενο φορτισμένη στάση απέναντι στο «Σμυρναίικο Ύφος»[191], χωρίς

---

[191] Ενδεικτική της γενικότερης κατάστασης και η παρακάτω προσωπική μαρτυρία του Άγγελου Βουδούρη : «§ 53. [...] Τούς μήνας Ἰούνιον, Ἰούλιον καί Αὔγουστον τοῦ 1919 τῆς ἑλληνικῆς κατοχῆς διῆλθον εἰς τήν Σμύρνην, ἐποφελούμενος αὐτήν τήν εὐκαιρίαν, τακτικά, κατά πᾶσαν Κυριακήν καί ἑορτήν ἐπεσκεπτόμην τούς ἐκεῖ ναούς διά νά ἀκούω τούς μουσικούς διδασκάλους τῆς Σμύρνης. Παρετήρησα ὅτι ὅλοι των γενικῶς, ἀπεῖχον πολύ κατά τήν ἐκτέλεσιν τῆς Ἐκκλησιαστικῆς Ψαλμῳδίας ἀπό τούς ψάλτας τῆς Κωνσταντινουπόλεως. Ἡ μουσική ἡ Ἐκκλησιαστική ἐδῶ εἰς τήν Ἰωνίαν δέν εἱμπορεῖ νά ἐννοήσω τό διατί, παρουσιάζετο διαφορετική εἰς τό μέλος αὐτῆς. Κάτι τό ἀνατολίτικον ἐκυριάρχη. Καί οἱ ψάλται ἐδῶ δέν εἶχον τήν φωνήν καί τό ὄργανον τῶν Κωνσταντινουπολιτῶν ψαλτῶν. Ἡ Σμύρνη ἦτο

Η Εκκλησιαστική μουσική της Σμύρνης (1800-1922)

ωστόσο να μπορέσει να ανακόψει την αποδοχή και περαιτέρω διάδοσή του, η οποία θα είναι ευρύτατη και στον Ελλαδικό πλέον χώρο, μετά τα γεγονότα του 1922 και την ανταλλαγή των πληθυσμών.

μία πόλις, σπουδαιοτέρα ἀπό πάσης ἀπόψεως. Αὐτή μετέδιδε τά φῶτα της καί εἰς ἄλλας πόλεις καί κωμοπόλεις τοῦ ἐσωτερικοῦ της · ἦτο ἑστία ἐξ ἧς μετεδίδετο καί ἡ μουσική εἰς τούς ἱεροψάλτας τῶν περί τήν Σμύρνην ἐπαρχιῶν. Ἐδῶ ἐπεκράτει ἰδιαίτερος τύπος ἐκτελέσεως τῶν ἐκκλησιαστικῶν ἀσμάτων. Φαίνεται ὅτι ὁ τύπος αὐτός εἶχεν ἐπικρατήσει καί διαδοθῆ ἀπό τῆς ἐποχῆς τοῦ Πρωτοψάλτου τοῦ μητροπολιτικοῦ ναοῦ Ἁγίας Φωτεινῆς Νικολάου, καί κατόπιν τοῦ μαθητοῦ ἐκείνου Πρωτοψάλτου Μισαήλ Μισαηλίδου. Κατά τήν γνώμην μου, εἰς τούς δύο τούτους διδασκάλους ὠφείλετο ὁ μορφωθείς διάφορος τύπος τῆς ἐκτελέσεως τῆς μουσικῆς. Οἱ κατόπιν ψάλται τῆς Σμύρνης καί τῶν ἐπαρχιῶν ἐσωτερικοῦ αὐτῆς, ὑπῆρξαν ἄμεσοι μαθηταί τῶν δύο τούτων διδασκάλων. Κανείς δε ψάλτης δέν ἠμπορεῖ ἐπί πολύν χρόνον ψάλλων ἐν Σμύρνῃ νά μήν ὑποστῇ τήν ἐπίδρασιν τοῦ ἐκεῖ μουσικοῦ περιβάλλοντος. Τό σμυρναϊκόν ψαλτικόν ὕφος ἀπεμάκρυνε τό μέλος τῆς μουσικῆς, ἀπό τό ὕφος τῆς Μεγάλης Ἐκκλησίας. Οἱ Σμυρναῖοι ψάλται ὅσον καλλίφωνοι καί ἄν ἦσαν, δέν ἐγίνοντο εὐάρεστοι εἰς τούς Κωνσταντινουπολίτας ἀκροατάς των · ὅλοι των γενικῶς ἔψαλλαν ἀλά σμυρνέικα.», Βλ. Βουδούρης Άγγελος, «Μουσικά Απομνημονεύματα», Τόμος ΙΗ΄ -Ανατυπώσεις- (Υπόμνημα περί τῆς Ἑλληνικῆς Ἐκκλησιαστικῆς Μουσικῆς –Οἱ Μουσικοί Χοροί τῆς Μ. Χ. Ε- Μεγάλη τοπική Σύνοδος τοῦ 1872), Εκδοσις Α΄, Ευρωπαϊκό Κέντρο Τέχνης, Αθήναι 1998, σ. 53-54.

Γ΄ ΜΕΡΟΣ

Η αρθρογραφική δραστηριότητα και το θεωρητικό έργο του Μισαήλ Μισαηλίδη

Η Εκκλησιαστική μουσική της Σμύρνης (1800-1922)

Ένα από τα βασικότερα χαρακτηριστικά που συγκροτούν τον χαρακτήρα και την σύσταση της Εκκλησιαστικής μουσικής στα τέλη του 19ου αιώνα, είναι η έντονη αρθρογραφική δραστηριότητα η οποία αναπτύσσεται στα πλαίσια του ημερήσιου και περιοδικού Τύπου της εποχής. Η εμφανής ατονία που παρατηρείται από τα μέσα του 19ου αιώνα και εξής, αναφορικά με την αυτόνομη συγγραφή και έκδοση θεωρητικών έργων, πέρα από το βαθύτερο συμβολικό και ιδεολογικό νόημα που εμπεριέχει[192], δεν θα πρέπει να ερμηνευθεί απόλυτα ως ένα γεγονός το οποίο μαρτυρεί την έλλειψη κάθε θεωρητικού στοχασμού και μουσικολογικού διαλόγου στα πλαίσια του καλλιτεχνικού και πνευματικού κόσμου της εποχής. Αντίθετα, ο χώρος της δημοσιογραφίας, με την ώθηση φυσικά και των μουσικών συλλόγων που θα δραστηριοποιηθούν έντονα αυτήν την περίοδο, θα είναι εκείνος που θα φιλοξενήσει και παράλληλα θα δώσει την ευκαιρία σε σημαντικές προσωπικότητες[193] να αναπτύξουν την θεωρητική τους σκέ-

---

[192] Είναι πράγματι γεγονός, πως μετά το 1855 που εκδίδεται το Θεωρητικό του Παναγιώτυυ Αγαθοκλέους στην Αθήνα, και για το υπόλοιπο μιυό του 19ου αιώνα, απουσιάζουν εντυπωσιακά από την εν γένει μουσική παραγωγή οι αυτόνομες και ολοκληρωμένες θεωρητικές συγγραφές. Βλ. Χατζηθεοδώρου, ο.π., σ. 223-249. Οι ελάχιστες εξαιρέσεις, αποτελούν ως επί το πλείστον, πανομοιότυπες ανατυπώσεις παλαιοτέρων έργων ή συλλογές άρθρων με επιμέρους και αποσπασματική θεματολογία. Ωστόσο, κάτι τέτοιο, χωρίς να σημαίνει απόλυτα αδράνεια στο επίπεδο του μουσικολογικού προβληματισμού, υποδηλώνει έστω και έμμεσα, τη γενικότερη επιφυλακτικότητα, αν όχι και ατολμία, που κυριαρχεί κατά την εποχή αυτή, όσον αφορά στην έκθεση νέων, πρωτότυπων και ενδεχομένως αντικείμενων στο μεταρρυθμιστικό σύστημα του 1814, θεωρητικών απόψεων και ιδεών.
[193] Στο σημείο αυτό, θα μπορούσε κανείς να μνημονεύσει ενδεικτικά τον Νικόλαο Παγανά, τον

ψη, διαμορφώνοντας ανάλογα και το ευρύτερο τοπίο της Εκκλησιαστικής μουσικής πραγματικότητας, στα τέλη του 19ου αιώνα[194].

Ο Μισαήλ Μισαηλίδης θα είναι από τα πρόσωπα εκείνα τα οποία θα πρωταγωνιστήσουν στον τομέα αυτό[195], δημοσιεύοντας σχεδόν επί μια τριακονταετία (1874-1903) άρθρα, διατριβές καθώς και επιστολές με θεωρητικό περιεχόμενο και παραλήπτες σημαντικούς εκπροσώπους του μουσικού κόσμου της εποχής, με τους οποίους βρίσκεται σε διαλεκτική σχέση στα πλαίσια ενός ευρύτερου μουσικολογικού διαλόγου που διεξάγεται. Παράλληλα, μέσω διαλέξεων, εισηγήσεων και ζωντανών παρουσιάσεων θα κοινοποιήσει τις θεωρητικές του απόψεις, ενώ η έκδοση του Θεωρητικού του το 1902, θα επισφραγίσει με τον πλέον ενδεικτικό τρόπο την μακρόχρονη ενασχόλησή του με τον τομέα του θεωρητικού και μουσικολογικού στοχασμού.

Στο σημείο αυτό, και προτού επιχειρηθεί κάποια συστηματικού τύπου απόδοση της θεωρητικής σκέψης του Μισαηλίδη, θα ήταν χρήσιμο να παρουσιασθεί κατά χρονολογική σειρά και με τρόπο επιγραμματικό το συγγραφικό του έργο, στα πλαίσια του ημερήσιου και περιοδικού Τύπου της εποχής.

Πέτρο Φιλανθίδη, τον Γεώργιο Παχτίκο, τον Παναγιώτη Κηλτζανίδη, τον Νηλέα Καμαράδο, τον Γεώργιο Παπαδόπουλο και τον Γεώργιο Βιολάκη.

194 Η αρθρογραφία της περιόδου εκείνης, παρά την καταφανή, σε πολλές περιπτώσεις άσκοπη αδολεσχία που την διακρίνει, αποτελεί το πλέον πλήρες και ενδεικτικό φιλολογικό μέγεθος, που αντικατοπτρίζει την μουσική πραγματικότητα των τελευταίων δεκαετιών του 19ου αιώνα. Έτσι, πέρα από τις ενδεχόμενες επιφυλάξεις που δικαιούται να έχει κανείς όσον αφορά στην εγκυρότητα των καθ' εαυτών απόψεων που εκφράστηκαν κατ' αυτή την χρονική περίοδο, εντύπωση προκαλεί η έντονη κινητικότητα που παρατηρείται, στα πλαίσια δε ενός μαζικού μέσου ενημέρωσης και επικοινωνίας, όπως αυτό του Τύπου. Κάτι τέτοιο, αναμφίβολα πιστοποιεί κατ' αρχάς το γεγονός της δράσης μιας ζώσας μουσικής κοινότητας, και έπειτα την ύπαρξη ενός πεπαιδευμένου και άμεσα ενδιαφερόμενου για τα ζητήματα της Εκκλησιαστικής μουσικής κοινού.

195 Η έντονη παρουσία του Μισαηλίδη στον χώρο του Τύπου δεν θα πρέπει να ερμηνευθεί ανεξάρτητα και από το γεγονός, ότι υπήρξε αδελφός του **Ευαγγελινού Μισαηλίδη** (1820-1890), του διασημότερου δηλαδή εκπροσώπου της ρωμαίικης κοινότητας της Αυτοκρατορίας στον τομέα της Δημοσιογραφίας και της εκδοτικής παραγωγής. (Βλ. «Εκκλησιαστική Αλήθεια», Έτος ΚΣΤ´, αρ. 6, φυλ. 11ης Φεβρουαρίου 1906). Ο Ευαγγελινός Μισαηλίδης ήταν εκείνος ο οποίος κυκλοφόρησε την πρώτη εφημερίδα σε καραμανλήδικη διάλεκτο (τουρκική γλώσσα με ελληνικούς χαρακτήρες) στις 12 Ιανουαρίου του 1845 στη Σμύρνη, με τον τίτλο «Πελσαρέτ ιλ Μασρίκ» («Ανατολικός Μηνύτωρ»), ενώ στη συνέχεια, και μετά την εγκατάστασή του στην Πόλη το 1850, συνέχισε να εκδίδει την δημοφιλή εφημερίδα «Ανατολή», με σκοπό τη διάδοση των πολιτικών και κοινωνικών ειδήσεων στους τουρκόφωνους ομογενείς της Οθωμανικής Επικράτειας. Δοκιμιογράφος, μεταφραστής, μυθιστοριογράφος, υπήρξε και εκδότης δύο καραμανλήδικων περιοδικών, του «Μεκτεμπούλ Φεννουνί Μεσρηκρί», και του «Μεκτέμπι Φουνουνί Σαρκιέ», ενώ συνέγραψε ένα από τα σημαντικότερα έργα της πρώιμης τουρκικής λογοτεχνίας, το εξάτομο «Ταμασά Δουνγιά βε Δζεφακιάρ-ου Δζεφακές» («Ο κόσμος του θεάματος και ο πολύπαθης»). Βλ. Σολομωνίδης, «Η Δημοσιογραφία...», ο.π., σ. 142, 143, 288. Ιδρυτής του μουσικού συλλόγου «Ορφεύς» στην Κωνσταντινούπολη, εκδότης πολλών έντυπων έργων Εκκλησιαστικής μουσικής στο Τυπογραφείο της «Ανατολής», γνωστός για την κοινωνική και πολιτιστική δράση του στα πλαίσια της ρωμαίικης κοινότητας στο β΄ μισό του 19ου αιώνα. Τιμήθηκε για την προσφορά του από το ελληνικό κράτος με τον Αργυρό Σταυρό του Τάγματος του Σωτήρος, ενώ ο Σουλτάνος του απένειμε τον τίτλο του «Εφέντη» και το παράσημο «Μετζηδιέ» (Σουλτανικό παράσημο που καθιερώθηκε ως τίτλος από την εποχή του Abdülmecit 1839-61). Βλ. επίσης, Κλεάνθης Φάνης, «Η Ελληνική Σμύρνη», Αθήνα 1996, σ. 125-128.

- «**Σύγκρισις της Ευρωπαϊκής Μουσικής προς την ήμετέραν Εκκλησιαστικήν**», Μέντωρ, σύγγραμμα περιοδικόν εν Σμύρνη, 1874, Τόμος Ε', Τεύχος ΝΗ'
- «**Περί της εν τη Ανατολική Ορθοδόξω Εκκλησία εισαγωγής της τετραφώνου μουσικής**», Όμηρος, Μηνιαίον Περιοδικόν του ομονήμου φιλεκπαιδευτικού συλλόγου, εν Σμύρνη, 1874, εκ του Τυπογραφείου ο Τύπος Τόμος Β'
- «**Περί διαστημάτων**», Εποχή Κωνσταντινουπόλεως, Έτος Α', φυλ. 28ης και 9ης Αυγούστου 1875, αρ. 92
- «**Περί Εκκλησιαστικής Μουσικής**», Νεολόγος Κωνσταντινουπόλεως, φυλ. 27ης Σεπτεμβρίου 1879, αρ. 3191
- «**Περί Εκκλησιαστικής Μουσικής-ανταπάντησις του εν Σμύρνη κ. Μισαήλ Μισαηλίδου προς τον εν Κωνσταντινουπόλει κ. Χ. Π. Γ. Κηλτζανίδην-**», Αμάλθεια, εν Σμύρνη, Έτος ΜΖ', 1880, αρ. 2670, 2671, 2672
- «**Περί της Εκκλησιαστικής Μουσικής** -υπό Μ. Μισαηλίδου, ομιλία απαγγελθείσα εν τω εν Αθήνησι Εκκλησιαστικώ Συλλόγω Σωτήρ- », μηνιαίον περιοδικόν σύγγραμμα, εν Αθήναις 1881. Τεύχη Ι' και ΙΑ'
- «**Προς τον εν Αθήναις μουσικολόγον κ. Ιωάννην Τζέτζην**», Αμάλθεια Σμύρνης, Έτος ΜΖ', 1883, αρ. 3164, 3173, 3175
- «**Μελέτη περί του εναρμονίου γένους των αρχαίων Ελλήνων**», Κωνσταντινούπολις, φυλ. 15ης Μαρτίου 1890
- «**Περί εκκλησιαστικής μουσικής**». Διατριβή Μ. Μισαηλίδου απαντητική εις διατριβήν των εν Σμύρνη μουσικών Ξανθίδου, Γιαλουσάκη, Ι. Αγαθαγγέλου και Ι. Οικονομίδου», Νέα Σμύρνη, Έτος ΚΒ', αρ. 4451, φύλλ, 23ης Οκτωβρίου 1891
- «**Η Εκκλησιαστική ημών μουσική** -Μικρά προς συζήτησιν πρότασις εις τους περί την διόρθωσιν της Εκκλησιαστικής μουσικής καταγινομένους- », Εκκλησιαστική Αλήθεια, Κωνσταντινούπολη, Έτος ΙΣΤ', φυλ. 28ης Δεκεμβρίου 1896
- «**Περί του εν τη καθ' ημάς Εκκλησιαστική Μουσική υπάρχοντος μεν, αλλά και μη υπάρχοντος πλαγίου τετάρτου ήχου**», Φόρμιγξ, Αθήνα, Έτος Α', αρ. 1-2, φυλ. 1ης και 15ης Οκτωβρίου 1901
- «**Συζητήσιμος πρότασις- Περί του ορισμού της επιστημονικής αξίας της διαπασωνιδούς κλίμακος της καθόλου Μουσικής κατά τους αρχαίους-**», Φόρμιγξ, Αθήνα, αρ. 8, φυλ. 8ης και 15ης Ιανουαρίου 1902
- «**Κανόνες τινές δυσνόητοι της Αρχαίας Ελληνικής Μουσικής**», Φόρμιγξ, Αθήνα, αρ. 3, φυλ. 15ης Φεβρουαρίου 1903

Κεφάλαιο α'

Οι εκτεταμένες διατριβές του Μισαήλ Μισαηλίδη στον περιοδικό Τύπο της Σμύρνης το 1874

Ο Μισαήλ Μισαηλίδης κάνει για πρώτη φορά την εμφάνισή του στον περιοδικό Τύπο της εποχής το 1874, δημοσιεύοντας δύο εκτεταμένες διατριβές, στον «Μέντορα» και στον «Όμηρο» της Σμύρνης, με γενικής φύσεως ιστορικο-μουσικολογικό περιεχόμενο. Η θεματολογική συνάφεια, η υφολογική και μορφολογική ομοιογένεια κατά την ανάπτυξη, καθώς και η μεταξύ των δύο κειμένων κοινή επειχηρηματολογική αναφορά, επιβάλλουν την ένταξή τους σε έναν ενιαίο φιλολογικό και ιστορικό άξονα. Μέσω αυτών των δύο δημοσιευμάτων ο Μισαηλίδης θα εκθέσει τις απόψεις του σχετικά με τα καίρια για την εποχή ζητήματα, όπως αυτό της καταγωγής της ευρωπαϊκής και της Εκκλησιαστικής μουσικής καθώς και της δυνατότητας ή μη αντικατάστασης του εκκλησιαστικού μέλους στη λατρεία από το αντίστοιχο πολυφωνικό είδος.

Στο πρώτο κείμενο που φέρει τον τίτλο «Σύγκρισις τῆς Εὐρωπαϊκῆς Μουσικῆς πρὸς τὴν ἡμετέραν Ἐκκλησιαστικήν»[196], ο Μισαηλίδης, σε πρώτη φάση, επιχειρεί να αποδείξει την κοινή αναφορά όλων των μουσικών ειδών, αντιλαμβανόμενος τη μουσική ως ένα ενιαίο και αδιάσπαστο ιστορικό και πνευματικό μέγεθος[197]. Έτσι, τόσο η μονόφωνος Εκκλησιαστική

---

[196] «Μέντωρ», σύγγραμμα περιοδικόν ἐν Σμύρνῃ, 1874, Τομ. Ε', Τεῦχ. ΝΗ', σ. 299-304.
[197] Λίγα χρόνια αργότερα, το 1881 θα τονίσει χαρακτηριστικά, πως «ἡ Μουσική εἶναι μία, εἶναι δε, φυσική καὶ γενική». Βλ. «Περὶ τῆς Ἐκκλησιαστικῆς Μουσικῆς ὑπὸ Μ. Μισαηλίδου, ὁμιλία ἀπαγ-

όσο και η τετράφωνος αρμονική είναι «ἕν καὶ τὸ αὐτὸ πρᾶγμα», καθώς η δεύτερη ιστορικά προήλθε από την πρώτη, η δε μεταξύ τους επιμέρους διαφορές αφορούν, όπως τονίζει χαρακτηριστικά, απλά στο ύφος και στον τρόπο και σε καμία περίπτωση στην καθ' εαυτή τους σύσταση και δομή[198]. Πάντως, απαραίτητη προϋπόθεση για τη διαμόρφωση μιας ολοκληρωμένης και αντικειμενικής άποψης σχετικά με το θέμα αποτελεί, κατά τον ίδιο, η όσο το δυνατόν πληρέστερη γνώση και των δύο μουσικών συστημάτων, καθώς επίσης και η πεποίθηση σύμφωνα με την οποία η μουσική αποτελεί αντικατοπτρισμό της ιδιοσυγκρασίας και της ιδιαιτερότητας των λαών. Κατ' αυτόν τον τρόπο, σύμφωνα με τον Μισαηλίδη, θα πρέπει να θεωρηθεί ως αναγκαίο προαπαιτούμενο η γνώση του πολιτισμικού και ιστορικού υπόβαθρου του κάθε λαού αναφορικά με την ευμενή ή μη κρίση του σχετικά με τα δύο αυτά είδη της μουσικής. Έτσι, τον βασικότερο ρόλο στην διαμόρφωση της άποψης ενός ανθρώπου για ένα μουσικό άκουσμα, παίζει η εκφραστική-υφολογική διάθεση που κυριαρχεί στο μέλος, και το ποσοστό στο οποίο εκείνη με την σειρά της, είναι συμβατή και ανάλογη με τις εκφραστικές και πολιτισμικές προσλαμβάνουσες παραστάσεις που φέρει ο ίδιος ως μονάδα ενός ευρύτερου ιστορικού-κοινωνικού συνόλου[199].

Η αξιολόγηση του όλου ζητήματος αναφορικά με την ιστορική και μορφολογική σχέση Εκκλησιαστικής και Ευρωπαϊκής μουσικής, διέρχεται κατά τον Μισαηλίδη μέσω της γνώσης του αρχαιοελληνικού μουσικού συστήματος, στο οποίο και εντοπίζει τις απαρχές και τον χώρο προέλευσης και των δύο αυτών μουσικών ειδών. Στο σημείο αυτό, καταφεύγει στην αρχαιότητα για να υποστηρίξει την ιστορική αναφορά και προέλευση σύγχρονων με τον ίδιο πολιτισμικών μεγεθών, υπηρετώντας και αυτός με την σειρά του το γνώριμο για την εποχή του «Ρομαντικό» σχήμα της μεθοδολογικής αναγωγής στο παρελθόν, με σκοπό την ενοποιημένη αντίληψη ευρύτερων ιστορικών-ιδεολογικών συνόλων. Έτσι, κατά τον ίδιο, το σύστημα των Ευρωπαίων θα πρέπει να εντοπιστεί στην αρχαιότητα και συγκεκριμένα στο διατονικό γένος των Αρχαίων Ελλήνων, ενώ προς ενίσχυση της άποψής

γελθεῖσα ἐν τῷ ἐν Ἀθήνησι Ἐκκλησιαστικῷ Συλλόγῳ Σωτὴρ, μηνιαῖον περιοδικὸν σύγγραμμα, ἐν Ἀθήναις 1881. Τεύχος Ι', σ. 311.
198 Ο. π., σ. 299-300.
199 Ο Μισαηλίδης χαρακτηριστικά μάλιστα αναφέρει, πως «*ἡ μουσικὴ εἶναι ἡ εἰκὼν τῆς αἰσθητικότητος τῶν λαῶν· αὕτη διατυποῖ τὴν γλῶσσαν τῆς καρδίας καὶ εὑρίσκεται στενῶς συνδεδεμένη μετὰ τοῦ ἔθνους, οὕτινος τὰ ψυχικὰ αἰσθήματα διερμηνεύει*». Κατ' αυτόν τον τρόπο, «*ἡ Ἀσιανὴ Μουσικὴ δονεῖ τὰς ἴνας τῆς καρδίας τοῦ Ἀσιανοῦ ἐνῷ ἡ Εὐρωπαϊκὴ λαλεῖ γλῶσσαν καταληπτὴν εἰς τὴν καρδίαν τοῦ Εὐρωπαίου· ἑκατέρου τὸ οὖς νηπιόθεν ἐσυνείθισε νὰ ἀκροᾶται τὴν μουσικὴν ἐκείνην, καὶ ἡ καρδία νὰ τέρπηται εἰς τοὺς ἤχους αὐτῆς· ἓν ᾆσμα οἱονδήποτε καὶ τῶν δύο εἰδῶν τῆς Μουσικῆς ἐξεγείρει εἰς τὴν καρδίαν ἑκατέρου γλυκερὰς ἀναμνήσεις, ἀναπτεροῖ τὴν φαντασίαν καὶ ἀνακαλεῖ εἰς τὴν μνήμην τόπους προσφιλεῖς καὶ πρόσωπα ἀγαπητὰ*». Ό. π, σ. 300.

του αυτής παραθέτει αποσπάσματα προερχόμενα από την αρχαιοελληνική γραμματεία με αντικείμενο την έννοια της «συμφωνίας»[200]. Πιο συγκεκριμένα, ως θεμελιωτή του αρμονικού είδους αναγνωρίζει τον Αριστόξενο, ο οποίος σε αντίθεση με τον Πυθαγόρα που επιδόθηκε στην μελέτη και ανάπτυξη του μονόφωνου είδους, δημιούργησε ξεχωριστή «σχολή» με πιστούς μάλιστα υποστηρικτές, τους λεγόμενους «αρμονικούς». Σύμφωνα με αυτήν την μαρτυρία, ο Μισαηλίδης πιστεύει πως θα μπορούσε κανείς να υποστηρίξει ότι το εν χρήσει ευρωπαϊκό μουσικό είδος δεν είναι τίποτε άλλο παρά η εξέλιξη και περαιτέρω ανάπτυξη του Αριστοξενικού αρμονικού συστήματος, ενώ το εκκλησιαστικό μέλος είναι επίγονος του Πυθαγόρειου μονοτονικού.

Ο Μισαηλίδης ωστόσο, δεν αρκείται απλά στην ιστορική τεκμηρίωση των θέσεών του, αλλά προχωράει και σε μια πλέον ενδελεχή σύνδεση των ιδιαίτερων δομικών χαρακτηριστικών της Ευρωπαϊκής μουσικής με εκείνα που εντοπίζονται στο αρχαιοελληνικό μουσικό σύστημα. Πιο συγκεκριμένα, ενισχύει την πεποίθησή του αναφορικά με την προέλευση της Ευρωπαϊκής μουσικής από τον κόσμο της αρχαιότητας, μεταξύ άλλων, και μέσω της πλήρους ταύτισης των ρυθμικών σχημάτων της Δύσης με τους αντίστοιχους ρυθμικούς πόδες που μαρτυρούνται στα κείμενα των αρχαίων Ελλήνων μουσικοφιλοσόφων. Έτσι, βάσει αυτού του σκεπτικού, ταυτίζει τον Προκελευσματικόν πόδα, Ο Ι., με το αντίστοιχο ρυθμικό σχήμα των Ευρωπαίων, pari tempo di due quarti, τον Ίαμβον πόδα, Ο Ι Ι, ή U-, με το dispari tempo di tre quarti, και με ανάλογο τρόπο τον διπλούν Προκελευσματικόν, Ο Ο Ι Ι., με το pari tempo ordinario της Δυτικής μουσικής[201].

Στη συνέχεια, ο Μισαηλίδης ενισχύει τον απολογητικό του λόγο προσπαθώντας να διασκεδάσει την γενικότερη υπέρ της Ευρωπαϊκής μουσικής μεροληπτική στάση, που κυριαρχεί σε κύκλους λογίων και ανθρώπων του πνεύματος κατ' αυτήν την εποχή, τονίζοντας ότι, δεν είναι δυνατό να τεθεί ζήτημα ανωτερότητας της Ευρωπαϊκής μουσικής σε σχέση με την αντίστοιχη ανατολική, μιας και οι δύο προέρχονται από την ίδια πηγή και αποτελούν «*κλάδους τοῦ ἰδίου δένδρου*». Έτσι, η Ευρωπαϊκή μουσική, εκπροσωπώντας το αρμονικό είδος της μουσικής, δηλαδή τον έναν

---

200 Πιο συγκεκριμένα, καταφεύγει σε ρήσεις αρχαίων μουσικοφιλοσόφων, όπως των Ευκλείδη, Αριστόξενου, Γαυδέντιου, Πλούταρχου και Πυθαγορικού Νικομάχου, με σκοπό να τεκμηριώσει την ύπαρξη του αρμονικού είδους στο αρχαιοελληνικό μουσικό σύστημα. Ουσιαστικά πρόκειται για ορισμούς του φαινομένου της «συμφωνίας», μεταξύ των οποίων, ως πλέον χαρακτηριστικές θα μπορούσε κανείς να αξιολογήσει εκείνες του Γαυδέντιου και του Πλούταρχου. Έτσι, σύμφωνα με τον πρώτο, «*συμφωνία ἐστὶν ὅταν ἐν τῇ προφορᾷ δύο φθόγγων παρεμφαίνεται κρᾶσις καὶ ἑνότης αὐτῶν*». Κατά δε τον Πλούταρχο, «*συμφωνία ἐστὶν ὅταν αἱ χορδαὶ κἂν ὁμοῦ κρούονται κἂν ἐναλλὰξ ἡδέως τὴν συνήχησιν προσίεται ἡ αἴσθησις*». Ο. π., σ. 300-301.
201 Ο. π., σ. 302.

κλάδο του σύνολου μουσικού πολιτισμού, δεν δύναται να διεκδικήσει το προνόμιο της αποκλειστικότητας ή πολύ περισσότερο της τελειότητας[202]. Επιπλέον, καταφεύγει σε ένα μάλλον ιδεολογικά φορτισμένο συλλογισμό, καθώς διατείνεται, πως η ανεπάρκεια της Ευρωπαϊκής μουσικής διαφαίνεται και όσον αφορά στο ζήτημα της διαίρεσης της κλίμακας, καθώς σε αντίθεση με την ανατολική μουσική, στην κλίμακα της οποίας εμπεριέχονται τρεις μείζονες, δύο ελάσσονες και δύο ελάχιστοι τόνοι, στη δυτική μουσική μπορεί να γίνει αποδεκτή η ύπαρξη μόνο πέντε μείζονων και δύο ελάχιστων τόνων. Άλλωστε, κατά τον ίδιο, η διαίρεση του τόνου στην ανατολική μουσική είναι πλέον λεπτομερής, καθώς πέρα από το ημιτόνιο του διατονικού γένους το οποίο αποδέχονται οι Ευρωπαίοι, η κατάτμηση του τόνου είναι εφικτή τόσο κατά τριτημόρια όσο και κατά τεταρτημόρια[203]. Παρόλ' αυτά, τονίζει εμφατικά πως, το γεγονός της αποδοχής εκ μέρους της Δύσης μόνο δύο ειδών διαστημάτων, δε συνεπάγεται και την άγνοια των υπολοίπων, αλλά αντίθετα, δηλώνει την εκούσια προτίμηση του Ευρωπαϊκού μουσικού πολιτισμού στην μη υιοθέτηση των μικροδιαστημάτων, για χάρη του ύφους και του χαρακτήρα που επιδιώκεται να προκύψει από την αρμονική-πολυφωνική πρακτική[204].

Στο κείμενο αυτό ο Μισαηλίδης αναπτύσσει και το προσφιλές για τον ίδιο θέμα της καταγωγής της Εκκλησιαστικής μουσικής, ζήτημα στο οποίο θα επανέλθει κατ' επανάληψιν, εμμένοντας με συνέπεια στο βασικό πυρήνα του συλλογισμού του κατά την μακρά περίοδο της αρθρογραφικής του δράσης[205]. Ουσιαστικά πρόκειται για μια ιστορικού τύπου επιχειρη-

---

202 Ο. π., «[...] ή άρμονική οὖσα τὸ ἥμισυ τῆς καθόλου Μουσικῆς, δηλαδὴ ὁ εἷς τῶν κλάδων της, λογικῶς δὲν δύναται νὰ λογισθῇ τελειοτέρα τοῦ ὅλου. Ὅπως αὕτη γίνῃ ἐντελής, προσαπαιτεῖ καὶ τὸ ἕτερον ἥμισυ ἤτοι τὸ μονότονον εἶδος, ὅπως ἐκ τοῦ κερασμοῦ τῶν δύο παραχθῇ τέλειόν τι».
203 Ο. π., σ. 303.
204 Κάτι ανάλογο κατά τον Μισαηλίδη, εφαρμόστηκε και στην αρχαιότητα, καθώς οι «αρμονικοί» προτιμούσαν την χρήση της απλής επτάχορδης λύρας, σε αντίθεση με τους υποστηρικτές του μονότονου είδους, που συνήθιζαν να προσθέτουν επιπλέον χορδές με σκοπό μια πλέον επεξεργασμένη μελική απόδοση. «[...] οἱ μὲν τὴν ἁπλῆν ἁρμονικὴν Μουσικὴν προελόμενοι δὲν ἤθελον πολλὰς χορδὰς καὶ πολλοὺς ἤχους, ἐνῷ οἱ τὴν μονότονον μετερχόμενοι, ἐρευνῶντες καὶ τὰ λεπτότατα ἑκάστης φωνῆς μέρη, ἐφεῦρον καὶ ἄλλας χορδὰς καὶ ἤχους, ἐξ' οὗ δύο μεγάλαι αἱρέσεις ἐν τῇ Μουσικῇ ἐγεννήθησαν». (εννοεί τους «Αρμονικούς» και τους «Πυθαγορικούς»). Ο. π., σ. 303.
205 Στο σημείο αυτό θα πρέπει να σημειωθεί, πως το ζήτημα της ιστορικής προέλευσης της Εκκλησιαστικής μουσικής κάλυψε ένα μεγάλο μέρος των διαλέξεων του Μισαηλίδη στη Λέσχη «Μνημοσύνη» και στη Μεγάλη του Γένους Σχολή τον Ιούλιο του 1879, καθώς επίσης και της ομιλίας του στο Α´ Γυμνάσιο Αθηνών το 1881. Βλ. Μισαηλίδης, «Σωτήρ», Τεύχη Ι΄ καὶ ΙΑ΄, σ. 307-320, 344-349». Επίσης, το κείμενο αυτό του «Μέντορα» αποτέλεσε την πηγή από την οποία αντλεί το περιεχόμενό του το Α´ Κεφάλαιο του Θεωρητικού του Μισαηλίδη, που φέρει τον γενικό τίτλο «Περὶ τῆς καταγωγῆς τῆς καθ' ἡμᾶς Ἐκκλησιαστικῆς ὡς καὶ τῆς Εὐρωπαϊκῆς μουσικῆς». Βλ. Μισαηλίδης, «Νέον Θεωρητικόν...», ο. π., σ. 5-22. Η πασιφανέστατη συνάφεια των δύο αυτών κειμένων ενισχύει την πεποίθηση περί της σπουδαιότητας του δημοσιεύματος του Μισαηλίδη στον «Μέντορα»,

ματολογία με εμφανή αντιρρητική διάθεση, η οποία επιδιώκει να σταθεί στον αντίποδα της μάλλον υποτιμητικής αξιολόγησης της Εκκλησιαστικής μουσικής από περιβάλλοντα διανοουμένων και εκπροσώπων του Διαφωτισμού της περιόδου εκείνης. Η βασικότερη άλλωστε μομφή όλων εκείνων επικεντρώνεται στο ζήτημα της καταγωγής του εκκλησιαστικού μέλους, στο οποίο προσδίδουν άλλοτε εβραϊκή και άλλοτε αραβική καταγωγή. Σύμφωνα με τον Μισαηλίδη, η Εκκλησιαστική μουσική δεν είναι δυνατόν να προέρχεται από την Εβραϊκή λατρευτική μουσική παράδοση, καθώς παρά την «εξ Εβραίων» καταγωγή των πρώτων χριστιανών, η λατρευτική μουσική του Χριστιανισμού συστηματικοποιήθηκε και διαδόθηκε πολλούς αιώνες αργότερα. Έναντι δε στην άποψη περί καταγωγής της Εκκλησιαστικής μουσικής από την αντίστοιχη Αραβική, λόγω της ασιατικής, ως επί το πλείστον, καταγωγής των βασικότερων θεμελιωτών και εκπροσώπων της, ο Μισαηλίδης προβάλλει ως αντικείμενο επιχείρημα το γεγονός της εκ μέρους των κατοχής της ελληνικής παιδείας, μόρφωσης και κουλτούρας. Η πραγματικότητα αυτή τεκμαίρεται άλλωστε, και από το ίδιο το περιεχόμενο του έργου των επιφανέστερων υμνογράφων και μελωδών, το οποίο είναι αποκλειστικά δομημένο βάσει της Ελληνικής γλώσσας, ενώ μορφολογικά είναι εμπλουτισμένο με στοιχεία από την ελληνική μουσική ορολογία, ρυθμοποιία και μετρική[206]. Στις σκέψεις αυτές του Μισαηλίδη εύκολα μπορεί να διακρίνει κανείς την φανερή του διάθεση να αποδεσμεύσει την Εκκλησιαστική μουσική από κάθε ενδεχόμενη υποψία σύνδεσης και ιστορικής προέλευσής της από αντίστοιχες παραδόσεις της Ανατολής, ενώ προς ενίσχυση της θέσης του αυτής, έντονη είναι η σαφώς μονομερής και μάλλον μονοδιάστατα προσανατολιζόμενη διάθεσή του προς την αρχαιοελληνική πραγματικότητα.

Το δεύτερο κείμενο που συντάσσει ο Μισαηλίδης το 1874, δημοσιεύεται στο φιλολογικό περιοδικό της Σμύρνης «Όμηρος», και φέρει τον ενδεικτικό του περιεχομένου του τίτλο, «Περί τῆς ἐν τῇ Ἀνατολικῇ Ὀρθοδόξῳ Ἐκκλησίᾳ εἰσαγωγῆς τῆς τετραφώνου μουσικῆς»[207]. Στο άρθρο αυτό, η θεματολογία του οποίου είναι σε μεγάλο βαθμό κοινή με την αντίστοιχη της διατριβής του στον «Μέντορα», ο Μισαηλίδης θα επαναλάβει την κλασική επιχειρηματολογική του τοποθέτηση αναφορικά με το ζήτημα της προέλευσης της Ευρωπαϊκής μουσικής από τον αρχαιοελληνικό μουσικό

καθώς παρά το γεγονός ότι αποτελεί καρπό της πρώιμης συγγραφικής του δραστηριότητας, θα παρατεθεί μετά από είκοσι οκτώ χρόνια, σχεδόν απαράλλακτο στο Θεωρητικό του, στο πλέον ώριμο δηλαδή και επεξεργασμένο έργο του.
206 Μισαηλίδης, «Σύγκρισις», ο. π., σ. 301-302.
207 «Όμηρος», Μηνιαῖον Περιοδικόν τοῦ ὁμωνύμου φιλεκπαιδευτικοῦ συλλόγου, Τόμος Β΄, σ. 214 κ.ε, ἐν Σμύρνῃ, ἐκ τοῦ Τυπογραφείου ὁ Τύπος, (ἐντός τῆς Εὐαγγελικῆς Σχολῆς, αρ. 8), 1874.

πολιτισμό, καθώς και της εν γένει σχέσης της δυτικής μουσικής με την αντίστοιχη εκκλησιαστική. Ωστόσο, με αφορμή έναν ευρύτερο διάλογο, ο οποίος διεξάγεται κατ' αυτήν την χρονική περίοδο στο χώρο της διανόησης και του πνεύματος, θα επικεντρωθεί περισσότερο στο ζήτημα της ενδεχόμενης αντικατάστασης της μονόφωνης Εκκλησιαστικής μουσικής στη λατρεία από την πολυφωνική Ευρωπαϊκή[208], προσεγγίζοντας το θέμα πέρα από την τεχνική του πλευρά κι από εκείνη της αισθητικής του πτυχής. Πιο συγκεκριμένα, για τον Μισαηλίδη, η εισαγωγή του τετράφωνου μέλους στη λατρεία θα συνέβαλλε μόνο προς «πλείονα τῆς ἀκοῆς εὐχαρίστησιν», ενώ θα αντίκειτο στην γενικότερη κατανυκτική και μυσταγωγική διάθεση, στην δημιουργία της οποίας καλείται να συνεισφέρει η λατρευτική μουσική. Έτσι, κατά τον ίδιο, το ενδεχόμενο της αποδοχής στην λατρευτική ζωή της Εκκλησίας του πολυφωνικού είδους, δεν θα συνέβαλε κάτι το ουσιαστικό, καθώς θα αποτελούσε απλώς και μόνο μια ασύμβατη με την ησυχαστική ατμόσφαιρα της λειτουργικής ζωής καινοτομία, με διάφορο ήθος, χαρακτήρα, αλλά και αισθητικό περιεχόμενο.

Ωστόσο, δεν παραλείπει να τονίσει, πως η γενικότερη δυσαρέσκεια που κυριαρχεί στην εποχή του, αναφορικά με την μονόφωνη Εκκλησιαστική μουσική, είναι εν πολλοίς δικαιολογημένη και θεμιτή, καθώς είναι αναντίρρητο το γεγονός της εμφανούς φθίσης στην ποιότητα της εκτελεστικής απόδοσης του εκκλησιαστικού μέλους στη λατρεία. Μια τέτοια όμως δυσάρεστη πραγματικότητα, δεν θα πρέπει να χρησιμοποιηθεί ως αποδεικτικό στοιχείο, με σκοπό την κατάδειξη της εκφραστικής και καλλιτεχνικής ανεπάρκειας της Εκκλησιαστικής μουσικής, αφού δεν αποτελεί αντικειμενικό αντικατοπτρισμό του βαθύτερου περιεχομένου της, αλλά αντίθετα, λογικό παρεπόμενο της ευρύτερης έλλειψης μέριμνας και φροντίδας, αναφορικά με την παίδευση και το μορφωτικό επίπεδο των ψαλτών[209]. Ο Μισαηλίδης

---

[208] Χαρακτηριστικό γεγονός της όλης κινητικότητας αναφορικά με το ζήτημα, αποτελεί μία διάλεξη του Ισίδωρου Σκυλίτση στο Βαρβάκειο το 1874, με ακροατήριο τα μέλη του συλλόγου «Βύρων», στα πλαίσια της οποίας προτείνει την εγκατάλειψη της Εκκλησιαστικής μουσικής και την αντικατάστασή της από την Ευρωπαϊκή πολυφωνική. Κεντρικό επιχείρημά του είναι, ότι η πολυφωνία αποτελεί γνήσια «θυγατέρα» της αρχαίας ελληνικής μουσικής, ενώ η βυζαντινή μουσική δεν είναι παρά ένα βάρβαρο συνονθύλευμα ιουδαϊκών, αραβικών και τουρκικών δανείων. Η εκδήλωση αυτή περιγράφεται και σχολιάζεται εκτενώς σε ένα δημοσίευμα της «Εφημερίδος», 12 Ιουνίου 1874, με τίτλο «Περί Εκκλησιαστικής μουσικής», το οποίο συντάσσει κάποιος εκ των ακροατών, με σαφή αρνητική τοποθέτηση στις απόψεις του Σκυλίτση. Εκείνο όμως το οποίο έχει ενδιαφέρον είναι το γεγονός, ότι η «Εφημερίς» θέλοντας να τοποθετηθεί κριτικά στις απόψεις του Σκυλίτση, έξι μέρες αργότερα θα αναδημοσιεύσει το κείμενο του Μισαηλίδη από τον «Ομηρο». Βλ. Χατζηπανταζής, ο. π., σ. 38-39. Τέλος, θα πρέπει να υπενθυμίσει κανείς, ότι ο Μισαηλίδης θα αφιερώσει μεγάλο μέρος των διαλέξεών του στην Αθήνα το 1881, στο όλο ζήτημα, ενώ δεν θα πρέπει να θεωρηθεί ως τυχαία η παρουσία του Ισίδωρου Σκυλίτση στο ακροατήριό του. Βλ. «Φόρμιγξ», αρ. 5, 15 Μαρτίου 1903.
[209] Βλ. επίσης, Παπαδόπουλος, «Συμβολαί...», ο.π, σ. 533-535.

κλείνει τον λόγο του σχετικά με τη δυνατότητα εισαγωγής της τετραφώνου μουσικής στη λατρεία, προτείνοντας ορισμένα μέτρα και τονίζοντας παράλληλα, όπως άλλωστε και σε κάθε ευκαιρία[210], την ανάγκη μέριμνας και φροντίδας με σκοπό την αναβάθμιση και ανάδειξη της Εκκλησιαστικής μουσικής. Έτσι, θεωρεί ως ζήτημα εθνικής σημασίας την ίδρυση μουσικών σχολών και συλλόγων, ικανών να συμβάλλουν στην παίδευση ιεροψαλτών και κληρικών, τη σύσταση μουσικών χορών αποτελούμενων από έμπειρα και εκπαιδευμένα μέλη, καθώς και τη μέριμνα με σκοπό την επαρκή μισθοδοσία και οικονομική ενίσχυση των ιεροψαλτών.

Κλείνοντας, θα πρέπει κανείς να τονίσει, πως τα δύο αυτά κείμενα οφείλουν τη σημαντικότητά τους τόσο στο περιεχόμενο όσο και στην θέση που κατέχουν στο ευρύτερο ιστορικό σχήμα του 19ου αιώνα, καθώς λαμβάνουν την αφορμή της σύνταξής τους από τον κυρίαρχο στους κύκλους των διανοούμενων και λογίων της εποχής, ιδεολογικό προβληματισμό, αναφορικά με την ενδεχόμενη εισαγωγή της ευρωπαϊκής μουσικής στη λατρεία[211]. Ο Μισαηλίδης λοιπόν, αναπτύσσει τον συλλογισμό του διατηρώντας μια μάλλον ψύχραιμη στάση όσον αφορά στο περιεχόμενο και στον χαρακτήρα του πολυφωνικού είδους[212], καθώς, αφ' ενός μεν επιχειρηθεί να αποφορτίσει το ευρύτερο περιβάλλον από την ακραία ιδεοληπτική μονομέρεια των υποστηρικτών της δυτικής μουσικής, αφ' ετέρου δε στοχεύει στον καθησυχασμό όλων εκείνων που αντιμετωπίζουν το όλο ζήτημα αντιδρώντας μάλλον σπασμωδικά, με πνεύμα καχύποπτο και παράλληλα φοβικό. Έτσι, εντοπίζοντας τις απαρχές του δυτικού μουσικού πολιτισμού στο αρχαιοελληνικό μουσικό σύστημα, κατ' αρχάς απομυθοποιεί τη μορφολογική του σύσταση και στη συνέχεια ακυρώνει την ιστο-

---
210 Βλ. Μισαηλίδης, «Νέον Θεωρητικόν...», ο.π., σ. 18-22, επίσης του ιδίου, «Σωτήρ», ο.π., σ. 316-317, «Μέντωρ», ο.π., σ. 304.
211 Στο ζήτημα αυτό ο Μισαηλίδης θα επανέλθει το 1883, μέσω δημοσιευμάτων του στην «Αμάλθεια», απαντώντας ουσιαστικά στις απόψεις του Αθηναίου μουσικολόγου και ένθερμου υποστηρικτή της πολυφωνικής μουσικής Ιωάννου Τζέτζη. Βλ. «Αμάλθεια Σμύρνης», Έτος ΜΖ΄, 1883, αριθ. 3164, 3173, 3175.
212 Αυτή η μετριοπαθής στάση του Μισαηλίδη θα συμβάλλει έστω και έμμεσα στη σταδιακή καθιέρωση εκ μέρους των επιγόνων του, της πολυφωνικής μουσικής στη λατρευτική ζωή της Σμύρνης, στις αρχές του 20ού αιώνα. Άλλωστε, οι τετράφωνες λειτουργικές του συνθέσεις, σύντομα θα γνωρίσουν μεγάλη απήχηση στην ευρύτερη περιοχή, και θα καθιερωθούν στο εν χρήσει τοπικό ρεπερτόριο. Επίσης, εντύπωση προκαλούν και κάποιες αρκετά ριζοσπαστικές, ακόμα και για τα σημερινά δεδομένα, απόψεις του Μισαηλίδη, που δεν θα διστάσει να εκφράσει δημόσια, και αφορούν στην εισαγωγή «μονόφωνου» -βοηθητικού οργάνου στη λατρεία. Πιο συγκεκριμένα, στο Θεωρητικό του αναφέρει, πως *«άπαραίτητον κατέστη τὴν σήμερον νὰ εἰσαχθῇ διὰ ἰσοκρατίαν μονόφωνόν τι ὄργανον, ὅπερ μόνον νὰ ἰσοκρατῇ, οὐχὶ δὲ νὰ συμβαδίζῃ. [...] Ἂν κατὰ θέλησιν τῆς Μεγάλης Ἐκκλησίας εἰσήγετο μονόφωνόν τι, ὡς εἴπομεν, ὄργανον μιᾶς μόνον ἰσοκρατικῆς φωνῆς σταθερᾶς μέν, ἀλλ' οὐχὶ θορυβώδους καὶ πολυτόνου, ἡ φωνή, δι' ἧς ἕκαστον μέλος μέλπεται, θὰ καθίστατο ἁρμονικὴ καὶ λίαν βοηθητικὴ καὶ πολλαὶ παραφωνίαι θὰ ἐξέλιπον».* Βλ. Μισαηλίδης, «Νέον Θεωρητικόν...», ο. π., σ. 115-116.

ρική του αυτοτέλεια, χωρίς ωστόσο να αγνοεί τον αναντίρρητο πλούτο και την ξεχωριστή εκφραστική και δομική του ποικιλομορφία. Τέλος, θα πρέπει κανείς να επισημάνει, πως η πάγια μεθοδολογική τεχνική του Μισαηλίδη αναζήτησης της ιστορικής προέλευσης των σύγχρονων με τον ίδιο πολιτισμικών μεγεθών στον χώρο της αρχαιότητας, δεν θα πρέπει να αξιολογηθεί ανεξάρτητα από την ευρύτερα ακολουθούμενη στα τέλη του 19ου αιώνα Ρομαντική πρακτική, της ενοποιημένης χωροχρονικά και μορφολογικά ερμηνείας της εξελικτικής πορείας των εκάστοτε ιστορικών και πολιτισμικών συνόλων.

Η Εκκλησιαστική μουσική της Σμύρνης (1800-1922)

Κεφάλαιο β'

Η συμβολή του Μισαήλ Μισαηλίδη στον «περί διαιρέσεως της κλίμακος» μουσικολογικό διάλογο

Ένα από τα πλέον κρίσιμα θεωρητικά ζητήματα, τα οποία θα τεθούν προς συζήτηση κατά τις τελευταίες δεκαετίες του 19ου αιώνα, θα είναι εκείνο του καθορισμού της διαίρεσης της κλίμακας, και κατ' επέκταση των ειδών κατάτμησης του τόνου. Η μάλλον ελλιπής προσέγγιση του θέματος κατά την περίοδο της μεταρρύθμισης, καθώς και η φανερή ανεπάρκεια των μεταγενέστερων θεωρητικών να συμβάλλουν στη διασαφήνιση του όλου ζητήματος, θα σταθούν η αφορμή ώστε ο προβληματισμός αναφορικά με τη διαστηματική σύσταση της κλίμακας να επανέλθει στο προσκήνιο, εγείροντας παράλληλα έναν πραγματικά ευρύ και έντονο διάλογο στα πλαίσια του μουσικού περιβάλλοντος της εποχής. Σ' αυτήν τη διαδικασία θα εμπλακούν επιφανείς προσωπικότητες, οι οποίες εκθέτοντας τις απόψεις τους, δεν θα τοποθετηθούν απλά και μόνο σε σχέση με ένα αμιγώς θεωρητικό ζήτημα, αλλά έστω και με έμμεσο τρόπο, θα δηλώσουν και τη διάθεσή τους για μια ενδεχόμενη αναθεωρητικού χαρακτήρα επαναπροσέγγιση του ίδιου του μεταρρυθμιστικού συστήματος.

Μεταξύ εκείνων που θα πρωταγωνιστήσουν κατ' αυτήν την χρονική περίοδο, θα είναι και ο Μισαήλ Μισαηλίδης, ο οποίος τόσο μέσω των δημοσιευμάτων του, όσο και μέσω των διαλέξεών του σε Κωνσταντινούπολη και Αθήνα, θα θέσει εκ νέου επί τάπητος το ζήτημα του καθορισμού της διαστηματικής διαίρεσης της κλίμακας, εγκαινιάζοντας κατ' αυτόν τον τρόπο έναν μουσικολογικό διάλογο, ο οποίος θα οδηγήσει τα πράγματα έως τη σύσταση της Επιτροπής του 1881 και την πλήρη επίληψη του προβλήματος εκ μέρους της επίσημης διοίκησης του Πατριαρχείου. Ο Μισαηλίδης θα εκθέσει δημόσια τις απόψεις του για πρώτη φορά, μέσω άρθρου του με τίτλο «Περί διαστημάτων» στην εφημερίδα «Εποχή» το 1875[213], καλώντας παράλληλα τους συναδέλφους του να τοποθετηθούν επί του θέματος μέσω του Τύπου[214]. Στο κείμενο αυτό υπό μορφή δέκα τριών ερωτήσεων-αποριών, θα εκφράσει τις ενστάσεις του αναφορικά με τα χρήζοντα διασαφήνισης θεωρητικά ζητήματα, που ανακύπτουν λόγω της έλλειψης επαρκούς τεκμηρίωσης της διαστηματικής σύνθεσης των εκάστοτε ήχων. Σημαντικό, ωστόσο, γεγονός για την τελική έκβαση των πραγμάτων, θα πρέπει να θεωρηθεί εκείνο της μετάβασής του στην Κωνσταντινούπολη τον Ιούλιο του 1879, καθώς μέσω δύο εκτενών διαλέξεών του, αρχικά στη Λέσχη «Μνημοσύνη» και έπειτα στη «Μεγάλη του Γένους Σχολή», θα έχει την ευκαιρία να παρουσιάσει τις απόψεις του και επιπλέον να επιχειρήσει να τις αποδείξει, μεταξύ άλλων, και μέσω έμπρακτων πειραμάτων. Ενδεικτικό της κρισιμότητας με την οποία αξιολογείται κατά την εποχή αυτή το ζήτημα της επανεξέτασης του τρόπου διαίρεσης της κλίμακας, είναι το γεγονός ότι αυτή η συγκεκριμένη θεματική καλύπτει το μεγαλύτερο μέρος του περιεχομένου των διαλέξεων του Μισαηλίδη στην Πόλη. Επιπλέον, το προσωπικό ενδιαφέρον του Ιωακείμ του Γ΄ για το όλο ζήτημα, θα εκφρασθεί μέσω της αίτησής του για κατ' ιδίαν παρουσίαση της περί κλίμακας απόδειξης του Μισαηλίδη στον ίδιο, καθώς και μέσω της χορήγησης ειδικής συστατικής επιστολής με παραλήπτη των Αθηνών Προκόπιο, με σκοπό την παρουσίαση της διάλεξης και έναντι του Αθηναϊκού κοινού[215]. Βάσει αυτών των γεγονότων, εύκολα κανείς μπορεί να αντιληφθεί τη σημαντικότητα της επανακίνησης του ζητήματος της διαίρεσης της κλίμακας από τον Μισαηλίδη, αφού λίγους μήνες αργότερα θα συστα-

---

213 Βλ. «Εποχή», Έτος Α΄, 28 Ιουλίου και 9 Αυγούστου 1875, αριθ. 92. Το περιεχόμενο του κειμένου αυτού θα παρουσιασθεί εκ νέου με τρόπο περιληπτικό στις απαντητικές προς Μ. Μισαηλίδην επιστολές, των Φ. Ξανθίδου, Ι. Γιαλουσάκη, Ι. Αγαθαγγέλου και Ι. Οικονομίδου, στην εφημερίδα «Αρμονία» της Σμύρνης τον Αύγουστο και Σεπτέμβριο του 1891. Βλ. «Ζήτημα Εκκλησιαστικής μουσικής», Αρμονία, Σμύρνη, Έτος ΙΑ΄, αρ. 2437, 2447, 2454.
214 Στις θέσεις αυτές του Μισαηλίδη, πρώτος φαίνεται να απάντησε μέσω του «Νεολόγου Κωνσταντινουπόλεως», ο Στέφανος Μωϋσιάδης ο Βυζάντιος, τον Αύγουστο του 1876. Βλ. «Νεολόγος», αρ. 2277. Επίσης, βλ. Παπαδόπουλος, «Συμβολαί...», ο.π., σ. 448, όπου και σχετική αναφορά. Εντύπωση μάλιστα, προκαλεί το γεγονός, πως ο Μισαηλίδης είχε θέσει και έπαθλο 100 οθωμανικών μετζιτίων για εκείνον που θα μπορούσε να λύσει τις μουσικολογικές απορίες που είχε εκθέσει μέσω του άρθρου του στην «Εποχή».
215 Βλ. Μέρος Β΄,κεφ. γ΄ της παρούσας εργασίας, όπου και αναλυτική παρουσίαση του ιστορικού χρονικού αυτής της περιόδου.

θεί ειδική επιτροπή, με την προσωπική μάλιστα μέριμνα του Πατριάρχη, η οποία και θα επιληφθεί του όλου προβλήματος, εργαζόμενη τουλάχιστον επί μια πενταετία με σκοπό την επίτευξη μιας όσο το δυνατόν αναθεωρημένης απόδοσης των θέσεων των μεταρρυθμιστών.

Οι απόψεις που θα εκφράσει ο Μισαηλίδης κατά τις παρουσιάσεις του στην Πόλη, θα σταθούν η αφορμή ώστε να διεξαχθεί ένας ευρύς μουσικολογικός διάλογος με θέμα τη διαίρεση της κλίμακας, μέσω άρθρων τα οποία θα δημοσιευθούν στην εφημερίδα «Νεολόγος» τον Αύγουστο και Σεπτέμβριο του 1879, από τον Παναγιώτη Κηλτζανίδη[216]. Ο Μισαηλίδης υπό τη μορφή «απαντητικών» επιστολών που θα συντάξει και ο ίδιος στο «Νεολόγο»[217], θα τοποθετηθεί επί του θέματος, ενώ σχεδόν έναν χρόνο αργότερα θα εκθέσει συνολικά τον επιχειρηματικό του λόγο στην «Αμάλθεια» της Σμύρνης, με στόχο να αντικρούσει τις ενστάσεις του Κηλτζανίδη[218]. Προτού όμως, παρουσιασθεί το περιεχόμενο αυτών των επιστολών και επιχειρηθεί κάποια κριτική προσέγγιση αναφορικά με το θέμα της διαστηματικής κατάτμησης της κλίμακας, μεθοδολογικά θα ήταν πλέον δόκιμο να παρουσιασθεί, έστω και εν συντομία, ο σύνολος θεωρητικός στοχασμός του Μισαηλίδη, όπως αυτός εντοπίζεται τόσο στα κείμενα της πρώιμης συγγραφικής του περιόδου, όσο και στην ολοκληρωμένη ανάπτυξη του ζητήματος, που θα περιλάβει στο Θεωρητικό του το 1902.

Ο βασικός μουσικολογικός προβληματισμός του Μισαηλίδη αφορμάται, κατά κύριο λόγο, από την αδυναμία των μεταρρυθμιστών Δασκάλων να ορίσουν με ακρίβεια τον τρόπο διαίρεσης της Διαπασωνικής κλίμακας. Έτσι, ενώ αποδέχονται την κατάτμηση του μείζονος τόνου σε 12 δωδεκατημόρια, ακολουθώντας την Ευκλείδεια θεώρηση, παραδόξως ορίζουν την Διαπασών ως αποτελούμενη από 68 και όχι από 72, όπως θα όφειλαν να αποδεχθούν, τμήματα. Η ασάφεια αυτή ενισχύεται επιπλέον, καθώς οι μεταρρυθμιστές, παρόλο που αναγνωρίζουν την δυνατότητα διαίρεσης του τόνου σε τριτημόρια (αξία τεσσάρων τμημάτων), και σε τεταρτημόρια (αξία τριών τμημάτων), ορίζουν το ημιτόνιο δίδοντάς του αξία 7 τμημάτων, τον δε ελάσσονα τόνο 9, χωρίς μάλιστα να παραθέτουν επαρκή αποδεικτικά-πειραματικά στοιχεία. Ο Μισαηλίδης πιστεύει, πως αν ο ορισμός

---
216 Βλ. «Διατριβαί περί τῆς Ἑλληνικῆς Ἐκκλησιαστικῆς Μουσικῆς ὑπὸ Π. Γ. Κηλτζανίδου, Προυσαέως, εἰς ἀπάντησιν τῶν ἐπισυνημμένων διατριβῶν τῶν κυρίων Εὐστρατίου Παπαδοπούλου, Μισαὴλ Μισαηλίδου καὶ Δημητρίου Πασπαλλῆ. Προστίθενται δ' ἐν τέλει καὶ αἱ τῆς Μ. Πρωτοσυγκελίας πρὸς τοὺς ἱεροψάλτας ἐγκύκλιοι, ἐν Κωνσταντινουπόλει. Τύποις Ἀ ν α τ ο λ ι κ ο ῦ Ἀ σ τ έ ρ ο ς 1879 ».
217 Βλ. «Νεολόγος», φυλ. 27ης Σεπτεμβρίου 1879, αρ. 3191.
218 Βλ. «Περὶ Ἐκκλησιαστικῆς μουσικῆς, ἀνταπάντησις τοῦ ἐν Σμύρνῃ κ. Μ. Μισαηλίδου πρὸς τὸν ἐν Κωνσταντινουπόλει κ. Χ. Π. Γ. Κηλτζανίδην. «Ἀμάλθεια», ἐν Σμύρνῃ, ἔτος ΜΖ΄, 1880, ἀριθ. 2670, 2671, 2672».

του ημιτονίου σε 7 τμήματα δόθηκε μετά από την προσθήκη ενός επί πλέον τμήματος στον μαθηματικό λόγο που θα έπρεπε να ορίζει το ημιτόνιο ως αποτελούμενο από δύο τεταρτημόρια, τότε κατά ανάλογο τρόπο, θα έπρεπε να αναγνωρισθεί αξία 10 ½ και όχι 9 τμημάτων στον ελάσσονα τόνο ως συγκείμενο από τρία τεταρτημόρια[219]. Στο σημείο αυτό εντοπίζει μια φανερή μεθοδολογική ασυνέπεια εκ μέρους των Δασκάλων, αφού ενώ δεν ακολουθούν, και σωστά κατά τον Μισαηλίδη, την απόλυτη αριθμητική αναλογία για τον ορισμό του ημιτονίου αλλά την κατά μήκος της χορδής αξία του, δεν κάνουν το ίδιο και στην περίπτωση του «μεσάζωντος» του μείζονος τόνου και του ημιτονίου, δηλαδή του ελάσσονος, με την παραδοχή εκ μέρους τους των 9 τμημάτων. Σε αυτήν την παρανόηση οφείλεται, κατά τον ίδιο, ο κατά 2 τμήματα ελλιπής ορισμός του «διατεσσάρων» από τους Δασκάλους, και κατά συνέπεια η κατά 4 τμήματα υπολειπομένη σύσταση της Διαπασωνικής κλίμακας. Ο Μισαηλίδης λοιπόν, αποδίδει τον ελλιπή καθορισμό της διαστηματικής κατάτμησης της κλίμακας εκ μέρους των Δασκάλων, στον κατά δύο τμήματα υπολειπόμενο υπολογισμό του ελάσσονος τόνου, ο οποίος και περιέχεται σε κάθε ένα από τα δύο τετράχορδα της φυσικής κλίμακας[220].

Αυτό όμως το οποίο απαραίτητα θα πρέπει να τονιστεί είναι το γεγονός, πως ο Μισαηλίδης τόσο κατά την περίοδο της αρθρογραφικής του δραστηριότητας τη δεκαετία 1870, όσο και μετά τις αναθεωρητικές κινήσεις της Επιτροπής του 1881, παραμένει πιστός στη μεταρρυθμιστική παραδοχή της ύπαρξης τριών ειδών τονικών διαστημάτων, δηλαδή του μείζονος τόνου των 12 τμ., του ελάσσονος των 11 τμ., και του ελάχιστου των 7 τμ. Στο σημείο αυτό, εκτός φυσικά από την τροποποίηση που προτείνει όσον αφορά στον ελάσσονα τόνο από 9 σε 11 τμ., παρατηρεί κανείς, κατ' αρχάς την αποδοχή της επί της χορδής ανισομερούς κατάτμησης του τόνου κατά την παραγωγή του ημιτονίου[221], και κατά δεύτερο λόγο, την

---

[219] Βλ. Μισαηλίδης, «Νέον Θεωρητικόν...», ο.π., σ. 23.
[220] Ο.π.
[221] Για την «κατά μήκος της χορδής αληθή αξία» του ημιτονίου ο Μισαηλίδης κάνει λόγο στο Θεωρητικό του, στηριζόμενος και επί αυτού του θέματος στις απόψεις των αρχαίων Ελλήνων, και πιο συγκεκριμένα σε εκείνες του Γαυδέντιου και του Ευκλείδη. Έτσι, σύμφωνα με τον πρώτο, «τὸ ἡμιτόνιον οὐκ ἔστιν ἀκριβῶς ἡμιτόνιον», ενώ κατά τον Ευκλείδη, «οὐκ ἂν διαιρεθήσεται ὁ τόνος εἰς ἴσα». Ο Μισαηλίδης είναι αρκετά σαφής κατά την ανάπτυξη του συγκεκριμένου αυτού ζητήματος, καθώς αναφέρει, πως ο λόγος που το ημιτόνιο έχει αξία μείζονα της κατ' αριθμητικήν αναλογίαν διαιρέσης του, οφείλεται στην βαθμιαία ελάττωση του μήκους των τόνων, [...] «ὅσῳ τὸ μῆκος τῆς χορδῆς βαίνει σμικρυνόμενον πρὸς τὸν ἐπὶ τοῦ σκάφους τοῦ ὀργάνου ζυγὸν εἰς τὸ τέλος τῆς χορδῆς. Ἡ ἐλάττωσις ὅμως αὕτη δὲν εἶνε κατὰ φωνήν, ἀλλὰ κατὰ μῆκος μόνον, καὶ ὡς ἐκ τούτου συσφίγγονται βαθμηδὸν ὅλα τὰ τονικὰ διαστήματα ἐπὶ τοῦ ὀργάνου». Βλ. ό.π., σ. 75, καθώς και Β΄ Μέρος, σ. 33-34. Επίσης σχετικά με το ζήτημα αυτό, ενδιαφέρουσες είναι οι απόψεις του Κυριακού Φιλοξένους, ο οποίος τονίζει εμφατικά την ανάγκη αποδοχής της ανισομερούς κατάτμησης του τόνου σε λήμμα και σε αποτομή, δηλαδή . Βλ. «Λεξικόν τῆς Ἑλληνικῆς Ἐκκλησια-

κλασική, για τα προγενέστερα της Επιτροπής του 1881 θεωρητικά, ταύτιση του ελαχίστου τόνου με το ημιτόνιο[222]. Έτσι, ο ελάχιστος τόνος των 7 τμ. που περιλαμβάνει στην φυσική κλίμακα δεν θα πρέπει να ερμηνευθεί ως ο αντίστοιχος ελάχιστος τόνος των 8 τμ. που συναντά κανείς στα σύγχρονα θεωρητικά, αλλά θα πρέπει να εκληφθεί ως το ένα από τα δύο μέρη του ανισομερώς και όχι κατ' απόλυτη αριθμητική αναλογία κατατμηθέντος, μείζονος τόνου[223]. Άρα, αν επιχειρούσε κανείς να αποδώσει σχηματικά την ιστορική πορεία της όλης προσέγγισης θα σημείωνε, πως:

σύμφωνα με:	μείζων τόνος	ελάσσων	ελάχιστος	Διαπασών
Χρύσανθο 1814	12 τμ.	9 τμ.	7 τμ.	68 τμ.
Μισαηλίδη 1875-1902	12 τμ.	11 τμ.	7 τμ.	72 τμ.
Επιτροπή 1881	12 τμ.	10 τμ.	8 τμ.	72 τμ.

Σ' αυτό το σχήμα θα πρέπει να επισημανθεί εκ νέου η ταύτιση από τους δύο πρώτους θεωρητικούς του ελαχίστου τόνου με το ημιτόνιο, καθώς και η κατ' απόλυτα μαθηματικό-συγκερασμένο τρόπο παραδοχή της κατάτμησης του τόνου σε δύο ίσα μέρη (6 τμ.- 6 τμ.) κατά την παραγωγή του ημιτονίου, και άρα της διαφοροποίησής του από τον ελάχιστο τόνο, εκ μέρους της Επιτροπής του 1881.

Αναφορικά δε με την αξία της πλήρους Διαπασών, ο Μισαηλίδης αμφισβητεί έντονα την πεποίθηση του Χρυσάνθου περί διαίρεσης της κλίμακας σε 68 τμ., εμμένοντας σταθερός στην αρχαιοελληνική προσέγγιση του ζητήματος και ειδικά στην Πυθαγόρειο αποδεικτική τεχνική περί κατάτμησης της κλίμακας σε 72 ίσα μέρη. Σύμφωνα με αυτήν την τεχνική, η χορδή δύναται να τμηθεί σε 108 ανάλογα τμήματα και στη συνέχεια «καθ' ημιό-

λιον διαίρεσιν», ανά $\frac{36}{108}$, να χωρισθεί σε τρία ίσα μέρη των 36 τμ., εκ των οποίων δύναται να υπολογισθεί η διαστηματική αξία της διαπασών, μέσω της ένωσης των δύο τρίτων του συνολικού μήκους της χορδής (2x36 τμ.), στο σημείο ακριβώς όπου επιτυγχάνεται η ηχητική της αντιφωνία. Το τμή-

---

στικής Μουσικής, φιλοπονηθὲν μὲν ὑπὸ Κυριακοῦ Φιλοξένους τοῦ Ἐφεσιομάγνητος, ἐκδιδόμενον ἐγκρίσει καὶ ἀδείᾳ τῆς Μεγάλης τοῦ Χριστοῦ Ἐκκλησίας, ἐν Κωνσταντινουπόλει, τύποις Εὐαγγελινοῦ Μισαηλίδου, 1868, σ. 103».

222 Βλ. Γιαννέλος Δημήτριος, «Τα έντυπα θεωρητικά της ψαλτικής· ανακύπτοντα προβλήματα», στο: Θεωρία και Πράξη της Ψαλτικής Τέχνης, Πρακτικά Α΄ Πανελληνίου συνεδρίου Ψαλτικής Τέχνης (Αθήνα, 3-5 Νοεμβρίου 2000), Αθήνα 2001, σ. 181.

223 Στο συγκεκριμένο θέμα εντοπίζεται μια γενικότερη ασάφεια εκ μέρους του Μισαηλίδη, καθώς ενώ αναγνωρίζει ως απόλυτη επί της χορδής αξία του ημιτονίου τα 7 τμ., ως διάστημα το χρησιμοποιεί στην θέση του αντίστοιχου ελάχιστου τόνου της Επιτροπής του 1881 –π.χ. στο διάστημα **Βου-Γα** της φυσικής κλίμακας-, και ποτέ στην θέση του συγκερασμένου ημιτονίου. Επιπλέον δεν χειρίζεται παρά μόνο στις κατά το ευρωπαϊκό σύστημα διαιρεμένες κλίμακες απόλυτο ημιτόνιο 6 τμ., καθώς προτιμά το αντίστοιχο 4μόριο–π.χ. στους αρμονικούς ήχους.

μα που θα προκύψει από αυτού του τύπου τη διαίρεση θα αποτελέσει την πρώτη «βαρεία Διαπασωνική αντιφωνία» των 72 τμ., το δε υπολειπόμενο τρίτο μέρος των 36 τμ., θα είναι εκείνο που θα ηχεί καθαρά την «οξεία Διαπασωνική αντιφωνία»[224]. Σ' αυτό ακριβώς το σημείο επικεντρώνεται και ο έναντι του Μισαηλίδη αντιρρητικός λόγος του Παναγιώτη Κηλτζανίδη, καθώς ο ίδιος αδυνατεί να κατανοήσει τον τρόπο με τον οποίο η ενδεχόμενη αποδοχή της εις 72 τμ. διαίρεσης της κλίμακας δεν αντιβαίνει στον «ασυγκέραστο» χαρακτήρα της σύστασής της. Με άλλα λόγια, το βασικό επιχείρημά του είναι, πως *«ἡ διαίρεσις τῆς κλίμακος εἰς 72 τμήματα ἀποκλειστικῶς ἁρμόζει εἰς τὴν εὐρωπαϊκὴν μουσικὴν»*[225], ενώ μια τέτοια παραδοχή σημαίνει, κατά τον ίδιο, και την αυτονόητη απόρριψη της ύπαρξης του ελάσσονα τόνου. Ο Κηλτζανίδης ενώ παραβρέθηκε στην παρουσίαση της Λέσχης «Μνημοσύνη» τον Ιούλιο του 1879, μέσω των άρθρων του στον «Νεολόγο» εξέφρασε ανοικτά τη διαφωνία του σε σχέση με την αποδεικτική μέθοδο που εφάρμοσε ο Μισαηλίδης, λέγοντας χαρακτηριστικά πως, *«ναὶ μὲν ἠκούσαμεν χορδὴν ἠχοῦσαν, δὲν εἴδομεν ὅμως αὐτὴν διὰ διαβήτου μετρουμένην· εἴδομεν μόνον ὅτι ὁ κ. Μισαηλίδης εἶχε μίαν ἁπλῆν καὶ συνήθη κιθάραν, ἥτις, ὡς πᾶσαι αἱ κιθάραι, ἦν διῃρημένη κατὰ Εὐρωπαίους εἰς 12 τμήματα, καὶ ἐπ' αὐτῆς ἠθέλησε νὰ δείξῃ διὰ τῆς φωνῆς τὰς διαιρέσεις τῆς κλίμακος τῆς ἡμετέρας ἐκκλησιαυτικῆς Μουσικῆς. [...] Ἡ κιθάρα, ἔχουσα τὰς διαιρέσεις αὐτῆς ὡρισμένας, δὲν ἐπιδέχεται ἄλλην διαίρεσιν πρὸς σύγκρισιν. [...] Ὁ κ. Μισαηλίδης ὤφειλε νὰ ποιήσῃ τὸ πείραμα αὐτοῦ ἐπὶ τοῦ μονοχόρδου μὴ ἔχοντος διαιρέσεις»*[226]. Ο Μισαηλίδης με αφορμή αυτή την ένσταση του Κηλτζανίδη, πέρα από την παράθεση παραπομπών από κείμενα αρχαίων Ελλήνων μουσικοφιλοσόφων, αντιτείνει τη γνωστή μουσικολογική του άποψη περί του ενιαίου και ομογενούς χαρακτήρα της καθ' όλου μουσικής. Συγκεκριμένα αναφέρει, πως *«ἡ μουσική εἶναι μία ἐν γένει, εἶναι δὲ φυσικὴ καὶ γενική· τοιαύτη δὲ οὖσα, μίαν μόνην ἔχει διαπασῶν, μίαν μόνην ἀντιφωνίαν, οὐχὶ δὲ δύο εἰδῶν ἀντιφωνίας»*[227].

Ωστόσο, το σύνολο της επιχειρηματολογίας του Μισαηλίδη θα αναπτυχθεί στην «Αμάλθεια» της Σμύρνης, καθώς τον Ιούνιο του 1880 ο Σμυρνιός δάσκαλος θα επανέλθει στο ζήτημα δημοσιεύοντας τρεις εκτεταμένες απαντητικές επιστολές «πρὸς τὸν ἐν Κωνσταντινουπόλει κ. Χα. Π. Κηλ-

---

[224] Βλ. Μισαηλίδης, ο.π., σ. 75-76, όπου και μαθηματική απόδειξη της εις 12 τμήματα διαίρεσης του μείζονος τόνου, βάσει του ίδιου Πυθαγορείου πειράματος.
[225] Βλ. Κηλτζανίδης, ο.π., σ. 16.
[226] Ο.π., σ. 10-11.
[227] Ο.π., σ. 28.

τζανίδην»²²⁸. Στα κείμενα αυτά, πέρα των άλλων, θα γίνει απόλυτα σαφές το γεγονός της σύγχυσης των πηγών εκ μέρους του Κηλτζανίδη, καθώς παραθέτοντας ως αποδεικτικό στοιχείο των απόψεών του τη ρήση του Ευκλείδη, σύμφωνα με την οποία «*τὸ διαπασῶν ἔλαττον ἐστὶ ἢ ἕξ τόνων*», θα υποστηρίξει την ορθότητα διαίρεσης της κλίμακας σε 66 τμήματα. Ο Μισαηλίδης θα επιχειρήσει μέσω των επιστολών του να αποδείξει το άτοπο της θέσης αυτής, τονίζοντας, πως αν έστω και υποθετικά γινόταν αποδεκτή η κατάτμηση σε 66 τμήματα, τότε θα έπρεπε να ισχύει μία από τις εξής δύο εναλλακτικές λύσεις αναφορικά με την αξία των επιμέρους διαστημάτων: α). Ή θα έπρεπε ο μείζων τόνος να φέρει αξία 12 τμ., με αντίστοιχο ελάσσονα 9, και ελάχιστο 6 τμημάτων, κατά απόλυτη αριθμητική αναλογία ή β). ο μείζων τόνος θα έπρεπε να υπολογισθεί στα 11 τμ., έχοντας αντίστοιχα ελάσσονα των 9 και ελάχιστο των 7 τμημάτων, ώστε και κατά τις δύο αυτές ενδεχόμενες περιπτώσεις να καταστεί δυνατή η συμπλήρωση τετραχόρδου αξίας 27 τμημάτων, και άρα κλίμακας των 66, εννοούμενης φυσικά και της απαραίτητης παρεμβολής του διαζευκτικού των δύο τετραχόρδων μείζονος τόνου²²⁹. Ο Μισαηλίδης θα επιμείνει στην πάγια θέση του περί σύστασης της φυσικής κλίμακας από 2 διατεσσάρων ανά τριάκοντα και έναν μείζονα διαζευκτικό τόνο των 12 τμ, παραθέτοντας την κλασική ρήση του Ευκλείδη, σύμφωνα με την οποία: «*ὑποτίθεται ὁ τόνος εἰς δώδεκα ἐλάχιστα μόρια διαιρούμενος, ὦν ἕκαστον δωδεκατημόριον τόνου καλεῖται· ἀναλόγως δὲ τῷ τόνῳ καὶ τὰ λοιπὰ διαστήματα, τὸ μὲν γὰρ ἡμιτόνιον εἰς ἕξ, ἡ δὲ δίεσις ἡ τεταρτημόριος εἰς τρία, ἡ δὲ τριτημόριος εἰς τέσσαρα. Ὅλον δὲ τὸ διατεσσάρων εἰς τριάκοντα*»²³⁰.

Αυτή ακριβώς η έριδα μεταξύ Μισαηλίδη και Κηλτζανίδη, αναφορικά με τον καθορισμό της διαίρεσης της κλίμακας, φαίνεται να είχε λάβει τέτοιες διαστάσεις στα πλαίσια του μουσικού και εκκλησιαστικού περιβάλλοντος της εποχής, σε βαθμό μάλιστα, που να μην ήταν καθόλου αβάσιμο ιστορικά να υποστηριχθεί, πως η σύσταση ειδικής επιτροπής με σκοπό την επανεξέταση του ζητήματος εκ μέρους της επίσημης Πατριαρχικής Αρχής το 1881, να κρίθηκε αναγκαία και επιτακτική, μεταξύ άλλων, και με αφορμή αυτόν τον συγκεκριμένο μουσικολογικό διάλογο²³¹. Άλλωστε, δεν είναι τυχαίο, πως οι

---
228 Βλ. Μισαηλίδης, «Περὶ Ἐκκλησιαστικῆς Μουσικῆς...», Ἀμάλθεια Σμύρνης, ο.π.
229 Ωστόσο, η δεύτερη εναλλακτική λύση έχει περισσότερο ρητορικό παρά ουσιαστικό περιεχόμενο, καθώς αν γίνει αποδεκτή η αξία των 11 τμημάτων για τον μείζονα τόνο, τότε ανάλογη θα πρέπει να γίνει και εκείνη του διαζευκτικού των δύο τετραχόρδων τόνου. Με αυτή την προϋπόθεση θα σχηματιζόταν κλίμακα 65 και όχι 66 τμημάτων, με δύο όμοια τετράχορδα των 27 και έναν διαζευκτικό τόνο των 11 τμημάτων.
230 Βλ. Μισαηλίδης, «Νέον Θεωρητικόν...», ο.π., σ. 22.
231 Δεν θα πρέπει άλλωστε, να θεωρηθεί τυχαίο το γεγονός, ότι ο Γεώργιος Παχτίκος σε μια

πρώτες φωνές αναφορικά με την αναγκαιότητα διευθέτησης του ζητήματος υπό την αιγίδα μάλιστα του Πατριαρχείου είχαν ακουστεί εκατέρωθεν, κατά τη διάρκεια αυτής της μουσικολογικής διαμάχης[232]. Πάντως, αυτό το οποίο ιστορικά είναι σημαντικό, όσον αφορά στην τελική διαμόρφωση της περί διαιρέσεως της κλίμακας θεωρίας, είναι το ότι η Επιτροπή του 1881, παρά τις ευρύτερες συντηρητικού χαρακτήρα διορθωτικές κινήσεις, τις οποίες είχε κληθεί να επιτελέσει[233], τελικά, θα υιοθετήσει τις απόψεις του Μισαηλίδη, απορρίπτοντας παράλληλα τις αντίστοιχες τοποθετήσεις τόσο του Κηλτζανίδη, όσο και των λοιπών υποστηρικτών της θεωρίας του Χρυσάνθου. Αυτό και μόνο το γεγονός φανερώνει την όχι απλώς σε μουσικολογικό, αλλά και ιδεολογικό πλέον επίπεδο προοδευτική υπέρβαση την οποία θα επιχειρήσει να κάνει η Επιτροπή, καθώς υιοθετώντας τις απόψεις του Μισαηλίδη, αναπόφευκτα, έστω και στα πλαίσια μιας αναθεωρητικού τύπου διαδικασίας, θα θέσει εν αμφιβόλω το σύστημα του Χρυσάνθου, καταφεύγοντας παράλληλα σε μια πλέον προσδιοριστική απόδοση του θεωρητικού περιεχομένου της Εκκλησιαστικής μουσικής[234].

Ωστόσο, αυτό που προκαλεί εντύπωση είναι το ότι οι τελικές αποφάσεις της Επιτροπής του 1881, φαίνεται να μην έγιναν αμέσως καθολικά αποδεκτές[235], καθώς τουλάχιστον επί μια δεκαετία, μετά τις εργασίες και την επίσημη ανακοίνωση των πορισμάτων της επιτροπής, το ζήτημα της

εκτενή διάλεξή του στα πλαίσια του Εκκλησιαστικού Μουσικού Συλλόγου υποστηρίζει, πως η περίφημη Πατριαρχική Εγκύκλιος του 1880, (βλ. Παπαδόπουλος, «Συμβολαί...», σ. 420-421), συντάχθηκε με αφορμή αυτήν την συγκεκριμένη «ζωηρά» θεωρητική συζήτηση μεταξύ Κηλτζανίδη και Μισαήλ Μισαηλίδη. Βλ. «Παράρτημα Εκκλησιαστικής Αληθείας...», Τεύχος Α΄, 1η Ιανουαρίου 1900, σ. 125-126.
232 Βλ. Κηλτζανίδης, ο.π., σ. 12, όπου και σχετική προσωπική παράκληση του Κηλτζανίδη προς τον Πατριάρχη Ιωακείμ για οριστική επίληψη του ζητήματος μέσω σύστασης ειδικής επιτροπής, κατάλληλης να διευθετήσει το όλο ζήτημα. Αντίστοιχες σκέψεις, καθ' όλην τη διάρκεια της έριδας, είχαν εκφρασθεί και εκ μέρους του Μισαηλίδη. Ενδεικτικά, βλ. Μισαηλίδης, «Περί Εκκλησιαστικής Μουσικής...», «Αμάλθεια Σμύρνης», ο.π.
233 Χαρακτηριστικά είναι όλα όσα αναφέρονται στην έκθεση της ειδικής Επιτροπής η οποία συντάχθηκε στις 15 Ιουνίου του 1885, υπό την προεδρία του Αρχιμ. Γερμανού Αφθονίδη, και απεστάλη στον Πατριάρχη Ιωακείμ. Στο κείμενο αυτό ορίζεται ο σκοπός και η εν γένει αποστολή της Μουσικής Επιτροπής του 1881, που εκτός από την επανεξέταση των διαφόρων προς συζήτηση τεθέντων θεωρητικών ζητημάτων, είχε «[...] ἐντολὴν τὴν ἐκπόνησιν σχεδίου τινὸς τῶν εἰσακτέων τακτοποιήσεων τῆς καθ' ἡμᾶς ἱερᾶς Μουσικῆς, καὶ πρὸς καθαρισμὸν ἀπὸ παντὸς ξενισμοῦ καὶ πάσης αὐθαιρεσίας, [...]». Βλ. «Στοιχειώδης διδασκαλία τῆς Ἐκκλησιαστικῆς Μουσικῆς, ἐκπονηθεῖσα ἐπὶ τῇ βάσει τοῦ Ψαλτηρίου ὑπὸ τῆς Μουσικῆς Ἐπιτροπῆς τοῦ Οἰκουμενικοῦ Πατριαρχείου», ἐν ἔτει 1883, ἐν Κωνσταντινουπόλει 1888, ἐκ τοῦ Πατριαρχικοῦ Τυπογραφείου, σ. 3.
234 Για την προσδιοριστική αντίληψη της θεωρίας που θα υιοθετήσει και θα υποστηρίξει μέσω των πορισμάτων της η Επιτροπή του 1881, βλ. Γιαννέλος, ο.π., σ. 175.
235 Ο Δ. Γιαννέλος αναφέρει πως ακόμα και κατά τη διάρκεια του 20ού αι. υπάρχει ένα ρεύμα θεωρητικών οι οποίοι ακολουθώντας εν μέρει τα πορίσματα της ΜΕ 1881 τα συνδυάζουν με την ορολογία του Χρυσάνθου, μένοντας έτσι πιστοί στον περιγραφικό τρόπο λειτουργίας της σημειογραφίας. Πρβλ. Γιαννέλος Δημήτριος, *Η γραπτή μετάδοση της θεωρίας της Νέας Μεθόδου της βυζαντινής Εκκλησιαστικής μουσικής*, εκδόσεις Edignome, Παρίσι 1996, σελ. 17-25.

διαστηματικής σύστασης της κλίμακας βρίσκεται στο επίκεντρο των συζητήσεων, με έντονη μάλιστα την παρουσία εκείνων οι οποίοι συνεχίζουν να διαφυλάσσουν ευλαβικά τις θεωρητικές απόψεις του Χρυσάνθου. Ενδεικτικό γεγονός αυτής της κατάστασης είναι εκείνο της απόρριψης των απόψεων του Μισαηλίδη εκ μέρους Ειδικής Τεχνικής Επιτροπής, η οποία συστήθηκε στα πλαίσια του Εκκλησιαστικού Μουσικού Συλλόγου Κωνσταντινουπόλεως τον Νοέμβριο του 1889, με σκοπό να μελετήσει επισταμένως και να γνωμοδοτήσει σχετικά με το «Περὶ τῆς κλίμακος τῆς ἐκκλησιαστικῆς ἡμῶν Μουσικῆς», κείμενο του Μισαήλ Μισαηλίδη.

Στην ειδική γνωμοδότηση, που συντάχθηκε από τα μέλη της επιτροπής την 1η Φεβρουαρίου του 1900, και επιδόθηκε στον πρόεδρο του συλλόγου Μητροπολίτη Αμασείας Άνθιμο, μεταξύ άλλων, σημειώνονται τα εξής χαρακτηριστικά: «[...] Ἡ Ἐπιτροπή, ἀντίθετα με τις απόψεις του Πρωτοψάλτου Σμύρνης Μισαὴλ Μισαηλίδη, φρονεῖ ὅτι ἐὰν διαιρεθῇ ἡ κλίμαξ εἰς 68 τμήματα πραγματικά ἤ ἰσομήκη, ἄτινα προέρχονται ἐκ τῆς εἰς ἕξ τόνους διαιρέσεως τῆς Διαπασῶν, καὶ ἑνὸς ἑκάστου αὐτῶν εἰς 12 ἰσομήκη τμήματα, δὲν εἶναι δυνατὸν νὰ ἀντιφωνήσῃ, ἀλλὰ καὶ ἡ εἰς 72 τμήματα διαίρεσις κατὰ τὸν ἄνωθι ὑποδειχθέντα τρόπον, ὑπερπηδᾷ τὴν Διαπασῶν»[236]. Προς ενίσχυση δε των απόψεών της η επιτροπή, καταφεύγει στην κλασική Ευκλείδεια διατύπωση, σύμφωνα με την οποία «τὸ διαπασῶν ἔλαττον ἐστὶν ἢ ἕξ τόνων», και άρα βάσει αυτού, «[...] ἀποδεικνύεται ὅτι ἀδύνατος ἐστὶν ἡ εἰς 72 ἰσομήκη τμήματα διαίρεσις τῆς Διαπασῶν, διότι ἀδύνατος ἡ εἰς ἕξ τόνους διαίρεσις». Επίσης, στο κείμενο τονίζεται, πως, «[...] ἐὰν ὁ κ. Μισαηλίδης ἤθελε νὰ παραστήσῃ τὴν πραγματικὴν διαφορὰν τοῦ ὕψους τῶν τόνων μεταξὺ τῶν ἀρχαίων θεωρητικῶν μουσικῶν ἀνδρῶν καὶ τῶν νεωτέρων διδασκάλων, δὲν ἔπρεπε νὰ παρουσιάσῃ διαίρεσιν τετραχόρδου κατ' εὐθεῖαν εἰς 30 τμήματα, ἀλλ' ἔπρεπε νὰ παρουσιάσῃ τόνους ἔχοντας ὡς ὕψος λόγους ἀριθμιτικοὺς ἐν σχέσει πρὸς τὴν ὅλην χορδήν, διότι οἱ τόνοι οἱ ἐκ τῆς εἰς 30 τμήματα τοῦ τετραχόρδου προερχόμενοι, οὕς παρουσιάζει ὁ κ. Μισαηλίδης δὲν εἶναι τόνοι ἀκριβεῖς, ἀλλὰ πλημελεῖς καὶ παράφωνοι, ἑπομένως δέ ἀνεπαρκεῖς πρὸς τὴν ἀπόδοσιν ὅλων τῶν ἤχων

---

[236] Η ερμηνεία του σημείου αυτού είναι πραγματικά δύσκολη, αφού ενώ είναι όντως κατανοητό το, ότι η διαπασών η οποία κατά τον Κοϋντιλιανό «διατίθεται δ' ἐκ τόνων ἕξ, ἡμιτονίων δώδεκα 6x12=72», (βλ. Μισαηλίδης, «Νέον Θεωρητικόν...», σ. 23), πράγματι δεν δύναται να αντιφωνήσει στα 68 τμήματα, στην περίπτωση αποδοχής μείζονος τόνου 12 τμημάτων, ωστόσο, δεν είναι σαφής ο λόγος χάρη στον οποίο η παραδοχή της κατάτμησης των 72 τμημάτων υπερπηδά την Διαπασών. Η μόνη περίπτωση η οποία θα δικαιολογούσε μια τέτοια άποψη, θα ήταν εκείνη της αποδοχής της θέσης του Ευκλείδη σύμφωνα με την οποία, «τὸ διαπασῶν ἔλαττον ἢ ἕξ τόνων ἐστί». Κάτι τέτοιο κατά τον Μισαηλίδη είναι ορθό αφού η πραγματική κλίμακα εμπεριέχει 71, αλλά η αποδοχή των 72 τμ. έγινε εκ μέρους των Διδασκάλων για λόγους πρακτικούς και μεθοδολογικούς. Βλ. Μισαηλίδης, Αμάλθεια, ο.π.

μας». Το κείμενο αυτό, κλείνει με την κρίση των μελών της επιτροπής, σύμφωνα με την οποία, ο Μισαηλίδης παρερμηνεύει τα κείμενα των αρχαίων μουσικοφιλοσόφων, κατά την παρουσίαση της επιχειρηματολογίας του, ενώ στην μελέτη του δεν διορθώνει τίποτα το ουσιαστικό από τα δήθεν κακώς έχοντα στον θεωρητικό χώρο της μουσικής. Με αυτό το σκεπτικό λοιπόν, η συσταθείσα επιτροπή «[...] άπεδοκίμασε παμψηφεί τὸ εἰς κρίσιν αὐτῆς ὑποβληθὲν ἀνάγνωσμα τοῦ κ. Μισαηλίδου»[237].

Αναμφίβολα, αίσθηση προκαλεί το γεγονός, πως το κείμενο αυτό, στο οποίο αμφισβητούνται φανερά τα πορίσματα της Μουσικής Επιτροπής του 1881, υπογράφεται από τον Γεώργιο Βιολάκη, ο οποίος κατά την περίοδο των εργασιών της επιτροπής αυτής διατελούσε Πρωτοψάλτης της Μ. Χ. Εκκλησίας, και συγχρόνως τακτικό της μέλος. Κάτι τέτοιο, φανερώνει πράγματι, την γενικότερη σύγχυση που επικρατεί κατά την εποχή αυτή στους μουσικούς κύκλους, και δεν αφορά μονάχα σε θέματα θεωρητικά, αλλά και σε αντίστοιχα ζητήματα που άπτονται στο ύφος και στον χαρακτήρα του εκκλησιαστικού μέλους, ακόμη και στο πεδίο της πρωτογενούς σύνθεσης[238]. Έτσι και στο πρόβλημα του καθορισμού της διαίρεσης της κλίμακας, παρατηρεί κανείς, πως η μουσική κοινότητα της εποχής παλινδρομεί μεταξύ της άκριτης συντήρησης παραδεδεγμένων απόψεων και της ανάγκης για μια γενναία όχι μόνο μουσικολογικού αλλά και ιδεολογικού χαρακτήρα υπέρβασης του σχολαστικού και σε πολλές περιπτώσεις, άκρως ιδεολογηματικού τρόπου αντίληψης του ιστορικού υλικού.

Κλείνοντας, οφείλει κανείς να παρατηρήσει, πως στα πλαίσια μιας εξαιρετικά έντονης και γεμάτης από οξείς αντιπαραθέσεις διεργασίας με σκοπό την τελική διευθέτηση ενός τόσο κρίσιμου θεωρητικού ζητήματος όπως εκείνου της διαίρεσης της κλίμακας, η παρουσία αλλά και η εν γένει συμβολή του Μισαήλ Μισαηλίδη είναι αναμφίβολη και συγχρόνως καθοριστική. Πιο συγκεκριμένα, τόσο η πρώιμη χρονολογικά δημόσια έκθεση των απόψεών του στα μέσα της δεκαετίας του 1870[239], όσο και η επαναλαμβανόμενη μέσω πρακτικών πειραμάτων απόδειξη της θεωρητικής του σκέψης, πυροδότησαν καθοριστικές, ιστορικής σημασίας, εξελίξεις στον

---
237 Βλ. «Παράρτημα Εκκλησιαστικής Αληθείας...», Τεύχος Β΄, 1η Ιουνίου 1900, σ. 161-163.
238 Ενδεικτικά θα μπορούσε κανείς να αναφέρει προσωπικότητες, όπως οι Νηλέας Καμαράδος, Παναγιώτης Κηλτζανίδης και Πέτρος Φιλανθίδης, οι οποίοι αν και πρωτοστατούν στον ιδεολογικό αγώνα «υπέρ της κάθαρσης του γνησίου εκκλησιαστικού μέλους» μέσω της έντονης δράσης τους στους μουσικούς συλλόγους της εποχής, συγχρόνως κατατάσσονται μεταξύ των πλέον νεωτεριστών και ανοικτών σε θύραθεν επιρροές συνθετών της περιόδου εκείνης.
239 Βλ. επίσης, Παπαδόπουλος Χαράλαμπος, Το μουσικόν έργον του Στυλιανού Χουρμουζίου και βιογραφικαί σημειώσεις αυτού, μελέτη ανατυπωθείσα εκ της «Γνώσεως», έτους Γ΄, τεύχους 4, 5 και 6, Λευκωσία 1936, σ. 24, όπου και επισημαίνεται πως ο Μισαηλίδης υπήρξε ο πρώτος, που ήδη από το 1879 δίδαξε την εις 72 τμήματα διαίρεση της «όλης κλίμακος».

χώρο της Εκκλησιαστικής μουσικής του 19ου αιώνα. Ουσιαστικά, η τόλμη του Μισαηλίδη να αμφισβητήσει την εγκυρότητα του μεταρρυθμιστικού συστήματος, τουλάχιστον αναφορικά με την διαίρεση της κλίμακας, θα σταθεί η αφορμή ώστε να εκφρασθεί πλέον ανοιχτά και ανεξάρτητα από συναισθηματικές και ιδεοληπτικές προσκολλήσεις, η ανάγκη επανεξέτασης κάποιων κρίσιμων θεωρητικών ζητημάτων, τα οποία σαφώς, έχρηζαν αναθεώρησης. Το σημαντικό ωστόσο, σ' αυτήν την περίπτωση είναι, πως μια τέτοιου είδους ενδεχόμενη αποδοχή, μοιραία θα σήμαινε και την ανάγκη επαναπροσδιορισμού όλου του θεωρητικού συστήματος της Εκκλησιαστικής μουσικής, τόσο σε τεχνικό, όσο και σε ιδεολογικό επίπεδο. Έτσι, ακόμα κι αν αποδεχθεί κανείς, πως τελικά οι διορθωτικές προτάσεις οι οποίες θα προκύψουν μέσα από αυτήν την μακρά διαδικασία δεν στάθηκαν ικανές να εξαντλήσουν την γενικότερη επί του θέματος προβληματική, αναντίρρητο θα πρέπει να θεωρηθεί το γεγονός, πως κατ' αυτήν την συγκεκριμένη χρονική περίοδο θα συζητηθούν και θα τεθούν στα πλαίσια του ευρύτερου μουσικολογικού διαλόγου ζητήματα τα οποία, πέρα από την αυτοδύναμη θεωρητική τους υπόσταση, παράλληλα φέρουν μια κρίσιμη πρακτική αλλά και σημειολογική αξία για το καθ' εαυτό ιδεολογικό και υφολογικό περιεχόμενο της Εκκλησιαστικής μουσικής.

Κεφάλαιο γ'

Το «Νέον Θεωρητικόν» του Μισαήλ Μισαηλίδη

Το γεγονός που χωρίς καμιά αμφιβολία θα επισφραγίσει την μακρόχρονη παρουσία του Μισαηλίδη στον χώρο του μουσικολογικού διαλόγου και προβληματισμού, θα είναι εκείνο της έκδοσης του Θεωρητικού του στην Αθήνα το 1902[240], καθώς στο έργο αυτό θα αποδοθεί σε όλο του το εύρος και με τρόπο συστηματικό το σύνολο του θεωρητικού του στοχασμού. Η στιγμή αυτή ενέχει ένα ξεχωριστό ιστορικό ενδιαφέρον τόσο για τον ίδιο, όσο και για την εν γένει μουσική παραγωγή στον χώρο της Εκκλησιαστικής μουσικής του 19ου αιώνα. Για τον ίδιο τον Μισαηλίδη αποτελεί την κορυφαία εκφραστική πράξη της καλλιτεχνικής του σταδιοδρομίας, καθώς στα πλαίσια του συγκεκριμένου έργου θα έχει την ευκαιρία να εκθέσει τόσο τις μουσικολογικές του θέσεις αναφορικά με τα επίκαιρα για την εποχή του θεωρητικά ζητήματα, όσο και να μοιραστεί με το φιλόμουσο κοινό τις πρωτότυπες συνθετικές του δημιουργίες. Παράλληλα όμως, η έκδοση του θεωρητικού του Μισαηλίδη θα πρέπει να θεωρηθεί και ως σημείο σταθμός για την εν γένει μουσική πραγματικότητα της εποχής, καθώς έρχεται να τερματίσει μια μακρά περίοδο συγγραφικής και εκδοτικής

---

240 Την έκδοση καθώς και το περιεχόμενό του είχε προαναγγείλει λίγους μήνες πριν μέσω άρθρου του στην Φόρμιγγα, διαπραγματευομένου το προσφιλές στον ίδιο ζήτημα της διαίρεσης της κλίμακας. Το κείμενο έφερε τον τίτλο, «Συζητήσιμος πρότασις- Περὶ τοῦ ὁρισμοῦ τῆς ἐπιστημονικῆς ἀξίας τῆς διαπασωνιδοῦς κλίμακος τῆς καθόλου Μουσικῆς κατὰ τοὺς ἀρχαίους», και περιελήφθη στο τεύχος της 8ης και 15ης Ιανουαρίου 1902.

ένδειας στο επίπεδο της αυτόνομης θεωρητικής παραγωγής[241]. Το έργο, αναφορικά με το περιεχόμενο και τη δομή του, διαιρείται σε τρία μέρη, τα δύο πρώτα εκ των οποίων είναι κατά βάση θεωρητικά (Α΄ Μέρος- «Περί της καθ' ημάς Εκκλησιαστικής μουσικής»[242], Β΄ Μέρος- «Περί της Αρχαίας Ελληνικής μουσικής»), ενώ το τρίτο (Γ΄ Μέρος- «Διάφοροι Εκκλησιαστικοί Ύμνοι καὶ Σχολικά Άσματα») αποτελεί το πρακτικό μέρος της συγγραφής, στο οποίο και ο Μισαηλίδης παραθέτει τις προσωπικές του συνθέσεις. Οι πηγές του έργου προέρχονται, ως επί το πλείστον, από την εικοσιπεντάχρονη και πλέον αρθρογραφική δραστηριότητά του, αφού το μεγαλύτερο μέρος των θεματικών που διαπραγματεύονται στο θεωρητικό είχαν ήδη αναπτυχθεί από τον ίδιο μέσω δημοσιεύσεών του στον περιοδικό και ημερήσιο Τύπο της εποχής[243]. Ωστόσο, θεωρείται πολύ πιθανόν, ήδη από τα τέλη της δεκαετίας του 1880 να είχε ετοιμάσει ένα προσχέδιο του Θεωρητικού του, το οποίο μάλλον θα πρέπει να ταυτιστεί με το ανέκδοτο «Δοκίμιον Μουσικής Θεωρίας», το οποίο υπονοεί στα κείμενά του ο Ducoudray από το 1876[244], και για το οποίο κάνει λόγο ο Παπαδόπουλος το 1890[245].

Ο αναθεωρητικός, αν όχι αποδομητικός χαρακτήρας του Θεωρητικού, διαφαίνεται ήδη από τον πρόλογό του, καθώς ο ίδιος ο Μισαηλίδης σπεύδει να τονίσει, πως ο λόγος που τον οδηγεί στην σύνταξη του Θεωρητικού αυτού, ουσιαστικά, εδράζεται στην πραγματικότητα της έλλειψης κάθε απόπειρας με σκοπό την βελτίωση του μεταρρυθμιστικού συστήματος, αφού, σύμφωνα με τον ίδιο, όλα τα νεότερα θεωρητικά αποτελούν απλώς σχολαστικές αναπαραγωγές των θέσεων του Χρυσάνθου, που σε συνδυασμό με την έλλειψη κάθε κριτικής διάθεσης εκ μέρους των συντακτών τους, μοιραία κατεστάθησαν και η αιτία για τη διαιώνιση των ήδη υφισταμένων σφαλμάτων[246]. Άλλωστε, εκείνο που διακατέχει το σύνολο του κείμενου, είναι κατά πρώτο λόγο το αίσθημα της ανάγκης για αμφισβήτηση ορισμένων ακρίτως παραδεδεγμένων απόψεων, και στη συνέχεια, η διάθεση του συγγραφέα να μεταδώσει στον αναγνώστη την πεποίθησή

---

241 Βλ. εισαγωγικό κείμενο Γ΄ Μέρους.
242 Ο πλήρης τίτλος είναι, «Συντομότατη περίληψις καὶ ἱστορία τῆς θεωρητικῆς καὶ πρακτικῆς ἐκκλησιαστικῆς μουσικῆς».
243 Είναι πράγματι εντυπωσιακό το γεγονός, ότι η πλειονότητα των κεφαλαίων που περιέχονται στο Α΄ μέρος του Θεωρητικού, δεν είναι τίποτα άλλο παρά επεξεργασμένες παραλλαγές των άρθρων του Μισαηλίδη της περιόδου 1874-1902.
244 Βλ. Μέρος Β΄, Κεφάλαιο Γ΄ της παρούσας εργασίας.
245 Βλ. Παπαδόπουλος, «Συμβολαί...», ο.π., σ. 448.
246 Συγκεκριμένα αναφέρει: *«Ἐπειδή, ἀφ' ὅτου οἱ ἀοίδιμοι Διδάσκαλοι Χρύσανθος, Χουρμούζιος καὶ Γρηγόριος ἐδημιούργησαν τὴν σημερινὴν ἡμῶν Ἐκκλησιαστικὴν μουσικὴν θεωρίαν, οὐδεμία μέχρι τοῦδε βελτίωσις, φυσικῷ τῷ λόγῳ τὰ λάθη εἰς ἅ οἱ ἀείμνηστοι ἐκεῖνοι μουσικοδιδάσκαλοι εἶχον ὑποπέσει, ἐξακολουθοῦσιν ὑφιστάμενα, γνωστοῦ ὄντως βεβαίως ὅτι πάντα τὰ νεώτερα θεωρητικὰ εἰσίν ἁπλαῖ ἀντιγραφαὶ ἐκ τοῦ πρώτου Μεγάλου θεωρητικοῦ τοῦ ἀοιδίμου Χρυσάνθου».* Βλ. Μισαηλίδης, «Νέον Θεωρητικόν...», ο.π., σ. 4.

του σχετικά με την αξία που εμπεριέχεται στη διαδικασία του αδιάκοπου και συγχρόνως αμερόληπτου μουσικολογικού προβληματισμού.

Προτού, ωστόσο, παρουσιασθούν τα κεντρικά σημεία της θεωρητικής σκέψης του Μισαηλίδη, θα ήταν σίγουρα ωφέλιμο να κατατεθούν κάποιες χρήσιμες παρατηρήσεις αναφορικά με το Β' Μέρος του Θεωρητικού, στο οποίο και διαπραγματεύεται το ζήτημα της Αρχαίας Ελληνικής μουσικής. Το μέρος αυτό, πέρα από το αναμφίβολο ενδιαφέρον που παρουσιάζει όσον αφορά στο καθ' εαυτό περιεχόμενό του[247], ενέχει και μια ιδιαιτερότητα η οποία οφείλεται στο βαθύτερο ιδεολογικό υπόβαθρο που το διακατέχει, και είναι εκείνο που ωθεί τον Μισαηλίδη στο να αφιερώσει ένα τόσο μεγάλο μέρος της θεωρητικής του συγγραφής σ' αυτό το συγκεκριμένο ζήτημα, τονίζοντας παράλληλα τη μεγάλη του σπουδαιότητα. Για τον Μισαηλίδη, η γνώση του αρχαιοελληνικού μουσικού συστήματος αποτελεί αναντίρρητο προαπαιτούμενο στα πλαίσια της θεωρητικής μελέτης του εκκλησιαστικού είδους, καθώς ο ίδιος αντιλαμβάνεται αυτά τα δύο ιστορικά μεγέθη ως αλληλοσυμπληρούμενα και απόλυτα αλληλοεξαρτώμενα, τόσο ιστορικά όσο και δομικά. Έτσι, όπως επανειλημμένα τονίζει στα κείμενά του, η γνώση του θεωρητικού συστήματος της Εκκλησιαστικής μουσικής δεν αρκεί για την λύση των δύσκολων θεωρητικών της ζητημάτων, και γι' αυτόν τον λόγο, προτείνει ως καταφυγή με σκοπό την εύρεση των απαντήσεων, τον χώρο της αρχαιοελληνικής μουσικοφιλοσοφικής σκέψης[248]. Αυτή η καθ' όλη τη διάρκεια της σταδιοδρομίας του στέρεη πεποίθησή του, δεν θα πρέπει να ερμηνευθεί ανεξάρτητα από την γενικότερη ιδεολογική στροφή που επιχειρεί το ελληνικό στοιχείο της Σμύρνης στα τέλη του 19ου αιώνα, καθώς από την αποδοχή μιας υπαρκτής Αυτοκρατορικής κοσμοθεωρίας προσανατολίζεται πλέον σε πρότυπα περισσότερο εθνοκεντρικά, με παράλληλη, απαραίτητη αναφορά στην αρχαιότητα. Κατά συνέπεια, και ο ίδιος ο Μισαηλίδης δεν θα ήταν δυνατό να μείνει ανεπηρέαστος από την ιδεολογικά έντονα φορτισμένη περιρρέουσα ατμόσφαιρα της εποχής, την οποία εκείνο που την χαρακτηρίζει, είναι η γενι-

---

247 Τα κεντρικότερα σημεία του μέρους αυτού θα τονίσει εκ νέου, μετά από την έκδοση του Θεωρητικού του ο Μισαηλίδης, σε ειδικό άρθρο του με τίτλο, «Κανόνες τινές δυσνόητοι τῆς Ἀρχαίας Ἑλληνικῆς Μουσικῆς» στο τεύχος της 15ης Φεβρουαρίου 1903, της «Φόρμιγγας».

248 Αυτό άλλωστε, είναι και ένα από τα βασικά επιχειρήματα του απολογητικού του λόγου έναντι στον Κηλτζανίδη. Έτσι, σε μια επιστολή του απευθυνόμενος προς τον Προυσσαέα δάσκαλο αναφέρει, «*Πόσον ἀπατᾶσθαι κ. Κηλτζανίδη ὥστε δὲν κατανοήσατε ἀκόμη οὔτε αὐτό τό ζητούμενον. Τό ἔθνος ἐπιποθεῖ καὶ ζητεῖ νὰ ἀνακαλύψη τὴν ἀρχαιοτέραν καὶ αὐτῆς τῆς Βυζαντινῆς μουσικῆς, ἤτοι τὴν ἀρχαίαν Ἑλληνικὴν μουσικήν. Ἐὰν ἡ γνῶσις μόνον τῆς Βυζαντινῆς μουσικῆς ἐπήρκει ὡς νομίζετε πρὸς ἀνεύρεσιν ὅλων τῶν προγονικῶν ἀπολωλότων, πρὸ ἱκανῶν ἤδη ἐτῶν ἤθελεν εἶσθαι τετελεσμένον τὸ ποθούμενον, καὶ δὲν ἤθελον ἀφίσει τὸν κόπον πρὸς ὑμᾶς οἱ ἀοίδιμοι διδάσκαλοι ἵνα σκεφθῆτε περὶ τούτου, διότι αὐτοὶ οὗτοι ἤθελον λύσει τοῦτο ὅπως ἔδει, ὄντες βέβαια ἐν πλήρει γνώσει τῆς Βυζαντινῆς μουσικῆς*». Βλ. Μισαηλίδης, «Πρός τόν ἐν Κωνσταντινουπόλει», «Αμάλθεια», ο.π.

κότερη διάθεση όχι μόνο εθνολογικής αλλά και πολιτισμικής επανασύνδεσης του ελληνικού στοιχείου της περιοχής με την αρχαιότητα και ό, τι αυτή κομίζει στο επίπεδο της φιλοσοφικής διανόησης και της εικαστικής κληρονομιάς[249]. Όπως τονίστηκε και σε προηγούμενο κεφάλαιο, οι συνέπειες αυτής της τάσης δεν θα γίνουν αντιληπτές μόνο στο κοινωνικό-πολιτειακό επίπεδο, αλλά ο αντίκτυπός της στον χώρο της τέχνης, της εκπαίδευσης και της πρωτογενούς δημιουργίας θα είναι έντονος και συγχρόνως καθοριστικός[250].

Στο μέρος που ακολουθεί θα επιχειρηθεί μια συνοπτική αναφορά στις βασικότερες θεματικές ενότητες της θεωρητικής σκέψης του Μισαηλίδη, όπως αυτή αποδίδεται μέσω του Θεωρητικού του[251], και πιο συγκεκριμένα σε εκείνες που σχετίζονται με τον τρόπο παραγωγής των ήχων και τη διάκριση των μουσικών γενών. Η σημαντικότητα των ζητημάτων αυτών έγκειται τόσο στην ιστορική τους βαρύτητα, -λόγω της αναθεωρητικής τους διάθεσης σε σχέση με το σύστημα του Χρυσάνθου-, όσο και στην έως και σήμερα επίκαιρη και σίγουρα ενδιαφέρουσα προβληματική που φέρουν σε επίπεδο θεωρητικό. Παράλληλα, αν και για λόγους πρακτικούς δεν θεωρήθηκε αναγκαίος κάποιος λεπτομερής υπομνηματισμός των θέσεων που εμπεριέχονται στο συγκεκριμένο έργο, ωστόσο η παρουσίαση των δεδομένων θα γίνει σε συνδυασμό με έναν έστω και επιγραμματικό μουσικολογικό-κριτικό σχολιασμό

Α). «Περὶ Ὑπάτης Βαρείας καὶ περὶ τῆς πορείας καὶ καταστρώσεως τῶν ἤχων τῆς θεμελίου κλίμακος»

Το ζήτημα της αποσαφήνισης του όρου της «Υπάτης Βαρείας» αποτελεί για τον ίδιο τον Μισαηλίδη ένα από τα πλέον κρίσιμα θέματα αναφορικά με την θεωρητική θεμελίωση και παραγωγή των ήχων επί της κλίμακας. Την σπουδαιότητα του προβλήματος αυτού τονίζει επανερχόμενος κατ' επανάληψιν στην διαπραγμάτευσή του, μιας και θεωρεί πως στην αδυναμία κατανόησής του και επιπλέον στην εσφαλμένη ερμηνεία του θα πρέπει να ανιχνευθεί η πηγή των αδυναμιών και παρεξηγήσεων που ενέχει το μεταρρυθμιστικό σύστημα αναφορικά με την θεμελίωση και την μεταξύ των ήχων θεωρητική τους εξάρτηση.

---

249 Σχετικά με τον τρόπο κατά τον οποίο επιδρά σε ιδεολογικό επίπεδο στους ελληνόφωνους πληθυσμούς της Σμύρνης η μελέτη του αρχαίου ελληνισμού, ο Herve Georgelin αναφέρει τα εξής χαρακτηριστικά: «*Το επιστημονικό και στη συνέχεια τουριστικό δυτικό ενδιαφέρον για τα απομεινάρια της ελληνικής Αρχαιότητας συμβάλλει στον ιδεολογικό εξελληνισμό της δυτικής Ανατολίας. [...] Η λατρεία της Αρχαιότητας που καταλαμβάνει την πνευματική ελίτ της Μικράς Ασίας ενισχύει τη συνέχεια που κάποιοι επιθυμούν να αποδείξουν ανάμεσα στους Ρωμιούς και στους αρχαίους Έλληνες*». Βλ. Georgelin, ο.π., σ. 209-210.
250 Βλ. Γ΄ Κεφάλαιο του Α΄ Μέρους της παρούσας μελέτης, όπου και αναλυτική παρουσίαση του ζητήματος.
251 Επίσης, για παρουσίαση του περιεχομένου του Θεωρητικού, βλ. Ηλιάδης, ο.π., σ. 147-202.

Η Εκκλησιαστική μουσική της Σμύρνης (1800-1922)

Πιο συγκεκριμένα, κατά τον Μισαηλίδη, διά της οξύμωρης σημασίας τού όρου της «Υπάτης Βαρείας», οι αρχαίοι «[..] ἐκάλεσαν τὸν τόνον, ὅστις, **ὕπατος ἤτοι ὑψηλὸς ὢν κατὰ θέσιν, ἦτο βαρὺς κατὰ φωνήν**. Οἱ Διδάσκαλοι παρεξηγήσαντες τὴν λέξιν **«ὑπάτη»** ἐνόμισαν αὐτὴν **κατὰ φωνὴν** ὑψηλὴν, ἐν ᾧ ἦτο κατὰ φωνὴν χαμηλὴ ἤ βαρεῖα, διότι ὁ τόνος οὗτος (ἡ ὑπάτη βαρεῖα) εἰς τὴν χορδὴν ἀναβαίνων **φωνητικῶς**, κατέρχεται **τοπικῶς** καὶ τἀνάπαλιν. [...] Τὸ τοιοῦτον ὅμως δὲν κατενοήθη ὑπὸ τῶν Διδασκάλων, οἵτινες δὲν ἠδυνήθησαν νὰ μαντεύσωσι τίνι τρόπῳ ὁ τόνος οὗτος ὁ κλειθεὶς **«Ὑπάτη βαρεῖα»** ἦτο καὶ ὑψηλὸς καὶ χαμηλὸς συγχρόνως»²⁵².

Το νόημα που εμπερικλείει ο όρος της Υπάτης Βαρείας, μπορεί να γίνει επιπλέον κατανοητό αν αναλογιστεί κανείς τον τρόπο με τον οποίο οξύνονται τονικά οι επί της χορδής παραγόμενοι ήχοι ενός οποιουδήποτε εγχόρδου οργάνου, που έχει τεθεί κάθετα, καθ' όσον θίγονται τονικές διαιρέσεις με κατεύθυνση προς το σκάφος του²⁵³. Με άλλα λόγια, ένας τόνος ο οποίος βρίσκεται στην αρχή της χορδής, κατά θέσιν είναι «ύπατος», υψηλός δηλαδή, παρά το γεγονός ότι όσον αφορά στο τονικό ύψος που φέρει, είναι «βαρύς», δηλαδή χαμηλός. Έτσι, επί του Πυθαγορείου Μονοχόρδου, «[...] Ὑπάτη Βαρεῖα ἤ Ὑπάτη ὑπατῶν εἶνε ὁ πρῶτος κατὰ φωνὴν ἀνιὼν μείζων τόνος, ὁ Κε-Ζω»²⁵⁴, καθώς σύμφωνα με τον Πυθαγορικό Νικόμαχο, «ὁ βαρύτερος ἐν τῇ διαπασῶν φθόγγος ὑπάτη ἐκλήθη· ὕπατον γὰρ τὸ ἀνώτατον, νέατον δὲ τὸ κατώτατον»²⁵⁵.

Στη μη κατανόηση εκ μέρους των μεταρρυθμιστών αυτού του θεωρητικού ζητήματος οφείλεται, κατά τον Μισαηλίδη, η γενικότερη ασυνέπεια όσον αφορά στην θεωρητική τεκμηρίωση της παραγωγής των ήχων επί της θεμελίου κλίμακας. Πιο συγκεκριμένα, οι Δάσκαλοι εκλαμβάνοντας την «υπάτη» ως κατά φωνήν και όχι ως κατά θέσιν, μοιραία οδηγήθηκαν στο σφάλμα να θέσουν τον οξύ Κε ως βάση παραγωγής των ήχων, κινούμενοι μάλιστα «προς το βαρύ»²⁵⁶, αντίθετα με την Πυθαγόρεια πρακτική, κίνησης από τον χαμηλό Κε (προσλαμβανόμενος του θεμελιώδους τονικού

---

252 Βλ. Μισαηλίδης, «Νέον Θεωρητικόν...», ο.π., σ. 33. Ο Μισαηλίδης δίνει επιπλέον και τον εξής ορισμό, σύμφωνα με τον οποίο, *«Ὑπάτη Βαρεῖα καλεῖται ὁ τόνος, ὅστις εὑρίσκεται εἰς τὸ ὑψηλότατον ἄκρον τῆς χορδῆς, ὅταν τὸ ὅργανον ἵσταται καθέτως, τὸ ὁποῖον ὅμως (ὡς ἐκ τοῦ ὀνόματος βαρεῖα γίνεται δῆλον) κατὰ φωνὴν εἶνε τὸ χαμηλότερον, διότι, φυσικῷ τῷ λόγῳ, ὅσον καταβαίνομεν τὰς διαιρέσεις, τόσον ὑψοῦται ὁ ἦχος τῆς χορδῆς»*. Ο. π. σ. 53.
253 Ο. π.
254 Ο. π., Β' Μέρος, σ. 37, καθώς επίσης και σ. 11, όπου και ταύτιση της «Υπάτης Βαρείας» με το «Επόγδοον» του Πυθαγόρα. Συγκεκριμένα αναφέρει, πως *«[...] ὁ Πυθαγόρας τὸ πρῶτον τονικὸν διάστημα, τὸ κατακόρυφον, τὸ κατὰ θέσιν μόνον καὶ στάσιν τῆς χορδῆς ὑψηλόν, κατὰ φωνὴν δὲ χαμηλόν, ὠνόμασεν ἐπόγδοον τόνον. [...] Ὁ τόνος οὗτος εἶνε ὁ ὑπὸ τοῦ ἰδίου "Ὑπάτη Βαρεῖα" ἐπονομασθείς»*.
255 Ο. π.
256 Βλ. Χρύσανθος εκ Μαδύτων, ο.π., σ. 130-131, 168.

διαστήματος της «Υπάτης Βαρείας»[257]), «προς το οξύ»[258]. Αυτή η παρανόηση επέφερε ως λογικό παρεπόμενο, την μη επαρκή θεμελίωση των ήχων, καθώς η κλίμακα, αρχόμενη από το οξύ Κε, από όπου και παράγεται ο Α΄ Ήχος, ακολουθεί καθοδική πορεία κατά την αναζήτηση των αντίστοιχων πλαγίων, ώστε εκείνοι με τη σειρά τους να μπορούν να παραχθούν σε απόσταση ενός πενταχόρδου από τον κύριό τους. Αντίθετα, όπως τονίζει ο Μισαηλίδης, «[...] *οἱ κύριοι ἐν τῇ κλίμακι τῶν Διδασκάλων εἶνε ἐν τῷ μονοχόρδῳ τοῦ Πυθαγόρου πλάγιοι καὶ ἀντιστρόφως*»[259], καθώς, «*οἱ μὲν Διδάσκαλοι γράφουσιν ὅτι ἕκαστος τετρατόνως ἐπὶ τὸ βαρὺ κείμενος φθόγγος εἶνε πλάγιος τοῦ τετρατόνως ἐπὶ τὸ ὀξὺ κειμένου κυρίου του. Οἱ δὲ ἀρχαῖοι μουσικοφιλόσοφοι τοὺς κυρίους ἤχους ὁρίζουσιν ὡς χαμηλοὺς κατὰ φωνὴν καὶ τοὺς πλαγίους ὡς ὀξεῖς κατὰ φωνὴν ἤτοι ἀντιθέτως πρὸς τοὺς Διδασκάλους*»[260].

Αυτή ακριβώς η σύγχυση δημιουργεί και μια σωρεία από θεωρητικές ασυνέπειες και αντιφάσεις στο ζήτημα της τονικής θεμελίωσης των ήχων και ειδικότερα στο επίπεδο που ορίζεται η μεταξύ κυρίων και πλαγίων ήχων δομική εξάρτηση και σχέση. Αναφορικά με αυτό το ζήτημα, ο Μισαηλίδης καταθέτει τις απορίες-ενστάσεις του[261], πηγή και αιτία των οποίων θεωρεί την «προς το βαρύ» πορεία που επέλεξαν οι Δάσκαλοι κατά την θεωρητική παραγωγή των ήχων[262]. Μεταξύ αυτών των σημείων που θίγει, απαραίτητο θεωρείται να σταθεί κανείς στην περίπτωση του Λεγέτου, τόσο αναφορικά με την καθ' εαυτή θεωρητική του σύσταση και φυσιογνωμία, όσο και με τον τρόπο κατά τον οποίο θα ήταν δυνατό να ενταχθεί στο οκτάηχο σύστημα ως κύριος και συγχρόνως παραγωγός ήχος του πλ. Δ΄. Πιο συγκεκριμένα, στο κεφάλαιο «Περὶ τοῦ ἐν τῇ καθ' ἡμᾶς ἐκκλησιαστικῇ μουσικῇ ὑπάρχοντος μέν, ἀλλὰ καὶ μὴ

---
257 Ο. π., Β΄ Μέρος, σ. 40.
258 Ο. π., σ. 27.
259 Ο. π., σ. 34.
260 Ο. π., Β΄ Μέρος, σ. 42. Σε άλλο σημείο αναφέρει πως, «*Κατὰ τοὺς ἀοιδίμους Διδασκάλους ὅμως τὸ κατὰ φωνὴν ὑψηλὸν ἀντιθέτως ὠνομάσθη κατὰ λάθος κύριον ἤτοι, ἐνῷ οἱ ἀρχαῖοι ὠνόμαζον κύριον τὸ καθ' ἡμᾶς Κε, Ζω, Νη, Πα, πλάγιον δὲ τὸ Βου, Γα, Δι, Κε, οἱ Διδάσκαλοι ἀντιθέτως τὸ μὲν Κε, Ζω, Νη, Πα, ὠνόμασαν πλάγιον, τὸ δὲ Βου, Γα, Δι, Κε, κύριον. Τοῦτο ἀκριβῶς εἶνε ἡ παρεξήγησις τῆς Ὑπάτης Βαρείας [...]*». Ο. π., σ. 83.
261 Για παράδειγμα, αναφέρεται στον πλ. Α΄, του οποίου η βάση, ενώ σύμφωνα με τους Δασκάλους είναι στον **Πα**, παραδόξως στα Ειρμολογικά μέλη μεταφέρεται στον **Κε**, βάση παραγωγής του κυρίου ήχου του. Επίσης κάνει λόγο για τον **Νη**, στον οποίο φέρεται να θεμελιώνεται και διατονικός ήχος (πλ. Δ΄), και χρωματικός (πλ. Β΄), πράγμα άτοπο, κατά τον ίδιο. Κάτι αντίστοιχο συμβαίνει και με τον πλ. Β΄, ο οποίος ενώ θα έπρεπε, να παραχθεί ένα πεντάχορδο βαρύτερα από τον κύριό του, αντίθετα θεμελιώνεται στον **Πα**, δηλαδή σε μια βάση παραγωγής διατονικών ήχων. Τέλος, δεν παραλείπει να υπενθυμίσει την αντίθετα με τις βασικές θεωρητικές αρχές, διττή (διατονική-χρωματική) συμπεριφορά του **Βου** και του **Δι** της φυσικής κλίμακας. Ο. π., σ. 24-28.
262 Ο. π., σ. 68.

υπάρχοντος πλαγίου τοῦ δ' ἤχου»²⁶³, θα αμφισβητήσει την αυτόνομη ύπαρξη του πλαγίου Δ' στο σύστημα της οκταηχίας²⁶⁴, υποστηρίζοντας, πως από τη στιγμή που οι Δάσκαλοι επέλεξαν την «προς το βαρύ» πορεία με παράλληλη βάση παραγωγής των ήχων το οξύ Κε, ο Δ' ήχος μοιραία θα πρέπει να θεμελιωθεί στον Βου (ως τέταρτη κατά σειρά από την βάση παραγωγής και με κατεύθυνση προς το βαρύ, ευρισκόμενη βαθμίδα), αφού άλλωστε ο Δι αποτελεί την τονική βάση του Β' ήχου. Σύμφωνα με αυτό το δεδομένο, ο Μισαηλίδης θα αναπτύξει μια ολόκληρη επιχειρηματολογία προσπαθώντας να αποδείξει την θεωρητική ασυνέπεια η οποία προκύπτει ως αναπόφευκτο επακόλουθο της λανθασμένης πορείας που ακολουθείται κατά την παραγωγή των ήχων από το μεταρρυθμιστικό θεωρητικό σύστημα.

Αν λοιπόν γίνει αποδεκτό, ότι ο **Βου** ως λέγετος είναι Δ' ήχος, τότε θα πρέπει να είναι και εκείνος εκ του οποίου θα παράγεται ο πλάγιός του «επί το βαρύ». Κατά συνέπεια, θα πρέπει να δανείσει στον πλάγιό του την αρκτική του μαρτυρία, «*διότι ἕκαστος κύριος ἦχος, οἵαν μαρτυρίαν ἔχει, τὴν αὐτὴν μαρτυρίαν δικαιοῦται νὰ λάβῃ καὶ ὁ πλάγιος αὐτοῦ*»²⁶⁵. Έτσι, ο

Νη του πλαγίου Δ' δέον να λάβει την αρκτική μαρτυρία του λεγέτου ως ᾽ᾱ̓ καὶ όχι ως ῾ιε ἅγιε ᾱ̓. Αλλά επειδή «*οἱ ἀοίδιμοι Διδάσκαλοι διατάσσουσιν, ὅτι ἕκαστος κύριος ἦχος δεικνύει τὸν πλάγιόν του τετρατόνως ἐπὶ τὸ βαρύ, οὐχὶ δὲ διτόνως, [...] θὰ εὕρομεν τότε αὐτὸν ἐπὶ τοῦ βαρυτάτου τόνου Κε, καὶ μάλιστα με μαρτυρίαν τοῦ ἰδίου λεγέτου ἤχου καὶ ὀνομαζόμενον πλ. τοῦ δ', οὕτω* ᾱ̓(!)»²⁶⁶. Όπως εύκολα μπορεί να αντιληφθεί κανείς, ο Μισαηλίδης επιλέγει να αναπτύξει εσκεμμένα έναν ακραίο συλλογισμό, -χωρίς κάτι τέτοιο να σημαίνει απαραίτητα πως ο ίδιος τον αποδέχεται-, με σκοπό να οδηγηθεί αφαιρετικά στο συμπέρασμα που πιστοποιεί την γενικότερη τοποθέτησή του, σύμφωνα με την οποία η λανθασμένη ερμηνεία του όρου της «Υπάτης Βαρείας» αποτελεί την πηγή των παρερμηνειών και

---

263 Ο. π., σ. 65-70. Το ζήτημα αυτό ο Μισαηλίδης είχε αναπτύξει για πρώτη φορά το 1896, μέσω άρθρου του στην Εκκλησιαστική Αλήθεια με τίτλο, «Ἡ Ἐκκλησιαστικὴ ἡμῶν μουσική- Μικρὰ πρὸς συζήτησιν πρότασις εἰς τοὺς περὶ τὴν διόρθωσιν τῆς Ἐκκλησιαστικῆς μουσικῆς καταγινομένους». Βλ. «Εκκλησιαστική Αλήθεια», έτος ΙΣΤ', φυλ. 28ης Δεκεμβρίου 1896. Επίσης στη διαπραγμάτευση του ζητήματος θα επανέλθει λίγους μήνες πριν την έκδοση του Θεωρητικού του εμμένοντας στις ίδιες θέσεις, μέσω της δημοσίευσης δύο κειμένων του στην Φόρμιγγα τον Οκτώβριο του 1901. Βλ. «Φόρμιγξ», Έτος Α', Αρ. 1, φυλ. 1ης Οκτωβρίου 1901, καθώς και Αρ. 2, φυλ. 15ης Οκτωβρίου 1901.
264 Στην θέση του αυτή θα μείνει πιστός, αφού ενώ έστω και καταχρηστικά ακολουθεί το σύστημα των Διδασκάλων, όταν θα αναφερθεί ειδικά στα επιμέρους γνωρίσματα του κάθε ήχου στο Θεωρητικό του, στην περίπτωση του πλ. Δ' θα εμείνει στην άποψή του, ονομάζοντάς τον πλ. Β' διατονικό. Βλ. Μισαηλίδης, «Νέον Θεωρητικόν....», ο. π., σ. 107-108.
265 Ο. π., σ. 66.
266 Ο. π., σ. 67.

των συγχύσεων, αναφορικά με την παραγωγή των ήχων στο νέο θεωρητικό σύστημα[267].

Ο Μισαηλίδης προτείνει ως λύση στην όλη παρεξήγηση το σύστημα των Βυζαντινών[268], το οποίο χρησιμοποιώντας τέσσερεις ανιόντες και άλλους τέσσερις αντίστοιχους κατιόντες πολυσύλλαβους φθόγγους, θεμελιώνει τους κυρίους ήχους από το μέσον της κλίμακας και με πορεία ανοδική, δηλαδή από τον διαζευκτικό **Δι-Κε** και **Νη-Πα**, έχοντας συγχρόνως πλαγίους ήχους με ανάλογη καθοδική πορεία[269]. Σύμφωνα με τον ίδιο, το σύστημα αυτό, πέρα από το γεγονός ότι προσφέρει τη λύση του προβλήματος αναφορικά με την θεμελίωση του πλ. Δ'[270], θα πρέπει να επισημανθεί πως βρίσκεται σε πλήρη συμβατότητα με το αντίστοιχο των αρχαίων Ελλήνων. Πιο συγκεκριμένα, οι ανιόντες φθόγγοι των Βυζαντινών, **άννανες (Κε** ή **Πα), νεανές (Ζω** ή **Βου), άνέανες (Νη** ή **Γα), άγια (Νη** ή **Δι)**, είναι οι αντίστοιχοι, **τε, τα, τη, τω,** των αρχαίων, και με τον ίδιο τρόπο, οι εν καταβάσει όντες κατά την παραγωγή των πλαγίων ήχων φθόγγοι, **άανες (Γα** ή **Νη), νεχέανες (Βου** ή **Ζω), άνέανες (Πα** ή **Κε), ναί άγιε (Νη** ή **Δι)**, θεμελιώνονται κατά το, **τη, τα, τε, τω.** Άρα το σχήμα που προκύπτει είναι το εξής:

Πα, Βου, Γα, Δι – Γα, Βου, Πα, Νη

ή

Κε, Ζω, Νη, Πα – Νη, Ζω, Κε, Δι[271].

Επικουρικά ο Μισαηλίδης παραθέτει και το εξής κατατοπιστικό σχεδιάγραμμα, όπου παρουσιάζεται η «θεμέλιος κλίμαξ» των Βυζαντινών.

---

267 Αναφορικά με τις απόψεις του Μισαηλίδη περί Λεγέτου, και τη δυνατότητα εξομάλυνσης των επιμέρους προβλημάτων που ανακύπτουν κατά την παραγωγή των ήχων, βλ. Πλεμμένος Ιωάννης, «Ο Σίμων Καράς απαντά εις τον Μισαήλ Μισαηλίδην : Ανασύνθεσις ενός ετεροχρονισμένου διαλόγου», κείμενο δημοσιευμένο στην επίσημη ιστοσελίδα του Συνδέσμου Μουσικοφίλων Κωνσταντινουπόλεως, www.cmkom.org. Στο άρθρο αυτό επιχειρείται μια απόπειρα διευθέτησης των ανωμαλιών που σχετίζονται με την θέση του Λεγέτου στο σύστημα της οκταηχίας, βάσει του τρόπου θεμελίωσης των ήχων, όπως εκείνος προτείνεται από τον Σίμωνα Καρά (βλ. Καράς Σίμων, *Μέθοδος Ελληνικής Μουσικής-Θεωρητικόν*, Τόμος Α', Αθήναι 1982, σ. 231-234). Πράγματι, η θεωρία αυτή φαίνεται να διευθετεί σε μεγάλο βαθμό το ζήτημα του Λεγέτου, καθώς εκείνος θεμελιώνεται στον **Βου** ως διατονικός πλάγιος του Β' ήχος, τετρατόνως επί το βαρύ από την παλιά τονική του **Ζω'** (δεύτερης κατά σειρά βαθμίδας μετά τη βάση παραγωγής των ήχων και με πορεία προς το οξύ). Πάντως, θα πρέπει να επισημανθεί, πως η πρόταση αυτή του Καρά, δεν φαίνεται να διαφοροποιείται ουσιαστικά από το σύστημα των Βυζαντινών που παρουσιάζει ο Μισαηλίδης ως την πλέον κατάλληλη λύση, απλά ο δεύτερος προτείνει εκτός από την βάση του **Κε**, και μια εναλλακτική τονική, με καθαρά πρακτικό αντίκρισμα, όπως είναι αυτή του **Πα** (βλ. παρακάτω, Πίνακας Α').
268 Ο όρος είναι του ιδίου του Μισαηλίδη και τον χρησιμοποιεί αναφερόμενος στον τρόπο παραγωγής των ήχων βάσει του συστήματος του Τροχού.
269 Ο. π., σ. 70.
270 Ο. π., σ. 67, 70.
271 Ο. π., σ. 68.

Η Εκκλησιαστική μουσική της Σμύρνης (1800-1922)

Πίνακας Α΄

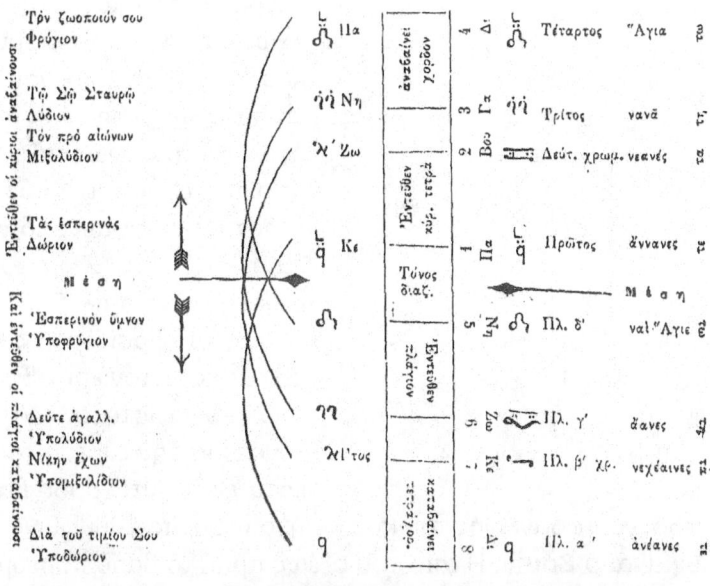

«Νέον Θεωρητικόν», σ.71

Επίσης, άλλα δύο διαγράμματα αναφορικά με την τονική θεμελίωση του Α΄ ήχου, δείχνουν με σαφήνεια τόσο την θέση της «Υπάτης Βαρείας», όσο και την κατά τους αρχαίους θέση των τετραχόρδων με πορεία «προς το οξύ», σε αντίθεση με εκείνη «προς το βαρύ», σύμφωνα με το σύστημα των Διδασκάλων.

Πίνακας Β΄

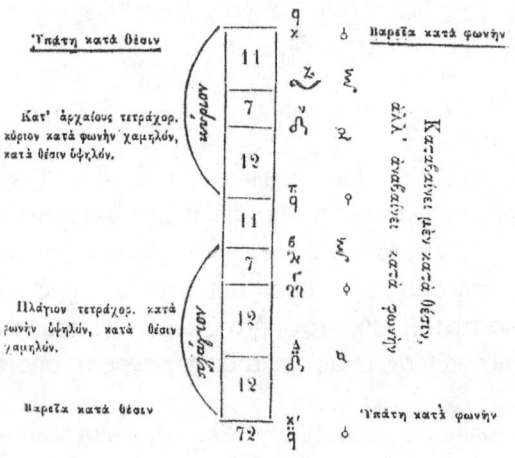

Πίνακας Γ'

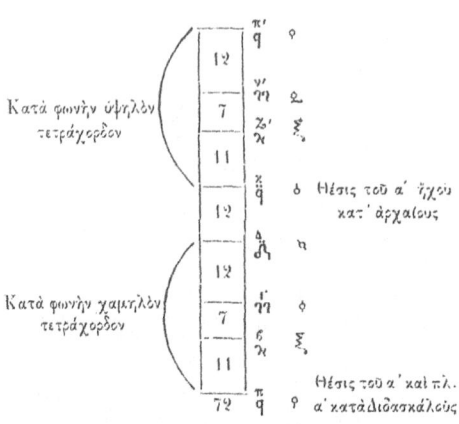

«Νέον Θεωρητικόν», σ. 82-84

Ουσιαστικά αυτό που δυσχεραίνει την κατάστρωση των ήχων βάσει του μεταρρυθμιστικού συστήματος, είναι η αδυναμία θεμελίωσης των πλαγίων ήχων «τετρατόνως επί το βαρύ», από τον αντίστοιχο κύριό τους. Έτσι, η κλίμακα των Διδασκάλων εξαντλείται στον **Ζω**, στον οποίο θεμελιώνεται ο πλ. Γ' (εξ' ου και Βαρύς, ως βασιζόμενος επί της τελευταίας τονικής βαθμίδας), ενώ δεν υφίσταται αντίστοιχος τόνος για την εύρεση του πλ. Δ', κατά ένα πεντάχορδο βαρύτερα από τον φθόγγο παραγωγής του κυρίου ήχου του, που σύμφωνα με τους Δασκάλους είναι ο **Βου**[272]. Η από του οξέως προς το βαρύ πορευμένη θεμέλιος κλίμακα των Διδασκάλων, αποδίδεται από τον Μισαηλίδη ως εξής:

Πίνακας Δ'

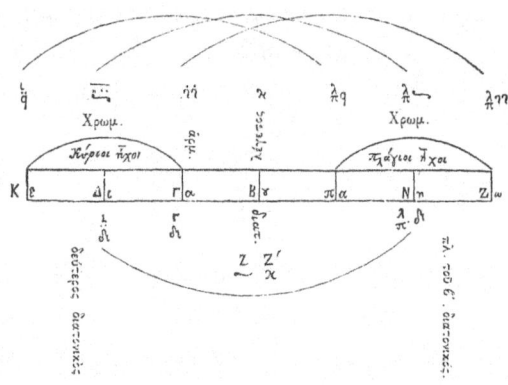

«Νέον Θεωρητικόν», σ. 63

Όπως ειπώθηκε προηγουμένως, ο Μισαηλίδης βρίσκει τη λύση του προβλήματος στο σύστημα των Βυζαντινών, το οποίο λόγω της «προς το οξύ» πορείας του δικαιολογεί την ορθή θεμελίωση των πλαγίων ήχων, διαφυλάσσοντας συγχρόνως την εκάστοτε βασική τονική της κλίμακας από το άτοπο φαινόμενο της διττής φυσιογνωμίας, αναφορικά με το γένος το οποίο εκπροσωπεί[273].

272 Ο. π., σ. 68, όπου και σχετικός πίνακας.
273 Αυτό είναι ένα φαινόμενο που δύσκολα μπορεί να αποφευχθεί βάσει του συστήματος των Δασκάλων, αφού, για παράδειγμα, ο **Δι** αποτελεί βάση παραγωγής άλλοτε διατονικού (Δ' Άγια),

Η Εκκλησιαστική μουσική της Σμύρνης (1800-1922)

Πάντως ο ίδιος δεν διστάζει να σταθεί κριτικά απέναντι και σ' αυτό το σύστημα, στο οποίο εντοπίζει κάποιες ασύμβατες με την συνήθη πρακτική, βάσεις ήχων επί της κλίμακας, όπως για παράδειγμα την θεμελίωση του πλ. Β΄ στον κάτω **Κε**, ή του πλ. Α΄ στον χαμηλό **Δι**, ως ᾆ, κατά το Εσπέριο του Α΄ Ήχου «Κυκλώσατε λαοί», στην φράση «ὅτι αὐτός ἐστὶν ὁ Θεὸς ἡμῶν»[274].

Κλείνοντας την παρουσίαση του ζητήματος αυτού, εκείνο που θα πρέπει να τονίσει κανείς, είναι το γεγονός της φανερής αγωνίας του Μισαηλίδη, όπως άλλωστε και των λοιπών θεωρητικών συγγραφέων της εποχής του, σχετικά με την κατάστρωση μιας θεμελίου κλίμακας, ικανής να περιχωρήσει όλες τις τροπικές συμπεριφορές και επιμέρους εκφάνσεις των εκάστοτε ήχων. Με άλλα λόγια, η τεκμηρίωση της οκταηχίας βάσει ενός αυστηρά δομημένου συστήματος παραγωγής των ήχων, αποτελεί αναντίρρητο ζητούμενο για κάθε θεωρητική σκέψη, η οποία θα φιλοδοξούσε να αποδειχθεί συνεπής στις αρχές που ορίζουν ένα επαρκώς τεκμηριωμένο τροπικό σύστημα. Ωστόσο, με βεβαιότητα θα έλεγε κανείς, πως είναι εξαιρετικά ακραία η αξίωση αναφορικά με τη σύσταση κάποιας θεωρητικής πρότασης επί του θέματος, η οποία να είναι άμοιρη τρωτών και ανέριστων σημείων. Κάτι τέτοιο είναι λογικό παρεπόμενο της αδυναμίας ενός μεγάλου πολιτισμικού μεγέθους, το οποίο κατά τη διάρκεια της ιστορικής του πορείας βρίσκεται αναπόφευκτα εντός ενός πλαισίου αλληλεπιδράσεων και ποικίλων επιρροών, να υπαχθεί σε ένα δογματικά και με νομοτελειακό τρόπο δομημένο θεωρητικό σχήμα, που να καθορίζει απόλυτα την ευρύτερη δομική και μορφολογική του φυσιογνωμία.

Β). «Περὶ ἐναρμονίου καὶ χρωματικοῦ γένους»

Ένα από τα πλέον ακανθώδη και παρεξηγημένα, έως και τις μέρες μας ζητήματα, στα πλαίσια του θεωρητικού συστήματος της Εκκλησιαστικής μουσικής, είναι εκείνο της ύπαρξης ή μη του εναρμονίου γένους. Είναι γεγονός, πως ακόμη και μια επιδερμική διαπραγμάτευση του συγκεκριμένου θέματος καθίσταται η αφορμή στο να εγερθεί μια σωρεία ερωτημάτων χρηζόντων λύσης ή έστω αποσαφήνισης, αναφορικά τόσο με την καθ' εαυτή ύπαρξη του εναρμονίου γένους, όσο και με τα ιδιαίτερα δομικά χαρακτηριστικά εκ των οποίων θα πρέπει να διέπεται. Ο Μισαηλίδης, θα αφιερώσει σημαντικό μέρος του Θεωρητι-

---

και άλλοτε χρωματικού (Β΄) ήχου. Κάτι τέτοιο επιφέρει και τις λογικές ασύμβατες με την θεωρητική λογική συνέπειες κατά την παραγωγή του αντίστοιχου πλαγίου από την τονική του **Δι**, για τις οποίες ο Μισαηλίδης κάνει κατ' επανάληψιν λόγο στο Θεωρητικό του.
274 Ο. π., σ. 72. Επίσης, βλ. Πίνακα Α΄.

κού του στη συγκεκριμένη προβληματική, αναπτύσσοντας έναν πραγματικά ενδιαφέρον συλλογισμό, πρωτότυπο και παράλληλα εξαιρετικά χρήσιμο για κάθε απόπειρα επανεξέτασης του θέματος εκ μέρους της σύγχρονης έρευνας.

Σε πρώτη φάση, και προτού διαπραγματευθεί το ζήτημα της ύπαρξης του εναρμονίου γένους, σπεύδει να ορίσει τις προϋποθέσεις οι οποίες θα πρέπει να υφίστανται, όσον αφορά στη διαστηματική σύνθεση ενός μέλους, ώστε να μπορεί να καταταχθεί στο συγκεκριμένο γένος. Γνώμονα για τον ίδιο αποτελεί ο ορισμός που δίνει ο Πυθαγορικός Νικόμαχος, σύμφωνα με τον οποίο, «*τὸ δὲ ἐναρμόνιον γένος τὴν προκοπὴν τοιαύτην ἔχει· Δίεσις ὅπερ ἐστὶν ἡμιτονίου ἥμισυ, καὶ πάλιν ἄλλη Δίεσις συναμφότεραι ἡμιτονίῳ ἴσαι, καὶ τὸ λειπόμενον τοῦ τετραχόρδου ὅλον δίτονον ἀσύνθετον, ἵνα καὶ τοῦτο δυσὶ τόνοις καὶ ἡμιτονίῳ ἴσον ᾖ*»[275]. Βάσει αυτού του κανόνα, ένα πλήρες εναρμόνιο τετράχορδο θα πρέπει να συνίσταται απαραίτητα, από δύο επάλληλα τεταρτημόρια του τόνου και στη συνέχεια από ένα δίτονο ασύνθετο, με τη μορφή, δηλαδή, δύο συνημμένων τόνων, ως 3, 3, 24. Οι Δάσκαλοι όρισαν ως ανήκοντες στο εναρμόνιο γένος τον Γ΄ και τον Βαρύ Ήχο, αν και σύμφωνα με τον Μισαηλίδη, κάτι τέτοιο δεν μπορεί να υφίσταται θεωρητικά, καθώς παρά την ύπαρξη τεταρτημορίου στα τετράχορδά τους, απουσιάσει το ασύνθετο δίτονο[276]. Αυτός είναι και ο λόγος, που κατά τον ίδιο, δεν επιτρέπει σε αυτούς τους δύο ήχους να χαρακτηρίζονται ως εναρμόνιοι, και τον ωθεί στην πρόταση του όρου «αρμονικός», ως πλέον εύστοχου και κατάλληλου για τον διαστηματικό προσδιορισμό τους[277]. Πάντως, θα πρέπει να επισημανθεί, πως ο Μισαηλίδης παρά τις αντιρρήσεις που εκφράζει σχετικά με την υπαγωγή του Γ΄ και του Βαρέος Ήχου στο εναρμόνιο γένος, δεν απομακρύνεται από την μεταρρυθμιστική θέση αναφορικά με την ύπαρξη τεταρτημορίου στη σύνθεσή τους[278], ενώ αντίθετα, δεν φαίνεται να υιοθετεί την μάλλον συγκερασμένη πρόταση του απόλυτου ημιτονίου των 6 τμ., εκ μέρους της Επιτροπής του 1881[279]. Έτσι, τα διαγράμματα που παραθέτει αναφορικά με την διαστηματική διαίρεση των δύο αρμονικών ήχων είναι τα εξής:

---

[275] Βλ. Μισαηλίδης, «Νέον Θεωρητικόν...», Β΄ Μέρος, ο.π., σ. 73, καθώς και Α΄ Μέρος, σ. 30.
[276] Ο. π., σ. 60-61.
[277] Ο. π., σ. 88.
[278] Βλ. Χρύσανθος εκ Μαδύτων, ο.π., σ. 113-117. Ωστόσο, η παραδοχή εκ μέρους του Χρυσάνθου πλήρους τετραχόρδου αξίας 28 και όχι 30 τμ., τον οδηγεί στο να αναγνωρίζει την ύπαρξη υπερμείζωνος τόνου των 13 τμημάτων, σε αντίθεση με τον Μισαηλίδη που προσδίδει στο ίδιο διάστημα του εναρμονίου τετραχόρδου αξία 15 τμημάτων. Βλ. Πίνακες Ε΄ και ΣΤ΄ του παρόντος κεφαλαίου.
[279] Βλ. «Στοιχειώδης Διδασκαλία...», ο.π., σ. 53.

Πίνακας Ε'

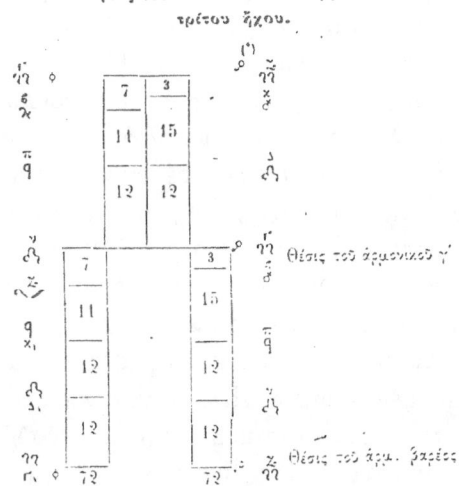

«Νέον Θεωρητικόν», σ. 90

Πίνακας ΣΤ

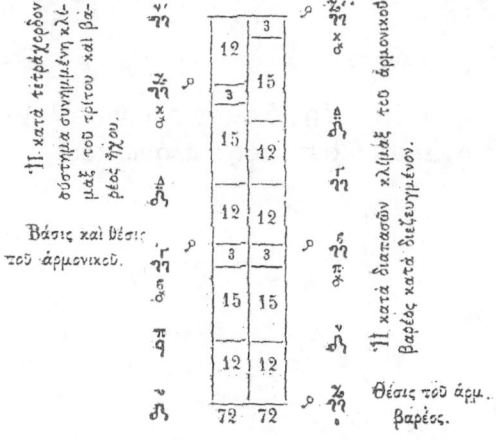

«Νέον Θεωρητικόν», σ. 106

Ωστόσο, δεν απορρίπτει την ύπαρξη του εναρμονίου γένους, άλλα αντίθετα, προσπαθεί βάσει των κριτηρίων που παρουσιάσθηκαν παραπάνω, να το εντοπίσει σε άλλες περιπτώσεις, πέρα από εκείνες των αρμονικών ήχων. Έτσι, σύμφωνα με τον ίδιο, η διαίρεση η οποία πλησιάζει περισσότερο σε εκείνη του εναρμονίου γένους, μπορεί να ανιχνευθεί στον πλ. Β', και συγκεκριμένα στο είδος του *ιεζαζω*, στο τετράχορδο του οποίου, βάσει της μεταρρυθμιστικής θεωρίας, εμπεριέχεται αυξημένος τόνος των 18 τμ., ο οποίος και βρίσκεται πλησιέστερα σε εκείνον των 24 τμ. του εναρμονίου, απ' ότι ο αντίστοιχος μείζων των 12 τμ. που συναντάται στους αρμονικούς[280]. Επιπλέον ο Μισαηλίδης, καταφεύγει και σε μια ιστορικού τύπου προσπάθεια τεκμηρίωσης των απόψεών του, ισχυριζόμενος, πως εφευρέτης του εναρμονίου γένους υπήρξε ο Όλυμπος, ο οποίος το παρήγαγε από το τονιαίο χρωματικό (6, 6, 18), αφαιρώντας εκ των δύο ημιτονίων του από ένα 4μόριο, και προσθέτοντάς τα στη συνέχεια στο ήδη υπάρχον τριημιτόνιο (18+3+3), αμβλύνοντας κατ' αυτόν τον τρόπο επιπλέον τους μικρούς τόνους του χρωματικού, με παράλληλη όξυνση του αντίστοιχου αυξημένου τόνου, με αποτέλεσμα να προκύψει η εξής διαίρεση: 3, 3, 24[281].

---

280 Ο. π, σ. 61-62.
281 Ο. π., σ. 100, καθώς και Β' Μέρος, σ. 73-74. Ο Μισαηλίδης κάνει επίσης λόγο για τις εναλλακτικές δυνατότητες που προσφέρονται όσον αφορά στην τονική θεμελίωση του εναρμονίου γένους, π. χ στον **Νη** ή στον **Πα**, καθώς και για την σύνθετη ηχητική του ιδιαιτερότητα, λόγω της μίξης ετερογενών τετραχόρδων κατά την παραγωγή του. Ο. π. Β' Μέρος, σ. 75-76.

Η θέση αυτή του Μισαηλίδη, προς στιγμήν τουλάχιστον, φαίνεται να περιπλέκει επιπλέον το όλο πρόβλημα, καθώς φαντάζει δυνατή κάποια ενδεχόμενη σύγχυση του εναρμονίου γένους με το αντίστοιχο χρωματικό, ειδικά στο επίπεδο της διαστηματικής σύνθεσης και φυσιογνωμίας του πλ. Β'. Γι' αυτόν τον λόγο, κρίνεται απαραίτητο σε αυτό το σημείο, να διευκρινιστούν ορισμένα πράγματα, αναφορικά με το πώς αντιλαμβάνεται ο Μισαηλίδης το χρωματικό γένος, αλλά και επιπλέον τις συνιστώσες που θα πρέπει να ορίζουν την μεταξύ Β' και πλ. Β' σχέση, στα πλαίσια του συστήματος της οκταηχίας. Κατ' αρχάς, και δικαιολογημένα, πιστεύει πως όπως ισχύει στους διατονικούς ήχους, κατ' ανάλογο τρόπο η διαστηματική σύνθεση των δύο χρωματικών ήχων θα πρέπει να είναι κοινή, αφού ο κύριος ήχος, οφείλει να δανείζει την δική του στον αντίστοιχο πλάγιό του, καθώς εκείνος θεμελιώνεται τετραφώνως επί το βαρύ[282]. Αυτό όμως που είναι ενδιαφέρον, είναι το γεγονός ότι ο Μισαηλίδης αναγνωρίζει στο διαστηματικό μοντέλο του Β' ήχου πορεία σύμφωνα με το «διατριών» σύστημα, άρα «κατά διφωνίαν ομοίαν», ως :

Πίνακας Ζ'

«Νέον Θεωρητικόν», σ. 80

Βάσει αυτού του σκεπτικού, ο Β' φέρει την εξής διαστηματική ακολουθία, την οποία και θα πρέπει να δανείζει στον αντίστοιχο πλάγιό του:

Πίνακας Η'

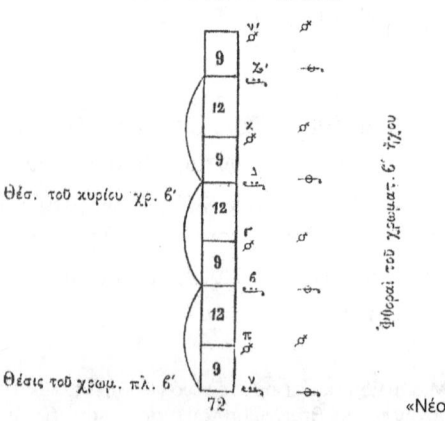

«Νέον Θεωρητικόν», σ. 86

---

282 Ο. π., σ. 29.

Η Εκκλησιαστική μουσική της Σμύρνης (1800-1922)

Ο Μισαηλίδης πράγματι, αναγνωρίζει το γεγονός μιας ξεχωριστής ποικιλομορφίας στο χρωματικό γένος, το οποίο και μελωδείται «πολυειδώς», καθώς δεν περιορίζεται σε μία και μοναδική διαστηματική εκδοχή, αλλά αντίθετα μπορεί να περιλάβει ανά περίπτωση διαφορετικές επιμέρους παραλλαγές. Για να γίνει αυτό περισσότερο κατανοητό, παραθέτει έναν πίνακα, στον οποίον μέσω της παρουσίασης εναλλακτικών τετραχόρδων περιγράφεται ο διαστηματικός πλουραλισμός του χρωματικού γένους.

Πίνακας Θ'

Χρῶμα μαλακὸν	4	4	καὶ 22=30 ἄχρηστ. τοῦτο παρ' ἡμῖν
» ἡμιόλιον	4 ½	4 ½	» 21=30
» τονιαῖον	6	6	» 18=30 ἐν χρήσ. παρ' Εὐρωπαίοις
Ὁ καθ' ἡμᾶς β' χρωμ.	9	12	» 9=30 » παρ' ἡμῖν
» » νενανωειδὴς χρωμ.	7	20	» 3=30 » » . »
Ὁ κατὰ Χρύσανθον β' χρωμ.	7	12	7=26 ἐλλειπής.
» » » πλ. β' »	7	18	» 3=28 »

«Νέον Θεωρητικόν», σ. 96

Στην συνέχεια, γίνεται περισσότερο σαφής, ορίζοντας ανά περίπτωση την πολυποίκιλη αυτή τροπική συμπεριφορά του πλ. Β', ανάλογα με το είδος μελοποιίας και την μορφολογική σύσταση του εκάστοτε μέλους. Έτσι, σύμφωνα με τον ίδιο, ο πλ. Β' στα ειρμολογικά μέλη, πορευόμενος κατά «ιεχεαιες», χρησιμοποιεί το «καθ' ομοίαν διφωνίαν» σύστημα του κυρίου του με διαίρεση 9, 12 (μαλακό χρώμα), και με δεσπόζοντες τον **Βου** και τον **Δι**. Στα στιχηραρικά μέλη μεταχειρίζεται, «κατά περίστασιν», όπως αναφέρει χαρακτηριστικά, τόσο την δική του διαστηματική φόρμα (μαλακή χρωματική) όσο και την του ιεζαζω. Τέλος στα Παπαδικά μέλη, ακολουθεί, κατά κύριο λόγο, το «καθ' ομοίαν διφωνίαν» σύστημα, αφού στρεφόμενος περί τον ⸱, ⸲ και ⸳, καταλήγει στον ⸱, πλησιάζοντας κατ' αυτόν τον τρόπο στον καθαρό Β' χρωματικό ήχο[283]. Ωστόσο, επισημαίνει τη δυνατότητα μίξης του μαλακού χρώματος με εκείνο του ιεζαζω, στην συνήθη περίπτωση κατά την οποία τα αργά μέλη ενώ εκτελούνται βάσει της μαλακής χρόας στο πρώτο τετράχορδο, ακολουθούν την κατά ιεζαζω διαίρεση στο οξύ, με σκοπό την αποκατάσταση του μέλους κατά «τελείαν διαπασών»[284], ως εξής:

---

283 Ο. π., σ. 99.
284 Ο. π., σ. 100.

Πίνακας Ι'

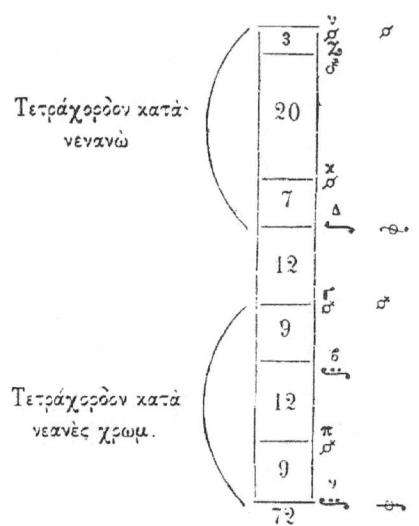

«Νέον Θεωρητικόν», σ. 101

Πίνακας ΙΑ'

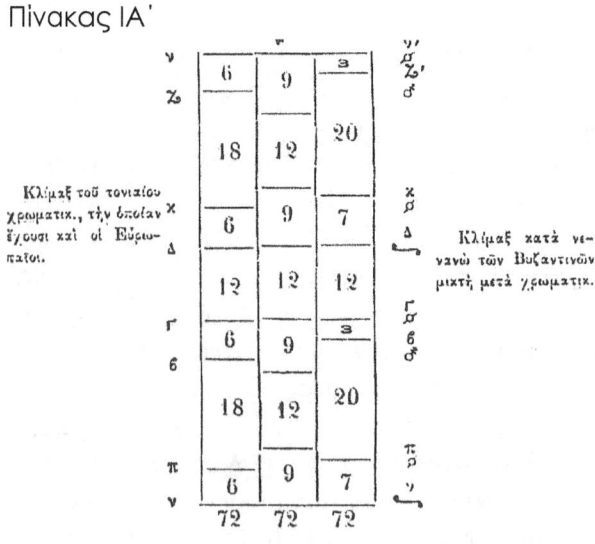

«Νέον Θεωρητικόν», σ. 98

Ανακεφαλαιώνοντας, θα πρέπει να ειπωθεί, πως ο Μισαηλίδης αναγνωρίζει τρεις βασικές δυνατές διαιρέσεις αναφορικά με το χρωματικό γένος, α). την τονιαία (6, 18, 6), β). την «καθ' ομοίαν διφωνίαν» (9, 12), και γ). την του ιεϊαϊω (7, 20, 3), με εννοούμενη την μεταξύ τους μίξη και εναλλαγή[285], ειδικά στον πλ. Β' και σε σχέση με την εν γένει τροπική ανάπτυξη και συμπεριφορά του εκάστοτε μέλους.

Συμπερασματικά, θα μπορούσε κανείς να υποστηρίξει, πως η κατανόηση της διαστηματικής πολυμορφίας του χρωματικού γένους, και ειδικά στον πλ. Β', εκ μέρους του Μισαηλίδη, αποτελεί μια επιπλέον πρόκληση για την σύγχρονη έρευνα, όσον αφορά στην προσπάθεια μελέτης και περαιτέρω κατανόησης της τροπικής

---

[285] Σχετικά με αυτό το φαινόμενο, ο Μισαηλίδης παραθέτει επτά επιπλέον διαγράμματα με μικτά διαστηματικά μορφώματα θεμελιωμένα επί του **Νη**, και με πορεία προς το οξύ. Οι εκδοχές αυτές αποτελούν ενδεχόμενες τροπικές περιπτώσεις, οι οποίες είναι δυνατό να προκύψουν τόσο μετά από την μίξη των επιμέρους χρωματικών υπομονάδων, -άλλοτε με τρόπο συνημμένο και άλλοτε διαζευγμένο-, όσο και κατόπιν ένωσής τους με αντίστοιχα διατονικά. Βλ. ο.π., σ. 102-103.

Η Εκκλησιαστική μουσική της Σμύρνης (1800-1922)

λειτουργίας και συμπεριφοράς του χρωματικού γένους. Πιο συγκεκριμένα, η αναγνώριση της διαστηματικής προσαρμοστικότητας του χρωματικού γένους, αποδεσμεύει τον σύγχρονο μελετητή από την σχολαστική αντίληψη περί της μονοδιάστατης-νομοτελειακής εκφοράς του εκάστοτε μέλους, στα πλαίσια μάλιστα μιας κατ' απόλυτο τρόπο ορισμένης κλίμακας. Αντίθετα, η αποδοχή μιας πλέον ευέλικτης θεώρησης επί του ζητήματος, μεταφέρει αυτόματα τον κεντρικό πυρήνα του θεωρητικού συστήματος σε μικρότερες δομικές υπομονάδες του μέλους, με παράλληλη αναγνώριση δυνατότητας εναλλακτικής ή συνδυαστικής χρήσης τους στο πεδίο της πράξης[286]. Κάτι τέτοιο, οδηγεί στο συμπέρασμα, πως το βασικό δομικό συστατικό που συγκροτεί την διαστηματική φυσιογνωμία των χρωματικών ήχων δεν εδράζεται πλέον στο φαινόμενο της απόλυτης διάκρισής τους σε μαλακούς και σκληρούς, αλλά στην δυνατότητα εναλλαγής ή και μίξης των τετραχόρδων, ανάλογα με την μελική κίνηση και πορεία του μέλους[287].

Ολοκληρώνοντας την διαπραγμάτευση που αφορά στο θεωρητικό έργο του Μισαήλ Μισαηλίδη, είναι απαραίτητο να τονίσει κανείς, πως η οποιαδήποτε απόπειρα επιστημονικής αποτίμησης του έργου και της καθ' εαυτής παρουσίας του στη μουσική κίνηση του β' μισού του 19ου αιώ-

---

[286] Αν και το φαινόμενο αυτό είναι υπαρκτό σε όλα τα επίπεδα της μελοποιίας που αφορά στο χρωματικό γένος, η πλέον χαρακτηριστική περίπτωση είναι εκείνη των μελών του Β' ήχου στο είδος του αργού Ειρμολογίου, λόγω του ότι η διαδοχή υπομονάδων μαλακού και σκληρού χρώματος είναι συχνότατη, και άμεσα εξαρτημένη από την μελωδική κίνηση της σύνθεσης. Είναι φανερή άλλωστε, η αγωνία του Γρηγορίου Πρωτοψάλτου να αποδώσει κατά την εξήγησή του το συγκεκριμένο φαινόμενο, καθώς στις περιπτώσεις όπου το μέλος κινείται «κατά διφωνία» -είτε προς το οξύ, είτε προς τον μέσο του-, χρησιμοποιεί μαλακό χρώμα με πορεία σύμφωνα με το «διατριών», ενώ στις περιπτώσεις κίνησης του μέλους προς το οξύ και με κατεύθυνση την τέταρτη από την βασική τονική ευρισκόμενη βαθμίδα, καταφεύγει στην σκληρή χρόα. Όλη αυτή η διαδικασία ενέχει εξαιρετικό ενδιαφέρον, καθώς δεν ορίζει απλά και μόνο την διαστηματική σύνθεση του μέλους, αλλά φανερώνει και το γεγονός της εξάρτησης που έχει η ίδια από την φρασεολογική κίνηση και πορεία της εκάστοτε σύνθεσης. Έτσι, αυτό που αναδεικνύεται σε κάθε περίπτωση εναλλαγής χρωματικών υπομονάδων, δεν είναι μόνο η διαστηματική αλλοίωση του μέλους, αλλά κυρίως η κατεύθυνση και ο τρόπος ανάπτυξής του.

[287] Ένα εξαιρετικά χρήσιμο μουσικολογικό παράλληλο αυτού του φαινομένου, θα μπορούσε να εντοπιστεί στον τρόπο λειτουργίας των «χρωματικών» makam της Τουρκικής μουσικής. Στην Κλασική Οθωμανική μουσική, πρωτογενώς και σε επίπεδο θεωρητικό, δεν γίνεται λόγος περί διάκρισης σκληρού και μαλακού χρώματος, καθώς αναγνωρίζεται μία ενιαία 4χορδική υπομονάδα Hicaz, με ισομερή, ελαφρώς μαλακή, διαστηματική κατανομή στα ακραία στελέχη της (5-12-5, στα πλαίσια 4χόρδου 22 κομάτων). Ωστόσο, στο επίπεδο της επιτέλεσης η εν λόγω χρόα του Hicaz μπορεί να «μαλακώνει», όσο το επιτρέπει η υφολογική-μορφολογική σύσταση της εκτελούμενης σύνθεσης και το καλλιτεχνικό αισθητήριο του εκάστοτε ερμηνευτή. Άλλωστε μια τέτοιου είδους διαδικασία, αποτελεί μία από τις βασικότερες αρχές των τροπικών συστημάτων της Ανατολής, και οφείλεται στο γεγονός της δυναμικής που φέρουν οι εκάστοτε βαθμίδες, αναφορικά με την δυνατότητα επέκτασης ή συρίκνωσής τους στα πλαίσια της αναφοράς τους σε συγκεκριμένα τονικά κέντρα. Για το θέμα της διαστηματικής ευελιξίας, όπως αυτή φανερώνεται βάσει του φαινομένου των έλξεων στις τροπικές παραδόσεις της Ανατολής, βλ. Σκούλιος Μάρκος, «Προφορικότητα και διαστηματικός πλούτος σε μουσικά ιδιώματα της Βορειοανατολικής Μεσογείου», στον συλλογικό τόμο του Τ. Λ. Π. Μ, με θέμα «Προφορικότητες», Άρτα 2007. σ. 39-57

να, οφείλει να πραγματοποιηθεί θεμελιωμένη σε δύο παράλληλα επίπεδα. Κατ' αρχάς, σ' εκείνο μιας προσέγγισης συγχρονικής με την ίδια την εποχή κατά την οποία δραστηριοποιείται, και κατά συνέπεια με τα γεγονότα τα οποία την συνοδεύουν, και έπειτα στα πλαίσια μιας διαδικασίας περισσότερο υπερχρονικής, που θα φέρει ως σκοπό την αντικειμενικότερη ανάδειξη των πλέον χρήσιμων, για την σύγχρονη επιστήμη και έρευνα, σημείων της θεωρητικής του σκέψης. Ωστόσο, όποια μέθοδο και αν επιλέξει κανείς στην προσπάθεια προσέγγισης του συγκεκριμένου μουσικολογικού ζητήματος, είναι απαραίτητο να σταθεί σε ορισμένα καίρια ιστορικά σημεία, τα οποία αναδεικνύουν, αναμφίβολα, την σημαντικότητα της δράσης του Μισαηλίδη, τόσο σε σχέση με την διαδικασία αποκρυστάλλωσης του θεωρητικού συστήματος στα τέλη του 19ου αιώνα, όσο και σε σχέση με την εν γένει εξελικτική πορεία της Εκκλησιαστικής μουσικής, όπως αυτή εκτείνεται έως και τις ημέρες μας.

Κατ' αρχάς, η επιμονή του Μισαηλίδη στην διαπραγμάτευση του ζητήματος του καθορισμού της διαστηματικής διαίρεσης της Διαπασών, παρά τις έντονες αντιδράσεις, που σε πρώτη φάση προκάλεσε, οδήγησε έως και την οριστική διευθέτηση του προβλήματος εκ μέρους της Επιτροπής του 1881. Ωστόσο, είναι ανάγκη να διευκρινισθεί, πως η Επιτροπή ενώ θα οικοδομήσει τα πορίσματά της βάσει των θέσεων του Μισαηλίδη, ο ίδιος τόσο μέσω των άρθρων του κατά την δεκαετία του 1890, όσο και μέσω του Θεωρητικού του, δεν φαίνεται να υιοθετεί την γενικότερη τάση της Επιτροπής προς συγκερασμό του θεωρητικού συστήματος[288]. Ένα άλλο κεντρικό ζήτημα, είναι εκείνο της ανάδειξης από τον ίδιο της κρισιμότητας που ενέχει η σωστή ερμηνεία του όρου της «Υπάτης Βαρείας», αναφορικά με την ορθή τεκμηρίωση της παραγωγής των ήχων επί της θεμελίου κλίμακας. Στο επίπεδο αυτό, ακόμα και στην περίπτωση που οι τοποθετήσεις του Μισαηλίδη δεν γίνουν αποδεκτές ή κριθούν ως ελλιπείς, αναντίρρητο είναι το γεγονός, πως η προσέγγιση και μόνο ενός τόσο ευαίσθητου ζητήματος για την αξιοπιστία του μεταρρυθμιστικού συστήματος, γεννά εκ των πραγμάτων, έναν εξαιρετικά γόνιμο και ενδιαφέρον μουσικολογικό προβληματισμό. Επίσης, ως κρίσιμο θα πρέπει να χαρακτηρισθεί το θέμα της ύπαρξης του εναρμονίου γένους, η σπουδαιότητα του οποίου καθίσταται επιπλέον εμφανής αν αναλογιστεί κανείς τις συνέπειες που επιφέρει σε επίπεδο πρακτικό, επαναπροσδιορίζοντας τον ρόλο και τον τρόπο λειτουργίας του τετραχόρδου, όχι αποκλειστικά και μόνο σε

---

[288] Χαρακτηριστικότερες οι περιπτώσεις της μη αποδοχής εκ μέρους του Μισαηλίδη της κατ' απόλυτο αριθμητική αναλογία διαίρεσης του τόνου σε δύο ισομερή ημιτόνια, καθώς και της ύπαρξης 4μορίου και όχι ημιτονίου των 6 τμ. στο τετράχορδο των αρμονικών ήχων.

σχέση με το χρωματικό γένος, αλλά και σε σχέση με την εν γένει δομή και μορφολογική υπόσταση του εκκλησιαστικού μέλους. Τέλος, οι θέσεις του Μισαηλίδη αναφορικά με την καταγωγή της δυτικής μουσικής, καθώς και με το ζήτημα της ενδεχόμενης εισαγωγής της στην λατρεία, πέρα από το εμφανή ιδεολογηματικό τους περιεχόμενο, θα πρέπει να κριθούν ως φανερά ωριμότερες και πλέον τεκμηριωμένες, σε σχέση με αντίστοιχες ακραίες και άκρως μεροληπτικές απόψεις που εκφράστηκαν εκατέρωθεν με αφορμή το συγκεκριμένο πρόβλημα, κατ' αυτήν την χρονική περίοδο[289].

Κλείνοντας, θα πρέπει να τονίσει κανείς, πως ο Μισαηλίδης υπήρξε μια ξεχωριστή πνευματική φυσιογνωμία του περιβάλλοντος της Σμύρνης, που δεν θα διστάσει να αρθρώσει έναν σύγχρονο για την εποχή του θεωρητικό λόγο, ο οποίος και θα καταστεί η αφορμή, ώστε να διεξαχθεί ένας ευρύτατος διάλογος, στα πλαίσια του οποίου δεν θα απουσιάσει και το φαινόμενο της έντονης αμφισβήτησης των ιδεών του[290], κυρίως εκ μέρους εκείνων που θα προτιμήσουν να μείνουν πιστοί στην ασφάλεια που παρέχει η ιδεολογηματική αντίληψη της Παράδοσης και του εν γένει ιστορικού υλικού. Ο ριζοσπαστικός χαρακτήρας που αποπνέει το έργο του Μισαηλίδη, αναμφίβολα, αποτελεί άμεσο αντικατοπτρισμό της γενικότερης αποδομητικής διάθεσης που χαρακτηρίζει σε επίπεδο ιδεολογικό και πολιτισμικό, την ανασυγκροτούμενη και κατά συνέπεια αυτονομούμενη Σμύρνη του 19ου αιώνα. Έτσι, οι απόψεις του Μισαηλίδη, δεν θα πρέπει να γίνουν κατανοητές, απλά και μόνο, ως ο καρπός της μακρόχρονης ενασχόλησης

---

289 Ενδεικτικά και μόνο θα υπενθύμιζε κανείς τις φορτισμένες με ειδικό ιδεολογικό βάρος θέσεις του Παναγιώτη Κηλτζανίδη και του Νικόλαου Παγανά, που εκφράστηκαν κατ' αυτή την περίοδο.
290 Στο σημείο αυτό, θα πρέπει κανείς να υπενθυμίσει τις ενστάσεις του Κηλτζανίδη, και των Σμυρνιών μουσικών Ξανθίδη και Γιαλουσάκη, όπως εκφράσθηκαν μέσω του Τύπου της εποχής, καθώς και την γνωμοδότηση που συνέταξε στα πλαίσια του Εκκλησιαστικού Μουσικού Συλλόγου Κωνσταντινουπόλεως η Ειδική Τεχνική Επιτροπή το 1889, με αποτέλεσμα την αποδοκιμασία των περί διαιρέσεως της κλίμακας, θέσεων του Μισαηλίδη. Επίσης, μέσω του «Νεολόγου» και με αφορμή κείμενο του Μισαηλίδη με τίτλο, «Μελέτη περί τοῦ ἐναρμονίου γένους τῶν ἀρχαίων Ἑλλήνων» («Κωνσταντινούπολις», φυλ. 15ης Μαρτίου 1890), εξέφρασε τις αντιρρήσεις του και ο Νικόλαος Παγανάς. Βλ. «Περί τῆς καθ' ἡμᾶς ἐκκλησιαστικῆς μουσικῆς», «Νεολόγος» Κωνσταντινουπόλεως, φυλ. 13ης Απριλίου 1890. Βασικά ο Παγανάς, αντιτίθεται στην θέση του Μισαηλίδη περί υπάρξεως του εναρμονίου γένους στο είδος του «νενανώ», πιστεύοντας πως αν όντως ίσχυε κάτι τέτοιο, θα ήταν ανάγκη να εντοπιστεί άλλος ένας ήχος που να ανήκει στο εν λόγω γένος, καθώς, σύμφωνα με τον ίδιο, κάθε γένος οφείλει να εμπεριέχει έναν κύριο ήχο αλλά και τον αντίστοιχο πλάγιό του, πράγμα που δεν μπορεί να ισχύσει στην περίπτωση του «νενανώ». Επιπλέον, εύστοχα τονίζει πως ακόμα κι αν γινόταν αποδεκτή η ύπαρξη της διαίρεσης κατά το εναρμόνιο γένος, 3, 3, 24, στο είδος του «νενανώ», κάτι τέτοιο δεν θα θεωρείτο επαρκές, καθώς η ορθή διαστηματική σειρά θα απαιτούσε τον υπερμείζωνα τόνο στην μέση ως, 3, 24, 3, και όχι στην άκρη της υπομονάδας. Τέλος, θα πρέπει να επιπωθεί πως και το ίδιο το Θεωρητικό του Μισαηλίδη κατατέθηκε σε ειδική επιτροπή με σκοπό την έγκρισή του, η οποία αποτελείτο από τους, Γ. Βιολάκη, Ν. Καμαράδο, Μ. Σύγκελλο, και Μ. Βασιλείου, - μετά από πρόταση του οποίου, ανατέθηκε η μελέτη του Β' Μέρους του Θεωρητικού στο Ν. Καμαράδο, καθώς κρίθηκε ως ο πλέον ειδικός - χωρίς ωστόσο να σώζονται δημοσιευμένα τα πορίσματά της. Βλ. «Παράρτημα Εκκλησιαστικής Αληθείας...», Τεύχος ΣΤ', -πρακτικά ΙΗ' και ΙΘ' συνεδρίασης, 19ης Δεκεμβρίου 1902 και 22ης Ιανουαρίου 1903, ο.π., σ. 56-57.

με τα θεωρητικά ζητήματα ενός χαρισματικού και ανήσυχου προσώπου, αλλά ως η υποστασιοποίηση μιας βαθύτερης ιδεολογικής δυναμικής που ορίζει την σύνολη πνευματική κοινότητα της Σμύρνης, καθώς αυτή αγωνιά να αυτονομηθεί, αφ' ενός μεν αποδομώντας το συντηρητικό ιστορικό της παρελθόν με όπλα την αμφισβήτηση και την ανυποταξία, και αφ' ετέρου χτίζοντας μια νέα πραγματικότητα με στόχο την πνευματική και εκφραστική της αυτοδυναμία-μοναδικότητα.

Δ΄ ΜΕΡΟΣ

Μορφολογική ανάλυση του συνθετικού έργου των Σμυρναίων δασκάλων (Νικολάου Πρωτοψάλτου – Μισαήλ Μισαηλίδη)

Η Εκκλησιαστική μουσική της Σμύρνης (1800-1922)

Στα πλαίσια της δραστηριότητας που αναπτύσσεται στον χώρο της Εκκλησιαστικής μουσικής της Σμύρνης του 19ου αιώνα, ξεχωριστή θέση κατέχει η σύνολη μουσική φιλολογία η οποία θα συγκροτηθεί χάρη στην αναμφίβολα σπουδαία μελοποιητική παραγωγή των Σμυρνιών συνθετών, και ειδικότερα του Νικολάου Πρωτοψάλτου και του Μισαήλ Μισαηλίδη. Έτσι, ενώ ο πρώτος θα συνθέσει το σύνολο σχεδόν της «Ενιαυσίου Ακολουθίας», καλύπτοντας κατ' αυτόν τον τρόπο το μεγαλύτερο φάσμα των ειδών της μελοποιίας, ο δεύτερος θα περιοριστεί στη σύνθεση ορισμένων μόνο επιλεγμένων λειτουργικών μελών, χωρίς να διστάσει, ωστόσο, να επεκτείνει την συνθετική του δράση και σε επίπεδα ευρύτερα εκείνων του λατρευτικού είδους, με εμφανή μάλιστα την διάθεση της πρωτοτυπίας και του νεωτερισμού.

Στο παρόν Δ΄ Μέρος του βιβλίου θα επιχειρηθεί πέρα από την απαραίτητη, έστω και επιλεκτική, μορφολογική ανάλυση των σημαντικότερων συνθετικών έργων των δύο Σμυρνιών δασκάλων, και μια απόπειρα συστηματικής ταξινόμησης και παρουσίασης της σύνολης συνθετικής τους παραγωγής, με σκοπό την αντικειμενικότερη κατάταξή τους στο ευρύτερο μουσικό και καλλιτεχνικό περιβάλλον της εποχής τους. Με άλλα λόγια, πέρα από τον καθαρά μουσικολογικό υπομνηματισμό των συνθέσεων του Νικολάου και του Μισαηλίδη, η έρευνα επιβάλλει και μια πλέον ιστορικοκεντρική θεώρηση του έργου τους, σε σχέση και συνάρτηση δηλαδή με τάσεις, συγκυρίες και συγκεκριμένες ιστορικές συμπεριφορές, οι οποίες καθορίζουν, άλλοτε περισσότερο και άλλοτε λιγότερο, την εν γένει συνθετική δημιουργία και παραγωγή στον χώρο της Εκκλησιαστική μουσικής του 19ου αιώνα. Με αυτό το σκεπτικό, το επιδιωκόμενο αποτέλεσμα δεν θα περιοριζόταν στα όρια μιας σχολαστικά αναλυτικής παρουσίασης-περιγραφής της εκάστοτε σύνθεσης, αλλά αντίθετα θα στόχευε στον καταρτισμό ενός συγκεκριμένου μεθοδολογικού προτύπου ικανού και συγχρόνως κατάλληλου να ανταποκριθεί στις ανάγκες μιας σύγχρονης προσέγγισης του εν λόγω ιστορικού υλικού. Είναι άλλωστε συχνό το φαινόμενο, ειδικά στα πλαίσια μιας επιδερμικής και αμέτοχης του ευρύτερου χωροχρονικού πλαισίου προσέγγισης του συγκεκριμένου ρεπερτορίου, η εξαγωγή του αβασάνιστου συμπεράσματος, βάσει του οποίου το συνθετικό έργο των Σμυρνιών δασκάλων γίνεται αντιληπτό απλά και μόνο ως μια χαρακτηριστική περίπτωση εξεζητημένης ή σωστότερα ασύμβατης με τα παραδεδεγμένα μελοποιητικά πρότυπα συνθετικής απόπειρας. Μια τέτοια πεποίθηση είναι δυνατό να περιορίσει τα όρια της σημαντικότητας του συγκεκριμένου υλικού στα πλαίσια μιας απλής στιλιστικής εξαίρεσης, με ήσσονα μάλιστα σημασία αναφορικά με την εν γένει ιστορική και μορφολογική εξέλιξη του εκκλησιαστικού είδους, ειδικά λόγω της ιδιοπρόσωπης και υφολογικά νεωτερικής του σύστασης. Έτσι, για την αποφυγή ενός τέτοιου ενδεχομένου, αναγκαία θεωρείται η σύνολη και παράλληλα σφαιρική μελέτη του μελοποιητικού έργου των Σμυρνιών συνθετών, με αυτονόητο τον συνυπολογισμό μιας ομάδας ιστορικών και ερμηνευτικών παραμέτρων που να μπορούν να καταστήσουν δυνατή μια πολυεπίπεδη «ανάγνωση» του συγκεκριμένου υλικού.

Ο χαρακτήρας του μεθοδολογικού σχήματος, το οποίο θα ακολουθηθεί στη συνέχεια, θα είναι διττός, αφού θα επιδιώκει τόσο την ιστορική αποτίμηση όσο και την μουσικολογική-μορφολογική ανάδειξη του σμυρναίικου ρεπερτορίου. Πιο συγκεκριμένα, απαραίτητη προϋπόθεση για την αντικειμενική κατανόηση του βαθύτερου εκφραστικού περιεχομένου ενός τόσο ιδιαίτερου συνθετικού υλικού είναι, σε πρώτη φάση, ο ορισμός του τρόπου ένταξής του στην ευρύτερη μουσική παραγωγή της εποχής, και έπειτα, η απόδοση της στιλιστικής-αισθητικής του ιδιαιτερότητας. Με άλλα λόγια, θα πρέπει να θεωρηθεί ως εξαιρετικά κρίσιμη η παρακολούθηση της κινητικότητας που παρατηρείται στον χώρο της τέχνης και της δημιουργίας κατά την εποχή αυτή, ώστε να γίνει σαφές το κατά πόσο η εν γένει μουσικο-συνθετική παραγωγή της Σμύρνης συμπορεύεται με την ιδεολογική διάθεση των εικαστικών ρευμάτων που δεσπόζουν εντός του κυρίαρχου διαλεκτικού σχήματος της συντήρησης και της προόδου στον 19ο αιώνα. Η διαλεύκανση της συγκεκριμένης αυτής πτυχής του ζητήματος θα ορίσει με επιπλέον σαφήνεια το ποσοστό στο οποίο το σμυρναίικο ρεπερτόριο αποτελεί καρπό ενός ιδιάζοντος και πρωτοπόρου τοπικού καλλιτεχνικού κινήματος ή αντίθετα επιμέρους εκδοχή μιας γενικότερης εικαστικής και εκφραστικής άποψης, που δεσπόζει στον χώρο του πνεύματος και της δημιουργίας κατά την συγκεκριμένη χρονική περίοδο.

Αναφορικά δε με τον μορφολογικό υπομνηματισμό του εν λόγω υλικού, απώτερος στόχος είναι η φρασεολογική του αποδόμηση, ώστε να καταστούν αντιληπτά τα πλέον θεμελιώδη συνθετικά του συστατικά. Για την επίτευξη του σκοπού αυτού, αναμφίβολα, θα καταστεί αναγκαία η χρήση άλλοτε του μεθοδολογικού σχήματος της αντιπαραβολής και άλλοτε εκείνου της σύνθεσης. Μια τέτοιου είδους εναλλακτική αξιοποίηση των πολλαπλών μουσικολογικών παραλλήλων μπορεί κάλλιστα να λειτουργήσει επικουρικά στην προσπάθεια ανάδειξης τόσο των αρχετυπικών πηγών, στις οποίες αναφέρεται η εκάστοτε σύνθεση, όσο και των ειδικών σχημάτων επιρροής στα οποία ενδεχομένως και να οφείλει την δομική και υφολογική της ιδιαιτερότητα. Τέλος, ειδικά δε για τις συνθέσεις του Νικολάου Σμύρνης και του Μισαηλίδη, απαραίτητη θα πρέπει να θεωρηθεί η μελέτη και περαιτέρω ανίχνευση του τρόπου με τον οποίο γίνεται χρήση, και μάλιστα κατά κόρον, της προσδιοριστικής δυναμικής του νέου σημειογραφικού συστήματος. Το γεγονός αυτό είναι εξαιρετικά σημαντικό, καθώς η ορθή κατανόηση του χειρισμού της σημειογραφίας προϋποθέτει τον εντοπισμό και σε πολλές περιπτώσεις την «αποκρυπτογράφηση» επιμέρους μινιμαλιστικών μοτίβων, η ερμηνεία των οποίων βρίσκεται σε συνάρτηση με την συγκρότηση μιας σφαιρικής εικόνας-άποψης του συγκεκριμένου μουσικού ιδιώματος, συμπεριλαμβανομένης απαραίτητα και της προφορικής του πτυχής.

Κεφάλαιο α'

Οι μελοποιητικές πηγές του Νικολάου από την κλασική μουσική φιλολογία, οι εξηγήσεις και οι συντμήσεις του

Ένα ζήτημα που ενέχει εξαιρετικό ενδιαφέρον αναφορικά με την συνθετική παραγωγή του Νικολάου Πρωτοψάλτου, είναι εκείνο του εντοπισμού των μελοποιητικών του πηγών και κατ' επέκταση ο ορισμός του τρόπου και του ποσοστού στο οποίο βρίσκεται σε μια σχέση αναφοράς ο ίδιος ως συνθέτης με το εν γένει ιστορικό υλικό. Αυτός άλλωστε είναι και ο λόγος που επιβάλλει μεθοδολογικά την ενιαία παρουσίαση των συνθέσεών του σε ορισμένα μέλη του Εσπερινού και του Μαθηματαρίου, καθώς η μελέτη των ενδεικτικών αυτών περιπτώσεων αναδεικνύει τον τρόπο με τον οποίο διαχειρίζεται το παλαιό ρεπερτόριο, άλλοτε λαμβάνοντας αφορμές δημιουργίας από αυτό και άλλοτε επιλέγοντας μια εναλλακτική-ανανεωτική αξιοποίησή του. Για να γίνει κάτι τέτοιο πραγματικά σαφές, απαραίτητη θα πρέπει να θεωρηθεί και η παράλληλη κατανόηση της βαθύτερης ιδεολογικής σκοπιμότητας που καθορίζει τον χαρακτήρα των συντμήσεων, καθώς και των πραγματικά αξιόλογων εξηγήσεών του. Ουσιαστικά, μια τέτοια απόπειρα καλείται να υπηρετήσει το μουσικολογικό ζητούμενο, σχετικά με τον βαθμό κατά τον οποίο ο Νικόλαος μέσω του εξηγητικού του έργου επιδιώκει μια απλή μεταφορά του ιστορικού υλικού στο νέο σημειογραφικό σύστημα ή, αν με αυτήν την αφορμή, αποβλέπει παράλληλα και σε μια επεξεργασμένη απόδοσή του, με αυτονόητη την αξιοποίηση επιμέρους ιδιοπρόσωπων ερμηνευτικών σχημάτων, ικανών να καθορίσουν σε μεγάλο βαθμό το αισθητικό-υφολογικό περιεχόμενο του εκάστοτε κλασικού μέλους που μεταφέρει στη νέα μέθοδο.

Μία από τις πλέον ενδεικτικές περιπτώσεις, που θα μπορούσαν να φωτίσουν τον τρόπο με τον οποίο ο Νικόλαος αξιοποιεί το κλασικό υλικό, είναι εκείνη των Ανοιξανταρίων, καθώς ο ίδιος τα συνθέτει κατά το πρότυπο των παλαιών μελοποιών της ύστερης Βυζαντινής περιόδου. Ουσιαστικά, πρόκειται για μια «σπουδή» στη σύνθεση, αφού η διάθεσή του να τονίσει τα μέλη αυτά παραμένοντας προσηλωμένος στο ύφος και στον χαρακτήρα των κλασικών αυτών κειμένων είναι εμφανής. Στο σημείο αυτό, θα πρέπει να σημειωθεί, πως ο Νικόλαος αποτελεί τη μοναδική περίπτωση συνθέτη του 19ου αιώνα, ο οποίος μελοποιεί Ανοιξαντάρια με πρότυπο την παλιά, ιστορική τους φόρμα, χωρίς παράλληλα να καταφεύγει σε μια πλέον ευέλικτη - συνοπτική δομική τους απόδοση[291]. Ωστόσο, αυτό που εύκολα μπορεί να παρατηρήσει κανείς, είναι το γεγονός, πως ενώ επιδιώκει να παραμείνει εντός των μορφολογικών δεδομένων του πρωτότυπου μέλους βρισκόμενος σε μια συνεχή αναφορά προς αυτό, δεν το παρακολουθεί απόλυτα, διαφοροποιούμενος κατά τρόπο ουσιαστικό στα επιμέρους. Πιο συγκεκριμένα, ενώ και ο ίδιος, σχεδόν κατ' αποκλειστικότητα, αντλεί στοιχεία από τον χώρο της κλασικής μελοποιίας, προτιμά να χρησιμοποιεί εναλλακτικές μελωδικές φόρμες, παραλλάσσοντας κατ' αυτόν τρόπο το αρχετυπικό μουσικό θέμα με κάποιο άλλο παράλληλό του. Αυτό το σημείο είναι και το πλέον κρίσιμο, καθώς δεν επιτρέπει στη σύγχρονη έρευνα να θεωρήσει τα Ανοιξαντάρια του Νικολάου, ως μια απλώς επεξεργασμένη και ίσως περισσότερο συγχρονική εκδοχή των αντίστοιχων Αρχαίων, αλλά αντίθετα να τα εκλάβει ως μια απόπειρα επαναξιοποίησης του πρωτοτύπου υλικού με τρόπο δημιουργικό, και εμφανώς αποδεσμευμένο από τα στενά πλαίσια μιας σχολαστικής διασκευής. Η πραγματικότη-

---

[291] Πρέπει να υπενθυμίσει κανείς τις συντετμημένες αποδόσεις των αρχαίων Ανοιξανταρίων από τον Χουρμούζιο Χαρτοφύλακα και τον Κωνσταντίνο Πρωτοψάλτη, οι οποίες και δεσπόζουν στα έντυπα μουσικά μετά τη μεταρρύθμιση. Επίσης, από τα μέσα του 19ου αιώνα, μεγάλη φαίνεται να υπήρξε η απήχηση και η δημοφιλία των αποδιδόμενων στον Θεόδωρο Φωκαέα Ανοιξανταρίων, τα οποία, ας σημειωθεί, πως ο Νικόλαος τα παραθέτει ως του Χουρμουζίου (Βλ. Γεωργίου Νικόλαος, «Νέον Ταμείον Ανθολογίας, Τόμος Α΄...», ο.π., σ. 35). Επίσης, οι περιπτώσεις των Ανοιξανταρίων του Κυριακού Ζαχαριάδη του Ξηροποταμηνού, καθώς και οι δύο εκδοχές του Γεωργίου Ραιδεστηνού («Πολίτικα» και «Καλοκαιρινά»), απηχούν έντονα την διάθεση μιας πλέον συνοπτικής εκφοράς σε συνδυασμό με την χρήση ποικίλων έντεχνων στοιχείων, διάχυτων στο μουσικό περιβάλλον της εποχής. Τέλος, αξιομνημόνευτη για τον ιδιάζοντα χαρακτήρα καθώς και για την ιδεολογική της τοποθέτηση, είναι η απόπειρα του Μάρκου Βασιλείου, ο οποίος το 1882 συνθέτει Ανοιξαντάρια προβαίνοντας «... εἰς ἐπιτομήν τῶν ἀρχαίων πρωτοτύπων προσπαθήσας ὅσον ἦν δυνατὸν καὶ ἐν τῇ συντομίᾳ, ἴνα διατηρηθῇ ἡ ὑφή τοῦ σεμνοπρεποῦς καὶ κατανυκτικοῦ αὐτῶν μέλους, ...φρονῶν ὅτι εἰς ἕκαστον τῶν μελουργημάτων τῆς Ἐκκλησιαστικῆς ὑμνωδίας δέον ἵνα διατηρῆται ὁ ἀρχέτυπος αὐτῶν χαρακτήρ.» Βλ. «Ἀνοιξαντάρια—τὰ Ἀρχαῖα, κατ' ἐπιτομήν Μ.Β Πατριαρχικοῦ Γραμματέως, ἐν Κωνσταντινουπόλει 1882, Τύποις Ἀνατολικοῦ Ἀστέρος.».

τα αυτή δεν επιβάλει μεθοδολογικά την παράλληλη παρουσίαση των δύο αυτών κειμένων, αφού η μελική ανάπτυξη του νεωτέρου δεν βρίσκεται σε πλήρη αντιστοιχία και εξάρτηση με εκείνη του αρχετυπικού, αλλά κινείται σε επίπεδα συμβατά μεν, αλλά εμφανώς αυτόνομα και ανεξάρτητα. Πάντως, η μελέτη των Ανοιξανταρίων του Νικολάου παραπέμπει αυτόματα σε συνθέτη που γνωρίζει σε βάθος τη δομική σύσταση του είδους καθώς και την εν γένει φρασεολογία του παλαιού ρεπερτορίου, η δε διακριτική αδυναμία που θα μπορούσε ενδεχομένως να του καταλογιστεί, αναφορικά με τη σύνδεση των επιμέρους θεματισμών, είναι δηλωτική της γενικευμένης στα μέσα του 19ου αιώνα μελοποιητικής τάσης, με κύριο χαρακτηριστικό την απομάκρυνση από την παλαιότερη πρακτική της αποκλειστικής σύνθεσης των μελών κατά μεγάλες θεματικές ενότητες.

Στα επιμέρους ζητήματα, ο Νικόλαος παρουσιάζεται προφανώς αναλυτικότερος σημειογραφικά, ενώ όσον αφορά στη μελική ανάπτυξη είναι σαφώς πιο πυκνός και περιγραφικός, κυρίως χάρη στην χρήση πολλαπλών επεξεργασμένων ενδιάμεσων γεφυρών, καθώς και έντονων υψιφωνικά κορυφώσεων. Στο σημείο αυτό θα ήταν ίσως χρήσιμο να δοθούν κάποια παραδείγματα με σκοπό να αναδείξουν τον τρόπο με τον οποίο ο Νικόλαος αναλύει και παρουσιάζει με επεξεργασμένη πλέον μορφή κλασικές φόρμες και φράσεις από το παλαιό είδος. Στην παρακάτω περίπτωση, χαρακτηριστική είναι η αναλυτική απόδοση της κλασικής φράσεως που αφορμάται από τη βασική τονική[292] του πλ. Δ΄ και με ένα ενδιάμεσο πέρασμα από την περιοχή του «Αγια», εκτείνεται μέχρι τον άνω Νη κορυφούμενη με την γνωστή θέση του Ἰαζα, ως εξής:

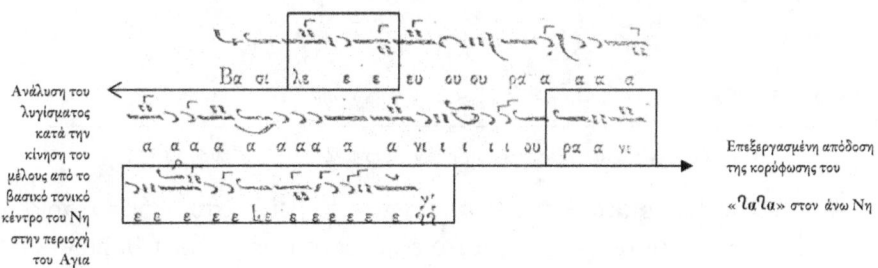

(Απόσπασμα από τον στίχο «Ο επιβλέπων επί την γην», Νικολάου Σμύρνης, Ν. Τ. Α[293], Τόμος Α΄, σ. 15)

Αντίστοιχη είναι η αναλυτική διάθεση του Νικολάου και για άλλες κλασικές γραμμές, όπως για παράδειγμα στον γνωστό θεματισμό του Αγια ή

---

292 Ο όρος «τονική» χρησιμοποιείται για να ορίσει τις εκάστοτε βαθμίδες παραγωγής, χωρίς ωστόσο να ταυτίζεται με κάποιο απόλυτο ηχητικό ύψος.
293 Στο εξής το Νέον Ταμείον Ανθολογίας του Νικολάου θα σημαίνεται συντομογραφικά ως Ν. Τ. Α.

του πλ. Β΄ με τονική θεμελίωσης τον **Δι**. Χαρακτηριστικός και στις δύο αυτές περιπτώσεις ο διαμελισμός των ρυθμικών μοτίβων με την χρήση «Γοργού» και «Συνδέσμου», καθώς και η περιφραστική απόδοση της μονόφωνης ανάβασης με κλάσμα, που ουσιαστικά είναι η περίπτωση της οξείας συνοδευόμενης από υπονοούμενο ισάκι ή από τζάκισμα.

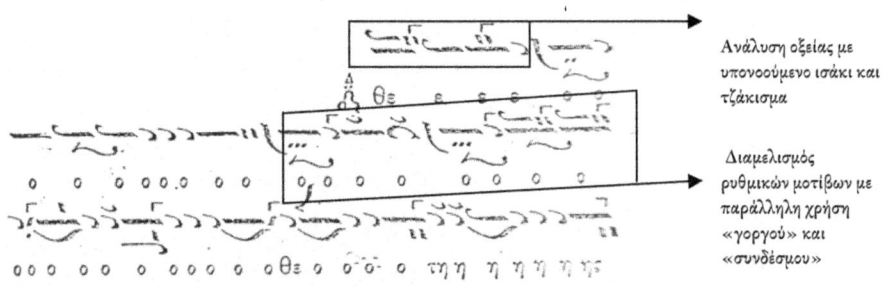

(Απόσπασμα από τον στίχο «Άσω τω Κυρίω», Ν. Τ. Α, Τόμος Α΄, σ. 17)

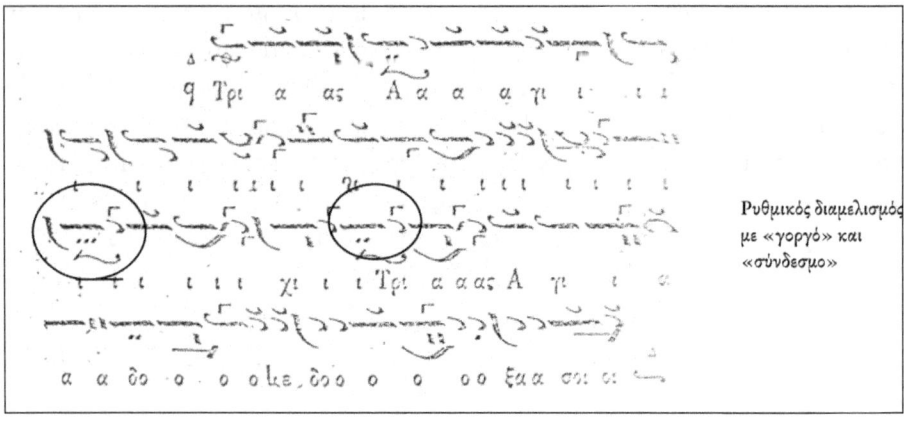

(Απόσπασμα από τον στίχο «Εκλείποιεν αμαρτωλοί», Ν. Τ. Α, Τόμος Α΄, σ. 23)

Τέλος, άλλη μια ιδιαιτερότητα η οποία παρατηρείται στα Ανοιξαντάρια του Νικολάου, είναι η αντίθετα με το αρχαίο μέλος, συχνή χρήση φθορών, και ειδικά εκείνων του σκληρού χρώματος Πα και Δί με πορεία προς τον $\overset{v}{\varnothing}$, καθώς και το φαινόμενο της «μετάθεσης» στην περίπτωση του $\overset{\Delta}{9}$. Οι μεταβολές αυτές γίνονται κατά κανόνα τουλάχιστον, σύμφωνα με το μέλος των σύντομων Ανοιξανταρίων, όπου η μελική τους ανάπτυξη είναι άρρηκτα συνυφασμένη με το εννοιολογικό περιεχόμενο του βιβλικού κειμένου. Έτσι, περάσματα σε άλλο γένος, και ειδικά στο χρωματικό, παρατηρούνται στους στίχους, «Εκλείποιεν αμαρτωλοί», «Και άνομοι», «Έθου σκότος» και «Ποιών αυτήν τρέμειν», όπως ακριβώς δηλαδή και στα Ανοιξαντάρια του Φωκαέα.

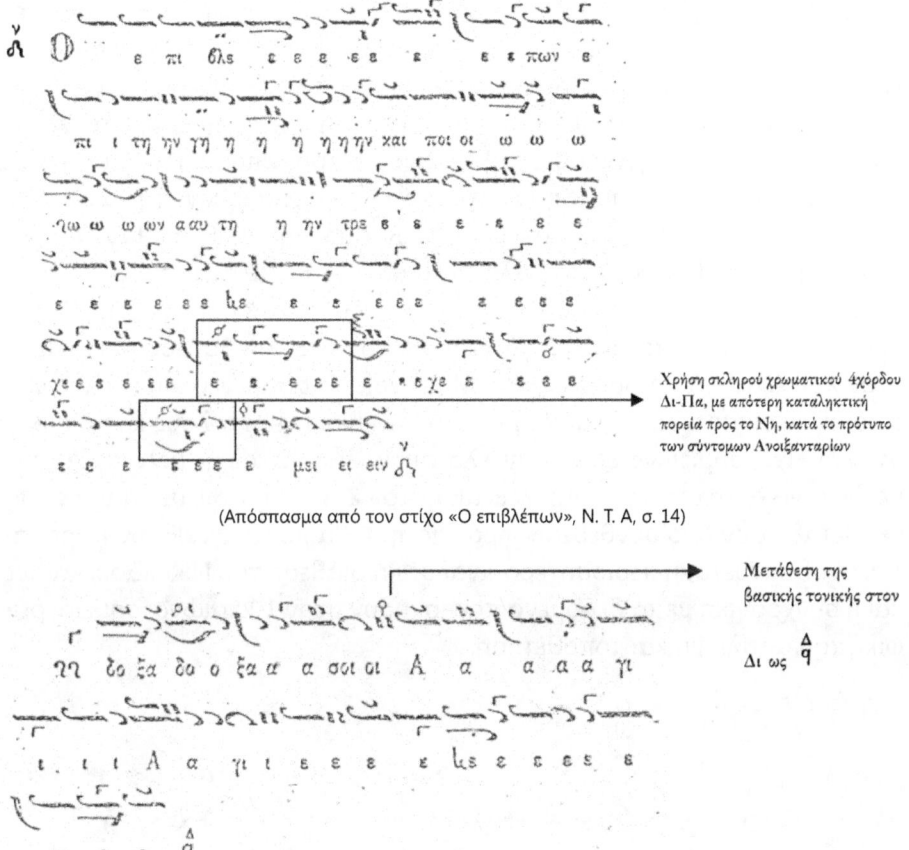

(Απόσπασμα από τον στίχο «Ο επιβλέπων», Ν. Τ. Α, σ. 14)

Πέρα από την περίπτωση των Ανοιξανταρίων, ενδιαφέρον παρουσιάζει και εκείνη του αργού Κεκραγαρίου σε ήχο Βαρύ διατονικό από το Νικόλαο, καθώς η αφορμή αυτής της σύνθεσης πρέπει αναμφίβολα να εντοπιστεί στην αντίστοιχη ιστορική σύνθεση του Μπαλασίου Ιερέως. Πράγματι, η μελοποίηση Κεκραγαρίου του Βαρέος Ήχου στο διατονικό γένος και όχι, όπως σε θεωρητικό τουλάχιστον επίπεδο ενδείκνυται, στη βάση της τονικής του **Γα** του Στιχηραρίου, αποτελεί μια αξιοπρόσεκτη, μοναδική εξαίρεση στον χώρο της Εκκλησιαστικής μουσικής φιλολογίας. Ο Νικόλαος λοιπόν, συνθέτει εκ νέου το Κεκραγάριο του Βαρέος βάσει αυτής της πρακτικής, χωρίς ωστόσο να ακολουθεί πιστά την μελισματική πορεία του μέλους του Μπαλασίου. Πάντως, εντύπωση προκαλεί το γεγονός, πως ο Νικόλαος επιλέγει αυτήν την τόσο ιδιαίτερη και πρωτότυπη περίπτωση για να συνθέσει το μοναδικό άλλωστε έργο του στο είδος των αργών Κεκραγαρίων.

Αναφορικά δε, με την μεταξύ των δύο αυτών μουσικών κειμένων σχέση και εξάρτηση, επιγραμματικά θα μπορούσε να ειπωθεί, πως η σύνθεση του Νικολάου είναι σαφώς πιο συνοπτική και ευέλικτη, ενώ σημειογραφικά είναι περισσότερο αναλυτική από την αντίστοιχη περιληπτική-στενογραφική εξήγηση του Γρηγορίου στο Κεκραγάριο του Μπαλασίου. Επίσης, θα πρέπει να επισημανθεί, πως η περίπτωση του Νικολάου κινείται, ως επί το πλείστον, σε χρωματικά πρότυπα, κατά τον τύπο της «καθ' ομοίαν διφωνίαν» κίνησης του Β' Ήχου, με εντελείς χρωματικές καταλήξεις στον **Ζω** αλλά και στον **Πα**, και με χαρακτηριστική την αποφυγή «απόδοσης» του μέλους, σύμφωνα με τις κλασικές καταληκτήριες φράσεις του Βαρέος διατονικού στον **Ζω**. Αντίθετα, η σύνθεση του Μπαλασίου παραμένει, όπως είναι φυσικό, σε περισσότερο κλασικά πρότυπα, με κίνηση του μέλους κατά κόρον στον Α' Ήχο, σύμφωνα με το μοντέλο της παλιάς κλασικής μελοποιίας, και με διατονικές καταλήξεις αποκλειστικά στον **Ζω**. Επιπλέον, σε κάποιες κοινές μεταξύ των δύο συνθέσεων φράσεις, που θα παρουσιασθούν παρακάτω, αναδεικνύεται η περισσότερο αναλυτική διάθεση του Νικολάου, καθώς και η συγχρονική με τα δεδομένα που ισχύουν στον 19ο αιώνα, σημειογραφική του αντίληψη και τοποθέτηση.

Παράδειγμα Α'

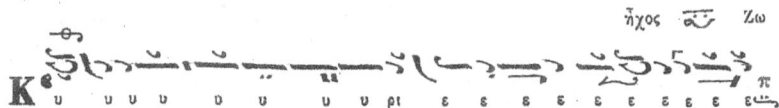

(Κεκραγάριο Μπαλασίου, Μουσική Πανδέκτη, Τόμος Α', σ. 173)

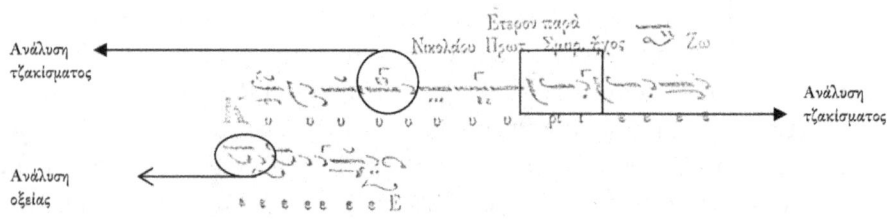

(Κεκραγάριο Νικολάου Σμύρνης, Ν. Τ. Α., Τόμος Α', σ. 129)

Παράδειγμα Β'

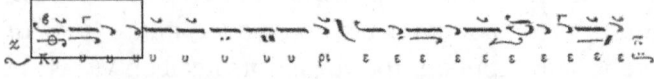

(Κεκραγάριο Μπαλασίου, Μ. Π., Τόμος Α', σ. 174)

Η Εκκλησιαστική μουσική της Σμύρνης (1800-1922)

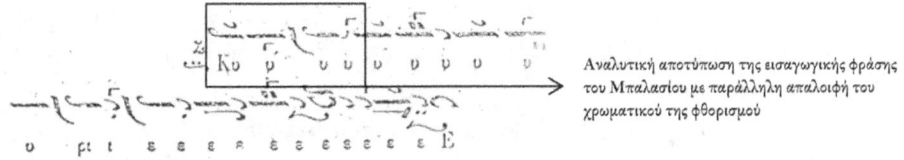

(Κεκραγάριο Νικολάου, Ν. Τ. Α. , Τόμος Α', σ. 128)

Παράδειγμα Γ'

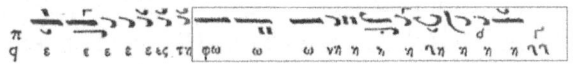

(Κεκραγάριο Μπαλασίου, Μ. Π. , Τόμος Α', σ. 175)

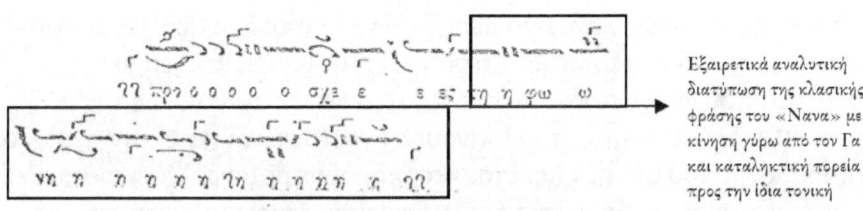

(Κεκραγάριο Νικολάου, Ν. Τ. Α. , Τόμος Α', σ. 128)

Συνοψίζοντας, θα έλεγε κανείς, πως ο προφανής συσχετισμός ο οποίος μπορεί να αναγνωρισθεί μεταξύ των δύο αυτών συνθέσεων, οφείλεται κατά βάση στην ιστορική αναφορά του νεώτερου μέλους στο αντίστοιχο-προγενέστερο φιλολογικό του παράλληλο, ενώ συνδέεται περισσότερο με την σύλληψη της ιδέας για μια τέτοιου είδους συνθετική απόπειρα, παρά με την καθ' εαυτή μορφολογική σύσταση του αρχετύπου του. Αυτό πάντως που είναι σημαντικό είναι το γεγονός, πως ο Νικόλαος ενώ διαφοροποιείται εμφανέστατα στην ανάπτυξη του μέλους, ωστόσο παραμένει προσηλωμένος στα μελοποιητικά πρότυπα του παλαιού ιστορικού υλικού, υπηρετώντας μάλλον με επιτυχία το βαθύτερο μορφολογικό και υφολογικό περιεχόμενο του συγκεκριμένου είδους, παρά τις επιμέρους ανανεωτικές του επεμβάσεις, κυρίως στον χειρισμό του σημειογραφικού συστήματος.

Στην προσπάθεια για τον εντοπισμό των μελοποιητικών πηγών του Νικολάου, καθώς και της κατάδειξης του τρόπου με τον οποίο διαχειρίζεται και αξιοποιεί το ιστορικό υλικό, απαραίτητη κρίνεται, μια έστω και σύντομη προσέγγιση των εξηγήσεων καθώς και των δύο αποδιδόμενων στον ίδιο συντμήσεων. Ο λόγος που επιβάλλει την παρακολούθηση του περιεχομένου των συγκεκριμένων αυτών έργων, φιλοδοξεί να διαφωτίσει κατ' αρχάς, το κρίσιμο μουσικολογικό θέμα σχετικά με την μεταφορά εκ μέρους του Νικολάου, ιδιοπρόσωπων-προφορικών ερμηνευτικών στοιχείων διαμέσου των εξηγήσεών του, και στη συνέχεια, να αξιολογήσει το ποσοστό στο οποίο συμμετέχει επικουρικά σε μια τέτοια πρόθεση ο βαθύτερος ιδεολογικός χαρακτήρας του νέου σημειογραφικού συστήματος.

Από τα μέλη που εξηγεί ο Νικόλαος στη νέα μέθοδο, ιδιαίτερη εντύπωση προκαλεί το οκτάηχο «Θεοτόκε Παρθένε» του Πέτρου Μπερεκέτη, σύνθεσης που αναμφίβολα, αποτελεί σταθμό στην πορεία του εκκλησιαστικού μέλους κατά τη μέση Οθωμανική περίοδο[294]. Το γεγονός που καθιστά την εν λόγω εξήγηση άξια μελέτης και προσοχής, είναι η χαρακτηριστική ένδειξη που προηγείται του μέλους και αναφέρει τα εξής: «*Μάθημα δίχορον ψαλλόμενον ἐν τῇ ἀρτοκλασίᾳ, μελοποιηθὲν παρὰ Πέτρου Περεκέτου, ἐξηγηθὲν δὲ παρὰ Νικολάου πρωτ. Σμύρνης, κατὰ τὴν παράδοσιν τοῦ ἀειμνήστου Κ. Μανουὴλ πρωτ. καθ' ὑπαγόρευσιν τοῦ Μουσικολογιωτάτου Κ. Πέτρου τοῦ Ἁγιοταφείτου*». Το περιεχόμενο του τίτλου αυτόματα παραπέμπει σε μια περίπτωση με ιδιαίτερο ιστορικό βάρος, αναφορικά με την εγκυρότητα που φέρει, ειδικά αν αναλογιστεί κανείς το γεγονός της μαθητείας του Νικολάου κοντά στον Μανουήλ Πρωτοψάλτη κατά την περίοδο της παραμονής του στην Πόλη. Έτσι, θα μπορούσε με ασφάλεια να ειπωθεί, πως η συγκεκριμένη εξήγηση αποτελεί περισσότερο μια καταγραφή της προφορικής ερμηνευτικής απόδοσης του μέλους από τον Μανουήλ, παρά μια «τεχνολογική» μεταγραφή του καθ' αυτού μουσικού κειμένου από το παλιό σημειογραφικό σύστημα στο νέο. Αυτό άλλωστε που κυριαρχεί σε όλη την έκταση της συγκεκριμένης εξήγησης, είναι η προσπάθεια απόδοσης με τον πλέον λεπτομερή τρόπο στοιχείων και πληροφοριών με σαφή αναφορά στην προφορική προσέγγιση του Μανουήλ, η σημαντικότητα της οποίας μπορεί να γίνει επιπλέον κατανοητή, αν ληφθεί υπ' όψιν η θέση που κατέχει ο ίδιος, όχι μόνο ως συνθέτης και δάσκαλος, αλλά και ως μέγεθος επιρροής για την μετέπειτα εξέλιξη των μουσικών πραγμάτων στους κόλπους του Πατριαρχείου καθ' όλη τη διάρκεια του 19ου αιώνα.

Αναφορικά δε με το μορφολογικό περιεχόμενο της εξήγησης αυτής του Νικολάου, θα μπορούσε να παρατηρηθεί, πως είναι εμφανώς αναλυτικότερη από τις άλλες δύο παλαιότερες του Γρηγορίου και του Χουρμουζίου, ενώ η χρήση της σημειογραφίας αποβλέπει αναντίρρητα στην πλήρη εκμετάλλευση της προσδιοριστικής της δυναμικής. Ο πλέον ενδεικτικός στίχος του μέλους, που πιστοποιεί αυτήν την πραγματικότητα, είναι εκείνος του πλ. Α΄ «Και ευλογημένος», καθώς η εξήγηση του Νικολάου, τόσο στο κυρίως μέλος όσο και

---

[294] Αναφορικά με την σημαντικότητα της θέσης που κατέχει το «Θεοτόκε Παρθένε» του Μπερεκέτη στη σύνολη μουσική φιλολογία, βλ. Χατζηγιακουμής Μανόλης, *Μνημεία Εκκλησιαστικής μουσικής*, Σώμα Πρώτο-Οκτάηχα, Μέλη και Συστήματα, Τόμος Πρώτος, Μέλη και Σχολιασμοί, Συνθέτες-Ερμηνευτές, Αθήνα 2002, σ. 63-74.

Η Εκκλησιαστική μουσική της Σμύρνης (1800-1922)

στο Κράτημα, κινούμενη σε πλαίσια περισσότερο φιλελεύθερα, ιδιοπρόσωπα και νεωτερικά, υπερβαίνει ανεπιφύλακτα τα όρια μιας μηχανιστικής μεταγραφής σύμφωνα με τη συμβατική «ενέργεια των σημαδίων», -όπως εκείνη θα γινόταν αντιληπτή σήμερα-. Το γεγονός αυτό, ενέχει ιδιαίτερη σημασία, δεδομένης της μεγάλης προφορικής παράδοσης του συγκεκριμένου μέλους, καθώς και της ξεχωριστής ερμηνευτικής του ιδιαιτερότητας, με κύρια χαρακτηριστικά την συγκρατημένη ελευθεριότητα στον ρυθμό και την έντεχνη-επεξεργασμένη απόδοσή του, στοιχεία που συνδυαζόμενα και με την εξωλατρευτική του χρήση, του εξασφαλίζουν ιστορική αυτονομία, ανεξάρτητη και πέρα από το υπόλοιπο σώμα της σύνθεσης[295].

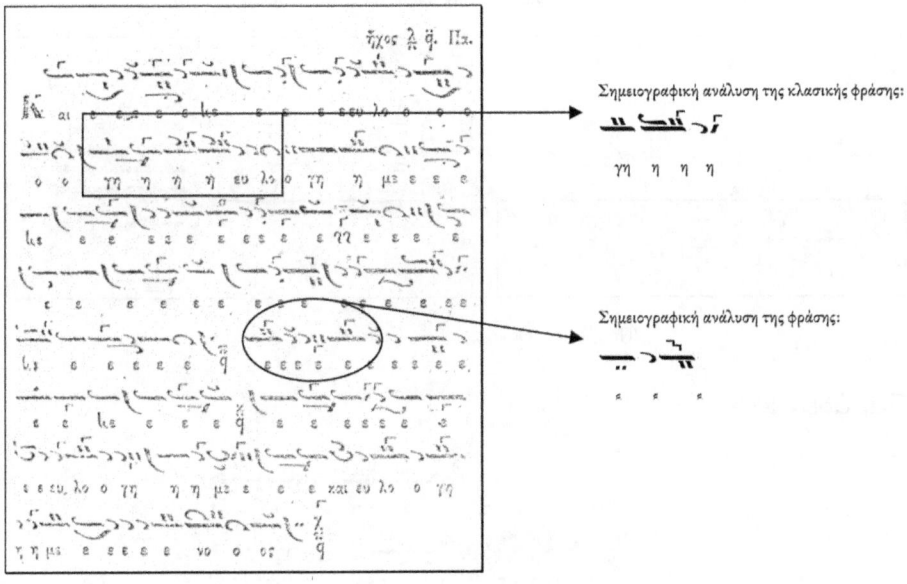

(Ν. Τ. Α. Τόμος Α', σ. 151)

Στο ίδιο μήκος κύματος, κινούνται και οι δύο συντμήσεις του Νικολάου στο «Άνωθεν οι προφήται» του Κουκουζέλη και στο «Περίζωσε την ρομφαίαν σου» του Γρηγορίου Πρωτοψάλτου, μέλη και τα δύο συνθεμένα σε ήχο βαρύ και με προέλευση από το είδος του Μαθηματαρίου. Και σ' αυτές, λοιπόν τις περιπτώσεις, κυρίαρχο είναι το φαινόμενο της επεξεργασμένης εκφοράς του πρωτοτύπου, καθώς αποδίδεται εμφανώς αναλυτικότερο και με έντονη την τάση για ανάδειξη της προφορικής του διάστασης. Σε ορισμένες μάλιστα περιπτώσεις, και ειδικά στη σύνθεση του Γρηγορίου, εύκολα μπορεί να δημιουργηθεί η εντύπωση, πως ο Νικόλαος συντέμνει έχοντας ως κύρια πρόθεση την κατάστρωση

---

[295] Βλ. Χατζηγιακουμής, «Μνημεία...», ο.π., σ. 79-80, όπου και εξαιρετικά ενδιαφέρουσες τοποθετήσεις αναφορικά με τις επιμέρους ερμηνευτικές προσεγγίσεις του συγκεκριμένου μέλους.

ενός μορφολογικού σκελετού με βασικό γνώμονα την αποκλειστική επιλογή και διατήρηση των «δεινών» θέσεων του μέλους, καθώς και την παράλληλη, υπομνηματισμένη πλέον υφολογικά και σημειογραφικά, ανάδειξή τους.

Παράδειγμα Α΄

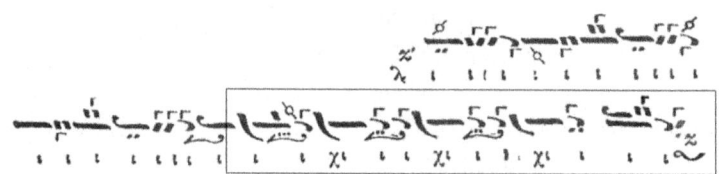

(«Περίζωσε την ρομφαίαν σου», Γρηγορίου Πρωτ. Μ. Π., Τόμος Γ΄, σ. 14)

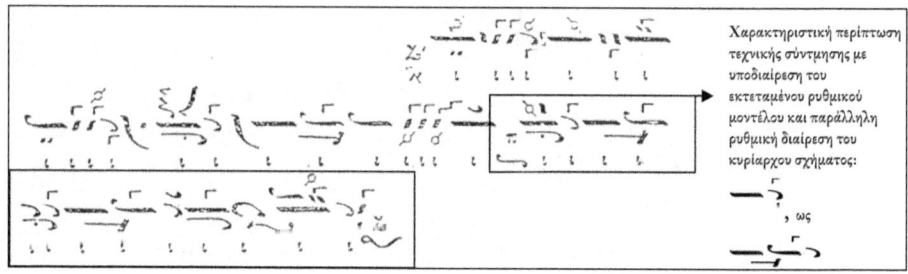

(Νικολάου Σμύρνης, Ν. Τ. Α., Τόμος Β΄, σ. 393)

Παράδειγμα Β΄

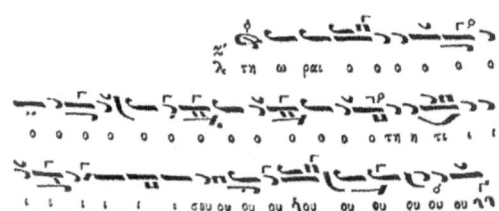

(Γρηγορίου Πρωτ. Μ. Π., Τόμος Γ΄, σ. 15)

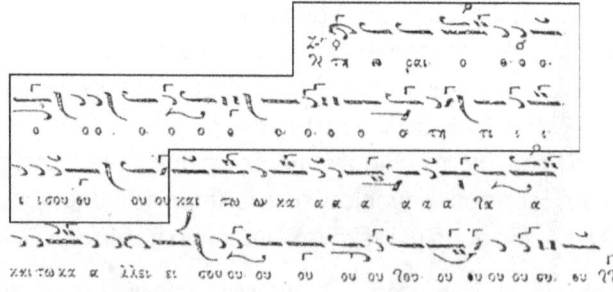

(Νικολάου Σμύρνης, Ν. Τ. Α., Τόμος Β΄, σ. 394).

Παράδειγμα Γ'

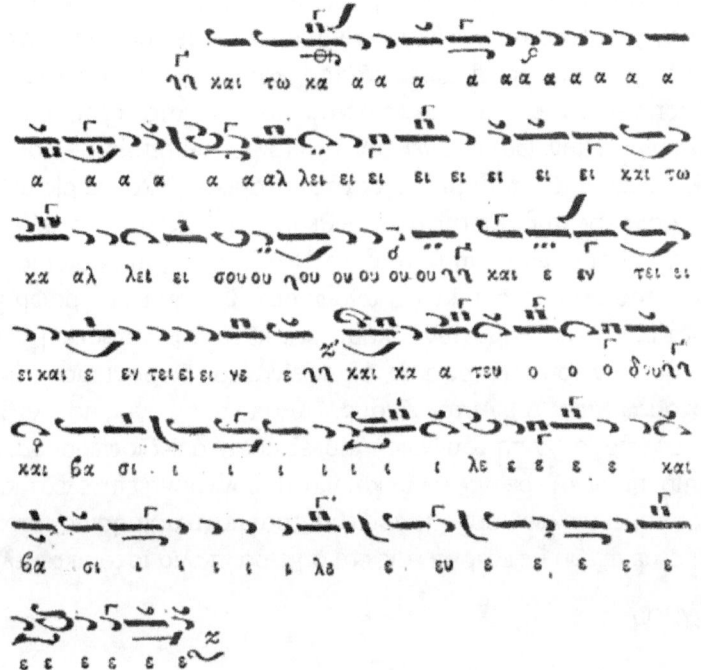

(Γρηγορίου Πρωτ. Μ. Π., Τόμος Γ', σ. 16)

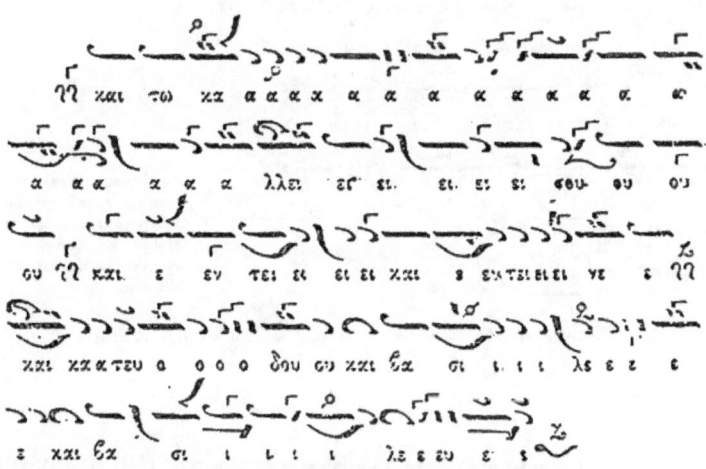

(Νικολάου Σμύρνης, Ν. Τ. Α., Τόμος Β', σ. 394)

Προτού ολοκληρωθεί το κεφάλαιο αναφορικά με την ανίχνευση των μελοποιητικών πηγών του Νικολάου στο προσωπικό του έργο, σίγουρα θα ήταν χρήσιμο αν δίνονταν και ορισμένα παραδείγματα από κλασικά μέλη, τα οποία ο ίδιος παραθέτει, χωρίς ωστόσο να παραλείψει να τα παρουσιάσει με μια πλέον αναθεωρημένη μορφή. Χαρακτηριστική περίπτωση αυτού του φαινομένου, μεταξύ άλλων, είναι εκείνη των Ιδιομέλων της Μεγάλης Τεσσαρακοστής του Ιακώβου Πρωτοψάλτου, καθώς η διάθεση του Νικολάου για απόδοση μέσω της σημειογραφίας της προφορικής εκφοράς των συγκεκριμένων συνθέσεων, φανερώνει τον τρόπο με τον οποίο ο ίδιος αντιλαμβάνεται και διαχειρίζεται δημιουργικά το ιστορικό υλικό, χωρίς ωστόσο να αγγίζει τα όρια της αυθαίρετης ανασύνθεσής του. Στα μέλη αυτά, εντύπωση προκαλεί η πλήρης αξιοποίηση από το Νικόλαο της προσδιοριστικής φυσιογνωμίας του νέου συστήματος, αναφορικά με την καταγραφή μινιμαλιστικών μοτίβων και σχημάτων, ακόμα και κατά την απόδοση των πλέον κλασικών θέσεων του Στιχηραρίου, όπως είναι το «Ουράνισμα» (παρ. Γ') και το «Ανάσταμα» (παρ. Δ'). Αυτός είναι άλλωστε και ο λόγος που καθιστά την συγκεκριμένη προσέγγιση του Νικολάου, εξαιρετικά ενδιαφέρουσα, όχι μόνο για την επιστημονική έρευνα, αλλά και για τη σύγχρονη επιτελεστική, καθώς κάλλιστα μπορεί να λειτουργήσει ως ένα πραγματικά χρήσιμο πρότυπο ερμηνευτικής, σε σχέση με ενεργά έως και σήμερα, παλιά ιστορικά μέλη.

Παράδειγμα Α'

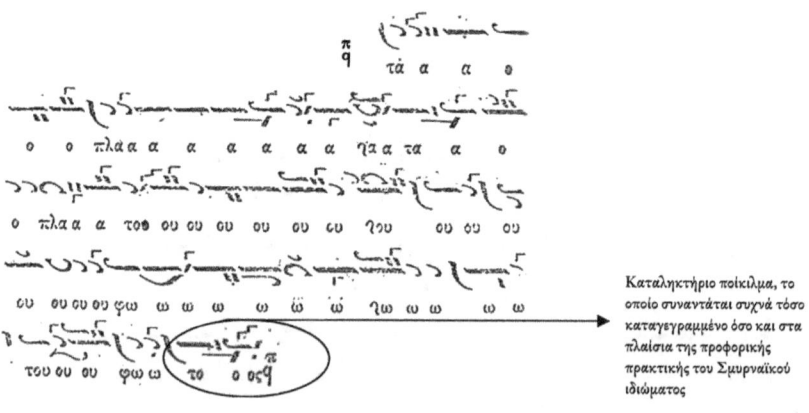

(«Έλαμψεν η χάρις Σου», Ήχος Δ', Ιακώβου Πρωτ. Ν. Τ. Α., σ. 218)

Παράδειγμα Β'

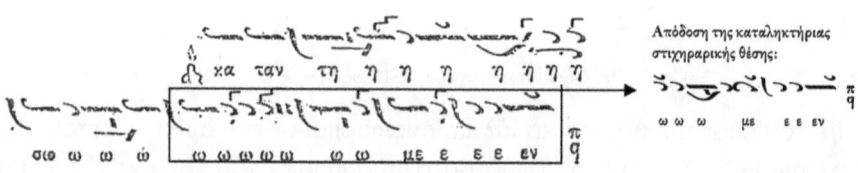

(«Έλαμψεν η χάρις Σου», Ήχος Δ', Ιακώβου Πρωτ. Ν. Τ. Α., σ. 219)

Παράδειγμα Γ΄

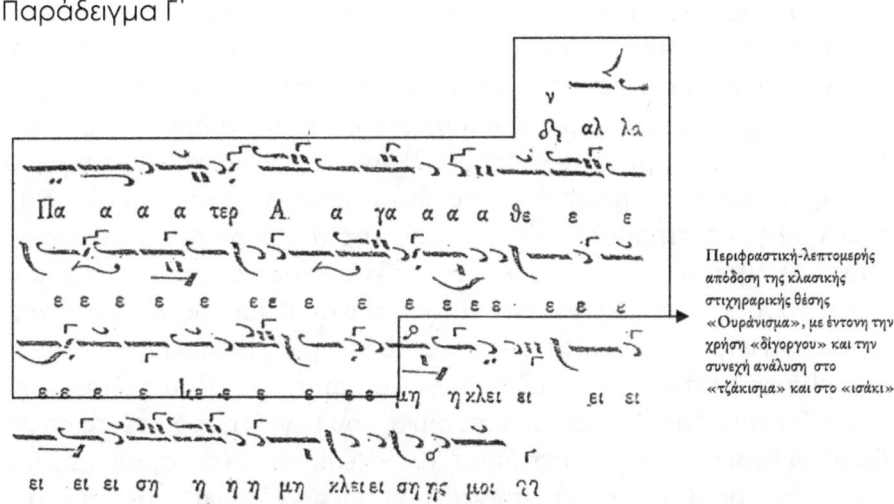

(«Χαλινούς αποπτύσας», Ήχος πλ. Δ΄, Ιακώβου Πρωτ. Ν. Τ. Α., σ. 224)

Παράδειγμα Δ΄

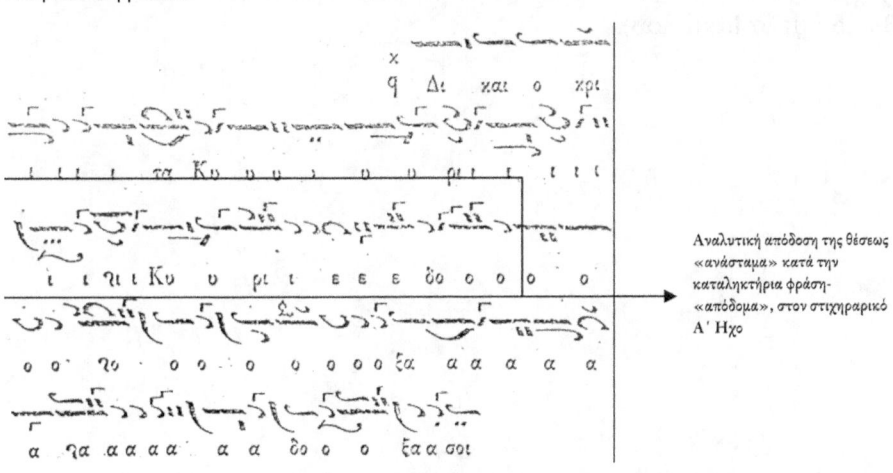

(«Θαυμαστή του Σωτήρος», Ήχος Α΄, Ιακώβου Πρωτ. Ν. Τ. Α., σ 234-235)

Συμπερασματικά, θα μπορούσε να ειπωθεί, πως ο τρόπος με τον οποίον ο Νικόλαος εκμεταλλεύεται το κλασικό ιστορικό υλικό είναι πολυδιάστατος και αναμφίβολα βαθύτατα δημιουργικός, ειδικά δε στο επίπεδο της ανάδειξης των εσώτερων εκφραστικών-υφολογικών του διαστάσεων, μέσω μιας πλέον επεξεργασμένης επαναπροσέγγισής του. Έτσι, μορφές και στοιχεία του κλασικού ρεπερτορίου λαμβάνουν ρόλο λειτουργικό στο έργο του, με αφορμή μάλιστα διαφορετικές-ειδικές περιπτώσεις, οι οποίες συνοπτικά είναι οι εξής: α). Μελοποίηση εκ μέρους του Νικολάου κατά το ύφος και το πρότυπο ενός παλαιότερου συνθετικού είδους. Στην περίπτωση αυτή, ενώ η μορφολογική πορεία του αναφερόμενου μέλους δεν παρακολουθείται απόλυτα, ωστόσο διαφυλάσσεται ο βαθύτερος δομικός και υφολογικός του χαρακτήρας, μέσω μιας εναλλακτικής πλέον εκδοχής (Βλ. Ανοιξαντάρια και Κεκραγάριο Βαρέος Ήχου). β). Εξήγηση ενός παλιού μέλους με σαφή την διάθεση υποστήριξης και προβολής της προφορικής του διάστασης, με βασικό μέσο την πλήρη εξάντληση των δυνατοτήτων που οφείλονται στον ιδιαίτερα προσδιοριστικό χαρακτήρα του νέου συστήματος (Βλ. «Θεοτόκε Παρθένε» Πέτρου Μπερεκέτη). γ). Σύντμηση μιας κλασικής σύνθεσης, με κυρίαρχη ωστόσο την πρόθεση για δόμηση του νέου μέλους, βάσει της διατήρησης, ως κεντρικό πυρήνα, του μεγαλύτερου μέρους των «δεινών» θέσεων του πρωτοτύπου (Βλ. «Περίζωσε» Γρηγορίου). δ). Τέλος, αναθεωρημένη διατύπωση και των πλέον κλασικών θέσεων του ιστορικού ρεπερτορίου, καθώς εκείνο παρατίθεται από το Νικόλαο με φανερή την προσωπική του επέμβαση στο τεχνικό επίπεδο της σημειογραφικής ανάλυσης, επιμέρους μουσικών θεμάτων και σχηματισμών (Βλ. Ιδιόμελα Ιακώβου).

Κεφάλαιο β'
Τα Οκτάηχα μέλη και οι Καλοφωνικοί Ειρμοί του Νικολάου Πρωτοψάλτου

Μεταξύ των ειδών μελοποιίας στα οποία δραστηριοποιείται συνθετικά ο Νικόλαος, είναι και εκείνο των Οκτάηχων μελών και συστημάτων, καθώς σε αυτήν τη μορφή παραδίδει δύο προσωπικά του έργα, όπως είναι το οκτάηχο «Ρόδον το αμάραντον» και το αντίστοιχο «Ίδωμεν το φως». Ανάλογη είναι και η παραγωγή του στο συνθετικό πεδίο των Καλοφωνικών Ειρμών, μελοποιώντας τρία μέλη με σημαντικότερο, αναμφίβολα, το «Όμμα της καρδίας μου» σε Ήχο πλ. Β', συνοδευόμενο και από ομόηχο κράτημα[296]. Η επιστημονική αξία των συγκεκριμένων αυτών συνθέσεων δεν οφείλεται μονάχα στην από μουσικολογική άποψη μελοποιητική ιδιαιτερότητά τους, αλλά ταυτόχρονα και στην μεγάλη ιστορική σημασία που ενέχουν, σε σχέση με τον ρόλο που διαδραμάτισαν κατά την εξέλιξη και διαμόρφωση του χαρακτήρα της εν γένει συνθετικής πρακτικής στο β' μισό του 19ου αιώνα. Επίσης, τα έργα αυτά αποτελούν ενδεικτικές περιπτώσεις αναφορικά με την κατανόηση του συνθετικού τρόπου του Νικολάου, καθώς όπως ισχύει και για κάθε καλοφωνικό μέλος, εμπνέονται από μια σαφή διάθεση περιχωρητικότητας αναφορικά με την υιοθέτηση ετερόκλητων και εξωγενών στοιχείων. Σ' αυτήν την πραγματικότητα συμβάλει αναμφίβολα και η εξωλατρευτική τους χρήση, γεγονός που αυτόματα καθιστά τα καλοφωνικά μέλη κατάλληλα για έκφραση και των πλέον εξεζητημένων συνθετικών εμπνεύσεων, και άρα ανεκτικά στο οποιοδήποτε νεωτερικό και ριζοσπαστικό εγχείρημα. Τέλος, η ευρεία διάδοση καθώς και η ως τις μέρες μας

---

[296] Τα άλλα δύο είναι, το «Πεποικιλμένη τη Θεία δόξη» σε ήχο Α', και το «Δέσποινα και Μήτηρ» σε Ήχο πλ. Δ'. Και οι δύο αυτές συνθέσεις δημοσιεύονται από το Νικόλαο στον Γ' Τόμο του Νέου Ταμείου Ανθολογίας, σ. 396-400 και 404-406.

ενεργή λειτουργική χρήση (κατά βάση στο Άγιο Όρος) των μελών αυτών του Νικολάου, εντείνουν την μεγάλη μουσικολογική τους σημασία, καθώς αναδεικνύονται πέρα από χαρακτηριστικά δείγματα της συνθετικής τεχνικής του Σμυρνιού δασκάλου, και εξαιρετικά χρήσιμα πρότυπα-μοντέλα ερμηνευτικής, δεδομένης μάλιστα της ζωντανής προφορικής τους διάστασης.

Από τα Οκτάηχα μέλη του Νικολάου εκείνο που κυριαρχεί είναι το «Ρόδον το αμάραντον», έργο πραγματικά σπουδαίο και ιδιαίτερο εντός των πλαισίων της συνθετικής παραγωγής του 19ου αιώνα. Αντίθετα με το περισσότερο προβλέψιμο μορφολογικά και παράλληλα όχι επαρκώς επεξεργασμένο «Ίδωμεν»[297], το έργο αυτό διακρίνεται για την εμπνευσμένη μελωδική του διατύπωση, καθώς και για την ευφυέστατη μελισματική του πλοκή και ανάπτυξη. Ωστόσο, και οι δύο συνθέσεις φέρουν ιστορικά το αντίστοιχο μουσικολογικό τους παράλληλο σε προγενέστερες μελοποιήσεις των συγκεκριμένων αυτών έργων, κατά το πρότυπο των Οκτάηχων μελών, εκ μέρους του Χουρμουζίου Χαρτοφύλακος[298]. Η συμβολή του Νικολάου, σχετικά με το «Ρόδον», έγκειται στο ότι ο ίδιος επιδιώκει να συνθέσει βάσει μιας φόρμας περισσότερο ευσύνοπτης, ευέλικτης και περιεκτικής, αποφεύγοντας παράλληλα τις συμβατικές μελοποιητικές πλατειάσεις του Χουρμουζίου. Έτσι, η περίπτωση του Νικολάου αναδεικνύεται για την αμεσότητα, καθώς και για την ενδογενή, σύμφυτη με την μελωδική υπόσταση της σύνθεσης ρυθμικότητά της. Στα στοιχεία αυτά θα πρέπει να συνυπολογισθεί και η λεπτομερής-επεξεργασμένη φρασεολογία, διαμέσου της οποίας εκφαίνεται η προσωπική συνθετική μοναδικότητα του Νικολάου, συμβάλλοντας κατ' αυτόν τον τρόπο στην δημιουργία μιας σύνθεσης, στην οποία δεσπόζει η εκφραστική της ενέργεια και δυναμική. Δεν είναι άλλωστε τυχαίο το γεγονός, πως το νεότερο αυτό μέλος, αντίθετα με το προγενέστερο-αρχετυπικό του Χουρμουζίου, επικράτησε στην ψαλτική πράξη, παραμένοντας ενεργό έως και τις μέρες μας στο Άγιο Όρος, ψαλλόμενο είτε κατά τη διανομή του Αντιδώρου[299] είτε ως παρεμβολή κατά την εκτέλεση του «Θεοτόκε Παρθένε», αντικαθιστώντας στο μέρος των κρατημάτων τα αντίστοιχα του μέλους του Μπερεκέτη.

---

[297] Παρά το αναμφίβολο υφολογικό ενδιαφέρον της εν λόγω σύνθεσης, στα πλαίσια μιας πλέον λεπτομερούς προσέγγισής του θα μπορούσε κανείς να διαπιστώσει το γεγονός, ότι υπολείπεται του αντίστοιχου Οκτάηχου «Ρόδον», τόσο σε επίπεδο δομικής-μορφολογικής συνέπειας, όσο και σε επίπεδο πρωτοτυπίας-ευρηματικότητας.

[298] Ο Μανόλης Χατζηγιακουμής, αναφορικά με το «Ρόδον» του Νικολάου, εύστοχα παρατηρεί, πως «... *στην πραγματικότητα, πρόκειται για συντομευμένη διατύπωση του μαθήματος του Χουρμουζίου, με περισσότερο πυκνή μελωδική γραμμή και κάποια στοιχεία ηδυπάθειας. Από την άποψη αυτή, το Ρόδον του Νικολάου έχει αποκτήσει τον δικό του χαρακτήρα και το ιδιάζον προσωπικό ύφος του σπουδαίου αυτού εκκλησιαστικού συνθέτη*». Βλ. Χατζηγιακουμής Μανόλης, *Μνημεία Εκκλησιαστικής μουσικής*, Σώμα Πρώτο, Οκτάηχα Μέλη και Συστήματα, Τομ. VII, Αθήνα 2003, σ. 16, όπου και η σπουδαία ερμηνευτική απόδοση του συγκεκριμένου μέλους από τον Ματθαίο Τσαμκιράνη. Επίσης, στα πλαίσια της ίδιας σειράς και οι εξαιρετικά ενδιαφέρουσες ερμηνείες του ίδιου έργου από τον π. Διονύσιο Φιρφιρή και τον Μητροπολίτη Νικόδημο Βαληνδρά.

[299] Βλ. Χατζηγιακουμής, ο.π.

Η Εκκλησιαστική μουσική της Σμύρνης (1800-1922)

Στο καθαρά μουσικολογικό μέρος, το γεγονός που αξίζει πράγματι να ερευνηθεί είναι εκείνο της χρήσης του ρυθμού, και ειδικότερα του τρόπου με τον οποίο ο Νικόλαος καταστρώνει το μελοποιητικό σχεδιασμό της σύνθεσής του, με απόλυτο όμως στόχο την διαφύλαξη της ρυθμικής της συνεκτικότητας και ομοιογένειας. Πιο συγκεκριμένα, το μάθημα αυτό διακατέχεται από μια σπάνια για τα μελοποιητικά δεδομένα του 19ου αιώνα ρυθμικότητα[300], καθώς η έντεχνη-αναλυτική του φυσιογνωμία δεν καθίσταται εμπόδιο στην συνεχή και αδιάκοπη ροή του μέλους. Ειδικά δε στα Κρατήματα, η διαπίστωση αυτή καθίσταται ακόμη εντονότερη, καθώς ο Νικόλαος καταφεύγει κατά κόρον σε μια παλιότερη πρακτική, σύμφωνα με την οποία χρησιμοποιείται κατ' επανάληψη, και ειδικά σε καθοδική πορεία, το ίδιο, συνοπτικό και παράλληλα εξαιρετικά αφομοιώσιμο μουσικό μοτίβο, δημιουργώντας κατ' αυτόν τον τρόπο μια έντονη κινητικότητα στο μέλος (παρ. Α'-Β').

Παράδειγμα Α'

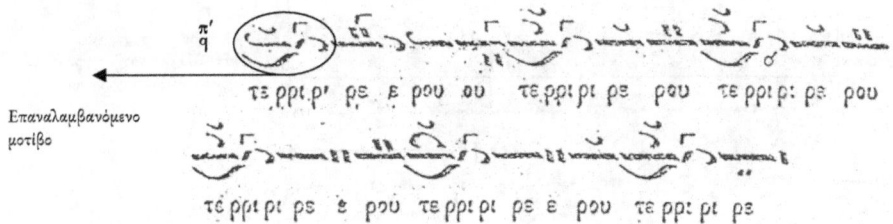

Επαναλαμβανόμενο μοτίβο

(Απόσπασμα από το στίχο «Ρόδον το αμάραντον», ήχος Α', Ν. Τ. Α., Τόμος Α', σ. 167)

Παράδειγμα Β'

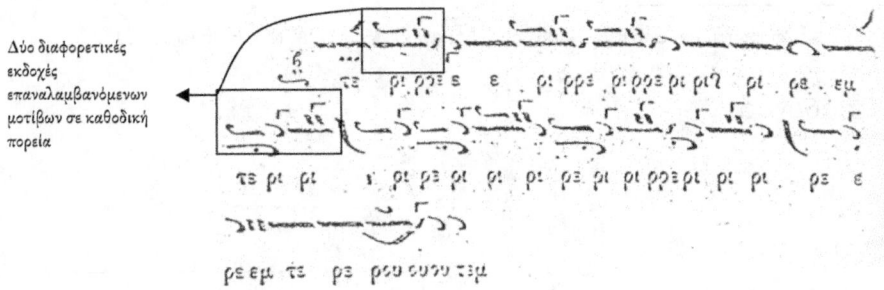

Δύο διαφορετικές εκδοχές επαναλαμβανόμενων μοτίβων σε καθοδική πορεία

(Απόσπασμα από τον στίχο, «Χαίρε η μόνη», ήχος Β', Ν. Τ. Α., Τόμος Α', σ.168)

---

300 Είναι γεγονός, πως η πλειοψηφία του ρεπερτορίου που ανήκει στον 19ο αιώνα, μπορεί να χαρακτηρισθεί από μια ελαφρά δυσκινησία, αναφορικά με τη ρυθμική του διάσταση. Σ' αυτό σίγουρα συντελεί η μονομερής προτίμηση της προσδιοριστικής σημειογράφησης των μουσικών θεμάτων, η σε ορισμένες τουλάχιστον περιπτώσεις, εξεζητημένα πυκνή μελωδική διατύπωση, καθώς και η σταθερή εγκατάλειψη των παλαιών αυτόνομων θέσεων του ιστορικού υλικού. Έτσι, ενώ τα μέλη της περιόδου αυτής χαρακτηρίζονται από τον πλούτο και την πλουραλιστική τους διάθεση, όσον αφορά στις μουσικές πληροφορίες που εμπεριέχουν, είναι δυνατό να τους αναγνωρισθεί ως τρωτό σημείο, η διακριτική ρυθμική τους ασυνέπεια και δυσλειτουργία.

Επίσης, ο Νικόλαος δεν διστάζει να διακόπτει τη βασική χρονική αγωγή του μέλους, χρησιμοποιώντας επιβραδύνσεις, οι οποίες και λειτουργούν ως ενδιάμεσες ρυθμικές εξαιρέσεις, αίροντας ταυτόχρονα την χρονική μονομέρεια της σύνθεσης. Κάτι τέτοιο όχι μόνο δεν διασαλεύει την ρυθμική ομοιογένεια του μέλους, αλλά αντίθετα λειτουργεί και ως μέσο για την αποφυγή της μονότονης χρονικά εκφοράς του. Η πρακτική αυτή δεν αφορά φυσικά μονάχα στον ρυθμικό χαρακτήρα της σύνθεσης, αλλά άπτεται εξίσου και του ευρύτερου ερμηνευτικού της πεδίου, κυρίως δε, λόγω της εμφατικής διάθεσης που προκαλείται μέσω αυτών των εσκεμμένα παρεμβαλλόμενων ρυθμικών εξαιρέσεων (παρ. Γ', Δ').

Παράδειγμα Γ'

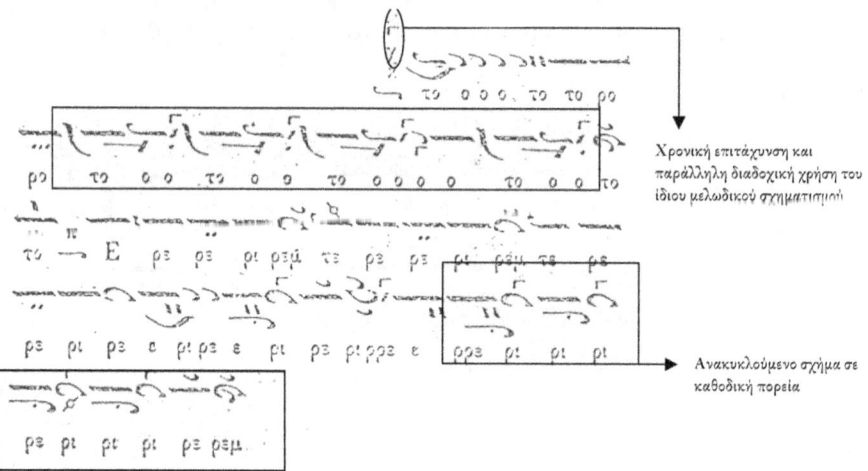

(Απόσπασμα από το στίχο, «Του μόνου Βασιλέως», ήχος πλ. Β', Ν. Τ. Α., Τόμος Α', σ. 172)

Παράδειγμα Δ'

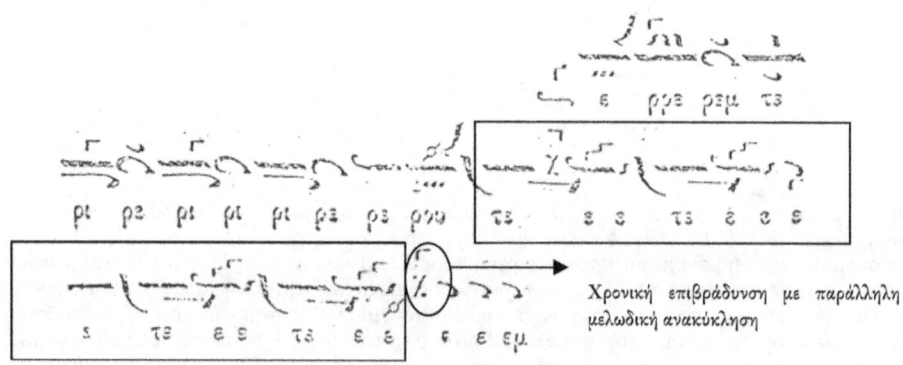

(Απόσπασμα από τον ίδιο στίχο, ο.π., σ. 172-173)

Η Εκκλησιαστική μουσική της Σμύρνης (1800-1922)

Στο αμιγώς μορφολογικό μέρος θα ήταν ανάγκη να σταθεί κανείς σε δύο συγκεκριμένα σημεία του μέλους, στο Κράτημα του Γ΄ ήχου, καθώς και στον στίχο «Χαίρε απειρόγαμε» του Βαρέος. Στην πρώτη περίπτωση παρατηρείται μια εξαιρετικά εμπνευσμένη πλοκή του μέλους, σύμφωνα με την πορεία των αρμονικών[301] ήχων, δηλαδή του Γ΄ και του πλ. Α΄ (παρ. Ε΄). Πρόκειται ουσιαστικά, για ένα μεταβατικό πέρασμα από τον Γ΄ στον πλ. Α΄, που παραπέμπει έμμεσα στο παράλληλο μουσικολογικό φαινόμενο σύζευξης των προτύπων Çârgâh και Bûselik, μέσω της χρήσης της φθοράς του Acem ♃ στον **Γα** και με παράλληλη όξυνση του προσαγωγέα **Νη** προς τη βασική τονική του **Πα**[302]. Η δεύτερη περίπτωση αφορά στη μελωδική ανάπτυξη του Βαρύ αποκλειστικά στην επταφωνία του, κατά τρόπο συμβατό με τον αντίστοιχο της κίνησης του makam Evic στην Κλασική Οθωμανική μουσική (παρ. ΣΤ΄). Το φαινόμενο αυτό ενέχει ξεχωριστή ιστορική σημασία, καθώς μέσω αυτής της πρακτικής φαίνεται να υιοθετείται πλέον η εκσυγχρονιστική συνθετική τάση[303], ενώ εγκαταλείπεται μάλλον οριστικά η πα-

---

[301] Στο σημείο αυτό, προτιμήθηκε ο όρος «αρμονικός» στην θέση των αντίστοιχων «εναρμόνιος» και «σκληρός διατονικός», κυρίως λόγω της ευρύτερης αποδοχής του από το μουσικό περιβάλλον της Σμύρνης, μετά από την σχετική θεωρητική διατύπωση του Μισαήλ Μισαηλίδη. Για το ζήτημα αυτό, βλ. Γ΄ Κεφ. Γ΄ Μέρους της παρούσας εργασίας.

[302] Στο σημείο αυτό είναι ανάγκη να γίνει μια πολύ σοβαρή διευκρίνιση, η οποία θα καταστεί χρήσιμη και για άλλες αντίστοιχες περιπτώσεις που θα διερευνηθούν στη συνέχεια της μελέτης. Οι όποιες αναγωγές φαινομένων από το εκκλησιαστικό ρεπερτόριο σε αντίστοιχες τροπικές συμπεριφορές του συστήματος των makam, γίνονται καταχρηστικά και για λόγους καθαρά μεθοδολογικούς. Έτσι, δεν συνεπάγεται κάποια ταυτοποίηση σε απόλυτο βαθμό, με κάποιο συμβατό με την περίπτωση που μελετάται, εθνομουσικολογικό παράλληλο. Άλλωστε, αποτελεί ένδειξη φανερής επιστημονικής ανωριμότητας η ταύτιση δύο συναφών τροπικών περιπτώσεων, απλά και μόνο, εξαιτίας της κοινής διαστηματικής τους σύνθεσης. Η αβασάνιστη αυτή πρακτική, είναι δυνατό να οδηγήσει σε πολύ σοβαρές παρεξηγήσεις, που στην πλέον ανώδυνή τους εκδοχή, υποβαθμίζουν το μουσικολογικό περιεχόμενο ενός ήχου ή ενός makam, στο επίπεδο της απλής κατανόησης του διαστηματικού τους περιεχομένου. Το κριτήριο αυτό σίγουρα είναι σημαντικό, αλλά δεν είναι το μόνο και σίγουρα δεν είναι το πρωτεύον, καθώς ένα makam, όπως άλλωστε και ένας ήχος, συνίσταται από πολλά ιδιότυπα χαρακτηριστικά (μελωδική ανάπτυξη -Seyir-, τροπική συμπεριφορά, κινησιολογία, καθιερωμένη φρασεολογία, αισθητική-υφολογική φόρμα, κ. α), σημαντικότερα και σαφώς εγκυρότερα, ως προϋποθέσεις ταύτισης, από την απλή διαστηματικό παραλληλισμό. Βλ. Aksoy Bülent, «Towards the Definition of the makam», In Jürgen Elsner & Risto Pekka Pennanen (eds) Structure and idea of maqam : historical aproaches. Proceedings of the Third Conferance of the ICTM Maqam Study Group, Tampere-Virrat, 2-5 October 1995, 125-74 Tampere, Finland : Dept of Folk Tradition, 1997, σ. 7-25, καθώς και Tanrıkorur Çinuçen, Osmanlı Dönemi Türk Mûsikisi, Dergâh Yayınları, Κωνσταντινούπολη 2003, σ. 166-170.

[303] Οι απαρχές αυτής της τάσης θα πρέπει να αναζητηθούν πολύ νωρίτερα από την εποχή του Νικολάου, καθώς συνθετικές απόπειρες με ανάπτυξη του Βαρύ στην επταφωνία του, είχαν επιχειρηθεί ήδη από τα τέλη του 17ου αιώνα, σε μέλη του Μαθηματαρίου και της Παπαδικής. Θα μπορούσε, ενδεικτικά και μόνο, να υπομνήσει κανείς τον Καλοφωνικό Ειρμό «Μη της φθοράς» του Μπαλασίου, το Κράτημα σε ήχο Βαρύ επτάφωνο του Παναγιώτη Χαλάτζογλου, το «Πάσαν την ελπίδα μου» του Μπερεκέτη, καθώς και τη γνωστή Δοξολογία του Δανιήλ Πρωτοψάλτου. Η σύνθεση Καλοφωνικών και Παπαδικών μελών κατ΄ αυτόν τον τρόπο, φαίνεται να καθιερώνεται σταδιακά, και από τα μέσα του 19ου αιώνα να κυριαρχεί απόλυτα στο συνθετικό πεδίο, με αναμφίβολη την ώθηση που προσέφερε προς αυτό το γεγονός, η προερχόμενη από την περιφέρεια μελοποιητική παραγωγή.

195

λαιότερη μορφή μελικής ανάπτυξης του Βαρύ της κλασικής Παπαδικής και του Μαθηματαρίου. Έτσι, το μέλος κινείται συνεχώς σε σχέση με τον άνω **Ζω**, με απαραίτητη αλλοίωση «επί το οξύ» του **Γα** και του **Κε**, προς τους αντίστοιχους δεσπόζοντες **Δι** και **Ζω**, ενώ παρουσιάζεται εντελώς αποκομμένο από την κλασική μελοποιητική πρακτική, που απαιτεί τον Βαρύ να κινείται περισσότερο κατά τα δομικά πρότυπα του Α΄ Ήχου, μεταξύ **Πα-Γα**, και να αποδίδεται με στερεότυπες καταληκτήριες φράσεις στον **Ζω**.

Παράδειγμα Ε΄

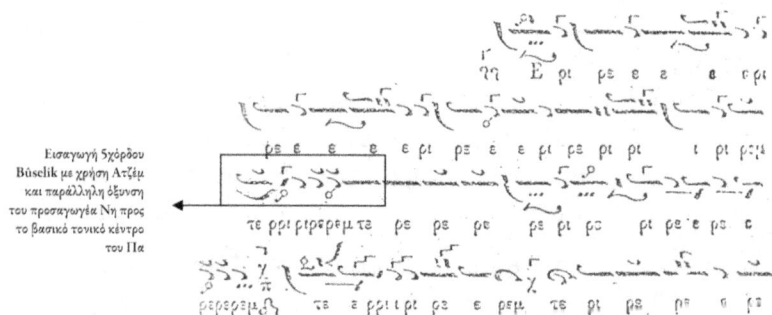

(Απόσπασμα από τον στίχο, «Το μήλον το εύοσμον», ήχος Γ΄, Ν. Τ. Α, σ. 169)

Παράδειγμα ΣΤ΄

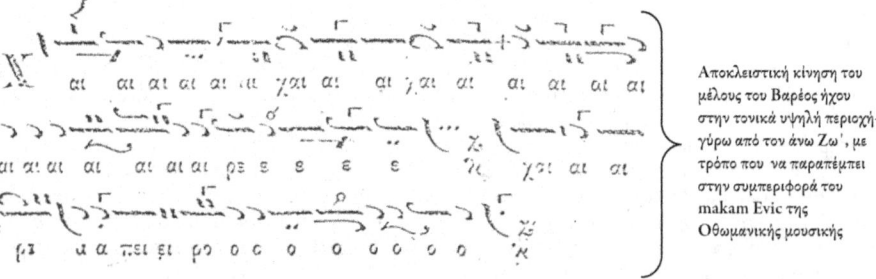

(Απόσπασμα από τον στίχο, «Χαίρε απειρόγαμε», ήχος Βαρύς, Ν. Τ. Α, σ. 173)

Μεταξύ των Καλοφωνικών Ειρμών που έχει μελοποιήσει ο Νικόλαος, δεσπόζουσα θέση κατέχει το «Όμμα της καρδίας μου», μέλος αντιπροσωπευτικό όχι μόνο της συνθετικής ιδιαιτερότητας του ιδίου, αλλά και της ευρύτερης παραγωγής του είδους στο β΄ μισό του 19ου αιώνα. Έργο πραγματικά εμπνευσμένο, πηγαίο και απόλυτα προσωπικό, αντανακλά την έντονα δημιουργική, και παράλληλα ιδιάζουσα καλλιτεχνική φυσιογνωμία του Νικολάου, σε βαθμό μάλιστα, που δεν θα ήταν παράτολμο να υποστηριχθεί, ότι αποτελεί την κορυφαία στιγμή έκφρασης στα πλαίσια της μεγάλης συνθετικής του σταδιοδρομίας. Η αποδοχή και διάδοση του μέλους υπήρξε τεράστια (κυρίως στο Άγιο Όρος και λιγότερο στα νησιά του Βορειοανατολικού Αιγαίου), συνοδευόμενη μάλιστα και από μια σχετική με την αφορμή της δημιουργίας του, λαϊκή παράδοση. Σύμφωνα με αυτήν, το «Όμμα της καρδίας μου» φέρεται να συντέθηκε από το Νικόλαο μετά τον πρόωρο χαμό της κόρης του, με σκοπό μάλιστα να ψαλεί κατά την Εξόδιόν της Ακολουθία[304].

Το συγκεκριμένο αυτό μέλος, ιστορικά κατατάσσεται σε μια ευρύτερη ομάδα Καλοφωνικών Ειρμών, η οποία και διαμορφώνεται κατά το β΄ μισό του 19ου αιώνα, την τελευταία ουσιαστικά περίοδο σημαντικής παραγωγής του συγκεκριμένου αυτού συνθετικού είδους[305]. Το κύριο μορφολογικό γνώρισμα των εξωλειτουργικών αυτών μελών είναι ο έντονα αστικότροπος χαρακτήρας τους[306], που μορφοποιείται αισθητικά ως εικαστική συνέπεια της γενικευμένης κοινωνικοπολιτικής μετάλλαξης που πραγματοποιείται κατά την εποχή αυτή στα μεγάλα αστικά κέντρα της Αυτοκρατορίας. Έτσι, οι συνθέσεις αυτές αναδύουν, με τον πλέον ενδεικτικό τρόπο την αίσθηση της επικρατούσας, κατά την περίοδο του Οθωμανικού Ρομαντισμού καλλιτεχνικής τάσης, η οποία και καθορίζει τη δομή και την υφολογική σύσταση της ευρύτερης μουσικής έκφρασης και παραγωγής κατά την εποχή αυτή[307].

Σε μουσικολογικό επίπεδο ο ειρμός του Νικολάου παρουσιάζει εξαιρετικό ενδιαφέρον, ειδικά δε αν παρακολουθήσει κανείς το μεθοδολογικό σχεδιασμό που ακολουθείται κατά την σύνθεσή του. Αρχικά, εκείνο που προκαλεί εντύπωση είναι ο τρόπος σύμφωνα με τον οποίο δομείται ο μορφολογικός κορμός του μέλους, καθώς είναι ολοφάνερη η απομάκρυνση από την παλαιότερη πρακτική της σύνθεσης βάσει αυτόνομων θέσεων που αφορμώνται από συγκεκριμένες τονικές. Αντίθετα, εκείνο που κυριαρχεί είναι η διαδοχική πλοκή επιμέρους μουσικών φράσεων με έντεχνο

---

304 Σχετικά με την παράδοση αυτή επιπλέον στοιχεία παραδίδει σε άρθρο του ο Μάρκος Δραγούμης, έχοντας ως πληροφορητή τον πρωτοπρεσβύτερο Μανωλάκη. Έτσι, κάνοντας λόγο για τον σπουδαίο μαθητή του Νικολάου Σμύρνης, Νικόλαο Φαρδύ, αναφέρει τα εξής χαρακτηριστικά: «[...] φαίνεται ότι στην κηδεία της κόρης του Νικολάου, που πέθανε σε πολύ νεαρή ηλικία, την ώρα του τελευταίου ασπασμού, ανέβηκε στο στασίδι του ψάλτη και έψαλε με μεγάλη κατάνυξη και τέχνη τον καλοφωνικό ειρμό σε ήχο πλάγιο δεύτερο «Το όμμα της καρδίας μου». Και υποστηρίζει ο Μανωλάκης, ότι χάρη σ' αυτήν την εκτέλεση ο παραπάνω ειρμός απέκτησε αμέσως μεγάλη δημοτικότητα και άρχισε να ψάλλεται, όχι μόνο στις κηδείες, αλλά και στις θείες λειτουργίες, την ώρα της διανομής του αντιδώρου από τον δεσπότη ή τον λειτουργούντα ιερέα». Βλ. Δραγούμης Μάρκος, «Νικόλαος Φαρδύς (1853-1901)- Ένας θαρραλέος τονοπνευματομάχος και προικισμένος λόγιος και μουσικοδίφης-», Η Παραδοσιακή μας Μουσική, Αθήνα 2003, σ. 38.
305 Αναφορικά με την ιστορική και φιλολογική κατάταξη των Καλοφωνικών Ειρμών της συγκεκριμένης περιόδου, βλ. Χατζηγιακουμής Μανόλης, Μνημεία Εκκλησιαστικής μουσικής, Σώμα Δεύτερο Καλοφωνικοί Ειρμοί (17ος-18ος-19ος αι.), Αθήνα 2007, σ. 106.
306 Ό.π.
307 Για το θέμα αυτό, βλ. Μέρος Α΄, Κεφ. Γ΄ της παρούσας εργασίας, όπου και εκτενής διαπραγμάτευσή του.

περιεχόμενο και η παράλληλη κίνησή τους προς μία ενδεικτική τονική. Με άλλα λόγια, η φρασεολογία της σύνθεσης δεν θεμελιώνεται σε μια απόλυτη βαθμίδα, αλλά προσανατολίζεται προς αυτήν, μέσω μιας πολυποίκιλης αρμογής επιμέρους μουσικών σχημάτων και μοτίβων. Άλλο ένα στοιχείο που κυριαρχεί, είναι η σε σχέση με παλαιότερες περιγραφικού χαρακτήρα σημειογραφικές πρακτικές, εξαιρετικά λεπτομερής και εκλεπτυσμένη αποτύπωση των μουσικών θεμάτων, αφού η αναλυτική διάθεση του Νικολάου άπτεται ακόμα και της καταγραφής μινιμαλιστικών ποικιλμάτων και στολιδιών που αναδεικνύονται κατά την φωνητική εκτέλεση του μέλους. Για παράδειγμα, χαρακτηριστική είναι η χρήση της σημειογραφίας από το Νικόλαο κατά την ανάλυση κλασικών σχημάτων, όπως τα εξής:

α). ‾‾ , ως ‾‾ , β). ‾‾ , ως ‾‾ , γ). ‾‾ , ως ‾‾ ,

δ). ‾‾ , ως ‾‾ , ε). ‾‾ , ως ‾‾ , κ.α.

Το πλέον, ωστόσο χαρακτηριστικό σχήμα που χρησιμοποιεί με επιτυχία ο Νικόλαος στη σύνθεσή του, είναι εκείνο της «μελικής αναδίπλωσης» ενός συγκεκριμένου μοτίβου, ειδικά στις περιπτώσεις που επιδιώκει να εξάρει το έντονο σημειολογικό περιεχόμενο ορισμένων λέξεων του υμνογραφικού κειμένου. Έτσι, τονίζει εμφατικά εκφράσεις σαφώς φορτισμένες εννοιολογικά όπως, «Δέσποινα», «στεναγμόν» και «όταν κρίνει», τόσο μέσω της πολλαπλής επανάληψής τους όσο και μέσω της αλλαγής της χρονικής αγωγής του μέλους[308]. Όπως φαίνεται και στα παρακάτω χαρακτηριστικά παραδείγματα, το πλέον γνώριμο σχήμα είναι εκείνο της διαδοχικής χρήσης «αποστρόφου» και «ολίγου» με ενδιάμεσο «σύνδεσμο» ‾‾ , σε καθοδική πορεία, και με παράλληλη χρονική επιτάχυνση ‾‾ .

Παράδειγμα Α΄

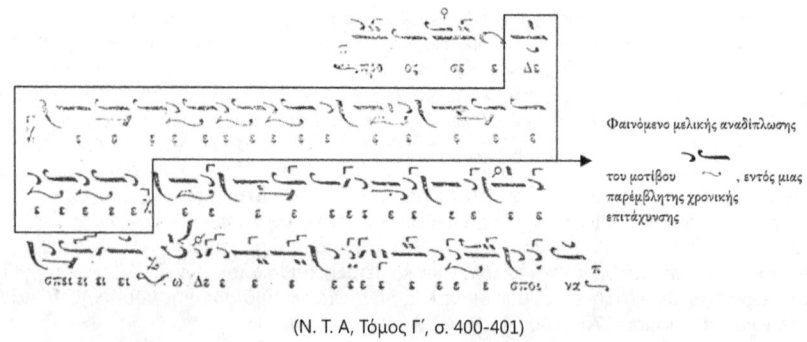

(Ν. Τ. Α, Τόμος Γ΄, σ. 400-401)

---

308 Για σχόλια μορφολογικά σχετικά με το συγκεκριμένο μέλος, βλ. και Χατζηγιακουμής, ο.π., σ. 107-108, όπου και η πραγματικά συγκλονιστική ερμηνεία του π. Διονυσίου Φιρφιρή.

Η Εκκλησιαστική μουσική της Σμύρνης (1800-1922)

Παράδειγμα Β΄

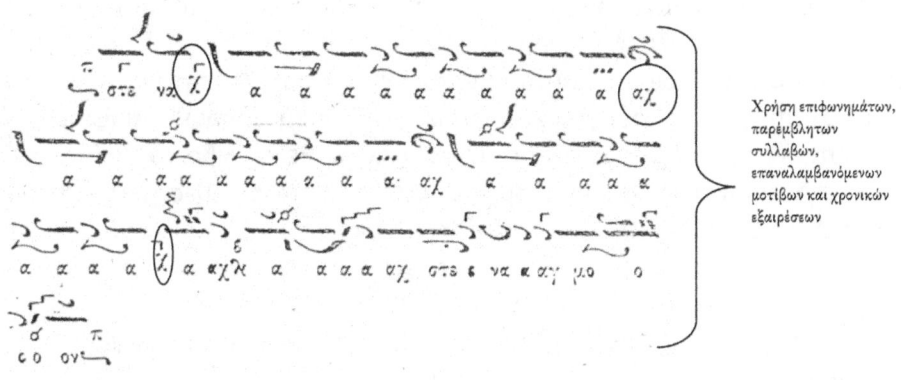

(Ν. Τ. Α, Τόμος Γ΄, σ. 401)

Στις δύο αυτές περιπτώσεις, μεταξύ άλλων, θα πρέπει να επισημανθεί πως αναδεικνύεται και η έντονα απεικονιστική διάθεση της σύνθεσης, η οποία επιτυγχάνεται μέσω της επαναλαμβανόμενης χρήσης χαρακτηριστικών επιφωνημάτων και παρέμβλητων συλλαβών.

Παράδειγμα Γ΄

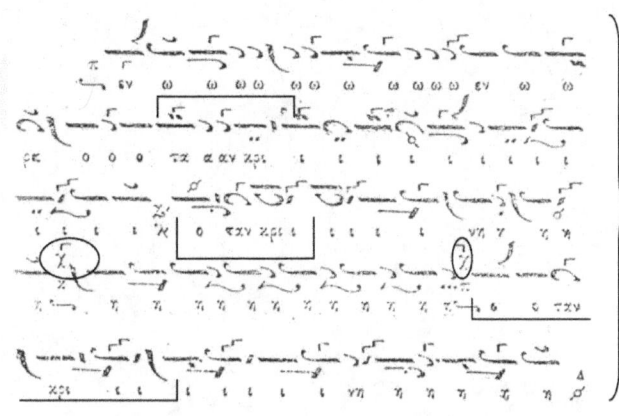

(Ν. Τ. Α, Τόμος Γ΄, σ. 401-402)

Ολοκληρώνοντας, θα ήταν χρήσιμο να τονίσει κανείς εκ νέου, τη σημαντικότητα που φέρουν ως συνθέσεις τα καλοφωνικά αυτά έργα του Νικολάου, ειδικά δε, στα πλαίσια μιας απόπειρας αποτίμησης της μελοποιητικής του συμβολής στη νεώτερη Εκκλησιαστική μουσική. Έτσι, τόσο το Οκτάηχο «Ρόδον», όσο και ο ειρμός «Το όμμα», αποτελούν αντιπροσωπευτικά δείγματα του συνθετικού τρόπου του Νικολάου, καθώς ο ίδιος επωφελούμενος από τον εξωλατρευτικό τους χαρακτήρα, και άρα από

199

την δεκτικότητά τους σε θύραθεν επιδράσεις, ξεδιπλώνει ανεξάρτητα από ιδεολογικούς περιορισμούς και σε όλο του το εύρος, το σπάνιο δημιουργικό του τάλαντο. Μέλη αμφότερα με μεγάλη προφορική παράδοση στο Άγιο Όρος[309], διακρίνονται για την εγγενή ρυθμικότητά τους[310], την πρωτότυπη μελική τους πλοκή, καθώς και για την άκρως επιμελημένη, αναλυτική τους σημειογράφηση. Πέρα από κάθε αμφιβολία, θα πρέπει να αναγνωρισθεί στα έργα αυτά η σημαντικότητα της θέσης την οποία κατέχουν στο πεδίο της μουσικής παραγωγής του 19ου αιώνα, καθώς αποτελούν συνθετικά πρότυπα ενός ευρύτερου ρεύματος, με κύριο γνώρισμα του τον δημιουργικό εμπλουτισμό του εκκλησιαστικού είδους με ένα ύφος προφανώς αστικότροπο, και κατά συνέπεια λόγια επεξεργασμένο και νεωτερικό.

---

309 Δεν είναι τυχαίο άλλωστε το γεγονός, πως και τα δύο αυτά μέλη βρίσκονται αναδημοσιευμένα στον «Μουσικό Θησαυρό» του Νεκταρίου Μοναχού, Άγιο Όρος 1931, στο επίσημο δηλαδή μουσικό έντυπο των Αγιορειτών ψαλτών. Αναφορικά με την ενσωμάτωση του σμυρναίικου ρεπερτορίου στην αγιορειτική ψαλτική πρακτική, βλ. Χατζηγιακουμής Μανόλης, Σύμμεικτα Εκκλησιαστικής μουσικής, Μέρος Β΄ (Αγιορειτικά Απανθίσματα Α΄), Κέντρο Ερευνών και Εκδόσεων, Αθήνα 2009, σ. 73-79, όπου και η εξεραιτικά τεκμηριωμένη ιστορική ερμηνεία του όλου φαινομένου.
310 Για τον ειρμό του Νικολάου θα πρέπει να σημειωθεί πως έχει παρουσιασθεί και σε μια νεότερη, επεξεργασμένη ρυθμικά μορφή από τον Κ. Πανά, με σαφείς τις σύγχρονες χορωδιακές επιρροές. Πρόκειται ουσιαστικά, για μια προσπάθεια απλοποίησης των σύνθετων ρυθμικών και μελωδικών σχημάτων της σύνθεσης, με απώτερο στόχο την εκτέλεσή της από μεγαλύτερα φωνητικά σύνολα. Βλ. Πανάς. Ι. Κ, «Επίλεκτοι Υμνωδίαι Βυζαντινής Εκκλησιαστικής μουσικής», Πάτρα 1996, σ. 285-290.

Η Εκκλησιαστική μουσική της Σμύρνης (1800-1922)

Κεφάλαιο γ΄

Ανανέωση και εμπλουτισμός του Στιχηραρίου. -Δοξαστάριον Τριωδίου και Πεντηκοσταρίου Νικολάου Σμύρνης-

Μεταξύ των ειδών μελοποιίας, το είδος του Στιχηραρίου θα είναι εκείνο που θα συγκεντρώσει το μεγαλύτερο μέρος της πρωτογενούς συνθετικής δημιουργίας του Νικολάου Σμύρνης, καθώς ο ίδιος θα τονίσει εκ νέου το Αναστασιματάριον, ενώ θα παρουσιάσει σε δύο τόμους και το Δοξαστάριον του όλου Ενιαυτού. Ωστόσο, το έργο που θα γνωρίσει τη μεγαλύτερη αποδοχή και συγχρόνως θα αναδείξει με τον πλέον ενδεικτικό τρόπο το συνθετικό ιδίωμα του Νικολάου στο είδος του Στιχηραρίου, θα είναι το Δοξαστάριον του Τριωδίου και του Πεντηκοσταρίου, το οποίο θα εκδοθεί το 1857.

Προτού όμως γίνει λόγος για την μορφολογική και στιλιστική ιδιαιτερότητα των έργων αυτών του Νικολάου, καθώς και για τη σημαντικότητα που φέρουν ως μέγεθος επιρροής για την μετέπειτα συνθετική παραγωγή, θα ήταν χρήσιμο να ειπωθούν ορισμένα πράγματα, με σκοπό να οριστεί η θέση την οποία καταλαμβάνουν στα πλαίσια της ιστορικής εξέλιξης του στιχηραρικού είδους μελοποιίας, κατά τη διάρκεια του 19ου αιώνα. Πιο συγκεκριμένα, ως κομβικό σημείο αναφορικά με τη διερεύνηση του συγκεκριμένου ζητήματος, θα πρέπει να θεωρηθεί το γεγονός της απόδοσης του Στιχηραρίου σε σύντομη μορφή από τον Πέτρο Λαμπαδάριο, αφού είτε ως συνοπτική εκφορά της παλαιότερης εκτεταμένης φόρμας εκληφθεί, είτε ως καταγραφή μιας σύντομης-προφορικής παράδοσης, σε κάθε περίπτωση δεν παύει να αποτελεί μια κίνηση εκσυγχρονιστική με παράλληλο συμβολικό χαρακτήρα, σχετικά με την κατεύθυνση προς την οποία θα κινηθεί στο εξής το εκκλησιαστικό μέλος. Η έκδοση του Δοξασταρίου το 1844 από τον Κωνσταντίνο Πρωτοψάλτη θα επιφέρει σημαντικές εξελίξεις αναφορικά με την εν γένει μορφολογική αναδιαμόρφωση του σύντομου Στιχηραρίου, κυρίως λόγω της εμπλουτισμένης και σε πλήρη εξάρτηση από το νοηματικό περιεχόμενο του υμνογραφικού κειμένου, ανάπτυξης του μέλους. Η περίπτωση του Τριωδίου του Νικολάου Σμύρνης, θα έρθει και εκείνη με τη σειρά της να συμβάλει τόσο στην τελική καθιέρωση της σύντομης εκδοχής του Στιχηραρίου, όσο και στην περαιτέρω παγίωση του ιδιότυπου συνθετικού χαρακτήρα του εν λόγω είδους. Έτσι, το έργο αυτό προϋποθέτει ιστορικά και μορφολογικά το Δοξαστάριο του Κωνσταντίνου, καθώς παρά τις επιμέρους ιδιαιτερότητές του, θα μπορούσε με ασφάλεια να ειπωθεί, πως αισθητικά εμπνέεται από την ίδια πρωτοποριακή συνθετική τάση, που επιτρέπει την έντεχνη και εμπλουτισμένη με θύραθεν στοιχεία εκφορά του στιχηραρικού μέλους. Ωστόσο, ο Νικόλαος θα διαφοροποιηθεί εμφανώς από τον Κωνσταντίνο στο ζήτημα της δομικής φόρμας του είδους, αφού αντίθετα με τον Πατριαρχικό δάσκαλο, που παρά την εκσυγχρονιστική του διάθεση παραμένει πιστός στην κατ' επιλογήν χρήση εκτεταμένων κλασικών θέσεων, ο ίδιος φαίνεται να εγκαταλείπει οριστικά την παλαιότερη ιστορική πρακτική, καθιερώνοντας μια απόλυτα ευσύνοπτη και ευέλικτη μορφή ανάπτυξης του Στιχηραρικού μέλους. Με άλλα λόγια, η σημαντικότητα της συμβολής του Νικολάου, οφείλεται στη δημιουργική σύνθεση της σύντομης δομικά φόρμας του Πέτρου με την επεξεργασμένη υφολογικά και εκφραστικά συνθετική άποψη του Κωνσταντίνου. Αν και το ζήτημα της αποδοχής που θα γνωρίσει η προσέγγιση αυτή του Νικολάου στη σύνολη στιχηραρική μελοποιία του 19ου και 20ού αιώνα θα αναπτυχθεί στη συνέχεια, από το σημείο αυτό θα πρέπει να εξαρθεί η σημαντικότητα που ενέχει η εν λόγω συνθετική τοποθέτηση, αφού θα καθορίσει αισθητικά, και σχεδόν κατά απόλυτο βαθμό, την μετέπειτα μελοποιητική παραγωγή στο συγκεκριμένο αυτό είδος. Παρακάτω, θα επιχειρηθεί μια προσπάθεια ανάδειξης των πλέον καθοριστικών σημείων που χαρακτηρίζουν το συνθετικό τρόπο του Νικολάου στο Στιχηραρικό είδος, όπως είναι εκείνα της πλοκής του μέλους σε συνάρτηση με το ποιητικό κείμενο, του αναλυτικού σημειογραφικού χειρισμού, καθώς και της έντεχνης απόδοσης πρωτότυπων μελωδικών και ρυθμικών σχημάτων.

Το γεγονός το οποίο γίνεται αντιληπτό ακόμα και μετά από μια πρόχειρη προσέγγιση των στιχηραρικών μελών του Νικολάου, είναι η έντονη διάθεση του για σύνθεση με σκοπό την ανάδειξη του εννοιολογικού περιεχομένου των υμνογραφικών κειμένων. Ουσιαστικά, πρόκειται για την πρακτική του «κατά νόημα μελοποιεῖν», η οποία άρχισε να ακολουθείται, συγκρατημένα και μόνο για ειδικές περιπτώσεις, από τους κλασικούς μελοποιούς του Στιχηραρίου (Μπαλάσιο και Γερμανό), γνωρίζοντας ωστόσο ευρύτερη εφαρμογή στο Δοξαστάριο του Ιακώβου, καθώς και στα έργα του Κωνσταντίνου, ο οποίος μάλιστα θα είναι και εκείνος που θα αποδείξει τη δυνατότητα χρήσης μελωδικών σχημάτων συνδεδεμένων με το ποιητικό νόημα και στα συνθετικά πλαίσια του σύντομου πλέον στιχηραρικού είδους. Ο Νικόλαος θα υπηρετήσει κατά κόρον αυτήν την πρακτική, καθώς σύμφωνα με τη μαρτυρία του ιδίου, θα συνθέσει τα μέλη του στιχηραρίου «ἐκ νέου, εἴτε ἀναπτύσσοντες αὐτά, εἴτε καλλύνοντες, εἴτε κατά Πλούταρχον, βιάζοντες ἔντισιν αὐτῶν νὰ ὁμοδρομῇ ἤτε αἴσθησις καὶ διάνοια»[311]. Έτσι, η ανάγκη συνύφανσης του μέλους με το ποιητικό κείμενο φαίνεται να αποτελεί βασική προτεραιότητά του, αφού την ακολουθεί πιστά, ακόμη και στις περιπτώσεις εκείνες που ελλοχεύει ο κίνδυνος της εξεζητημένης υπερφόρτωσης της μελωδικής πλοκής, υπό το κόστος μάλιστα της απώλειας της φρασεολογικής ομοιογένειας ή της ρυθμικής ακεραιότητας της εκάστοτε σύνθεσης. Ωστόσο, παρά αυτά τα επιμέρους φαινόμενα υπερβολής, τα οποία θα μπορούσε κανείς να εντοπίσει στο Δοξαστάριο του Νικολάου, είναι αναμφίβολο το γεγονός, πως η παραπάνω συνθετική τεχνική του Νικολάου θα του δώσει τη δυνατότητα να αποδώσει με έναν πραγματικά πρωτότυπο και πηγαίο τρόπο, φράσεις και μελωδικούς σχηματισμούς με εξαιρετικά σπουδαίο μουσικολογικό και τεχνικό περιεχόμενο.

Είναι πράγματι γεγονός, πως τα Δοξαστάρια του Νικολάου βρίθουν από περιπτώσεις ενδεικτικές του φαινομένου της «κατά νόημα» μελοποίησης, σε βαθμό μάλιστα που να μην μπορεί να θεωρηθεί ως υπερβολή η πεποίθηση περί ανάγκης για εκπόνηση μιας ξεχωριστής, ειδικής επί του θέματος μελέτης με σκοπό την διεξοδική ανάλυση και εξάντλησή του. Στα πλαίσια της παρούσας εργασίας, τα μεθοδολογικά περιθώρια επιτρέπουν μόνο μια αποσπασματική, κατ' επιλογήν δηλαδή, παράθεση παραδειγμάτων από το έργο του Νικολάου, ικανών ωστόσο, να φωτίσουν έστω και σε πρώτη φάση, το συγκεκριμένο σοβαρό μουσικολογικό ζήτημα.

Το Δοξαστικό του Εσπερινού της Κυριακής του Ασώτου (Βλ. Παρ. Α'), λόγω του εννοιολογικά έντονα φορτισμένου ποιητικού του κειμένου, αποτελεί μια ενδεικτική περίπτωση μελοποίησης με φανερή τη διάθεση απο-

---

[311] Βλ. Νικόλαος Πρωτοψάλτης Σμύρνης, «Δοξαστάριον Τριωδίου και Πεντηκοσταρίου», Κωνσταντινούπολη 1857, σ. ζ' (Πρόλογος).

τύπωσης νοημάτων και εικόνων στη μελωδική πλοκή της σύνθεσης. Έτσι, χαρακτηριστική είναι η χρήση εκ μέρους του Νικολάου της τεχνικής της επανάληψης, καθώς και της εκτεταμένης μελικής ανάπτυξης στην αρχή του κομματιού, ενώ συνεχής είναι και η μελωδική αναδίπλωση του μέλους προς τις τονικές του **Νη** και του χαμηλού **Δι**, μετά από χρωματική κίνηση, ειδικά σε φράσεις με ειδικό νοηματικό περιεχόμενο, όπως π. χ «εμαυτόν εστέρησα», «ο ταλαίπωρος εγώ», «την εντολήν παρέβην», κ. α. Επίσης, ενδιαφέρουσα είναι και η παρεμβολή στη βασική πορεία του μέλους χρόων-φθορών, όπως εκείνων του «κλιτού» και του «Ατζέμ», στις φράσεις «ο άθλιος» και «εξέπεσα», με προφανή την απόπειρα εμπλουτισμού της σύνθεσης με στοιχεία λυρισμού και ηδυπάθειας.

Παράδειγμα Α΄

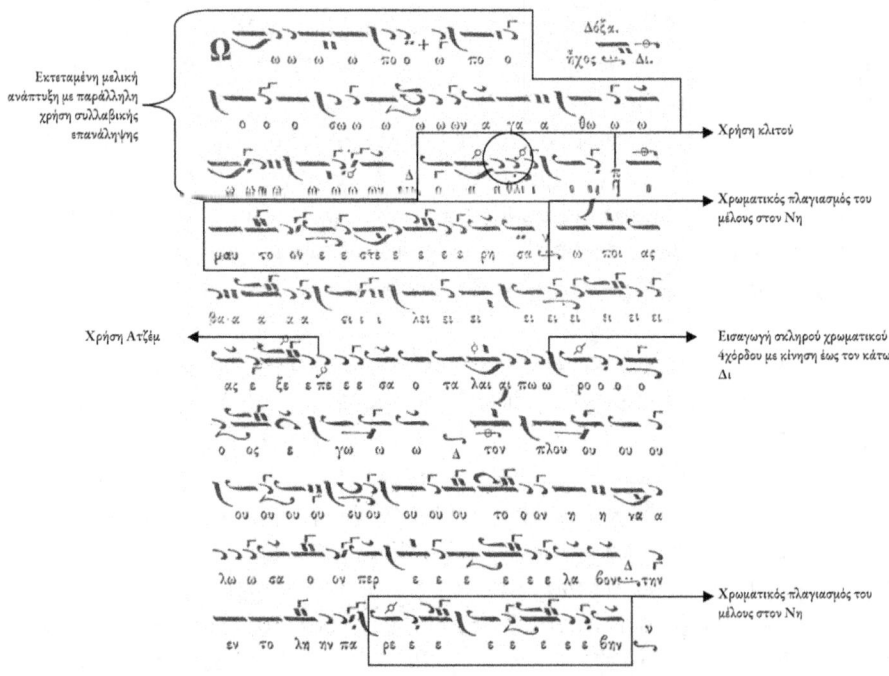

(«Δοξαστάριον Τριωδίου και Πεντηκοσταρίου» Νικολάου Σμύρνης, σ. 12-13)[312]

Αντίστοιχη τεχνική ακολουθεί ο Νικόλαος και στο Δοξαστικό των Αποστίχων της ΙΣΤ΄ Νοεμβρίου «Εκ πυθμένος κακίας» σε ήχο πλ. Β΄ (Βλ. Παρ. Β΄), όπου η μελωδική πορεία ακολουθεί το υμνογραφικό κείμενο, αναφορικά με την τονική περιοχή στα πλαίσια της οποίας κινείται. Έτσι, για παράδειγμα στην φράση «εκ πυθμένος», το μέλος αφορμάται από τον κάτω **Δι** και

---

312 Στο εξής το Δοξαστάριο του Νικολάου θα σημαίνεται, ως Δ. Τ. Π. Ν. Σμύρνης.

αναδιπλώνεται διαδοχικά έως τη βασική τονική του **Πα**, ενώ στη συνέχεια και συγκεκριμένα στη φράση «εσχάτης», η μελωδία επανέρχεται στην χαμηλή περιοχή του κάτω **Δι**, στον οποίον άλλωστε και αποδίδεται μετά από χρωματικό φθορισμό της. Τέλος, στις φράσεις «ακρότατον ύψος» και «αετός υψιπέτης», η σύνθεση καθορίζεται από το εννοιολογικό περιεχόμενο τους, καθώς κινείται από την περιοχή του «Άγια» έως και την περιοχή του άνω **Νη´**, έχοντας πλέον διατονική διαστηματική υπόσταση. Κατ' ανάλογο τρόπο, το μελωδικό και εκφραστικό περιεχόμενο της σύνθεσης καθορίζεται απόλυτα από το νόημα των χαρακτηριστικών φράσεων, «κακίας» και «παραδόξως ανέδραμες», κυρίως μέσω της χρήσης ενδιάμεσων χρωματικών σχηματισμών. Στην πρώτη περίπτωση, παρατηρείται φθορισμός του μέλους μετά από εισαγωγή σκληρού χρωματικού 5χόρδου στην τονική του **Πα** ως **Κε** του πλ. Β´ ήχου, και με πορεία καθοδική προς τον κάτω **Δι**, ενώ στην φράση «παραδόξως» το μέλος επανακτά την χρωματική του ιδιότητα χάρη στην τοποθέτηση φθοράς του πλ. Β´ στην τονική του **Κε**.

Παράδειγμα Β´

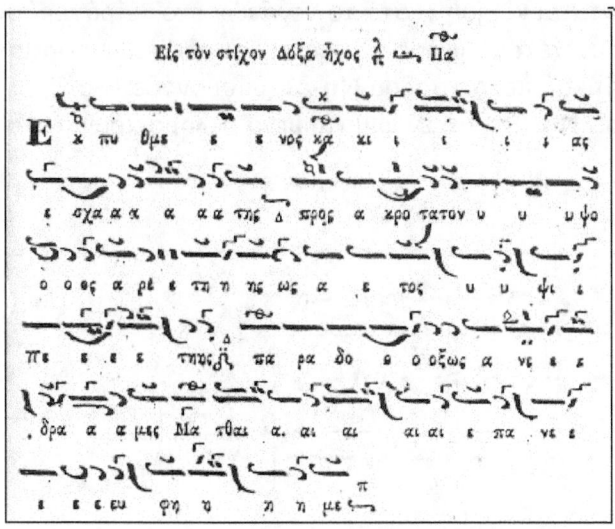

Κλασική περίπτωση εκ μέρους Νικολάου «κατ' έννοιαν» μελοποίησης στιχηραρικού μέλους όπου η μελωδική κίνηση εξαρτάται από το νόημα του υμνογραφικού κειμένου.
Η φρασεολογία καθορίζεται αποκλειστικά από το νόημα του κειμένου, είτε σε σχέση με την τονική περιοχή που θα αναπτυχθεί, είτε σε σχέση με την τροπική της υπόσταση, αναφορικά με τη διαστηματική χροιά που θα λάβει

(«Δοξαστάριον του όλου Ενιαυτού», Τόμος Α´, Νικολάου Σμύρνης, σ. 212-213)

Ενδιαφέρουσα επίσης, είναι και η συχνή χρήση μελικών εκδοχών προερχόμενων από το χρωματικό γένος, ειδικά στα σημεία που ο Νικόλαος επιδιώκει φθορική αλλοίωση του μέλους, με πρόθεση την έξαρση και τον περαιτέρω τονισμό ποιητικών εκφράσεων βαρύνουσας συμβολικής σημασίας. Για παράδειγμα, στο στιχηρό του Όρθρου της Μ. Τρίτης «Ο τη ψυχής ραθυμία» (παρ. Γ´), στη λέξη «νυστάξας», παρατηρείται το φαινόμενο της σύζευξης δύο επάλληλων χρωματικών τετραχόρδων στη βασική τονική του Β΄ ήχου. Έτσι, ενώ το μέλος κινείται στο χρωματικό περιβάλλον Δι-Νη΄, τίθεται φθορά σκληρού χρώματος στην βασική τονική, εισάγοντας παράλληλα, κατ' αυτόν τον τρόπο και μελωδική κίνηση προς το βαρύ.

Παράδειγμα Γ΄

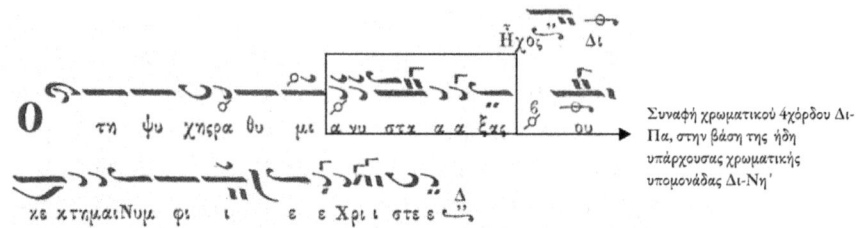

(Δ. Τ. Π. Ν. Σμύρνης, σ. 158)

Κάτι αντίστοιχο συμβαίνει και στο Δόξα του Εσπερινού της Κυριακής των Απόκρεω (παρ. Δ΄), καθώς στις εκφράσεις, «εν φόβω, και ποταμού πυρός έλκοντος», συναντάται κίνηση «κατά το νενανώ» στο τετράχορδο **Δι** άνω **Νη**, ενώ στη συνέχεια το μέλος πλαγιάζει και οδεύει με πορεία στα πλαίσια του χρωματικού πενταχόρδου **Νη-Δι** (υπομονάδα nikriz), με ακέραιο τονικό διάστημα **Νη-Πα**, και ενσωματωμένο σκληρό χρωματικό τετράχορδο **Πα-Δι**.

Παράδειγμα Δ΄

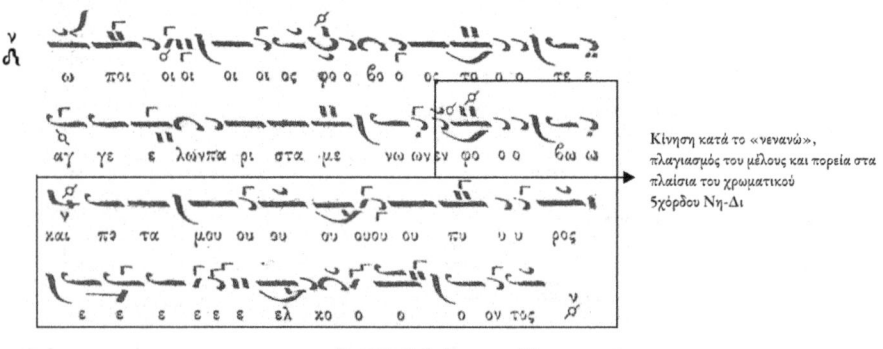

(Δ. Τ. Π. Ν. Σμύρνης, σ. 25)

Πέρα από αυτές τις περιπτώσεις, στα έργα του Νικολάου συναντάται συχνά και το φαινόμενο της καθοδικής κίνησης του μέλους μετά από σύζευξη ενός χρωματικού τετραχόρδου και ενός αντίστοιχου πενταχόρδου, με αυτονόητη φυσικά την αναίρεση του ενδιάμεσου διαζευκτικού τόνου, άλλοτε με καθοδική πορεία άνω **Νη΄-Νη** (παρ. Ε΄).

Παράδειγμα Ε΄

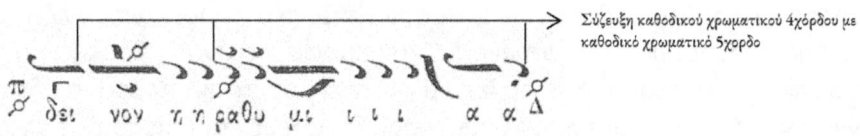

(Δ. Τ. Π. Ν. Σμύρνης, σ. 27-28)

και άλλοτε με κίνηση από τον φυσικό **Δι** στον αντίστοιχο χαμηλό του (παρ. ΣΤ΄):

Παράδειγμα ΣΤ΄

(Δ. Τ. Π. Ν. Σμύρνης, σ. 166)

Τέλος, ενδιαφέρον παρουσιάζει και ο έντεχνος τρόπος με τον οποίο ο Νικόλαος συνδυάζει την ενέργεια της χρόας του κλιτού με αντίστοιχες χρωματικές υπομονάδες (παρ. Ζ΄), τρέποντας δηλαδή, τη διαστηματική σύνθεση του τετραχόρδου **Πα-Δι**, μέσω της καθοριστικής αλλοίωσης επί το οξύ της δεύτερής του βαθμίδας.

Παράδειγμα Ζ΄

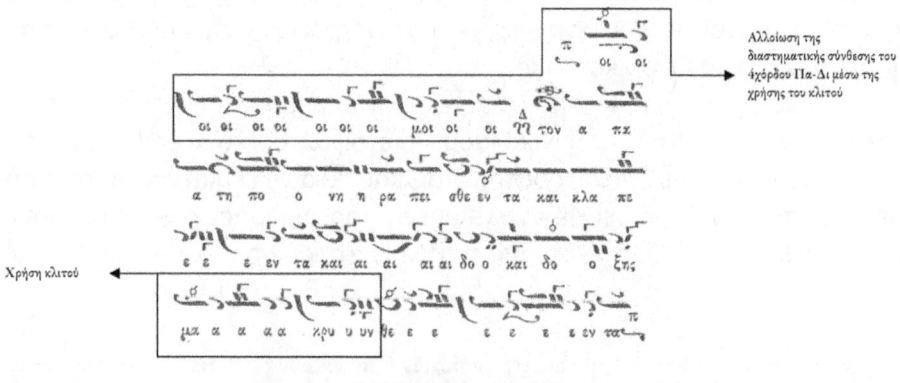

(Δ. Τ. Π. Ν. Σμύρνης, σ.35)

Πέρα όμως από το αμιγώς μουσικολογικό ενδιαφέρον που παρουσιάζουν τα έργα του Νικολάου στο είδος του Στιχηραρίου, ως σημαντικά θα πρέπει να θεωρηθούν και τα συμπεράσματα που εξάγονται μετά από μια προσέγγισή τους, όσον αφορά στην ιδεολογική τοποθέτηση και τάση που εκπροσωπούν σε επίπεδο αισθητικό και εικαστικό. Πιο συγκεκριμένα, η πληθωρικότητα στην μελωδική έκφραση, ο πλούτος σε ηχοχρώματα και δομικούς σχηματισμούς, οι συνεχείς μεταβολές (φθορικές αλλοιώσεις, μεταθέσεις τονικών κέντρων, κ. α), καθώς και η συχνή χρήση εξαιρετικά μινιμαλιστικών σημειογραφικών μοτίβων, καθιστούν δυνατή την κατάταξη των έργων του Νικολάου στο ευρύτερο καλλιτεχνικό ρεύμα του Οθωμανικού Ρομαντισμού, το οποίο και κυριαρχεί στον χώρο της πρωτογενούς δημιουργίας και έκφρασης στο β΄ μισό του 19ου αιώνα[313]. Επίσης, κυρίαρχος είναι ο ρόλος των στοιχείων λυρισμού που εντοπίζονται στο εν λόγω υλικό, αφού η διάθεση αφηγηματικής απεικόνισης αισθημάτων, παραστάσεων και ιδεών, αποτελεί μία από τις πλέον κρίσιμες συνθετικές «σταθερές» του Νικολάου, σε σημείο μάλιστα ώστε σε ορισμένες περιπτώσεις να αγγίζει τα όρια της προγραμματικής μουσικής. Έτσι, προφανής είναι η βούλησή του για αυτόνομη έκφραση, απελευθερωμένη από συμβατικά πρότυπα, ιδεολογικές νομοτέλειες και ενοχικά σύνδρομα[314], καθώς και η πεποίθησή του περί ανάγκης για υπέρβαση των κανόνων της κλασικής συνθετικής φόρμας, με στόχο την εμπνευσμένη πρωτοπορία, ακόμη και υπό το κόστος της εμφάνισης ενδεχόμενων φαινομένων αμετροέπειας και υπερβολής. Με άλλα λόγια, δημιουργικό γνώμονα στο έργο του δεν αποτελεί πλέον η προερχόμενη από το μέγεθος της παράδοσης κοινή αισθητική αντίληψη, αλλά η εξατομικευμένη, ιδιοπρόσωπη θα έλεγε κανείς, υποκειμενική του έμπνευση. Αυτή η πρόταξη του ατομικού στοιχείου έναντι του κοινού, δημιουργεί αναπόφευκτα μια ιδιότυπη διαλεκτική σχέση στα πλαίσια της οποίας διακυβεύεται το ποσοστό αντοχής της πρωτογενούς δημιουργίας έναντι της καθομολογουμένης φερεγγυότητας και γενικής αποδοχής που φέρει το κλασικό ιστορικό υλικό.

Ένα ακόμη στοιχείο το οποίο ενέχει μεγάλη σημασία αναφορικά με τις στιχηραρικές συνθέσεις του Νικολάου Πρωτοψάλτου, είναι εκείνο του χειρισμού του σημειογραφικού συστήματος, και πιο συγκεκριμένα του τρόπου με τον οποίον παραδίδει σε αναλελυμένη μορφή φράσεις και επιμέρους μουσικά θέματα. Άλλωστε ένα από τα κεντρικότερα σημεία της συνθετικής άποψης του Νικολάου είναι και εκείνο της πρόθεσης για εξάντληση των

---

313 Αναλυτική παρουσίαση των βασικότερων αρχών που ορίζουν αισθητικά και ιδεολογικά το κίνημα του Οθωμανικού Ρομαντισμού στο επίπεδο της μουσικής παραγωγής κατά την εποχή αυτή, έχει γίνει στο γ΄ κεφάλαιο του Α΄ μέρους της παρούσας μελέτης.
314 Είναι φανερό, πως ο Νικόλαος καθώς και το κίνημα της Σμύρνης στο σύνολό του αντίκειται στην συντηρητική τοποθέτηση των μουσικών συλλόγων της Πόλης και μιας ομάδας μουσικών - διανοουμένων, που πρόσκεινται στον ευρύτερο Πατριαρχικό χώρο, και αντιμετωπίζουν κριτικά και με φανερή επιφύλαξη το ενδεχόμενο ανανέωσης και «θύραθεν» εμπλουτισμού του ιστορικού υλικού.

τεχνικών δυνατοτήτων του νέου σημειογραφικού συστήματος, με σκοπό την όσο το δυνατόν λεπτομερέστερη καταγραφή των μουσικών μοτίβων που χρησιμοποιεί. Ο προσδιοριστικός χαρακτήρας αυτής της πρακτικής είναι τόσο έντονος, σε βαθμό μάλιστα που να περιορίζονται δραματικά τα όρια οποιασδήποτε ενδεχόμενης δυνατότητας για εκτελεστική παρέκκλιση από το μουσικό κείμενο. Έτσι, θα μπορούσε να πει κανείς, πως ο Νικόλαος μεταφέρει σε γραπτή μορφή επιμέρους τεχνικές πληροφορίες προερχόμενες από την προφορική εκτελεστική, δομώντας κατ' αυτόν τον τρόπο και ένα συγκεκριμένο μεθοδολογικό μοντέλο αναφορικά με την ερμηνευτική προοπτική των έργων του.

Αντίθετα με την κλασική εκκλησιαστική μελοποιία, στα πλαίσια της οποίας απαιτείται μια αναλυτική κατανόηση του φρασεολογικού υλικού, στα έργα νεότερων συνθετών, όπως του Νικολάου, η επιστήμη καλείται να λειτουργήσει αντίστροφα σε αυτήν την αρχή –αφαιρετικά δηλαδή-, κατ' αρχάς επιχειρώντας να αποδομήσει την ενυπάρχουσα συνθετική θεματολογία, και στη συνέχεια να ταυτίσει πολυσύνθετα και περίπλοκα σημειογραφικά συμπλέγματα με αντίστοιχες κλασικές θέσεις της παλιάς μουσικής φιλολογίας. Άρα, για να μπορεί να θεωρηθεί ως επαρκής επιστημονικά μια μεθοδολογική προσέγγιση των συνθέσεων αυτών, απαραίτητη είναι η διαδικασία «αποκρυπτογράφησης» των σημειογραφικών σχηματισμών, με αναφορά άλλοτε προς συνοπτικά σημειογραφικά μοντέλα του κλασικού ρεπερτορίου και άλλοτε στην σύγχρονη προφορική ερμηνευτική. Στη συνέχεια, θα παρουσιασθούν κάποιες ενδεικτικές περιπτώσεις σημειογραφικού χειρισμού και μελικής καταγραφής από το Δοξαστάριο του Νικολάου, χωρίς ωστόσο να επιχειρείται μια επιβεβαίωση της μουσικολογικής τοποθέτησης, σύμφωνα με την οποία η ιδιωματική φυσιογνωμία ενός μουσικού είδους εξαντλείται στον εντοπισμό και στην περαιτέρω ανάδειξη των αναλυτικών του μοτίβων, και μάλιστα σε απόλυτη σχέση με την γραπτή-προσδιοριστική τους διάσταση. Αντίθετα, χωρίς να παραθεωρείται η χρησιμότητα των πληροφοριών αυτών, σε καμιά περίπτωση δεν θα πρέπει να εξαχθεί το συμπέρασμα της ταύτισης της αισθητικής ιδιαιτερότητας του σμυρναϊκού ιδιώματος απλά και μόνο, με μια σειρά αναλελυμένων μελωδικών σχηματισμών που μπορούν να εντοπιστούν στα έργα του Νικολάου[315].

---

315 Η λειτουργική σημασία των αναλύσεων, τόσο κατά την γραπτή, όσο και κατά την προφορική απόδοσή τους, αποτελεί ένα εξαιρετικά κρίσιμο μουσικολογικό ζήτημα, καθώς αφ' ενός μεν καθορίζει το βαθμό προσδιοριστικότητας του σημειογραφικού συστήματος, αφ' ετέρου δε ρυθμίζει τη δυναμική σχέση μεταξύ του γραπτού μουσικού κειμένου και της προφορικής εκφοράς του. Ωστόσο, η συγκεκριμένη προβληματική χρήζει ιδιαίτερης προσοχής, αφού μια τυχόν υπερεκτίμηση της αξίας των αναλύσεων μπορεί να οδηγήσει σε μια σχολαστική διαχείριση του μουσικού υλικού,

Νίκος Ανδρίκος

Κατ' αρχάς ενδιαφέρον παρουσιάζει ο πλουραλιστικός τρόπος με τον οποίο ο Νικόλαος κατά περίσταση αναλύει το κλασικό σύμπλεγμα, ολίγου, κεντημάτων και υποκείμενου ψηφιστού, 🙵 :

α). [neume], β). [neume], γ). [neume], δ). [neume],

ε). [neume], στ). [neume], ζ). [neume], η). [neume],

θ). [neume], ι). [neume], ια). [neume],

ιβ). [neume], ιγ). [neume].

Επίσης, η πεταστή με κλάσμα 🙵 και το σχήμα [neume] που ουσιαστικά εντοπίζεται στην κλασική φιλολογία ως ανάλυση του προηγουμένου, αποδίδονται ως:

α). [neume], β). [neume], γ). [neume],

δ). [neume], ε). [neume], στ). [neume],

ζ). [neume].

μέσω μιας μηχανιστικής-νομοτελειακής πρακτικής. Οι αναλύσεις αποτελούν σημαντικό κομμάτι της εκτελεστικής τεχνικής, αλλά σίγουρα όχι το μοναδικό, καθώς μια απλή «εγκεφαλική»-άμοιρη των ευρύτερων ερμηνευτικών και ιστορικών προϋποθέσεων- εφαρμογή τους, σε καμία περίπτωση δεν αρκεί για να καταστεί εφικτή μια πηγαία και εμπνευσμένη υφολογικά-ερμηνευτικά μουσική απόδοση. Με άλλα λόγια, το γεγονός της μουσικής ερμηνείας αποτελεί συνάρτηση πολλών επιμέρους τεχνικών, υφολογικών και αισθητικών παραμέτρων, μεταξύ των οποίων σίγουρα μπορεί να καταγούν και οι αναλύσεις, χωρίς ωστόσο να μπορούν να διεκδικήσουν κάποιου είδους αποκλειστικότητα. Έτσι, για μια πλήρη και άμεση ερμηνευτική στιγμή, εκτός από τις πληροφορίες που προέρχονται από τη γνώση της παρτιτούρας και της αναλυτικής της δυναμικής, απαιτούνται και άλλα πράγματα, όπως για παράδειγμα η βαθιά βιωματική σχέση του εκτελεστή με το εκάστοτε έργο, η δυνατότητα μετοχής του σ' αυτό, η γνώση και εμπειρία της προφορικής ιδιωματικής του διάστασης, η ικανότητα σύλληψης των ευρύτερων ερμηνευτικών προεκτάσεων της σύνθεσης κ. α. Για το ζήτημα των αναλύσεων, βλ. Αγγελόπουλος Λυκούργος, «Η σημασία της έρευνας και διδασκαλίας του Σ. Καρά, ως προς την επισήμανση και καταγραφή της ενέργειας των σημείων της χειρονομίας (προφορικής ερμηνείας της γραπτής παράδοσης)», ανακοίνωση στο μουσικολογικό συνέδριο των Δελφών, Σεπτέμβριος 1986, Giannelos Dimitri, *Musique byzantine. Tradition orale et tradition écrite (XVIIIe-XXe s.)*, διδακτορική διατριβή, Université de Nanterre, Paris 1987, επίσης, Γιαννέλος Δημήτριος, «Οι αναλύσεις των χαρακτήρων έκφρασης μέσα από την θεωρία και την πράξη», ανακοίνωση στην ημερίδα με θέμα την ερμηνεία της βυζαντινής μουσικής υπό την αιγίδα της Ι. Μ. Βατοπαιδίου, Μέγαρο Μουσικής Αθηνών, 14 Δεκέμβρη 1997, ανέκδοτο, καθώς και Γιαννέλος Δημήτρης, *Σύντομο Θεωρητικό Βυζαντινής Μουσικής*, Εκδ. Επέκταση, Αθήνα 2009, σ. 7-12.

Το χαρακτηριστικό στον στιχηραρικό πλ. Α' και πλ. Β' Ήχο μοτίβο

⌐—⊥ıı⌐ αποδίδεται ως: ⌐—ι⌐—⌐ıı⌐. Επίσης, ενδιαφέρον παρουσιάζει ο τρόπος με τον οποίο αναλύεται στα Δοξαστικά του πλ. Δ' το σχήμα

ως . Σημαντικό τεχνικό γνώρισμα της συνθετικής του Νικολάου, είναι και η προσαύξηση ενός ή περισσότερων χρονικών αξιών στο βασικό μοτίβο, και η παράλληλη ρυθμική τους εξίσωση, μέσω της χρήσης χαρακτήρων διαίρεσης του χρόνου υποδεέστερων του γοργού. Για παράδειγμα, συχνά στο Δοξαστάριο του Νικολάου συναντώνται μοτίβα, σημειογραφικά μορφώματα, όπως ή , ως ανάλυση του απλού σχήματος .

Τέλος, ο Νικόλαος μεριμνά ειδικά για τον καλλωπισμό των στιχηραρικών καταλήξεων, καθώς τις παραδίδει σε πολλές και διαφορετικές εναλλακτικές εκδοχές, αποτρέποντας κατ' αυτόν τον τρόπο την όποια φρασεολογική προβλεψιμότητα ενδέχεται να δημιουργήσει η συνεχώς επαναλαμβανόμενη χρήση των κλασικών καταληκτήριων γραμμών. Έτσι, η κατάληξη του Α' ήχου, , αναλύεται άλλοτε ως , άλλοτε ως και σε άλλες περιπτώσεις ως . Κατά ανάλογο τρόπο, αναλυτικά αποδίδεται και η καταληκτήρια φράση του πλ. Α' ως , καθώς και η αντίστοιχη γραμμή στον Κε ως . Επίσης, στους χρωματικούς ήχους, οι κλασικές καταλήξεις, . Τέλος, συχνή είναι η χρήση και κάποιων προφορικών ποικιλμάτων και στολιδιών σε καταλήξεις του Λεγέτου ως , του Βαρέος ως , και του πλ. Β' ως .

Ο πλουραλιστικός και παράλληλα πρωτότυπος τρόπος με τον οποίο ο Νικόλαος παρουσιάζει αναλυτικά κάποια μουσικά μοτίβα, πιστοποιεί στα πλαίσια ενός ευρύτερου πλέον μουσικολογικού προβληματισμού, την αναμφίβολη εκφραστική δυναμική της τεχνικής των αναλύσεων, αλλά παράλληλα και την αδυναμία τους να ενταχθούν νομοτελειακά σε ένα συγκεκριμένο μοντέλο εκτελεστικής, που να επιβάλει με τρόπο δικανικό την πρακτική εφαρμογή τους. Με άλλα λόγια, αυτό που αναδεικνύει, πέρα των άλλων η τοποθέτηση του Νικολάου, είναι το γεγονός της κατά περίπτωση και πάντοτε σε πλήρη συνάρτηση με την γενικότερη μορφολογική, ρυθμική και υφολογική φυσιογνωμία της εκάστοτε σύνθεσης, χρήσης τους. Είναι άλλωστε προφανής η τακτική του, αναφορικά με την εξάντληση της προσδιοριστικής δυναμικής του νέου συστήματος σε περιπτώσεις που κάτι τέτοιο «ενθαρρύνεται» από τη δομική σύσταση μιας σύνθεσης, τη στιγμή μάλιστα που σε άλλες περιπτώσεις, οι οποίες φέρουν επιβαρυμένο μορφολογικό περιεχόμενο, να παρουσιάζεται φειδωλός, χρησιμοποιώντας αναλύσεις σε λελογισμένο βαθμό και με ανεπτυγμένο το αισθητήριο της διάκρισης και του μέτρου.

Μεταξύ πολλών περιπτώσεων που θα μπορούσαν να παρουσιασθούν συστηματικά, στα πλαίσια μιας ειδικής με τα στιχηραρικά μέλη του Νικολάου μελέτης, αναμφίβολα ξεχωριστή θέση κατέχει το Δοξαστικό του Όρθρου της Μεγάλης Παρασκευής σε ήχο πλ. Β', τόσο λόγω της ιδιότυπης και εξαιρετικά πρωτότυπης για την εποχή κατά την οποία συντέθηκε, μελοποιητικής του φόρμας, όσο και λόγω της ευρύτατης διάδοσης και δημοφιλίας την οποία γνώρισε ως σύνθεση στον ευρύτερο ψαλτικό χώρο. Το «Εξέδυσάν με» του Νικολάου Σμύρνης αποτελεί μια συνθετική απόπειρα σταθμό για την μελοποιητική παραγωγή του 19ου αιώνα, καθώς μέσω αυτού εγκαινιάζεται μια νέα, ιδιόμορφη συνθετική τεχνική τονισμού Δοξαστικών, με ύφος έντεχνο και ελευθεριάζον, που αφορά συνήθως σε υμνογραφικά κείμενα, στα πλαίσια των οποίων ο λόγος αναπτύσσεται σε πρώτο πρόσωπο και σε συνδυασμό με μια έντονη διάθεση απεικονιστικής-νατουραλιστικής απόδοσης εσώτερων πνευματικών αισθημάτων και καταστάσεων[316]. Σε συνθετικό επίπεδο, εκείνο που κυριαρχεί στο μέλος αυτό είναι η συνεχής μελωδική κίνησή του στο οξύ, πάντοτε χρωματικό, τετράχορδο, καθώς και η χαρακτηριστική εναρκτήρια φράση του, η οποία και εκτείνεται, αντίθετα με την κλασική πρακτική, έως τον οξύ Πα. Επίσης, ως πραγματικά ευρηματικές θα πρέπει να εκτιμηθούν και οι φωνητικές κορυφώσεις στις φράσεις «κεφαλήν μου» και «επί την δεξιάν μου», όπου το μέλος εκτονώνεται εκφραστικά, καθώς και η πτώση του μελικού σχηματισμού έως το Νη στην φράση «ίνα συντρίψω αυτούς». Τέλος, η εκφραστική δυναμική του μέλους ενισχύεται από την σημειογραφικά εξαιρετικά αναλυτική διατύπωσή του, καθώς και από την σχετική δομική ελευθερία που το χαρακτηρίζει σε επίπεδο ρυθμικής υπόστασης και συμπεριφοράς.

---

[316] Σε αυτή την κατηγορία Δοξαστικών ενδεικτικά θα μπορούσε κανείς να κατατάξει εκείνα του Εσπερινού των Κυριακών του Ασώτου, των Απόκρεω, καθώς και του Παραλύτου.

Η Εκκλησιαστική μουσική της Σμύρνης (1800-1922)

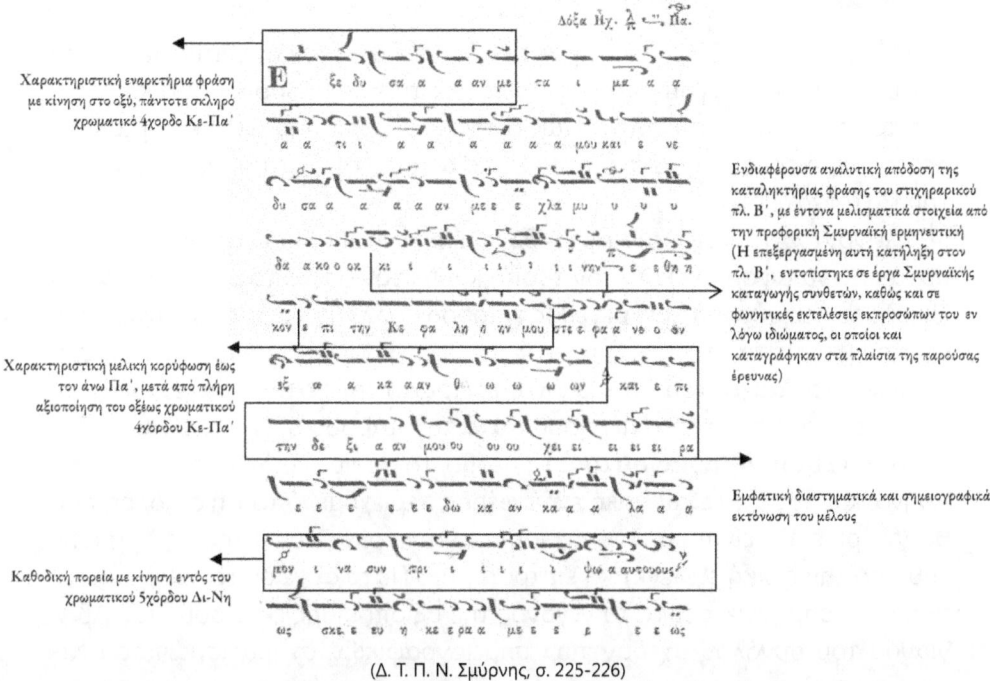

(Δ. Τ. Π. Ν. Σμύρνης, σ. 225-226)

Η συνθετική αυτή πρωτοτυπία του Νικολάου θα επηρεάσει σχεδόν κατ' απόλυτο βαθμό, ήδη από τις αρχές του 20ού αιώνα, την μετέπειτα μελοποιητική παραγωγή, αναφορικά με τον τονισμό του εν λόγω Δοξαστικού. Οι συνθετικές αυτές προσεγγίσεις φέρουν χωρίς καμιά αμφιβολία μια σαφή αρχετυπική αναφορά προς την αντίστοιχη του Νικολάου, αφού διατηρούν τα βασικότερα μορφολογικά της χαρακτηριστικά, αλλά και την γενικότερη αισθητική της φυσιογνωμία, σε σημείο που οι όποιες αποκλίσεις να χαρακτηρίζονται ή ως ήσσονος σημασίας ή ως απλές ερμηνευτικές προεκτάσεις μελωδικών σχηματισμών της πρωτότυπης σύνθεσης. Έτσι, ενδεικτικό της διάδοσης που γνώρισε η σύνθεση αυτή, καθώς και της επιρροής που άσκησε στην μετέπειτα συνθετική παραγωγή του συγκεκριμένου Δοξαστικού, είναι το χαρακτηριστικό γεγονός της εμπλουτισμένης διασκευής του από το σύνολο σχεδόν των νεώτερων συνθετών[317]. Τέλος, εντυπωσιακή είναι η πραγματικότητα της διείσδυσης και καθιέρωσης του συγκεκριμένου μέλους, -σε μια πλέον επεξεργασμένη μορφή-, στην αυ-

---

[317] Σε πρώτη φάση, παρουσιάζεται επεξεργασμένο από Μικρασιατικής προέλευσης συνθέτες στις αρχές του 20ού αιώνα, με χαρακτηριστικότερες τις περιπτώσεις του Εμμανουήλ Φαρλέκα και λίγο αργότερα του Γεωργίου Κρητικού. Ωστόσο, από τη δεκαετία του '50 και πλέον, συντίθεται από όλους τους σύγχρονους μελοποιούς Μ. Εβδομάδος, κατά το πρότυπο του Νικολάου, με επιμέρους, διασκευαστικού χαρακτήρα παρεμβάσεις, ενώ σε ορισμένες περιπτώσεις, όπως εκείνη του Χρύσανθου Θεοδοσόπουλου, τονίζεται και το αντίστοιχο «Και νυν», σύμφωνα με την ίδια μελοποιητική φόρμα. Ο χώρος δράσης των σύγχρονων αυτών δασκάλων, είναι κατά κύριο λόγο η Θεσσαλονίκη, ενώ φανερή είναι η αισθητική τους αναφορά στην προγενέστερη απόδοση του μέλους από τον Κωνσταντίνο Πρίγγο.

στηρή Πατριαρχική μουσική πρακτική[318], τουλάχιστον από την εποχή του Κωνσταντίνου Πρίγγου, όπου και σώζεται τόσο προφορική όσο και γραπτή του απόδοση, ενώ συγχρόνως θα πρέπει να επισημανθεί και η έως τις μέρες μας ενεργή και αδιάκοπη παρουσία του στην λειτουργική πρακτική του Πατριαρχείου.

Κλείνοντας το κεφάλαιο αυτό, θα πρέπει να ειπωθούν ορισμένα πράγματα που να αφορούν και στον τρόπο και με τον οποίο το Δοξαστάριο του Νικολάου λειτούργησε ως μέγεθος επιρροής αλλά και πρότυπο αναφοράς για την μετέπειτα συνθετική παραγωγή του εν λόγω είδους, στα τέλη του 19ου και στις αρχές του 20ού αιώνα. Το πρώτο έργο στο οποίο εντοπίζεται ιστορικά η επίδραση του Νικολάου, κατά την παρούσα έρευνα, είναι το Τριώδιο του **Σίμου Αβαγιανού** από τη Λέσβο, το οποίο εκδίδεται το 1891 στην Αθήνα, και παρά το εξαιρετικά ενδιαφέρον περιεχόμενό του, η διάδοση που θα γνωρίσει θα είναι μάλλον περιορισμένη, κυρίως λόγω της μη έγκρισής του από την ειδική εξελεγκτική επιτροπή του Πατριαρχείου το 1902[319]. Αυτό που είναι σημαντικό, είναι το γεγονός της αξιοποίησης εκ μέρους του Αβαγιανού του συνόλου σχεδόν των σημειογραφικών σχηματισμών του Νικολάου, καθώς και εκείνο της προφανούς αισθητικής και υφολογικής του αναφοράς στο εν γένει συνθετικό ιδίωμα της Σμύρνης. Επίσης, έντονη είναι η επιρροή του Νικολάου στα στιχηραρικά έργα του μαθητή του **Εμμανουήλ Βαμβουδάκη**, καθώς και του κομιστή του «Σμυρναίικου ύφους» στη Σάμο, Μητροπολίτη **Αθανασίου Καποράλη**[320], γνωστού ήδη από τις τελευταίες δεκαετίες του 19ου αιώνα για την ενασχόλησή του με τα μουσικά πράγματα, στα πλαίσια των μουσικών συλλόγων της Πόλης. Ωστόσο, στα έργα των οποίων φανερώνεται με τον πλέον έκδηλο τρόπο η επίδραση του Νικολάου, είναι σε εκείνα του **Εμμανουήλ Φαρλέκα**, καθώς και του **Γεωργίου Κρητικού**. Ο πρώτος με καταγωγή από το Αϊδίνι και με σημαντική μουσική σταδιοδρομία στη Σμύρνη, θα εκδώσει κατ' αρχήν ως Γραμματέας και στη συνέχεια ως Πρωτονοτάριος της Αρχιεπισκοπής Αθηνών το τρίτομο έργο του[321],

---

318 Το γεγονός αυτό τονίζει και ο νυν Α. Π. Μ. Χ. Ε Λεωνίδας Αστέρης, σε ειδική επί του ζητήματος συνέντευξη που πραγματοποιήθηκε τον Μάιο του 2007 στην Κωνσταντινούπολη, για τις ανάγκες της παρούσας εργασίας.
319 Η αρνητική γνωμοδότηση της Τεχνικής Επιτροπής συγκροτήθηκε μετά από τη ΙΖ΄ συνεδρίαση, που πραγματοποιήθηκε στις 16 Δεκεμβρίου του 1902. Το κείμενο αυτό συμπεριλήφθηκε μάλιστα, στα εκδοθέντα πρακτικά του Εκκλησιαστικού Μουσικού Συλλόγου. Βλ. «Παράρτημα Εκκλησιαστικής Αλήθειας», Τεύχος ΣΤ΄, ο.π. σ. 54-56.
320 Οι πραγματικά σπουδαίες αυτές μελοποιήσεις του Αθανασίου Καποράλη συμπεριλήφθησαν στη «Νέα Ανθολογία» του Εμμανουήλ Βαμβουδάκη, όπου και οι προσωπικές συνθέσεις του ιδίου. Βλ. Βαμβουδάκης Εμμανουήλ, «Νέα Ανθολογία», Σάμος-Βαθύ-Ιερουσαλήμ 1925. Επίσης, βλ. Αγγελινάρας Γεώργιος, 'Έκφρασις της ψαλτικής Τέχνης, Εκδ. Άθως, Αθήνα 2009, σ. 337-372.
321 Πρόκειται για Τριώδιο, Μεγάλη Εβδομάδα και Πεντηκοστάριο, που εκδόθηκαν στην Αθήνα, το 1931, '34 και '35, αντίστοιχα.

Η Εκκλησιαστική μουσική της Σμύρνης (1800-1922)

στο οποίο και θα αποδώσει με μεγάλη ευκρίνεια πολλά από τα προφορικά στοιχεία του Σμυρναίικου ιδιώματος, ενώ μεγάλη θα είναι και η προσπάθεια που θα καταβάλει αναφορικά με την όσο το δυνατόν πιστότερη σημειογραφική καταγραφή τους. Η αποδοχή των μουσικών αυτών εντύπων θα είναι εξαιρετικά μεγάλη, σε σημείο μάλιστα ώστε να υποκαταστήσουν σε μεγάλο βαθμό το αντίστοιχο Δοξαστάριο του Νικολάου, σε περιοχές όπως η Λέσβος, όπου είχε γνωρίσει σημαντική διάδοση και πρακτική εφαρμογή[322]. Ο Γεώργιος Κρητικός, μικρασιατικής καταγωγής μουσικός, θα εγκατασταθεί στη Λέσβο πριν το 1922, παραδίδοντας ένα τεράστιο, τόσο σε όγκο όσο και σε σπουδαιότητα συνθετικό έργο, το οποίο σώζεται σήμερα σε ανέκδοτηαυτόγραφη μορφή, σε ιδιωτικές συλλογές και αρχεία. Πρόκειται πράγματι για μια εξαιρετική περίπτωση πρωτογενούς δημιουργίας, αφού το έργο του παρά τη σαφή υφολογική του αναφορά προς τη Σχολή της Σμύρνης, διακρίνεται για την πρωτοτυπία, την ευρηματικότητα, καθώς και για την πηγαία εκφραστική του δυναμική[323]. Πιο συγκεκριμένα, στην περίπτωση αυτή, όπως άλλωστε και στην αντίστοιχη του Εμμανουήλ Φαρλέκα, παρατηρεί κανείς το γεγονός μιας εύστοχης και παράλληλα εμπνευσμένης αξιοποίησης της παρακαταθήκης του Νικολάου, η οποία και εκφαίνεται μέσω μιας πλέον αφομοιωμένης και ώριμης στιλιστικά συνθετικής μορφής. Η μεγάλη αποδοχή την οποία γνώρισαν τα έργα του Νικολάου στην περιοχή του Βορειοανατολικού Αιγαίου, είχε ως συνέπεια την σχεδόν απόλυτη εξάρτηση της μετέπειτα συνθετικής παραγωγής που θα εμφανιστεί στην ευρύτερη περιοχή, από τα βασικότερα μορφολογικά και τεχνικά χαρακτηριστικά του μελοποιητικού του έργου. Έτσι, σημαντική είναι η αισθητική αναφορά των συνθέσεων του Σμυρνιού μουσικού και δασκάλου **Μιχαήλ Περπινιά**, που δραστηριοποιείται στην Χίο, όπως και των σπουδαίων ψαλτών **Νικολάου**

---

322 Αξιοσημείωτο είναι άλλωστε, το γεγονός της έως και σήμερα καθολικής σχεδόν χρήσης των έργων του Φαρλέκα στη Λέσβο. Θα ήταν χρήσιμο να υπογραμμισθεί, πως ο σταδιακός παραγκωνισμός του Δοξασταρίου του Νικολάου δεν προήλθε λόγω πρακτικών συγκυριών (π. χ έλλειψη διαθεσιμότητάς του), όπως θα υπέθετε κανείς, αλλά αντίθετα υπήρξε η εκούσια επιλογή των ψαλτών της εν λόγω περιοχής, στα πλαίσια μάλιστα μιας ανανεωτικής διαδικασίας που επιτελείτο κατά τις πρώτες δεκαετίες του 20ού αιώνα. Με άλλα λόγια, κατά την περίοδο αυτή ακλόνητη υπήρξε η πεποίθηση, σύμφωνα με την οποία το έργο του Φαρλέκα αποτελούσε εκσυγχρονισμένηνεωτερική εκφορά της παράδοσης του Νικολάου. Έτσι, οι ψάλτες της Λέσβου, θέλησαν εσκεμμένα να μείνουν μεν εντός των πλαισίων του τοπικού σμυρναίικου ιδιώματος του οποίου ήταν φορείς, αλλά επιλέγοντας την πλέον σύγχρονη και εξελιγμένη του εκδοχή, με σκοπό να διατηρηθούν ενεργοί σε σχέση με τις ευρύτερες ανανεωτικού τύπου ιστορικές εξελίξεις.
323 Βλ. Ανδρίκος Νίκος, «Η εκκλησιαστική μουσική παραγωγή στη Λέσβο του 20ού αιώνα – Ιστορική – Υφολογική προσέγγιση -», ανακοίνωση στα πλαίσια επιστημονικής διημερίδας με θέμα : «Ήχοι του Βορειοανατολικού Αιγαίου – Όψεις κοσμικής και εκκλησιαστικής μουσικής πρακτικής», Φιλολογική Λέσχη «Βενιαμίν ο Λέσβιος», Πλωμάρι Λέσβου 30-31 Ιουλίου 2010, δημοσιευμένο στο περιοδικό «Πολυφωνία», Τεύχος Άνοιξης 2011, σ. 125-139.

Νίκος Ανδρίκος

Παπαγεωργίου, **Μιχαήλ Καρύκα** και **Παρασκευά Μπουραντά**, που θα επιδείξουν σημαντική διδακτική και συνθετική δράση στη Μυτιλήνη, στο πρώτο μισό του 20ού αιώνα[324]. Από όλες τις παραπάνω περιπτώσεις, εκείνο που πιστοποιείται είναι το γεγονός της ιδιαίτερης δυναμικής την οποία εμπερικλείει ο συνθετικός τρόπος του Νικολάου Σμύρνης, καθώς αναδεικνύεται σε πηγή έμπνευσης και σημείο αισθητικής αναφοράς για ένα πραγματικά ευρύ συνθετικό ρεύμα, το οποίο θα εκπροσωπηθεί από χαρισματικούς δασκάλους και μελοποιούς με σημαντική δράση και προσφορά για μισό και πλέον αιώνα, στα αστικά κέντρα των Μικρασιατικών παραλίων και των νησιών του Βορειοανατολικού Αιγαίου.

Συνοψίζοντας, θα πρέπει εκ νέου να υπογραμμισθεί, πως η ιδιοτυπία του συνθετικού ύφους του Νικολάου δεν συνιστά απλά και μόνο μια εξαιρετική, και άρα ικανή για περαιτέρω μελέτη, περίπτωση στη σύνολη μουσική παραγωγή του 19ου αιώνα, αλλά συγχρόνως αποτελεί ιστορικά, και μια ενδεικτική ιστορική έκφανση των ευαίσθητων συνιστωσών που ορίζουν το ευρύτερο ιδεολογικό περιβάλλον της εποχής. Πιο συγκεκριμένα, καίριο για την κατανόηση της εν λόγω προβληματικής, είναι το γεγονός της εικαστικής αναφοράς του συνθετικού έργου του Νικολάου Σμύρνης προς το ιδεολογικό κίνημα του Οθωμανικού Ρομαντισμού[325], του οποίου ο ίδιος ως μελοποιός και δημιουργός καθίσταται εκπρόσωπος στα πλαίσια μιας πόλης, που αναζητά την αυτονομία και το νεωτερισμό, μεταξύ άλλων, και διαμέσου της τέχνης. Η επιλογή της Σμύρνης να υιοθετήσει τις αρχές του Ρομαντισμού στον χώρο του πνεύματος και της δημιουργίας, είναι ένα λογικό παρεπόμενο της εκσυγχρονιστικής διάθεσης που την καθορίζει αναφορικά με την βίωση της ελευθερίας και της πλήρους χειραφέτησης, όχι μόνο σε ένα επίπεδο προσωπικό και εξατομικευμένο αλλά και σε ένα ευρύτερο, συλλογικό, και κατά συνέπεια ιδεολογικά σαφώς παγιωμένο. Έτσι, όλη αυτή η νεωτερική και άκρως φιλελεύθερη ιδεολογική τοποθέτηση, που αντιπροσωπεύει η Σμύρνη, βρίσκεται εντός ενός συνεχούς πλαισίου δημιουργικής αντιπαράθεσης με μια αντίστοιχη προσέγγι-

---

[324] Η σημαντικότητα της προσφοράς αυτών των προσώπων κατέστη επιπλέον κατανοητή κατά το ανθρωπολογικό μέρος της παρούσας εργασίας, και συγκεκριμένα μετά την μελέτη του συνθετικού τους έργου, και της άντλησης πληροφοριών αναφορικά με την καλλιτεχνική τους δράση, μέσω της επαφής με απογόνους, μαθητές και συλλέκτες του έργου τους. Βλ. Ανδρίκος, «Η εκκλησιαστική μουσική...», ο.π.

[325] Η κατάταξη ενός εκκλησιαστικού συνθέτη στα πλαίσια ενός ευρύτερου καλλιτεχνικού-ιδεολογικού κινήματος, δεν αποτελεί σε καμιά περίπτωση αμφισβήτηση της αυτοτέλειας και της ιστορικής αυτονομίας της Εκκλησιαστικής μουσικής. Αντίθετα, αποδεικνύει έκδηλα την δυνατότητα ευελιξίας και προσαρμογής του εν λόγω μουσικού είδους στις εκάστοτε ιστορικο-αισθητικές συγκυρίες, ειδικά δε, σε μια περίοδο κρίσιμη, όπου οι αρχές και το στιλιστικό περιεχόμενο του Οθωμανικού Ρομαντισμού, καθορίζουν σε μεγάλο βαθμό την πρωτογενή δημιουργία, την καλλιτεχνική έκφραση και τον ιδεολογικό προσανατολισμό του σύνολου Οθωμανικού κόσμου.

ση, η οποία προερχόμενη από το διοικητικό κέντρο της Αυτοκρατορίας, βρίσκεται φανερά προσηλωμένη σε κλασικές αρχές, και δεν αρέσκεται σε τολμηρές υπερβάσεις, καθώς καλείται να παίξει έναν ρόλο εξισορροπητικό, που να μετριάζει τις τυχόν εξεζητημένες και καινοφανείς προκλήσεις, με πηγή προέλευσης τον φιλελεύθερο χώρο. Αυτό ακριβώς είναι και το κρίσιμο ιδεολογικό μοντέλο, βάσει του οποίου θα πρέπει να ερμηνευθεί ιστορικά και στιλιστικά, όχι μόνο ο εκσυγχρονιστικός και σίγουρα ριζοσπαστικός υφολογικά, χαρακτήρας του συνθετικού έργου του Νικολάου Σμύρνης, αλλά και η γενικότερη, μάλλον επιφυλακτική αντιμετώπιση που γνώρισε από συντηρητικούς κύκλους, λόγω της σαφούς διάθεσής του για επαναπροσδιορισμό των βασικών συνθετικών προτύπων, μέσω μιας ευθείας αμφισβήτησης-αποδόμησης των κοινώς παραδεδεγμένων δομικών και μορφολογικών σταθερών του κλασικού φιλολογικού υλικού.

Η Εκκλησιαστική μουσική της Σμύρνης (1800-1922)

Κεφάλαιο δ'

Οι λειτουργικές συνθέσεις του Μισαήλ Μισαηλίδη -Χερουβικά, Δοξολογίες, Άξιον εστίν-

Ο Μισαήλ Μισαηλίδης αποτελεί το άλλο μεγάλο, μετά το Νικόλαο, ιστορικό μέγεθος, που απαρτίζει το σύνολο της συνθετικής δημιουργίας και παραγωγής στους κόλπους της Εκκλησιαστικής μουσικής, με επίκεντρο τη Σμύρνη του ευρύτερου 19ου αιώνα. Ο Μισαηλίδης δεν θα διακριθεί, μόνο ως συνθέτης λειτουργικών εκκλησιαστικών ύμνων, αλλά συγχρόνως και ως δημιουργός εξωλατρευτικών ασμάτων και μελών, με ιδιάζουσα και πρωτότυπη θεματολογία. Στο παρόν κεφάλαιο θα εξετασθούν επιλεκτικά οι πλέον χαρακτηριστικές περιπτώσεις από το σώμα των λειτουργικών συνθέσεών του, με σκοπό την κατάδειξη των κεντρικότερων σημείων της μελοποιητικής του τεχνικής, ενώ παράλληλα θα καταβληθεί προσπάθεια για μια ευρύτερη των μουσικολογικών ορίων, ιστορική αποτίμηση-ερμηνεία της ιδιομορφίας του έργου του.

Η πρώτη ενότητα η οποία θα εξετασθεί θα είναι εκείνη των Χερουβικών, και οι λόγοι που συνηγορούν στην πρόταξη της διαπραγμάτευσής τους είναι τόσο τεχνικοί, όσο και ιστορικοί. Πιο συγκεκριμένα, τα μέλη αυτά αποτελούν την πλέον κατάλληλη περίπτωση για την διαμόρφωση μιας ολοκληρωμένης-σφαιρικής εικόνας, αναφορικά με τη συνθετική δημιουργία του Μισαηλίδη, κυρίως λόγω της αυτόνομης ειδολογικής τους υπόστασης. Η ιστορική δε σπουδαιότητα των μελών αυτών έγκειται στο γεγονός της υφολογικής κατάταξής τους, σε μια ευρύτερη συνθετική τάση, με σαφή μορφολογικά και στιλιστικά χαρακτηριστικά, η οποία και αποτελεί την επικρατούσα αισθητική προσέγγιση, ήδη από τις πρώτες δεκαετίες του 19ου αιώνα, αναφορικά με το μελοποιητικό είδος της Παπαδικής και ειδικά των Χερουβικών. Έτσι, αν επιχειρηθεί μια γενική επισκόπηση στο ρεπερτόριο της εποχής αυτής, θα παρατηρήσει κανείς μια γενικευμένη τάση, με σκοπό την ανανέωση και τον εμπλουτισμό του Χερουβικού μέλους με στοιχεία έντεχνα και θύραθεν προέλευσης. Οι απαρχές δε αυτής της πρακτικής θα πρέπει να αναζητηθούν ιστορικά, λίγο πριν το γεγονός της σημειογραφικής μεταρρύθμισης, και ειδικότερα στο συνθετικό έργο του Μανουήλ Πρωτοψάλτου. Η μελοποιητική παραγωγή που θα σημειωθεί στο εξής καθ' όλη τη διάρκεια του 19ου αιώνα, θα αναφέρεται αισθητικά στον ίδιο, ανεξάρτητα με το αν προέρχεται από τους κόλπους του Πατριαρχείου, ή αν φέρει ως πεδίο δράσης της την περιφέρεια[326]. Η εμφανής αυτή διάθεση αφομοίωσης οθνείων μουσικών πληροφοριών στο είδους του Χερουβικού, αποτελεί αναντίρρητη μουσικολογική παρατήρηση που αφορά στο έργο μιας ομάδας σημαντικών συνθετών, όπως των Γρηγορίου, Χουρμουζίου και Κωνσταντίνου Πρωτοψάλτου, αλλά και των Νικολάου Σμύρνης και Πέτρου Εφεσίου. Αυτή την πρώτη ομάδα μουσικών, θα διαδεχθεί μία δεύτερη, ευρύτερη, η οποία και θα δράσει από το 1860 περίπου, έως και την πρώτη δεκαετία του 20ού αιώνα, επεκτείνοντας επιπλέον και καθιερώνοντας σχεδόν καθολικά την αισθητική άποψη της προγενέστερης συνθετικής γενιάς. Κατ' αυτήν την δεύτερη περίοδο, σαφής εκσυγχρονιστική μελοποιητικά διάθεση μπορεί να εντοπιστεί στα Χερουβικά μέλη συνθετών και δασκάλων όπως των, Παναγιώτη Προυσσαέα, Μελετίου Σισανίου, Θεμιστοκλή Γεωργιάδη, Σίμου Αβαγιανού και Χαραλάμπους Παπανικολάου. Σ' αυτήν λοιπόν τη συνθετική κατηγορία θα πρέπει να καταταγούν και τα Χερουβικά του Μισαηλίδη, καθώς όχι απλά υπηρετούν την παραπάνω νεωτερική τοποθέτηση, αλλά την ενισχύουν επιπλέον, χάρη στο πλούσιο και άκρως επιτηδευμένο μορφολογικό τους περιεχόμενο.

Προτού ωστόσο επιχειρηθεί μια μουσικολογική προσέγγιση των συνθέσεων αυτών, είναι ανάγκη να επισημανθεί, πως τα εν λόγω μέλη φέρουν ξεχωριστό ενδιαφέρον, μεταξύ άλλων, και για το γεγονός ότι ο Μισαηλίδης σε ορισμένα από αυτά (στους ήχους Α΄, Β΄ και πλ. Β΄), σημειώνει το ισοκράτημα[327], με

---

[326] Κάτι τέτοιο ισχύει και για την περίπτωση της Σμύρνης, ειδικά δε αν αναλογισθεί κανείς το γεγονός της μαθητείας του Νικολάου δίπλα στον Μανουήλ Πρωτοψάλτη. Άλλωστε, ο Νικόλαος είναι ο μοναδικός μουσικός και εκδότης της εποχής που παραδίδει σε έντυπη και εξηγημένη στη Νέα Μέθοδο μορφή την εν λόγω σειρά Χερουβικών του Μανουήλ.

[327] Το γεγονός αυτό έχει επισημανθεί και από τον Λυκούργο Αγγελόπουλο, σε ανακοίνωση με

Η Εκκλησιαστική μουσική της Σμύρνης (1800-1922)

την διευκρινιστική μάλιστα διατύπωση, πως «τὸ ἄνωθεν τῶν χαρακτήρων κεφαλαῖον I, σημαίνει ποίαν βάσιν πρέπει νὰ δίδη ὁ ψάλτης εἰς τοὺς ἰσοκράτας»[328]. Αν παρατηρήσει κανείς τα σημεία στα οποία τοποθετείται το ισοκράτημα θα αντιληφθεί, πως οι αλλαγές δεν θεμελιώνονται σε βάσεις ή κορυφές δομικών υπομονάδων (τετράχορδα, πεντάχορδα), αλλά σε μια συγκεκριμένη βαθμίδα, από την οποία θα διαβεί το μέλος και στην συνέχεια θα λειτουργήσει ως δεσπόζον τονικό κέντρο για τις επόμενες φράσεις. Αυτή η πρακτική σε συνδυασμό με το γεγονός της εξαιρετικά εγκρατούς άποψης, αναφορικά με τη συχνότητα των αλλαγών, οδηγούν σε δύο βασικά συμπεράσματα, που καθορίζουν την γενικότερη αισθητική φυσιογνωμία του ισοκρατήματος στο εκκλησιαστικό μέλος. Πρώτον, το γεγονός ότι οι όποιες μετατροπές του ισοκρατήματος θεμελιώνονται σε μια βάση από την οποίαν το μέλος έχει ήδη διέλθει, παραπέμπει αυτόματα σε μια συμμετοχική, και άρα υφολογικά πλέον καθοριστική αντίληψή του, αφού υπό αυτές τις συνθήκες δεν αποτελεί, κατά το πρότυπο ορισμένων τουλάχιστον σύγχρονων εκτελεστικών πρακτικών, μια συνοδευτική, ανεξάρτητη της βασικής μελωδίας συνήχηση, αλλά ενδογενές εκτελεστικό της συστατικό. Το άλλο κρίσιμο σημείο σχετίζεται με το ποσοστό στο οποίο το ισοκράτημα λειτουργεί ως εναρμονιστικός παράγοντας του βασικού μουσικού θέματος που εκτελείται. Πιο συγκεκριμένα, η τεχνική αυτή του Μισαηλίδη επιτρέπει σε μια βασική τονική να διατηρείται ως ισοκράτημα και σε περιοχές όπου δεν δύναται να εξασφαλίσει την απόλυτη αρμονικά συνηχητική απόδοση του μέλους. Έτσι, εκτενείς φράσεις, και όχι απλά κάποιες ενδιάμεσες διαπεραστικές βαθμίδες, είναι δυνατό να εκτελεστούν ανεξάρτητα από την συνήχηση της θεμελιώδους βάσης της δομικής υπομονάδας στην οποία ανήκουν, εωσότου πραγματοποιηθεί μια νέα αλλαγή σε τονική από

τίτλο, «Η τεχνική του Ισοκρατήματος στη νεώτερη μουσική πράξη», στα πλαίσια της μουσικολογικής σύναξης, «Βυζαντινή Μουσική-Δημοτικό τραγούδι: οι δύο όψεις της ελληνικής μουσικής κληρονομιάς», που οργανώθηκε από το Κέντρο Έρευνας της Ελληνικής Λαογραφίας της Ακαδημίας Αθηνών, (10-12 Νοεμβρίου 2000).
328 Βλ. Μισαηλίδης, «Νέον Θεωρητικόν...», Μέρος Γ', ο.π., σ. 65. Το ενδιαφέρον του Μισαηλίδη, όσον αφορά στην τεχνική του ισοκρατήματος πρέπει να ήταν ιδιαίτερο και σε πρακτικό επίπεδο, αν λάβει υπ' όψιν του κανείς τις παρατηρήσεις του Γάλλου περιηγητή Bourgault Ducoudray, μετά την ακρόαση από τον ίδιον, χορού υπό τη διεύθυνση του Σμυρνιού δασκάλου. (Βλ. Γ' Κεφάλαιο του Β' Μέρους της παρούσας εργασίας, όπου και το σχετικό απόσπασμα). Επίσης, ενδιαφέρουσες είναι οι απόψεις που εκφράζει ο Μισαηλίδης στο Θεωρητικό του, και σχετίζονται με την εν γένει αξία του ισοκρατήματος στο εκκλησιαστικό μέλος, ενώ αίσθηση προκαλούν και οι πραγματικά ριζοσπαστικές θέσεις του, περί εισαγωγής στη λατρεία «βαρύφωνου κόδωνα», που θα ηχεί «ἡσύχως καί ὑποκούφως ἐκ τοῦ Ἰεροῦ Βήματος», με σκοπό τη συνεχή διατήρηση των ορθών τονικών. Βλ. Μισαηλίδης, «Νέον Θεωρητικόν...», ο.π., σ. 21, 115-116. Επίσης, στα πλαίσια αυτών των διαπιστώσεων του, θα αποδώσει μεγάλο μέρος της πρακτικής ανεπάρκειας του εκκλησιαστικού μέλους στη λατρεία, στο γεγονός της έλλειψης ποιοτικού ισοκρατήματος, καθώς όπως σημειώνει χαρακτηριστικά, « [...] ἡ φυσική καί κατανυκτική ὑδύτης, ἥν ἐνέχει ἡ Ἐκκλησιαστική ἡμῶν μουσική καί αἱ ὡραῖαι καί παθητικαί πλοκαί τῶν ἤχων της δέν γίνονται καταφανεῖς ἄνευ βοηθητικῶν ἀκολουθημάτων ἀρκετῶν καί καταλλήλων ἰσοκρατῶν». Ο.π, σ. 20.

την οποίαν θα διέλθει το μέλος. Αυτή η δεύτερη παρατήρηση, οδηγεί στο συμπέρασμα μιας ανεξάρτητης ενός συνοδευτικού ρόλου λειτουργίας του ισοκρατήματος, καθώς κινείται αντίθετα στην ακραία σύγχρονη πρακτική, που θα άγγιζε ακόμα και τα όρια της κάθετης εναρμόνισης, ή στην καλύτερη περίπτωση, θα καθοριζόταν από την παρακολούθηση της συμπεριφοράς και κίνησης των επιμέρους δομικών υπομονάδων. Ενδεικτική του φαινομένου αυτού, η παρακάτω περίπτωση από το Χερουβικό του πλ. Β΄, όπου εισάγεται αλλαγή ισοκρατήματος Δι, στο σημείο της χρωματικής φθοράς, και η οποία τονική δεν θα μεταβληθεί, παρά το γεγονός ότι ο φθόγγος Δι λειτουργεί πλέον ως κορυφή τετραχόρδου, και μάλιστα διατονικού, με πορεία προς τον Πα. Έτσι, το μέλος διέρχεται όλο το παραπάνω τετράχορδο χωρίς να μεταβληθεί η τονική οξύτητα του ισοκρατήματος στον Πα, καθώς η αναγκαία μεταβολή του θα πραγματοποιηθεί, μόλις τη στιγμή κατά την οποία, το μέλος θα έχει θίξει πλέον τον χαμηλό Ζω, στον οποίον και πρόκειται να αποδοθεί.

Παράδειγμα Α΄

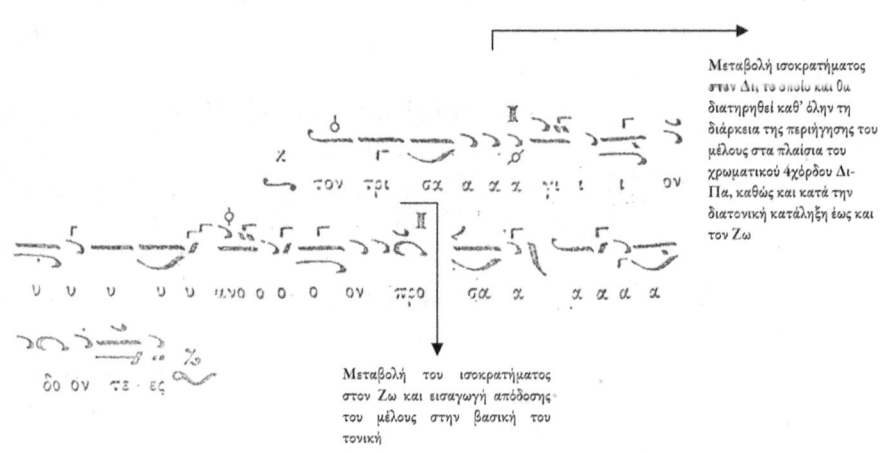

(«Νέον Θεωρητικόν», Μέρος Γ΄, σ. 78-79)

Στο καθαρά μορφολογικό μέρος, τα Χερουβικά του Μισαηλίδη διακρίνονται για την πλούσια μελωδική και σημειογραφική τους διατύπωση, την αξιοποίηση επιμέρους έντεχνων δομικών σχηματισμών, καθώς και την εξαιρετικά επιτηδευμένη μελισματική τους πλοκή. Σε επίπεδο δομής και περιεχομένου, ακολουθούν σχεδόν κατά κανόνα την κλασική για τα μελοποιητικά δεδομένα του 19ου αιώνα, συνθετική φόρμα του Χερουβικού μέλους, με την εκτενή δηλαδή ανάπτυξη στην φράση «Οι τα Χερουβίμ», την μελωδική πτώση στις χαμηλές τονικά περιοχές στο «μυστικώς», και τέλος την καθιερωμένη, ευρεία και έντεχνη διατύπωση του «Τριάδι» στην οξεία περιοχή του εκάστοτε ήχου.

Παράδειγμα Β΄

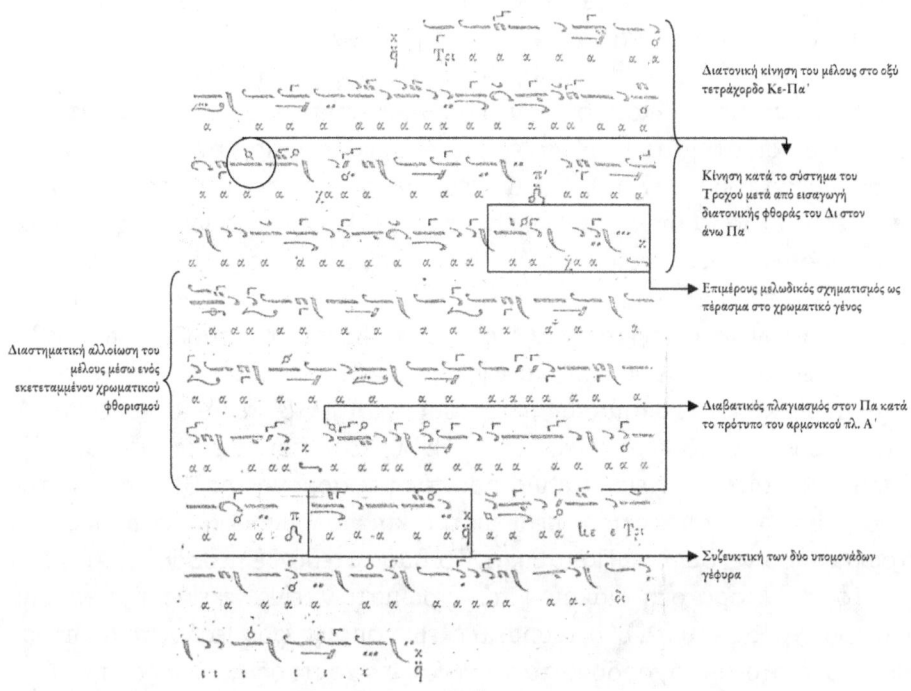

(«Νέον Θεωρητικόν», Μέρος Γ΄, σ. 65).

Χαρακτηριστική μεταξύ άλλων, η παραπάνω περίπτωση του «Τριάδι» στον Α΄ ήχο (παρ. Β΄), όπου το μέλος αφού κινηθεί στο οξύ τετράχορδο θα τραπεί διαστηματικά, μέσω της χρωματικής αλλοίωσής του, και μετά από έναν διαβατικό πλαγιασμό του στον **Πα**, κατά το πρότυπο του αρμονικού πλ. Α΄, θα καταλήξει και πάλι στον **Κε**, μετά την παρεμβολή μιας σύντομης, συζευκτικής των δύο υπομονάδων μελωδικής γέφυρας. Στιλιστικά, ενδιαφέρον επίσης, παρουσιάζουν οι αναλυτικές αποδόσεις των επιμέρους μελωδικών σχηματισμών, και ειδικά στην περίπτωση των χρωματικών καταλήξεων στον **Κε**, όπου χρησιμοποιείται ένα σύνηθες για τον Μισαηλίδη μελικό «πέρασμα» στο χρωματικό γένος, το οποίο και συναντάται κατ' επανάληψιν στα Χερουβικά του.

Επίσης, από τη συγκεκριμένη σειρά αξίζει να μελετηθεί το Χερουβικό του Β΄ Ήχου, κυρίως λόγω του ενδιαφέροντος που παρουσιάζει σε θεωρητικό επίπεδο. Έτσι, στην περίπτωση αυτή, το μέλος θεμελιώνεται, σύμφωνα με την «μετά Φωκαέα» πρακτική, στην τονική του Δι, και όχι στην αντίστοιχη βαθμίδα του Πα, που αντιστοιχεί στη βάση παραγωγής του έσω ήχου του. Ωστόσο, η κίνηση της συγκεκριμένης σύνθεσης παραπέμπει άμεσα σε συμπεριφορά «έσω» ήχου, με πορεία άλλοτε ανά τετράχορδο και άλλοτε «κατά το διαπασών». Το γεγονός αυτό, έχει ως συνέπεια τη συνεχή κίνηση του μέλους στο οξύ τετράχορδο, και την περαιτέρω επέκτασή του μέχρι τον άνω Δι, καθώς και την παράλληλη αποφυγή εκδήλωσης φρασεολογίας σύμφωνα με το «καθ' ομοίαν διφωνίαν» σύστημα, που θα απαιτούσε την χρήση διαστημάτων τρίτης, είτε σε ανοδική πορεία, είτε προς τον αντίστοιχο μέσο του Β΄ Ήχου. Το φαινόμενο αυτό, φαίνεται να διασαφηνίζεται επιπλέον, αν λάβει υπ' όψιν του κανείς τις γενικότερες θεωρητικές απόψεις του Μισαηλίδη περί εναλλακτικής πολυμορφίας του χρωματικού γένους[329], καθώς και την ύπαρξη μιας άλλης προσωπικής του σύνθεσης, βασισμένης στην ίδια λογική. Πρόκειται, για ένα «Νυν αι δυνάμεις» (παρ. Δ΄), που μάλιστα φέρει και τον διευκρινιστικό της ιδιαιτερότητάς του τίτλο, «Ἕτερον ἐν ἤχῳ β΄ μικτῷ κατὰ διαπασῶν μετὰ τοῦ β΄ καὶ πλ. β΄ κατὰ τὸ Ἷεῖαῖὼ»[330]. Έτσι, όπως και στο Χερουβικό του Β΄ Ήχου, κατά τον ίδιο τρόπο και στην περίπτωση αυτή, επιχειρείται μια πρακτική εφαρμογή της θεωρητικής τοποθέτησης του Μισαηλίδη, περί μικτής και πολυμορφικής εκφοράς του χρωματικού γένους της Παπαδικής. Το βασικότερο δε μεθοδολογικό μέσο του, όσον αφορά στη διάκριση των χρωμάτων, είναι εκείνο της χρήσης σκληρής χρόας του πλ. Β΄ στα σημεία εκείνα όπου η φρασεολογία αναπτύσσεται στο οξύ τετράχορδο κατά το νενανώ, έχοντας παράλληλα την τάση να επεκταθεί μέχρι την επταφωνία της.

Παράδειγμα Γ΄

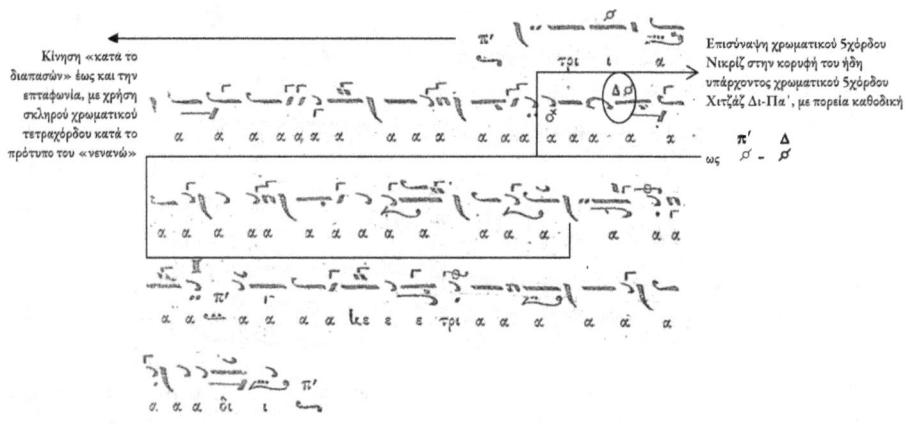

(«Νέον Θεωρητικόν», Μέρος Γ΄, σ. 68)

---

329 Για το συγκεκριμένο θεωρητικό ζήτημα, έχουν παρουσιασθεί συστηματικά οι απόψεις του Μισαηλίδη στο Γ΄ Κεφάλαιο του Γ΄ Μέρους της παρούσας μελέτης.
330 Βλ. Μισαηλίδης, «Νέον Θεωρητικόν...», Γ΄ Μέρος, ο.π., σ. 87-89.

Παράδειγμα Δ'

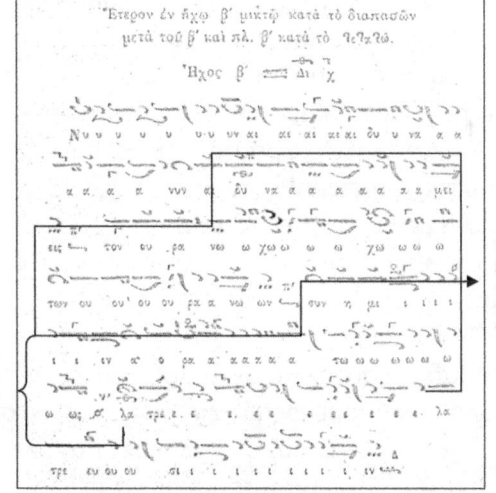

(«Νέον Θεωρητικόν», Μέρος Γ', σ. 87)

Η δεύτερη κατά σειρά ενότητα από τα έργα του Μισαηλίδη η οποία και αξίζει να μελετηθεί είναι εκείνη των Δοξολογιών, καθώς αποτελεί χαρακτηριστικό δείγμα ενός ευρύτερου, ιδιότυπου συνθετικού είδους που θα κάνει την εμφάνισή του ήδη από τα μέσα της δεκαετίας του 1860[331], και θα γνωρίσει μεγαλύτερη απήχηση κατά τις τελευταίες δεκαετίες του 19ου αιώνα, έως και το 1910 περίπου[332]. Η μελοποιητική αυτονομία των Δοξολογιών αυτών, έγκειται στο γεγονός της ιδιόρρυθμης μορφολογικής τους φόρμας, καθώς χαρακτηρίζονται ως «αργοσύντομες», διαφοροποιούμενες από τις αντίστοιχες αργές του κλασικού ρεπερτορίου, αλλά και από τις σύντομες προφορικές. Πιο συγκεκριμένα, το γεγονός της ιδιαιτερότητάς τους δεν οφείλεται αποκλειστικά και μόνο στο δομικό-ρυθμολογικό τους σχηματισμό, αλλά και στην υφολογική τους φυσιογνωμία, καθώς είναι συνθεμένες βάσει μορφολογικών προτύπων και συμπεριφορών, που είναι ευκολότερο να εντοπιστούν στον ευρύτερο αστικό μουσικό πολιτισμό της περιόδου αυτής, παρά στο μέγεθος της κλασικής Εκκλησιαστικής μουσικής φιλολογίας.

---

331 Οι απαρχές του ρεύματος αυτού θα πρέπει να ανιχνευθούν στο έργο του Χριστοδούλου Γεωργιάδου του Κεσσανιέως, ο οποίος το 1856 εκδίδει στην Αθήνα το έργο του «Δοκίμιον Ἐκκλησιαστικῶν μελῶν», όπου και θα παρουσιάσει έξι «αργοσύντομες» Δοξολογίες σε προσωπική του σύνθεση, καθώς και άλλες πέντε, σε μέλος του εκ Παλαιών Πατρών Φωτεινού Διονυσάκη. Τα μέλη αυτά θα αναδειχθούν σε στιλιστικό πρότυπο για την μετέπειτα μελοποιητική παραγωγή του εν λόγω είδους, ενώ θα γνωρίσουν μεγάλη διάδοση και πέρα από την έντυπή τους μορφή, μέσω χειρόγραφων συλλογών στις αρχές του 20ού αιώνα.

332 Εκτός από τον Μισαηλίδη, Δοξολογίες κατ' αυτό το πρότυπο θα συνθέσουν και οι, Κοσμάς Μαδυτινός, Εμμανουήλ Φαρλέκας, Άνθιμος Ιεροδιάκονος, Αθανάσιος Καποράλης, Σίμος Αβαγιανού, Νικόλαος Παπαγεωργίου, Χαράλαμπος Παπανικολάου, Μιχαήλ Περπινιάς και Δημήτριος Μακαρώνης.

Πιο σωστά, στις περιπτώσεις αυτές δεν γίνεται λόγος για κάποιες συνθετικές απόπειρες που έχουν υποστεί την αισθητική επίδραση της Οθωμανικής μουσικής, αλλά για μελοποιήσεις που υπηρετούν σχεδόν κατ' απόλυτο βαθμό, τις αρχές και τους κανόνες του παραπάνω τροπικού συστήματος, χωρίς παράλληλα να διατηρούν έστω και τα βασικά συστατικά γνωρίσματα των εκκλησιαστικών ήχων (καταλήξεις, φρασεολογία, δεσπόζοντες φθόγγους, κ. α). Δεν μπορεί άλλωστε να θεωρηθεί τυχαίο το γεγονός, πως αρκετοί εκπρόσωποι του συγκεκριμένου συνθετικού είδους, χρησιμοποιούν την αντίστοιχη Οθωμανική ορολογία από το σύστημα των makam ή εκφράζονται περιφραστικά και κατά προσέγγιση, με σκοπό να περιγράψουν τη μελωδική πλοκή του κομματιού που πρόκειται να ακολουθήσει[333].

Ο Μισαηλίδης παραδίδει συνολικά δέκα Δοξολογίες[334], συνθεμένες κατά τον παραπάνω τρόπο, επιδιδόμενος ως επί το πλείστον, στη μελοποίησή τους βάσει μικτών ήχων, με σαφή μουσικολογικά παράλληλα στον χώρο της Οθωμανικής μουσικής. Έτσι, θα μπορούσε να πει κανείς με ασφάλεια, πως η περίπτωση αυτή δίνει περισσότερο την αίσθηση μιας συνθετικής σπουδής σε μια σειρά από makam, τα οποία ανήκουν σε μια ενιαία θεωρητική ενότητα, παρά την αντίστοιχη κλασική πρακτική, της συμβατικής μελοποίησης του μέλους των Δοξολογιών στους οκτώ ήχους. Πράγματι, τα μουσικά φαινόμενα τα οποία επιλέγει ο Μισαηλίδης για να χρησιμοποιήσει, εντάσσονται στις ευρύτερες κατηγορίες τροπικής συμπεριφοράς των μικτών (Mürekkeb) και των μετατιθέμενων (Şed) makam[335], που άλλωστε αποτελούν τα πλέον δημοφιλή και γνώριμα καθ' όλην τη διάρκεια του Οθωμανικού Ρομαντισμού ως και τις αρχές του 20ού αιώνα[336]. Παρακάτω θα παρουσιασθούν εν συντομία, οι κυριότερες περιπτώσεις από τις Δοξολογίες αυτές του Μισαηλίδη, ενώ θα επισημανθούν και ορισμένα σημεία τα οποία χρήζουν διευκρινίσεως και υπομνηματισμού σε θεωρητικό και μουσικολογικό επίπεδο.

---

[333] Για παράδειγμα, « Ἦχος ☞ ἄρχεται ἐκ τοῦ Δι ♎ καὶ καταλήγει εἰς τὸν χαμηλὸν ♌ καὶ τοῦτο ἐστὶ παρ' Ὀθωμανοῖς, σὲτ ἀραμπάν» κ. κ. ε. Βλ. Γεωργιάδης, ο.π., σ. 31.
[334] Βλ. Γ' Κεφάλαιο του Β' Μέρους, της παρούσας εργασίας, όπου και ο σχετικός εργογραφικός κατάλογος.
[335] Βλ. Özkan İsmail Hakkı, Türk Mûsikîsi Nazariyatı ve Usûlleri, Kudüm Velveleleri, Κωνσταντινούπολη 1984, σ. 189-191 και 268-272, Signell K., Makam : Modal Practice in Turkish Art Music, Da Capo, Νέα Υόρκη 1986, σ. 66-113, 134-136, καθώς και Feldman W. Z., Music of the Ottoman court : Makam, Composition and the Early Ottoman Instrumental Repertoire, Verlag fur Wissenschaft und Bildung, Βερολίνο 1996, σ.334-336.
[336] Στο Γ' Κεφάλαιο του Α' Μέρους της παρούσας εργασίας, έχει γίνει λόγος ειδικά για το ζήτημα της χρήσης των makam κατ' αυτήν την χρονική περίοδο, καθώς και για την αναμφίβολη συμβολή του Selim του Γ', του Dede Efendi και του Hacı Arif Bey, στην επέκταση του θεωρητικού τροπικού συστήματος της Οθωμανικής Μουσικής, μέσω των καινοτομιών και της περαιτέρω εμβάθυνσής τους, αναφορικά με τη συνθετική χρήση των σύνθετων-μικτών makam.

Το πρώτο μέλος που θα σχολιαστεί είναι συνθεμένο «ἐν χρωματικῷ ἤχῳ $\overset{-\vartheta-}{\underline{\Delta}}$ μικτῷ κατὰ τὸ διαπασῶν $\overset{\angle}{\div}$ », και πρόκειται ουσιαστικά για μια σύνθεση σύμφωνα με τις θεωρητικές αρχές του makam Şed-araban, καθώς έχοντας πορεία καθοδική, άρχεται από το οξύ **Νη΄** [337], ως κορυφή μαλακού χρωματικού τετραχόρδου Hicaz (**Νη΄-Δι**), συνάπτει σκληρό χρωματικό πεντάχορδο Nikriz στη βάση του ως, **Δι-Νη**, και καταλήγει στον κάτω **Δι** (τονική Yegâh και βάση παραγωγής των makam), μετά από επάλληλο σκληρό χρωματικό τετράχορδο Hicaz (**Νη - χαμηλό Δι**). Πρέπει να σημειωθεί, πως σε ορισμένες περιπτώσεις στην θέση του χρωματικού πεντάχορδου **Δι-Νη**, χρησιμοποιείται εναλλακτικά αντίστοιχο διατονικό στην ίδια τονική ως, **Κε-Πα**.

Παράδειγμα Ε΄

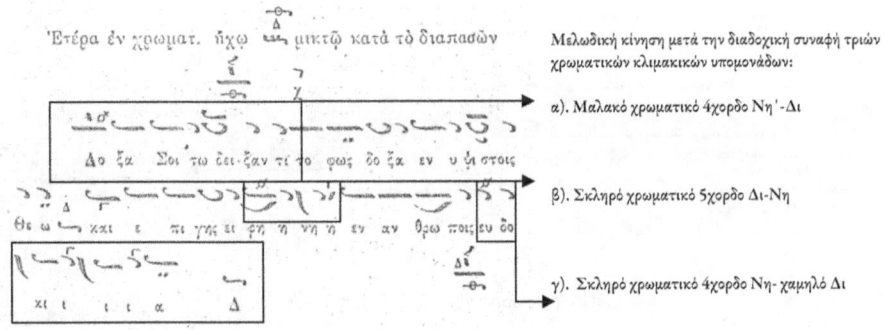

(«Νέον Θεωρητικόν», Γ΄ Μέρος, σ.10)

Επίσης, πρωτότυπη και ευρηματική είναι η Δοξολογία σε ήχο Βαρύ μικτό, διατονικό, που στην ουσία πρόκειται για το Οθωμανικό makam Evcârâ, το οποίο κινούμενο και αυτό καθοδικά από την τονική βαθμίδα του Evic (**Ζω΄**), θεμελιώνει χρωματικό τετράχορδο Hicaz **Ζω΄-Γα**, και αφού τραπεί διατονικά στην τονική του **Βου** ως **Δι**, επιστρέφοντας, καταλήγει και πάλι χρωματικά, εντός του τετραχόρδου **Βου-Ζω**, ως **Δι-Πα**. Θα πρέπει να σημειωθεί, πως ο Μισαηλίδης προτιμά απόλυτα τη διατονική συμπεριφορά του makam από τον **Ζω΄** και έπειτα, χωρίς να χρησιμοποιεί σε καμιά περίπτωση την αντίστοιχη χρωματική του εκδοχή, ενώ συχνά μεταχειρίζεται «ζυγό» ή «κλιτόν», σε ενδιάμεσες γέφυρες στο τρίχορδο **Δι-Βου**, άλλοτε σε καθοδική και άλλοτε σε ανοδική πορεία. Εκείνο ωστόσο, που χρήζει διευκρίνισης και ιδιαίτερης προσοχής, είναι το τονικό ύψος του **Γα**, που είναι

---

[337] Οι όροι που χαρακτηρίζουν τροπικές υπομονάδες και βασικές τονικές, σε πολλές περιπτώσεις θα αντλούνται καταχρηστικά, από το θεωρητικό σύστημα της Εκκλησιαστικής μουσικής, απλά για λόγους μεθοδολογικούς.

οξυμμένος με δίεση, στο διάστημα τέταρτης φυσικής **Ζω-Γα** (δίεση), καθώς και ο ρόλος του ως **Κε** του πλ. Β΄, από τη στιγμή που θεμελιώνεται στο ύψος του πεντάχορδο χρωματικό σε καθοδική πορεία. Επίσης, ο **Βου** είναι πάντοτε φυσικός (**Βου-Γα** δίεση, ως ακέραιος τόνος **Δι-Κε στο βασικό χρωματικό 5χορδο**), ενώ όταν εισάγει τετράχορδο διατονικό σε ανοδική πορεία, ζητά τον **Δι** οξυμμένο, όπως δηλαδή ο εν αναβάσει ευρισκόμενος διατονικός **Ζω**.

Παράδειγμα ΣΤ΄

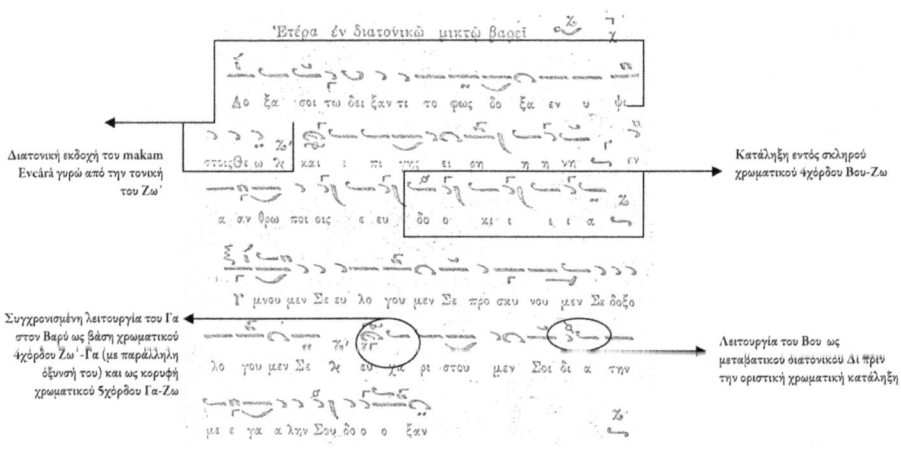

(«Νέον Θεωρητικόν», Γ΄ Μέρος, σ. 35-36)

Τέλος, μεγάλο ενδιαφέρον παρουσιάζουν οι Δοξολογίες του Μισαηλίδη σε ήχο Βαρύ αρμονικό μικτό, μία αργοσύντομη και μία πλέον εκτεταμένη, αμφότερες θεμελιωμένες στην τονική του $\genfrac{}{}{0pt}{}{z'}{\eta}$, με κίνηση στην επταφωνία κατά το πρότυπο των αρμονικών ήχων, και με παράλληλο χρωματικό φθορισμό τους στο τετράχορδο **Ζω΄-Γα**. Ειδικά δε η πρώτη απ' αυτές, αντλεί το γεγονός της σημαντικότητάς της, τόσο από την ξεχωριστή εκτελεστική της ιδιοτυπία, όσο και από τη σημαντική, ζωντανή έως και σήμερα, προφορική της παράδοση[338]. Η συγκεκριμένη σύνθεση κινείται κατά τα πρότυπα του makam Şevk-efzâ, καθώς άρχεται από τον οξύ $\genfrac{}{}{0pt}{}{z'}{\eta}$, δομώντας, σύμφωνα με την περί αρμονικών ήχων θεωρία του Μισαηλίδη[339], τετράχορδο έως τον $\genfrac{}{}{0pt}{}{\theta'}{\eta}$ με διαστηματική σύνθεση, 12-15-3 τμημάτων, (τόνος,

---

[338] Το μέλος αυτό ψαλλόταν αδιάκοπα από τις αρχές του 20ού αιώνα έως και το τέλος της Πρωτοψαλτείας του δασκάλου **Θεοδώρου Μανιάτη** το 1999, στο Μητροπολιτικό Ναό της Μυτιλήνης, σε κάθε επίσημη τελετή Δοξολογίας, ή άλλη ειδική λατρευτική περίπτωση. Σήμερα, εκτελείται μονάχα κατά περίσταση και σε περιορισμένη πλέον κλίμακα, από τους τελευταίους σημαντικούς εκπροσώπους του Σμυρναϊκου ιδιώματος στη Λέσβο, **Ευστράτιο Βάλεσση, Απόστολο Καρανικόλα** και **Ευστράτιο Κονιαρέλλη**.
[339] Βλ. Γ΄ Κεφάλαιο του Γ΄ Μέρους της παρούσας εργασίας, όπου και η παρουσίαση του ζητήματος.

αυξημένος τόνος, τεταρτημόριο). Στη συνέχεια κινείται καθοδικά, τρέποντας το τετράχορδο $\frac{z'}{\eta}$-$\frac{z'}{\eta}$, σε χρωματικό $\frac{z'}{\beta}$-$\frac{z'}{\zeta}$, και στην συνέχεια καταλήγει στον **Πα** ως, $\frac{\pi}{\chi'}$, μετά από εισαγωγή διατονικού πενταχόρδου $\frac{b}{\alpha}$-$\frac{z}{\alpha}$ [340].
Επίσης, χαρακτηριστική του υφολογικού περιεχομένου της συγκεκριμένης σύνθεσης είναι η ανάγκη εκτέλεσής της με την παράλληλη συνήχηση τριπλού ισοκρατήματος στους τόνους, $\frac{z}{\eta}$, $\frac{\pi}{\eta}$, και άνω $\frac{z}{\eta}$, δηλαδή κατά το μοντέλο αρμονικής συμφωνίας, I-III-V, γεγονός που αναμφίβολα, προσδίδει στο μέλος ιδιαίτερη αισθητική και ερμηνευτική χροιά.

Παράδειγμα Ζ΄

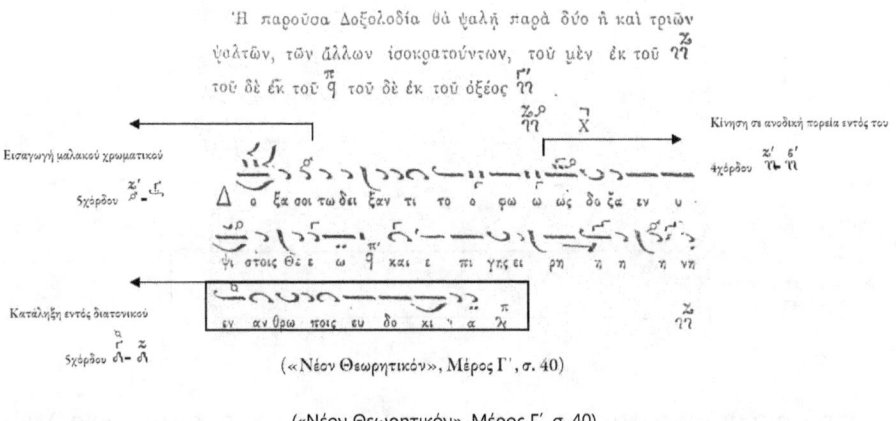

(«Νέον Θεωρητικόν», Μέρος Γ΄, σ. 40)

Η δεύτερη Δοξολογία, αν και ανήκει στο ίδιο makam, διαφέρει όσον αφορά στην τροπική της κίνηση, καθώς το μέλος επεκτείνει την ενέργεια της χρωματικής του ιδιότητας και πέρα του τετραχόρδου **Ζω΄-Γα**, έως και την τονική του **Πα**, όπου οδηγείται προς τον αντίστοιχο χρωματικό μέσο του $\frac{z}{\zeta}$, ως $\frac{\pi}{\zeta}$. Επίσης, η Δοξολογία αυτή, εμπεριέχει και μια πολύ ενδιαφέρουσα θεωρητική καινοτομία εκ μέρους του Μισαηλίδη, καθώς αντίθετα με την κλασική πρακτική, το μέλος καταλήγει στον $\frac{z}{\alpha}$, μετά από χρήση πενταχόρδου Bûselik **Γα-Ζω**, με χρήση «ατζέμ» στην τονική του **Πα**, ζητώντας κατά συνέπεια, έλξη επί το οξύ του **Νη**, και άρα δημιουργία διαστήματος τεταρτημορίου **Νη-Πα**,

---

340 Η τροπή της αρμονικής χρόας σε μαλακή διατονική στις καταλήξεις εκ μέρους του Μισαηλίδη, έχει ελάχιστη σημασία σε πρακτικό επίπεδο. Ωστόσο θεωρητικά επιβάλλεται, καθώς το διάστημα **Ζω-Πα** στους αρμονικούς ήχους είναι αυξημένο κατά 3 τμ. από το αντίστοιχο διάστημα μιας Πυθαγόριας τρίτης των 24 τμ. Βέβαια, ακόμα και μετά από αυτήν την παρέμβαση του Μισαηλίδη, το μέλος υπολείπεται κατά ένα τμήμα, αφού σύμφωνα με την θεωρία του ιδίου, το συγκεκριμένο διάστημα τρίτης συνίσταται από ακέραιο τόνο 12 τμ. και ελάσσονα των 11. Τελικά, ίσως καταφεύγει σε αυτήν την πρακτική απλά και μόνο για να τονίσει την κατάληξη του μέλους στον **Πα**, κατά το πρότυπο κατάληξης μελών του πλ. Δ΄ στον **Βου**, χωρίς να αποβλέπει στην περαιτέρω διαστηματική αλλοίωση του μέλους.

κατά τον τύπο του αντίστοιχου **Βου-Γα**, στο πεντάχορδο **Κε-Πα**. Η πρακτική αυτή αποτελεί αναμφίβολα μια πολύ ενδιαφέρουσα συνθετική πρωτοτυπία, καθώς το makam Şevk-efza, στο σύνολο της Οθωμανικής μουσικής φιλολογίας, καταλήγει στο Acem Aşîran ( ) ή μετά από χρήση πενταχόρδου Çârgâh **Γα-Ζω**, όπως ακριβώς και στον συμβατικό Βαρύ αρμονικό, ή όπως συμβαίνει συχνότερα, μέσω χρωματικού πενταχόρδου Nikriz, που εισάγεται στον **Γα**, καθιστώντας, μετά από συναφή του με το αντίστοιχο χρωματικό τετράχορδο **Ζω΄-Γα**, χρωματικά ημιτόνια τα διαστήματα **Γα-Βου** και **Πα-Νη**.

Παράδειγμα Η΄

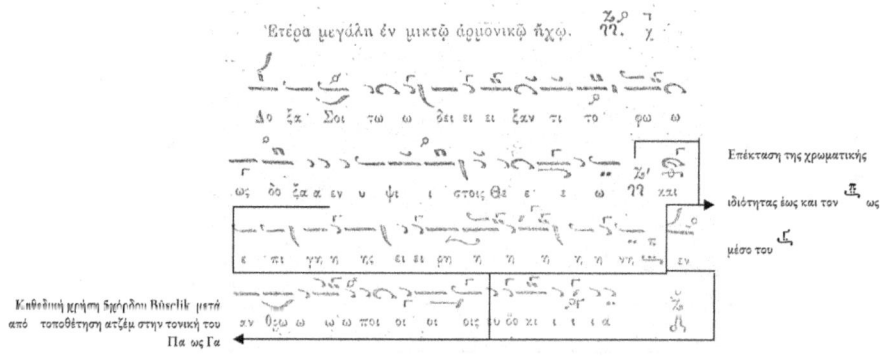

(«Νέον Θεωρητικόν», Γ΄ Μέρος, σ. 50-51)

Στην ίδια μελοποιητική φόρμα είναι συνθεμένο και το αντίστοιχο Άξιον εστίν του Μισαήλ Μισαηλίδη, που αποτελεί αναμφίβολα, το πλέον αναγνωρίσιμο και διαδεδομένο λατρευτικό του μέλος. Πρόκειται για μια πραγματικά εμπνευσμένη σύνθεση, με ιδιότυπη, τόσο μορφολογική πλοκή, όσο και υφολογική φυσιογνωμία, σε σημείο τέτοιο, ώστε κάλλιστα να μπορεί να καταταχθεί στις πλέον ενδιαφέρουσες και περιεκτικές μουσικολογικά, συνθετικές περιπτώσεις της συγκεκριμένης περιόδου (τέλη 19ου- αρχές 20ού αιώνα). Αυτό που καθιστά αναμφίβολα σπουδαίο το μέλος αυτό, είναι το γεγονός της δομικής του συνοχής και ομοιογένειας, καθώς παρά την επεξεργασμένη και σύνθετη μελωδική του πλοκή, δεν υπολείπεται σε επίπεδο ρυθμικής και μορφολογικής συνέπειας. Αντίθετα, η συνεχώς ανακυκλούμενη μελωδική του φρασεολογία, καθώς και ο αδιάκοπος ρυθμικός του ειρμός, διασφαλίζει την αξιοθαύμαστη αμεσότητα και ακροασιμότητα, που άλλωστε το χαρακτηρίζει, σε επίπεδο εκτελεστικό.

Το μέλος ανήκει τροπικά στη μορφολογική συμπεριφορά του makam Şevk-efzâ, κινούμενο με κατεύθυνση καθοδική και ακολουθώντας την εξής διαστηματική πορεία: **Ζω΄-Γα**, χρωματικό τετράχορδο Hicaz, **Γα-Ζω**, αρμονικό πεντάχορδο Bûselik, εκτός από την φράση «των Σεραφίμ», όπου προτιμάται η πλέον κλασική κίνηση με συναφή δηλαδή, πενταχόρδου Nikriz στο προηγηθέν χρωματικό τετράχορδο **Ζω΄-Γα**³⁴¹.

Παράδειγμα Θ΄

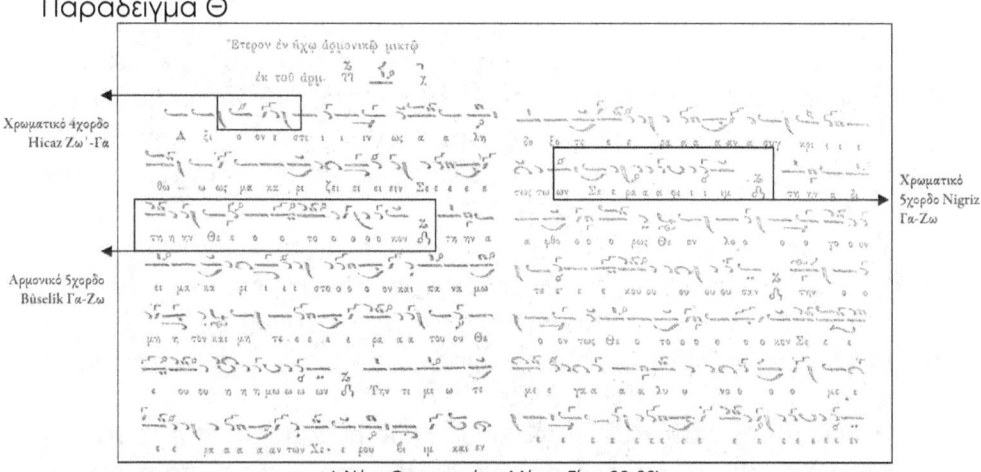

(«Νέον Θεωρητικόν», Μέρος Γ΄, σ. 98-99)

Το εν λόγω Άξιον εστίν, μεταξύ άλλων, φέρει και μια εκτελεστικού χαρακτήρα ιδιομορφία, η οποία και οφείλεται στο γεγονός της διττής προφορικής - ερμηνευτικής του παράδοσης, καθώς σημαντική και ζωντανή ως και σήμερα είναι η παρουσία του, τόσο στη λατρευτική πράξη του Αγίου Όρους, όσο και στο ρεπερτόριο ψαλτών του Βορειοανατολικού Αιγαίου³⁴². Ωστόσο, σε πρακτικό επίπεδο, αυτές οι δύο επιμέρους παραδόσεις εκπροσωπούν και δυο αντίστοιχες, διαφορετικές μεταξύ τους, ερμηνευτικές προσεγγίσεις της συγκεκριμένης σύνθεσης, που αφορούν, κατά κύριο λόγο, στον τρόπο απόδοσης του τετραχόρδου **Ζω΄-Βου΄**. Έτσι, οι Αγιορείτες ψάλτες συνηθίζουν να εκτελούν τον άνω **Πα΄** ελαττωμένο, προσδίδοντας αίσθηση ελάσσονος τρόπου στο εν λόγω τετράχορδο, αντίθετα με τους νησιώτες και Μικρασιάτες, που παραμένουν περισσότερο πιστοί στο μουσικό κείμενο, αποδίδοντας ακέραιο το συγκεκριμένο διάστημα. Πράγματι, η παρτιτούρα και ειδικά, λόγω της χρήση του «ατζέμ» στον **Ζω΄**, σαφώς επιβάλλει πορεία κατά μείζονα τρόπο, στα πλαίσια του αρμονικού είδους, και εντός του τετραχόρδου, **Ζω΄ - Βου΄**. Ωστόσο, σε θεωρητικό επίπεδο και όπως αναδεικνύεται μέσω του συνό-

---

341 Για επιπλέον πληροφορίες καθώς και χρήσιμα παραδείγματα μέσα από το Οθωμανικό Ρεπερτόριο, βλ. Özkan, ο.π., σ. 486-492, Karadeniz Μ. Ekrem, *Türk Mûsikîsinin Nazariye ve Esasları*, Άγκυρα 1965, σ. 124, Μαυροειδής Μάριος, *Οι Μουσικοί τρόποι στην Ανατολική Μεσόγειο*, Αθήνα 1999, σ. 204-206.
342 Για την αντικειμενικότερη διερεύνηση του συγκεκριμένου ζητήματος, στα πλαίσια της έρευνας για την παρούσα εργασία πραγματοποιήθηκαν ηχογραφήσεις του εν λόγω Άξιον εστίν από φορείς του Σμυρναϊκού ιδιώματος σε Άγιο Όρος και Λέσβο, ενώ παράλληλα εντοπίστηκαν και μελετήθηκαν σπάνιες-ιστορικές εκτελέσεις του ίδιου μέλους από παλιούς σημαντικούς ερμηνευτές.

λου του Οθωμανικού ρεπερτορίου, η χρήση χρωματικού τετραχόρδου, και άρα ελαττωμένου του **Πα'**, είναι τουλάχιστον εξίσου, αν όχι περισσότερο, συνήθης περίπτωση τροπικής συμπεριφοράς του Şevk-efzâ στην περιοχή μεταξύ **Ζω'-Βου'**. Έτσι, παράλληλα με την χρήση μείζονος τετραχόρδου Çârgâh στη συγκεκριμένη τονική περιοχή, εναλλακτικά είναι δυνατόν να χρησιμοποιηθεί αντίστοιχο χρωματικό πεντάχορδο Nikriz, που να ζητάει ακέραιο τόνο **Ζω'-Νη**, και στο ύψος αυτής της τονικής και έως τον **Γα'**, ενσωμάτωση τετράχορδου Hicaz, ως εξής: **Νη-Πα** (ημιτόνιο), **Πα-Βου** (τριημιτόνιο), **Βου-Γα** (ημιτόνιο). Πρόκειται ουσιαστικά για μια περίπτωση επέκτασης της χρωματικής εκδοχής του εν λόγω makam, από τον **Γα** και εξής, ώστε να δομείται κίνηση τετραχόρδου Hicaz **Γα-Ζω'**, και παράλληλη συναφή πενταχόρδου Nikriz στην τονική του **Ζω'** έως και τον **Γα'**[343], ώστε να δίδεται η αίσθηση μορφολογικής πορείας αντίστοιχης με εκείνης του makam Sabâ[344].

Πάντως, ανεξάρτητα με το γεγονός, πως η παραπάνω Αγιορείτικη προφορική πρακτική δεν τεκμηριώνεται από την ίδια την παρτιτούρα, είναι εξαιρετικά δύσκολο να εξαχθεί το συμπέρασμα, σχετικά με το κατά πόσον αυτή η εκδοχή αποτελεί προϊόν μιας απλής υφολογικής-αισθητικής παρέμβασης[345], ή πηγάζει από την ύπαρξη μιας δεύτερης, εναλλακτικής της καταγεγραμμένης, εκτελεστικής εκδοχής, που ενδεχομένως και να προέρχεται απ' ευθείας από τη Σμύρνη. Την υπόθεση αυτή, έρχεται να ενισχύσει η πραγματικά αποκαλυπτική περίπτωση του Δημητρίου Παπαδόπουλου, ψάλτη με άμεση ιστορική αναφορά στο περιβάλλον του Μισαηλίδη, που αν και ανήκει στην κατηγορία εκπροσώπων του Σμυρναϊκού ιδιώματος που έλκουν την καταγωγή τους από τη Λέσβο, στο ζήτημα της εκτέλεσης του συγκεκριμένου Άξιον εστίν, ακολουθεί την Αγιορείτικη ερμηνευτική προσέγγιση, παρά το γεγονός, ότι δεν τη διδάχθηκε, και δεν την είχε ακούσει από Αγιορείτες στο παρελθόν[346].

343 Το φαινόμενο αυτό, ανάλογα με την φρασεολογία του εκάστοτε κομματιού, μπορεί να αναγνωσθεί ενδεχομένως και ως εξής: πεντάχορδο Hicaz **Γα-Νη'**, και τετράχορδο Hicaz **Νη'-Γα'**.
344 Συμπερασματικά και για να καταστεί επιπλέον κατανοητή η εν γένει τροπική λειτουργία του makam Şevk-efzâ, όπως αυτή εκδηλώνεται στην κλασική Οθωμανική μουσική φιλολογία, και όπως αντίστοιχα συναντάται στα έργα του Μισαηλίδη, σχηματικά θα μπορούσαν να αποδοθούν οι εξής διαστηματικές εκδοχές-δυνατότητες ως εξής :

	4χορδο Ζω'-Γα	5χορδο Γα-Ζω	4χορδο Ζω'-Βου'	5χορδο Ζω'-Γα'
Κλασικό Şevk-efzâ:	Hicaz ή Çârgâh	Çârgâh ή Nikriz	Çârgâh	Nikriz
Şevk-efzâ Μισαηλίδη:	Hicaz	Bûselik, Rast ή Nikriz	Çârgâh	------

345 Σύμφωνα με τον μοναχό π. Δανιήλ Κατουνακιώτη, η συγκεκριμένη εκτελεστική πρακτική, αν και εδράζεται σε μια παλιά προφορική παράδοση, γίνεται σκόπιμα, ώστε να διαφυλαχθεί κατά το δυνατόν περισσότερο ο προσευχητικός-παρακλητικός χαρακτήρας του μέλους (Συνέντευξη-Ηχογράφηση στα πλαίσια επιτόπιας έρευνας της παρούσας μελέτης-, Αθήνα, Ιούνιος 2007).
346 Ο **Δημήτριος Παπαδόπουλος** γεννήθηκε στην Καλλονή της Λέσβου, και υπήρξε γιος και

Η Εκκλησιαστική μουσική της Σμύρνης (1800-1922)

Το Άξιον εστίν του Μισαηλίδη απετέλεσε, ήδη από νωρίς αφορμή διαφόρων διασκευαστικού χαρακτήρα προσεγγίσεων, καθώς και πηγή έμπνευσης για νεότερες συνθετικές απόπειρες, με σαφή ωστόσο μορφολογική αναφορά στο ίδιο. Κατ' αρχάς, λίγα χρόνια μετά την πρώτη δημοσίευσή του, και συγκεκριμένα το 1905, θα παρουσιασθεί επεξεργασμένο και αναλελυμένο από τον Χαράλαμπο Παπανικολάου[347].

Παράδειγμα Ι'

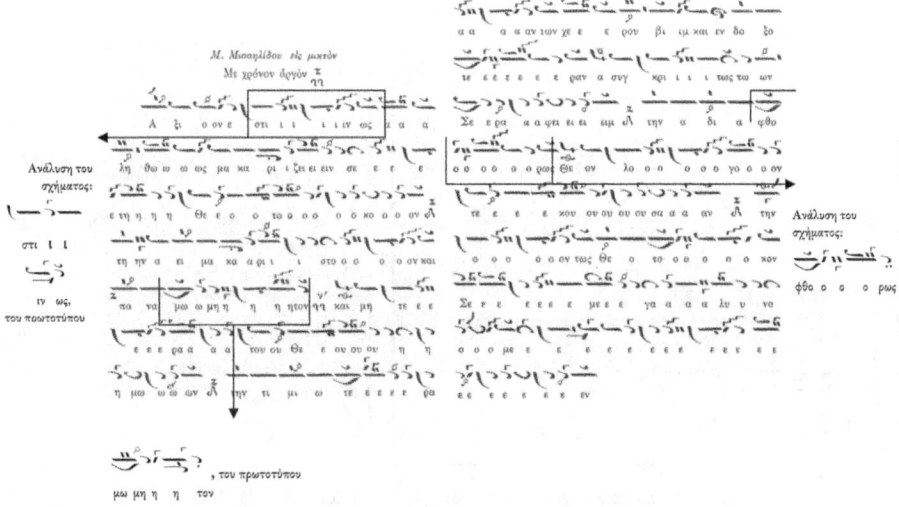

(Χαραλάμπους Παπανικολάου, Ανθοδέσμη Εκκλησιαστικής μουσικής», σ. 186-187)

Παρόλο που σήμερα δεν είναι εύκολο να ειπωθεί με βεβαιότητα, αν η συγκεκριμένη εκδοχή αποτελεί προϊόν προσωπικής επεξεργασίας εκ μέρους του Παπανικολάου, ή αναλυτική καταγραφή μιας προγενέστερης προφορικής παραλλαγής του, εκείνο που είναι σημαντικό είναι το γεγονός, πως το συγκεκριμένο μέλος θα καθιερωθεί πλέον σ' αυτήν την μορφή στις μεταγενέστερες δημοσιεύσεις του, όπως για παράδειγμα, στη «Νέα Ανθολογία» του Εμμανουήλ Βαμβουδάκη (1921)[348], και στον «Μουσικό Θησαυρό της Λειτουργίας» (1931)

μαθητής του περίφημου στο α' μισό του 20ού αιώνα, Πρωτοψάλτη της Μητροπόλεως Μηθύμνης, **Κωνσταντίνου Παπαδόπουλου**, ο οποίος είχε σπουδάσει μουσική στη Σμύρνη, δίπλα στο μεγάλο δάσκαλο και μαθητή του Μισαήλ Μισαηλίδη, **Ηρακλή Βεντούρα**. Ο Δημήτριος Παπαδόπουλος αποτελεί μια ξεχωριστή, γνήσια περίπτωση εκπροσώπου της «Σχολής της Σμύρνης», καθώς επί εβδομήντα και πλέον χρόνια, εκτελούσε αποκλειστικά και μόνο, έργα από το σμυρναίικο ρεπερτόριο, χωρίς να συγχρωτισθεί, σε καμιά περίοδο της ζωής του, με ετερογενείς υφολογικά χώρους, τουλάχιστο στο βαθμό που θα μπορούσε να αλλοιωθεί η υφολογική του φυσιογνωμία. (Συνέντευξη-Ηχογράφηση, Αλυκές Βόλου, 26-7-2004).

347 Βλ. Παπανικολάου Χαράλαμπος, «Ἀνθοδέσμη Ἐκκλησιαστικῆς Μουσικῆς», Καβάλλα (;), 1905, σ. 186-187.
348 Βλ. Βαμβουδάκης, ο.π., σ. 506-507.

του Νεκταρίου μοναχού[349]. Επίσης, θεωρητικό ενδιαφέρον παρουσιάζει και η νεότερη διασκευή του Αθανασίου Καραμάνη[350], ο οποίος μεταθέτει την βασική τονική θεμελίωσης του μέλους από τον $\overset{z}{\underset{\wedge}{\wedge}}'$, στον $\overset{\pi}{\wedge}$, εντάσσοντάς το κατ' αυτόν τον τρόπο, στα πλαίσια του πλ. Α΄ Ήχου, λόγω του ενυπάρχοντος ελάσσονος πενταχόρδου **Πα-Κε**, και της παράλληλης χρωματικής κίνησής του, στο οξύ τετράχορδο **Κε-Πα΄**, κατά το πρότυπο του makam Şehnâz-Bûselik.

Παράδειγμα ΙΑ΄

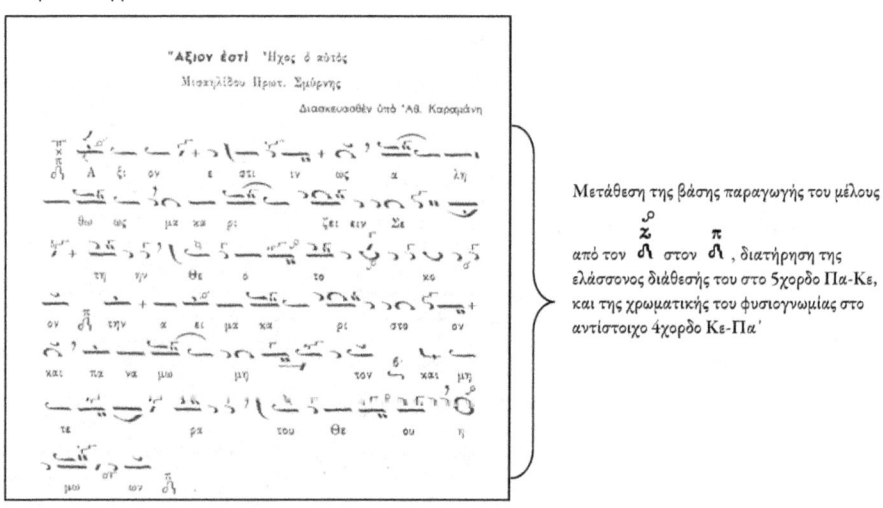

(Καραμάνης Αθανάσιος, «Νέα Μουσική Συλλογή, Τόμος Β΄, σ. 188-189»)

Σε ειδική επί του θέματος συνέντευξη που πραγματοποιήθηκε τον Ιούλιο του 2004, ο Αθανάσιος Καραμάνης υποστήριξε, πως οδηγήθηκε στην συγκεκριμένη παρέμβαση, επειδή το μέλος έχει πορεία μικτής κλίμακας, με μικρή τρίτη στο πρώτο πεντάχορδο, και ως εκ τούτου θα πρέπει να γίνει αντιληπτό ως πλ. Α΄ «φθορικός», και σε καμιά περίπτωση ως βαρύς θεμελιούμενος επί του **Ζω**. Πιο συγκεκριμένα, αυτό που θεωρεί ως αντινομικό, είναι η ύπαρξη τρίτης μεγάλης στην αντιφωνία, τη στιγμή που στη βασική κλίμακα εμπεριέχεται διάστημα τρίτης μικρής (**Ζω̃-Πα** στο αρχέτυπο, **Πα-Γα̃** στη διασκευή). Έτσι, πάντα κατά τον ίδιο, το αντίστοιχο διάστημα στην οκτάβα θα πρέπει θεωρητικά να είναι ταυτόσημο με εκείνο της βασικής κλίμακας, αφού μεταξύ τους συνδέονται με σχέση πλήρους τονικής αντιστοιχίας.

Η συγκεκριμένη τοποθέτηση, ανεξάρτητα από την ακουστική συμβατότητα που θα πρέπει να της αναγνωρισθεί σε σχέση με την πρωτότυπη σύνθεση, σε μουσικολογικό επίπεδο εμπεριέχει ορισμένες βασικές, αλλά συνήθεις στην

---

[349] Βλ. Νεκτάριος Μοναχός-Ιεροψάλτης, «Μουσικὸς Θησαυρὸς τῆς Λειτουργίας», Τόμος Δεύτερος, Άγιον Όρος 1931, σ. 503-504.

[350] Βλ. Καραμάνης Αθανάσιος, «Νέα Μουσική Συλλογή», Τόμος Β΄, Θεσσαλονίκη 1955, σ. 188-189.

σύγχρονη ελληνική μουσική πραγματικότητα, θεωρητικές παρανοήσεις. Κατ' αρχάς, σύμφωνα με την άποψη αυτή, ένα μέλος ορίζεται τροπικά, απλά και μόνο βάσει της διαστηματικής του υπόστασης, και ανεξάρτητα από το είδος των κλιμακικών υπομονάδων που χειρίζεται. Έτσι, το εν λόγω Άξιον εστίν, από τη στιγμή που εμπεριέχει έλασσον πεντάχορδο, απαραίτητα θα πρέπει να καταταγεί σε έναν ήχο ο οποίος να καθορίζεται από την ελάσσονα φυσιογνωμία του, όπως για παράδειγμα ο πλ. Α'. Με αυτό το σκεπτικό, παραθεωρούνται βασικά δομικά και μορφολογικά στοιχεία του τροπικού συστήματος, -βάση και τρόπος παραγωγής του μέλους, φρασεολογικό περιεχόμενο, δεσπόζοντες φθόγγοι-, ενώ παράλληλα, υπερεκτιμάται μονοδιάστατα η διαστηματική του σύνθεση. Δεύτερον, φέρεται ως ταυτόσημη η έννοια του ήχου με εκείνη της κλίμακας, η οποία με την σειρά της γίνεται αντιληπτή μονάχα ως οκτάβα, που επαναλαμβάνεται διαδοχικά με πανομοιότυπη σύσταση[351]. Κατ' αυτόν τον τρόπο, αίρεται μια από τις θεμελιωδέστερες αρχές των τροπικών συστημάτων της Ανατολής, και είναι εκείνη της δομικής και λειτουργικής αυτονομίας των κλιμακικών υπομονάδων (τετράχορδων, πεντάχορδων, κ. τ. λ), με αποτέλεσμα το εκάστοτε μέλος να καθίσταται εκφραστικά εγκλωβισμένο στη διαστηματική φυσιογνωμία της βασικής του κλίμακας-οκτάβας, στερούμενο μοιραία, κάθε είδους μορφολογικής ευελιξίας και εκφραστικού πλουραλισμού.

Τέλος, το Άξιον εστίν του Μισαηλίδη απετέλεσε αφορμή και για κάποιες επιγενέστερες συνθετικές περιπτώσεις, με πρώτη αυτή του Χαραλάμπους Παπανικολάου, του οποίου το μέλος είναι συνθεμένο σε ήχο $\underset{\alpha}{\tilde{z}}\ \frac{\smile}{\pi}$, και αναδεικνύει κυρίως την χρωματική πλευρά του makam Şevk-efzâ, μέσω της συνεχούς κίνησής του περί τους $\overset{\tilde{z}'}{}$ και $\underset{\cdot}{\cdot}$. Στην πραγματικά αριστοτεχνική αυτή σύνθεση, το μέλος μετά από την εκτεταμένη περιήγησή του στις χρωματικές περιοχές, καταλήγει στην τονική του $\underset{\alpha}{\tilde{z}}$, πάντοτε μετά από εισαγωγή μαλακού διατονικού πεντάχορδου **Γα -Ζω** (κίνηση Rast).

---

[351] Ακόμα κι αν η κλίμακα εκληφθεί ως το μέγεθος που ορίζει το ηχητικό εύρος ενός μέλους, τότε δεν είναι απαραίτητο να ταυτιστεί ως όρος με εκείνον της οκτάβας, καθώς μπορεί ανά περίπτωση να είναι είτε μικρότερη ή κατά πολύ ευρύτερή της. Βλ. και Giannelos Dimitri, *La musique byzantine. Le chant ecclèsiastique grec, sa notation et sa pratique actuelle*, èd. L' Harmattan, Παρίσι 1996, σ. 13-14. Η σύγχυση αυτή μπορεί να ανιχνευθεί ακόμα και στις θεωρητικές συγγραφές του 19ου αιώνα, καθώς η χρήση της έννοιας της κλίμακας ως σημείο προσδιοριστικής αναφοράς της ηχητικής έκτασης ενός ήχου, άρχισε να χρησιμοποιείται μάλλον για λόγους απολογητικούς, απέναντι στο «κλιμακοκεντρικά» οργανωμένο Ευρωπαϊκό θεωρητικό σύστημα. Συμπερασματικά θα έλεγε κανείς, πως το εκάστοτε τροπικό (makamsal) μέγεθος – π. χ ήχος, makam -, δεν θα πρέπει να γίνεται αντιληπτό ως μια νομοτελειακά παγιωμένη οκταβική κλίμακα, αλλά ως ένα σύνθετο διαστηματικό, κινησιολογικό και ιδιωματικό μόρφωμα με διακριτά φαινομενολογικά χαρακτηριστικά. Ενδεικτικά βλ. Σκούλιος Μάρκος, «Η θέση και η σημασία της έννοιας της κλίμακας στα ανατολικά τροπικά συστήματα», στον συλλογικό τόμο του Τ. Λ. Π. Μ, με θέμα «Μουσική (και) Θεωρία», σ. 114-130 καθώς και σ. 96-106. Ανδρίκος Νίκος, «Το υβριδικό σύστημα των λαϊκών δρόμων και η ανάγκη εναλλακτικής επαναδιαχείρισής του», στον συλλογικό τόμο του Τ. Ε. Ι Ηπείρου Τμήμα Λ. Π. Μ, με θέμα «Μουσική (και) Θεωρία», Άρτα 2010.

Παράδειγμα ΙΒ'

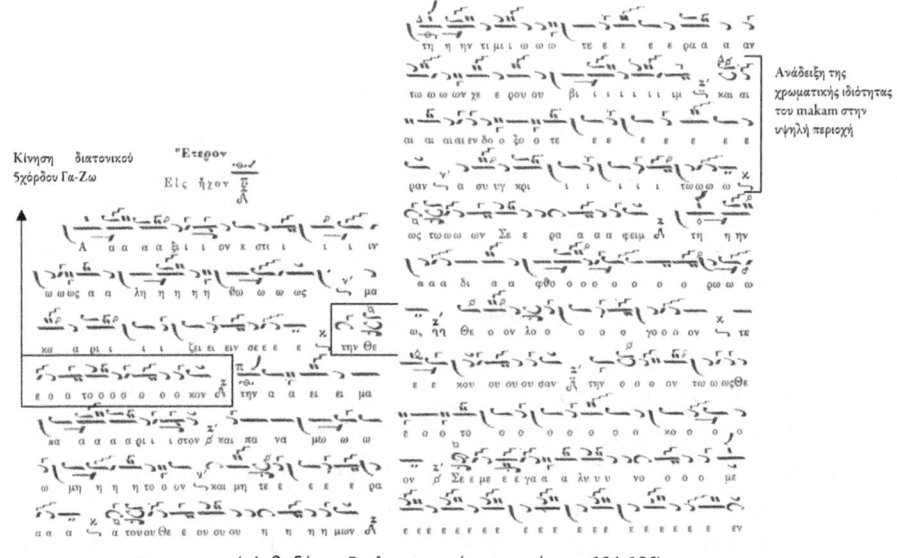

(«Ανθοδέσμη Εκκλησιαστικής μουσικής», σ. 184-186)

Επίσης, ενδιαφέρουσες είναι και οι νεότερες, τέσσερεις συνολικά, συνθέσεις Άξιον εστίν σε ήχο ͭη «εναρμόνιο με χρωματικό», του Αγιορείτη δασκάλου Μελετίου Συκιώτου[352], που φέρουν σαφέστατα, τόσο σε επίπεδο μελωδικού σχηματισμού, όσο και υφολογικού μοντέλου, τα βασικότερα χαρακτηριστικά του αντίστοιχου αρχετυπικού μέλους του Μισαηλίδη, τα οποία και αποδίδονται με τρόπο εναλλακτικό, επιβεβαιώνοντας έτσι, την πλούσια εκφραστική και τεχνική δυναμική τους.

Κλείνοντας, θα πρέπει να τονισθεί, πως ο Μισαηλίδης μέσω των έργων του, αναδεικνύεται ως ένας πραγματικά πρωτοπόρος και πηγαίος εκκλησιαστικός συνθέτης, όπου στα μέλη του είναι δυνατό να ανιχνευθούν περιπτώσεις και φαινόμενα που διακρίνονται τόσο για την αισθητική τους καλλιέπεια, όσο και για τη σημαντικότητα που φέρουν σε επίπεδο μουσικολογικό-θεωρητικό. Ο ίδιος, ενώ παραμένει σταθερός στις συνθετικές σταθερές του δασκάλου του Νικολάου Πρωτοψάλτου, παράλληλα καθίσταται κοινωνός των ευρύτερων στιλιστικών οσμώσεων που λαμβάνουν χώρα την εποχή αυτή στο πεδίο της μουσικής έκφρασης και δημιουργίας, με αποτέλεσμα να δομήσει ένα ιδιότυπο, απόλυτα προσωπικό, μελοποιητικό ιδίωμα, το οποίο έρχεται με την σειρά του να ολοκληρώσει το μέγεθος της συνθετικής μουσικής φιλολογίας που θα παραχθεί, με επίκεντρο τη Σμύρνη του 19ου αιώνα.

---

352 Βλ. Συκιώτης Μελέτιος Μοναχός, «Μουσικός Άνθων, ήτοι ή μικρή Άθωνιάς», Εκκλησιαστική Σχολή Αθωνιάδος 1985, σ. 333-339.

Κεφάλαιο ε΄

Οι εξωλατρευτικές συνθέσεις του Μισαήλ Μισαηλίδη
-Πολυχρονισμοί, Άσματα Σχολικά, Ύμνοι σε μέλος Ευρωπαϊκό, κ.ά.-

Ο Μισαήλ Μισαηλίδης πέρα από την ενασχόλησή του με τη σύνθεση εκκλησιαστικών μελών, θα επιδοθεί και στη μελοποίηση ασμάτων με ευρύ θεματολογικό περιεχόμενο, και με σαφή εξωλατρευτικό χαρακτήρα. Οι συνθέσεις αυτές, αν κριθούν από έποψη υφολογική καθώς και μορφολογική, θα μπορούσαν κάλλιστα να καταταγούν σε δύο μεγάλες κατηγορίες: α). Μέλη συνθεμένα βάσει του τροπικού συστήματος της Οθωμανικής μουσικής, και β). Άσματα τονισμένα κατά το ύφος και τον χαρακτήρα της Ευρωπαϊκής μουσικής. Στην πρώτη ομάδα ανήκουν έργα, όπως τουρκόφωνοι Πολυχρονισμοί στο Σουλτάνο, και άσματα ποικίλης θεματολογίας, με νεότερο ελληνικό στίχο, αλλά με σαφή μορφολογική αναφορά στο σύστημα των makam. Στην δεύτερη ομάδα κατατάσσονται μέλη δίφωνα, τρίφωνα ή τετράφωνα, όπως άσματα σχολικά, προσευχές, νουθεσίες κ. α, με έντονα δυτικότροπο ύφος και μορφολογικό περιεχόμενο. Το γεγονός της ενασχόλησης ενός και μόνο συνθέτη με δύο φαινομενικά αντίθετα και ετερόκλητα μουσικά είδη, ενδεχομένως να φαντάζει ως αντινομικό και παράδοξο, ειδικά δε, σε σχέση με τα ισχύοντα ιδεολογικά και πολιτισμικά δεδομένα μιας άκρως πολωτικής και δυϊστικής εποχής, όπως είναι η σημερινή. Ωστόσο, κάτι τέτοιο αποτελεί γεγονός εξαιρετικά σύνηθες και σίγουρα απολύτως λογικό, αν αναλογιστεί κανείς τόσο την ανθρωπολογική σύσταση της «άπιστης Σμύρνης» (Gâvur

İzmir)³⁵³ του 19ου αιώνα, όσο και την ιδιότυπα πλουραλιστική και ετερογενή διάθεσή της στο επίπεδο του κοινωνικού βίου, της έκφρασης και του ιδεολογικού προσανατολισμού³⁵⁴.

Αλλά και στο αμιγώς μουσικολογικό μέρος, το φαινόμενο της συγχρονισμένης αξιοποίησης στοιχείων και πληροφοριών από τα δύο μεγάλα πολιτισμικά μεγέθη, της Δύσης δηλαδή και της Ανατολής, είναι τόσο διαδεδομένο, ώστε κάλλιστα να μπορούσε να χαρακτηρισθεί ως η πλέον ενδεικτική στιλιστικά τάση της ευρύτερης μουσικής παραγωγής και δραστηριότητας στην περιοχή³⁵⁵. Έτσι, στον αστικό χώρο της Σμύρνης, είναι δυνατό να εντοπίσει κανείς φαινόμενα, όπως για παράδειγμα, της εκτέλεσης από δυτικού τύπου ορχήστρα (μαντολινάτα Εστουδιαντίνας, κουαρτέτο εγχόρδων ή σύνολο χάλκινων πνευστών), ρεπερτορίου με δημώδη προέλευση και τροπική φυσιογνωμία (Ζεϊμπέκικα, Καρσιλαμάδες), της συνύπαρξης σε ένα και μόνο κομμάτι διαφορετικών μουσικών ενοτήτων, άλλοτε με αναφορά προς το δυτικό σύστημα, και άλλοτε προς την παράδοση της Ανατολής («μανέδες» με δυτικού τύπου εισαγωγικό μέρος, π. χ χαμπανιέρα και καταληκτήριο βαλς), καθώς και της ερμηνείας ενός κομματιού με παράλληλη χρήση μικροδιαστημάτων από τον τραγουδιστή, την ίδια στιγμή που η ορχήστρα εκτελεί το οργανικό μέρος συγκερασμένα και «ala franca»³⁵⁶.

Από τα εξωλατρευτικά έργα του Μισαηλίδη, η πρώτη συνθετική ενότητα, πέρα από το μουσικολογικό ενδιαφέρον που παρουσιάζει, θα πρέπει να θεωρηθεί ως μια εξαιρετικά σημαντική περίπτωση στα πλαίσια του γενικευμένου, κατά τη διάρκεια του 19ου αιώνα, φαινομένου όσμωσης και αισθητικής σύγκρασης στοιχείων του εκκλησιαστικού μέλους με αντίστοιχα προερχόμενα από το λόγιο, αστικό μουσικό περιβάλλον της Αυτοκρατορίας. Το φαινόμενο αυτό, εκφαίνεται ανά περίπτωση, άλλοτε μέσω της υιοθέτησης εκ μέρους του εκκλησιαστικού είδους μορφολογικών συστατικών της Οθωμανικής μουσικής, και άλλοτε

---

353 Στον όρο αυτόν, που παραμένει έως και σήμερα ενεργός στην Τουρκία, αποτυπώνεται ανάγλυφα η διάθεση του μέσου Οθωμανού να προσδιορίσει το «αλλότριον» της Σμύρνης, που πηγάζει από την πολιτισμική και εθνοφυλετική της ετερότητα-πολλαπλότητα.
354 Το κρίσιμο αυτό ζήτημα, αναφορικά με τη δυνατότητα κατανόησης των ευρύτερων κοινωνικών-πολιτισμικών παραμέτρων που ορίζουν την φυσιογνωμία της Σμύρνης την εποχή αυτή, έχει αναπτυχθεί λεπτομερώς, τόσο στο Α΄, όσο και στο Γ΄ Κεφάλαιο του Α΄ Μέρους της παρούσας εργασίας.
355 Βλ. Β΄ Κεφάλαιο του Α΄ Μέρους της παρούσας μελέτης.
356 Βλ. Zerouali Basma, «Η χοάνη των τεχνών και των τέρψεων», «στο : Σμυρνέλη Μαρία-Κάρμεν (επιμ.), Σμύρνη η λησμονημένη πόλη;- 1830-1930: Μνήμες ενός μεγάλου μεσογειακού λιμανιού, Αθήνα, 2008, σ. 186-187, όπου και σχετικά παραδείγματα. Επί του θέματος η συντάκτης του άρθρου σημειώνει χαρακτηριστικά: «Μεγαλύτερη κατάπληξη προξενεί ο συνδυασμός δύο μελωδικών συστημάτων θεωρητικά ασυμβίβαστων: του τροπικού και του τονικού συστήματος. Καθώς οι Σμυρναίοι μουσικοί χρησιμοποιούν συνήθως τα μακάμ (makams) (μουσικούς τρόπους), τα οποία συναντούμε, με κάποιες παραλλαγές, στις λόγιες παραδόσεις όλης της Εγγύς Ανατολής, οι δυτικές τονικές κλίμακες κατορθώνουν να διεισδύσουν στα κομμάτια όπου το φωνητικό μέρος παραμένει τροπικής φύσης, αλλά τα ορχηστρικά μέρη χρησιμοποιούν εναλλάξ το ένα ή το άλλο σύστημα. Αυτός ακριβώς ο τρόπος συνδυασμού ετερογενών, φαινομενικά, στοιχείων οδηγεί στην ιδιόμορφη σμυρναϊκή μουσική δημιουργία», ο.π. σ. 185-186.

Η Εκκλησιαστική μουσική της Σμύρνης (1800-1922)

μέσω της άμεσης ενασχόλησης εκπροσώπων της Εκκλησιαστικής μουσικής με τη σύνθεση εξωλατρευτικών-κοσμικών μελών. Το κρίσιμο στην περίπτωση αυτή ζήτημα, είναι το να ανιχνευθεί ιστορικά ο χώρος από τον οποίο προέρχεται ή ακόμα και τροφοδοτείται ιδεολογικά η συγκεκριμένη τάση, καθώς αναμφίβολα, αποτελεί το θεμελιωδέστερο μορφολογικό γνώρισμα της μετεξελικτικής πορείας του χαρακτήρα και του ύφους της Εκκλησιαστικής μουσικής του 19ου αιώνα. Έτσι, αν επιχειρούσε κανείς να εντοπίσει τον πυρήνα στον οποίο καλλιεργείται το συγκεκριμένο κλίμα, θα διαπίστωνε πως η προέλευσή του είναι διττή, από δυο μάλιστα φαινομενικά ετερογενή περιβάλλοντα -το ένα εξ' αυτών αστικό και το άλλο κατά βάση περιφερειακό-, με κοινή ωστόσο ιδεολογική και αισθητική τοποθέτηση επί του συγκεκριμένου θέματος. Ο πρώτος χώρος είναι εκείνος των Φαναριωτών της Πόλης, οι οποίοι ειδικά μετά το Tanzimat[357] και τα προνόμια που θα δοθούν στους χριστιανικούς πληθυσμούς της Αυτοκρατορίας, θα δραστηριοποιηθούν με περισσότερη αυτοπεποίθηση και αυτοσυνειδησία στον κοινωνικό και οικονομικό στίβο, αισθανόμενοι πλέον την Οθωμανική παράδοση και κουλτούρα ως κάτι το οικείο, και σε καμιά περίπτωση ως ένα μέγεθος όθνειο με θύραθεν προέλευση. Η άποψη αυτή θα ενθαρρύνει και τον καλλιτεχνικό χώρο, αναφορικά με την δυνατότητα εμπνευσμένης εγκόλπωσης και αξιοποίησης ετερόκλητων στοιχείων, χωρίς πλέον να υποφώσκει η υποψία της εθνοφυλετικής αλλοίωσης και αφομοίωσης. Ο άλλος χώρος που προβάλει και σε πρακτικό πλέον επίπεδο αυτήν την αντίληψη, είναι εκείνος των τουρκόφωνων χριστιανών της Καππαδοκίας (Καραμανλήδες), οι οποίοι μετά τη μετανάστευσή τους στην πρωτεύουσα και στα αστικά κέντρα των δυτικών παραλίων, δεν θα διστάσουν να υποστηρίξουν την Οθωμανική τους συνείδηση, ειδικά μέσω της προβολής και της ανάδειξης της μακραίωνης λαϊκής παράδοσης της Ανατολίας, της οποίας ήταν άμεσοι φορείς και εκφραστές[358].

Στο σημείο αυτό θα ήταν ωφέλιμο να γίνει μια σοβαρή διευκρίνιση, αναφορικά με τον τρόπο ερμηνείας της έννοιας του εκσυγχρονισμού στο πεδίο της Εκκλησιαστικής μουσικής του 19ου αιώνα, καθώς στα πλαίσια του συγκεκριμένου χώρου ο όρος αυτός λαμβάνει ένα ιδιαίτερο περιεχόμενο, εμφανώς διαφοροποιημένο από το ισχύον σε άλλες μορφές έκφρασης και πολιτισμού κατά την περίοδο αυτή. Έτσι, αντίθετα με την γενικότερη αντίληψη που επικρατεί στην

---

[357] Για τις σημαντικές αλλαγές που θα επιφέρουν οι Αυτοκρατορικές μεταρρυθμίσεις κατά τη διάρκεια του 19ου αιώνα στον χώρο των ελληνικών κοινοτήτων του Οθωμανικού κράτους, βλ. Γ' Κεφ. Α' Μέρους της παρούσας εργασίας.

[358] Λαμπρό υπόδειγμα αυτής της διαδικασίας ακόμη και από τον χώρο της Εκκλησιαστικής μουσικής, αποτελεί ο Καππαδοκικής καταγωγής Πέτρος Μπερεκέτης, ο οποίος φέροντας ένα εντελώς διαφορετικό ιστορικό και πολιτισμικό υπόβαθρο και απευθυνόμενος σε ένα ομογενές με τον ίδιο ειδικό κοινό, θα αποδείξει έμπρακτα μέσω του νεωτερικού του έργου τη δυνατότητα αξιοποίησης μορφολογικών και τεχνικών χαρακτηριστικών από το ευρύτερο μουσικό περιβάλλον του Οθωμανικού κόσμου της εποχής αυτής.

Αυτοκρατορία και ταυτίζει απόλυτα την πρόοδο και το νεωτερισμό με τη Δύση, στην Εκκλησιαστική μουσική η λειτουργία της ανανέωσης και του εκσυγχρονισμού συνδέεται εξίσου και με την αφομοίωση στοιχείων και δεδομένων από τον κόλπο του Οθωμανικού πολιτισμού. Σύμφωνα μ' αυτό το σκεπτικό, η διείσδυση της Οθωμανικής αισθητικής φόρμας στο εκκλησιαστικό είδος γίνεται αντιληπτή ως κίνηση νεωτερισμού, και όχι αναδίπλωσης σε πλέον παραδοσιακές μορφές του παρελθόντος, ούτως ώστε ακόμη και ο ρόλος των Καππαδοκών, που σε άλλες περιπτώσεις θα ήταν αναχαιτιστικός του εκσυγχρονιστικού ρεύματος, λόγω της προώθησης ενός ιστορικά παγιωμένου Οθωμανικού προφίλ, -και μάλιστα στη λαϊκή του εκδοχή-, στον χώρο της Εκκλησιαστικής μουσικής παραγωγής να αναδεικνύεται ως παράγοντας ανανέωσης και προοδευτισμού.

Ο Μισαηλίδης ακολουθώντας μια γνώριμη για τους εκκλησιαστικούς συνθέτες της εποχής του πρακτική, θα συνθέσει τουρκόφωνους Πολυχρονισμούς και Άσματα αφιερωμένα στον Σουλτάνο[359], με πλούσιο μελωδικό και ρυθμικό περιεχόμενο, καθώς και απόλυτη μορφολογική αναφορά στο τροπικό σύστημα της Ανατολής[360]. Η γλώσσα που χρησιμοποιείται στους στίχους των συγκεκριμένων μελών είναι η τουρκική της ύστερης Οθωμανικής περιόδου, και αποδίδεται σε γραπτή μορφή μέσω της χρήσης του ελληνικού αλφαβήτου, κατά το πρότυπο δηλαδή, της «Καραμανλήδικης» γραφής. Ο εννοιολογικός δε χαρακτήρας των στίχων είναι εγκωμιαστικός, ενώ παράλληλα με τις ευχές που αναπέμπονται στο πρόσωπο του Σουλτάνου για υγεία και μακροημέρευση, τονίζεται τόσο το γεγονός της δικαίας του κρίσης, όσο και της Θεοπρόβλητης εξουσίας του[361].

---

359 Βλ. Ανδρίκος Νίκος, «Πολυχρονισμοί και Άσματα Εγκωμιαστικά στον Σουλτάνο Abdülhamit τον Β΄, μελοποιημένα από εκκλησιαστικούς συνθέτες», ανακοίνωση στα πλαίσια του διεθνούς επιστημονικού συνεδρίου του Τμήματος Τουρκικών Σπουδών του Ε. Κ. Π. Α, με θέμα «Το Οθωμανικό παρελθόν στο Βαλκανικό παρόν –Μουσική και Διαμεσολάβηση», Σεπτέμβριος- Οκτώβριος 2010, υπό δημοσίευση στο περιοδικό «Μουσικός Λόγος», του Τμήματος Μουσικών Σπουδών του Ιονίου Πανεπιστημίου. Η σύνθεση Πολυχρονισμών, Εγκωμιαστικών Ασμάτων καθώς και Ωδών αφορούντων σε ειδικές στιγμές από τη ζωή του Σουλτάνου (ανάρρηση στον θρόνο και στέψη, επίσημες επισκέψεις, επάνοδος από την Ευρώπη κ. α), αποτελεί ένα πραγματικά ενδιαφέρον μουσικολογικό και ιστορικό φαινόμενο για την Εκκλησιαστική μουσική παραγωγή στα τέλη του 19ου αιώνα. Η τάση αυτή χρονολογικά εκδηλώνεται στο μεγαλύτερό της βαθμό, κατά την περίοδο της διακυβέρνησης της Αυτοκρατορίας από τον Σουλτάνο Abdülhamit τον Β΄ (1876-1909), στον οποίο άλλωστε και είναι αφιερωμένο το σύνολο σχεδόν των εν λόγω έργων. Η έξαρση του ιστορικού αυτού φαινομένου, συμπίπτει χρονικά, τόσο με την εποχή κατά την οποίαν το ελληνικό στοιχείο της Αυτοκρατορίας δραστηριοποιείται με τον πλέον παρεμβατικό τρόπο στο πολιτικό, κοινωνικό και διπλωματικό πεδίο του κράτους, όσο και με την εμφάνιση του ιδεολογικού μοντέλου του «Ελληνοθωμανισμού», που ουσιαστικά προτείνει την εναλλακτική ύπαρξη της Οθωμανικής Αυτοκρατορίας, μέσω της ουσιαστικής συνδρομής των Ελλήνων Οθωμανών στον τομέα της διοίκησης, της γραφειοκρατίας και της οικονομίας (Βλ. Γ΄ Κεφάλαιο Α΄ Μέρους της παρούσης εργασίας).
360 Αντίστοιχες μελοποιητικές περιπτώσεις με αυτή του Μισαηλίδη είναι εκείνες των, Γεωργίου Βιολάκη και Συμεών Μανασσείδη, οι οποίοι συνθέτουν τουρκόφωνους Πολυχρονισμούς με έντονο τροπικό περιεχόμενο, καθώς και των, Νηλέα Καμαράδου, Ηλία Τανταλίδη, Σίμου Αβαγιανού, Χαραλάμπους Παπανικολάου, Γεωργίου Κυφιώτου, Ζωγράφου Κέϊβελη, Κοσμά Μαδυτινού, Μπέτσου Καστοριανού και Ν. Β Γουναρόπουλου Σωζοπολίτου, που τονίζουν αντίστοιχα Άσματα με ελληνικό στίχο, αλλά εξίσου έντονη μορφολογική συμβατότητα με το σύστημα των makam.
361 Βλ. Ανδρίκος, «Πολυχρονισμοί...», ο.π.

Παράδειγμα Α΄

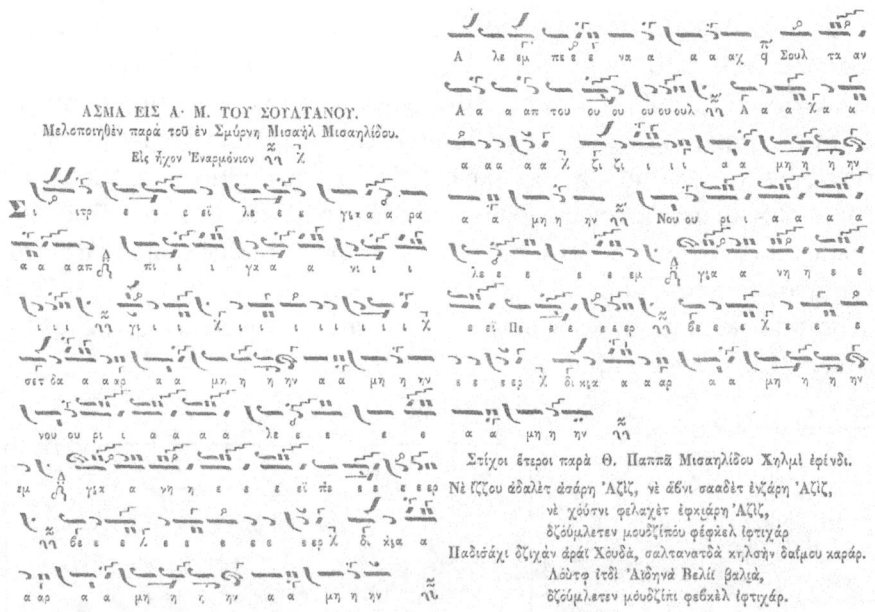

(«Μουσικόν Απάνθισμα» Ζωγράφου Κέϊβελη, σ. 287-289).

Το παραπάνω παράδειγμα αποτελεί μια από τις πλέον χαρακτηριστικές συνθέσεις του Μισαηλίδη, μεταξύ όσων φέρουν έντονα τροπικά χαρακτηριστικά σε επίπεδο δομής και μορφολογίας[362]. Αυτό το οποίο αντιλαμβάνεται κανείς ακόμη και μετά από μια πρόχειρη ανάγνωση της παρτιτούρας, είναι το γεγονός της αξιοποίησης εκ μέρους του Μισαηλίδη μιας πλειάδας δομικών και εκφραστικών μοτίβων από το ευρύτερο μουσικό περιβάλλον του αστικού χώρου της Αυτοκρατορίας. Μια πλέον δε προσεκτική προσέγγιση του συγκεκριμένου μέλους, οδηγεί στο μουσικολογικό συμπέρασμα, σύμφωνα με το οποίο η σύνθεση αυτή αποτελεί μια ενδεικτική περίπτωση μελοποίησης κατά το μοντέλο του makam Acem Aşîrân, και ειδικά σε σχέση με την μορφή και τα χαρακτηριστικά τα οποία φέρει στα πλαίσια της μουσικής φιλολογίας της περιόδου του Οθωμανικού Ρομαντισμού. Έτσι, αν επιχειρηθεί κάποια μορφολογικής φύσεως αποδόμησή του, αυτόνομες φράσεις αλλά και επιμέρους εκφραστικοί σχηματισμοί, είναι δυνατόν να απομονωθούν και στην συνέχεια

---

[362] Η συγκεκριμένη σύνθεση, από τον ίδιο τον Μισαηλίδη χαρακτηρίζεται ως Βαρύς «αρμονικός» ως Ζ, ενώ παραθέτει και μια αντίστοιχη διασκευή της σε πλ. Α΄, με μετάθεση της βασικής του τονικής από τον Ζω στον Γ, και με κατάληξη στον Δ, μετά από χρωματικό φθορισμό του τετραχόρδου Πα- κάτω Κε. Βλ. Μισαηλίδης, «Νέον Θεωρητικόν...», ο.π. σ. 125, 130-132.

να ταυτισθούν με αντίστοιχα μελωδικά μοντέλα, γνώριμα λόγω της ευρύτατης χρήσης τους στο ρεπερτόριο του εν λόγω makam, κατά την περίοδο αυτή.

Το παρακάτω έργο του Μισαηλίδη ανήκει στην ίδια συνθετική κατηγορία, αλλά πέρα από το μορφολογικό του περιεχόμενο, αξίζει να μελετηθεί ειδικά, λόγω της ρυθμολογικής του ιδιοτυπίας. Πιο συγκεκριμένα, στο μέλος αυτό χρησιμοποιείται μια γνώριμη στα εξωλατρευτικά μέλη -και των δύο ειδών- του Μισαηλίδη, τεχνική απόδοσης του ρυθμικού σχηματισμού, μέσω της αναλυτικής σημειογράφησης του μελωδικού θέματος. Πρόκειται ουσιαστικά για την μέθοδο καταγραφής μελών σε ρυθμό «υποσκάζοντα», που άρχισε να χρησιμοποιείται κατά κόρον, ήδη από τα μέσα του 19ου αιώνα από εκκλησιαστικούς συνθέτες, για την καταγραφή κυρίως Κρατημάτων και αργών Καταβασιών[363].

Παράδειγμα Β΄

Σημειογραφική απόδοση της ρυθμικής υπόστασης του μέλους μέσω της τεχνικής του «υποσκάζοντα ρυθμού»

(«Νέον Θεωρητικόν, Μέρος Γ΄, σ. 132-133»)

---

363 Θα μπορούσε κανείς να υπενθυμίσει τις μελοποιήσεις Καταβασιών βάσει αυτής της μεθόδου από τους Ιωάννη Πρωτοψάλτη, Νικόλαο Σμύρνης και Εμμανουήλ Φαρλέκα, καθώς και τα αναλελυμένα Κρατήματα των Κωνσταντίνου Πρωτοψάλτη, Νικολάου Σμύρνης και Χριστοδούλου Γεωργιάδη του Κεσσανιέως. Ειδικά δε για τα Κρατήματα, θα πρέπει να επισημανθεί το γεγονός, πως οι Πατριαρχικοί ψάλτες τα εκτελούν σύμφωνα με αυτή την τεχνική, αναλύοντας δηλαδή το βασικό μουσικό μοτίβο μέσω της χρήσης υποδεέστερων ρυθμικών σχηματισμών.

Η Εκκλησιαστική μουσική της Σμύρνης (1800-1922)

Η σκοπιμότητα την οποία εξυπηρετεί η εν λόγω τεχνική συνδέεται με την δυνατότητα καταγραφής σύνθετων μελωδιών με αναλυτικό και λεπτομερή τρόπο, χωρίς ωστόσο να δυσχεραίνεται η ανάγνωση της παρτιτούρας. Κάτι τέτοιο καθίσταται σε πρακτικό επίπεδο εφικτό, μέσω του διπλασιασμού της ρυθμικής αξίας των ήδη υποδιαιρεθέντων σημειογραφικά χρονικών υποστάσεων του εκτελούμενου μουσικού κειμένου[364]. Για να καταστεί το ζήτημα επιπλέον κατανοητό, θα πρέπει να διευκρινισθεί, πως σε αντίθεση με το συμβατικό ρυθμικό μοντέλο, που η μονάδα μέτρησης είναι το ⌣ , στο αντίστοιχο αναλελυμένο, βασική ρυθμική σταθερά καθίσταται το σχήμα ⌣⌣, με αποτέλεσμα ο εκάστοτε ρυθμικός σχηματισμός να αντιστοιχεί με το μισό της αρχικής ρυθμικής του αξίας. Αυτό έχει ως συνέπεια στις περιπτώσεις που γίνεται χρήση παρεστιγμένου, να δημιουργείται η αίσθηση δόμησης τρίσημου ρυθμικού πόδα, καθώς το παρεστιγμένο μεταφέρει το ήμισι της αξίας του φθόγγου στον οποίον ανήκει, στην αντίστοιχη πλευρά όπου βρίσκεται τοποθετημένο, δημιουργώντας σχηματισμούς όπως οι εξής :

⌣ , ως ⌣⌣ , ⌣ , ως ⌣⌣ , ⌣ , ως ⌣⌣ , ⌣ , ως ⌣⌣ ,

αφού το ⌣ , ισοδυναμεί με αντίστοιχο τρίηχο ως, ⌣⌣ .

Αυτός άλλωστε είναι και ο λόγος που καθιστά την συγκεκριμένη τεχνική κατάλληλη για την καταγραφή μελών δημώδους ή αστικής προέλευσης, ειδικά σε ρυθμούς τρίσημους και εξάσημους[365]. Κλείνοντας την διαπραγμάτευση αυτού του ιδιαίτερου τεχνικού θέματος, θα ήταν χρήσιμο να τονίσει κανείς, πως σε ιδεολογικό επίπεδο, η συγκεκριμένη μέθοδος καταγραφής αποτελεί μια εναλλακτική μορφή χειρισμού του νέου σημειογραφικού συστήματος, που θα φιλοδοξούσε να αποδείξει το γεγονός της πρακτικής του επάρκειας, στο πεδίο της απόλυτα προσδιοριστικής απόδοσης σύνθετων μελωδικών και ρυθμικών θεμάτων, με ετερογενή κατά βάση προέλευση και σαφέστατα έντεχνο περιεχόμενο.

---

364 Ως διαδικασία αποτελεί την ακριβώς αντίθετη τεχνική από εκείνη της ανάγνωσης μιας παρτιτούρας σε συνεπτυγμένους ρυθμικούς πόδες, κατά την οποία ο εκάστοτε ρυθμικός σχηματισμός εκτελείται στην μισή από την σημειογραφικά προσδιοριζόμενη ρυθμική του αξία.
365 Η πρακτική αυτή συναντάται συχνά σ τις συλλογές έργων «εξωτερικής» μουσικής του 19ου αιώνα, ενώ μεταξύ άλλων, εξαιρετικά ενδιαφέρουσες είναι οι καταγραφές που παραδίδει ο Ζωγράφος Κείβελης, μία αστικής προέλευσης σύνθεση του Γεωργίου Βιολάκη και δύο δημώδη άσματα, με σημειογράφηση κατά την αναλυτική μέθοδο του υποσκάζοντα ρυθμού. Το μέλος του Βιολάκη είναι ένα Ağir Semâî σε makam Acem Aşîrân, από την ομότροπη συνθετική ενότητα (Fasıl) του ιδίου, όπου ο τελευταίος χανές του κομματιού ανήκει σε είδος του Yürük Semâî, δηλαδή σε ρυθμό εξάσημο. Βλ. Κεϊβελης, ο.π. σ. 280-281. Επίσης, σύμφωνα με την ίδια τεχνική παρουσιάζει και τα ομόρρυθμα δημώδη μέλη, «Αλβανικός χορός της Ηπείρου» (ο.π. Β΄ Μέρος, σ. 54-56), και «Χορός Τζάμικος» (ο.π. σ. 57-58).

Η άλλη συνθετική κατηγορία από τα εξωλατρευτικά έργα του Μισαηλίδη, αφορά σε συνθέσεις δομημένες σε σχέση με ποικίλα μελοποιητικά μοντέλα προερχόμενα από τον χώρο της ευρωπαϊκής μουσικής, και η σπουδαιότητά τους αντλείται από το εξαιρετικά ενδιαφέρον σημειολογικό περιεχόμενο το οποίο κομίζουν, σε επίπεδο τόσο ιδεολογικό όσο και αισθητικό. Η ύπαρξη και μόνο ενός τόσο ιδιάζοντος συνθετικού υλικού, επιβάλει στην σύγχρονη έρευνα την ανίχνευση των ιστορικών και ιδεολογικών παραμέτρων που οδήγησαν στην δημιουργία του, αλλά και καθόρισαν τη μορφολογική του φυσιογνωμία. Η αναζήτηση αυτή θα πρέπει να κινηθεί σε δύο παράλληλους άξονες, ο ένας εκ των οποίων είναι ευρύς και συνδέεται με τις γενικότερες κοινωνικές και ανθρωπολογικές συνθήκες που επικρατούν στην Σμύρνη του 19ου αιώνα, και ο δεύτερος είναι σαφώς πιο περιορισμένος και υποκειμενικός, καθώς συνδέεται με την ιδιοτυπία του προσώπου του ίδιου του Μισαήλ Μισαηλίδη, ως συνθέτη και δημιουργού.

Όπως έχει επισημανθεί και σε προηγούμενο κεφάλαιο[366], ο εξαστισμός του ευρύτερου γεωγραφικού χώρου της Σμύρνης, η ύπαρξη και δράση στην περιοχή πληθυσμών ευρωπαϊκής καταγωγής, σε συνδυασμό μάλιστα και με την έντονη εμπορική και επιχειρηματική κινητικότητα που επιδεικνύουν κατά την περίοδο αυτή, οι φιλοπρόοδες και εκσυγχρονιστικές χριστιανικές ομάδες, θα συμβάλουν καθοριστικά στη διαμόρφωση ενός ανήσυχου κοινωνικού περιβάλλοντος με έντονη την διάθεση της οικονομικής, αλλά και πολιτισμικής ένταξής του στον δυναμικό κορμό του Δυτικού κόσμου. Το γεγονός αυτό θα επιδράσει έντονα στην μετάλλαξη των ποιοτικών χαρακτηριστικών του ισχύοντος αισθητικού προτύπου στον χώρο της καλλιτεχνικής έκφρασης, αφού πλέον η Δύση δεν θα φαντάζει ως ένας άγνωστος -συχνά δαιμονοποιημένος- χώρος, αλλά ως ένα προσβάσιμο βιωματικά πολιτισμικό μέγεθος αναφοράς, για κάθε φιλόδοξη απόπειρα πρωτογενούς δημιουργίας. Ο αντίκτυπος της συγκεκριμένης τάσης στο μουσικό γίγνεσθαι της περιοχής θα είναι τεράστιος, καθώς θα καθορίσει εμφανέστατα, τόσο σε ιδεολογικό όσο και σε πρακτικό επίπεδο, σχεδόν όλους τους τομείς της μουσικής δραστηριότητας και παραγωγής, συμπεριλαμβανομένων εκείνων της εκπαίδευσης και της συνθετικής δημιουργίας και πρακτικής[367].

---

366 Βλ. Α΄ Κεφάλαιο του Α΄ Μέρους της παρούσας εργασίας.
367 Το κρίσιμο αυτό ζήτημα αναπτύσσεται στο Β΄ Κεφάλαιο του Α΄ Μέρους της παρούσας μελέτης, όπου και σχετική βιβλιογραφία.

Η Εκκλησιαστική μουσική της Σμύρνης (1800-1922)

Αναφορικά δε με το πρόσωπο του Μισαηλίδη, το γεγονός της εκπόνησης εκ μέρους του έργων με καθαρά ευρωπαϊκό ύφος και περιεχόμενο, μπορεί να ερμηνευθεί κάλλιστα αν ληφθούν υπ' όψιν κάποιες σημαντικές παράμετροι που ορίζουν την όλη μουσική του σταδιοδρομία, τόσο στον θεωρητικό (αρθρογραφία, θεωρητικές συγγραφές), όσο και στον πρακτικό τομέα (διδακτική, οργανωτική, συνθετική δράση και προσφορά). Έτσι, θα μπορούσε κανείς να υπενθυμίσει την μετριοπαθή στάση την οποία τήρησε ο Μισαηλίδης, μέσω άρθρων και διαλέξεων, αναφορικά με τον χαρακτήρα, την καταγωγή, και το ήθος του ευρωπαϊκού μέλους[368], αλλά και το γεγονός της σύνθεσης από τον ίδιο «Λειτουργικών κατά τετραφωνίαν» σε ήχο πλ. Δ', προοριζόμενα για άμεση λατρευτική χρήση (παρ. Γ')[369]. Επίσης, όπως διαφαίνεται από τις σχετικές με το ζήτημα, απαντητικές επιστολές του Σ. Σμολένσκη στον Μισαηλίδη τον Μάρτιο του 1893, μέσω ερωτήσεων που είχε απευθύνει ο ίδιος, είχε δείξει ιδιαίτερο ενδιαφέρον και θέληση για ενημέρωση αναφορικά με την ρωσική πολυφωνική Εκκλησιαστική μουσική[370]. Τέλος, οι πρωτοβουλίες που ανέλαβε τα τελευταία χρόνια της ζωής του με στόχο την ιδρυματοποίηση της Εκκλησιαστικής μουσικής, φέρουν εμφανώς το πρότυπό τους σε αντίστοιχες οργανωτικές δράσεις με προέλευση τον δυτικό μουσικό κόσμο, και κατά πάσα πιθανότητα να λειτούργησαν και αυτές με τη σειρά τους, ως προπομπός της γενικευμένης εισαγωγής και διάδοσης του ευρωπαϊκού μουσικού είδους στην λατρεία της Σμύρνης, κατά τις δύο πρώτες δεκαετίες του 20ού αιώνα[371].

---

368 Βλ. Α' Κεφάλαιο του Γ' Μέρους της παρούσας μελέτης.
369 Ενδιαφέρον παρουσιάζει το γεγονός, πως οι εκπρόσωποι του σμυρναίικου ιδιώματος, παρά την αναλυτική-έντεχνή τους εκφορά, διακρίνονταν από μια φανερή διάθεση ίσου συγκερασμού, κατά την διαστηματική διατύπωση του εκκλησιαστικού μέλους. Αλλά και σε επίπεδο ρεπερτοριακό, υπήρξαν θερμοί αποδέκτες της καταρχήν διείσδυσης και έπειτα καθιέρωσης του πολυφωνικού είδους στην λατρεία, σε πολλές περιοχές του ελλαδικού χώρου κατά το α' μισό του 20ού αιώνα.
370 Βλ. «Ἡ ρωσσικὴ ἐκκλησιαστικὴ μουσικὴ ὑπὸ Σ. Σμολένσκη, ἀπάντησις εἰς τὰς ἐρωτήσεις Μ. Μισαηλίδου», ἐφημερὶς Κωνσταντινούπολις, ἔτος ΚΖ', ἀρ. 70, φύλλ. τῆς 31 μαρτίου 1893.
371 Όπως έχει σημειωθεί και σε προηγούμενα κεφάλαια (Βλ. Γ' Κεφάλαιο του Α' Μέρους), η προσπάθεια ίδρυσης συλλόγων και σχολών Εκκλησιαστικής μουσικής κατά την περίοδο αυτή, δεν είναι άμοιρη της ευρύτερης ιδεολογικής στροφής του Οθωμανικού εκπαιδευτικού μουσικού συστήματος προς τη Δύση. Έτσι, σε επίπεδο ιδεολογικό, η τοποθέτηση αυτή, παράλληλα με την ευμενή ενδεχομένως διάθεση των υποστηρικτών της αναφορικά με την οργανωμένη διδασκαλία της Εκκλησιαστικής μουσικής, κομίζει και μια νεωτερική, και με σαφή δυτική προέλευση, θεώρηση της έννοιας, του χαρακτήρα και της πρακτικής εφαρμογής της μουσικής αγωγής. Στην περίπτωση της Σμύρνης, θα μπορούσε κανείς να υποστηρίξει την υπόθεση, σύμφωνα με την οποία, η λειτουργία των μουσικών ιδρυμάτων στις αρχές του 20ού αιώνα, εκτός από την παιδαγωγική καλλιέργεια του εκκλησιαστικού είδους, συνέβαλαν ιδεολογικά και στην δόμηση μιας θετικής, ή έστω ανεκτικής, αντίληψης, αναφορικά με την ενδεχόμενη εισαγωγή του ευρωπαϊκού μέλους στη λατρεία.

Νίκος Ανδρίκος

Παράδειγμα Γ'

ΛΕΙΤΟΥΡΓΙΚΑ ΚΑΤΑ ΤΕΤΡΑΦΩΝΙΑΝ (π)

"Οταν ὁ Ἱερεὺς ἢ ὁ Ἱεροδιάκονος μετὰ τὸν Χερουβικὸν ὕμνον ἐκφωνῇ τό «Πληρώσωμεν τὴν δέησιν ἡμῶν τῷ Κυρίῳ» κτλ., ὁ χορὸς τῶν Ἱεροψαλτῶν ψάλλει ἐκ συμφώνου τό

«Κύριε, ἐλέησον.»

Ἦχος πλ. Δ'. ᾒ Νη. χ

Α. Κυ ρι ε ε λε η σον

Β. Κυ ρι ε ε λε η σον

Γ. Κυ ρι ε ε λε η σον

Δ. Κυ ρι ε ε λε η σον

(«Νέον Θεωρητικόν», Μέρος Γ', σ. 105)

Στη συνέχεια, θα παρουσιασθούν οι χαρακτηριστικότερες περιπτώσεις από τα «δυτικότροπα» έργα του Μισαήλ Μισαηλίδη, ώστε να αναδειχθούν μέσω του ίδιου του ρεπερτορίου οι τεχνικές φόρμουλες και τα συνθετικά μοντέλα που αντλεί από τον χώρο της ευρωπαϊκής μουσικής, με σκοπό να εκφρασθεί δημιουργικά στα πλαίσια των νεωτερικών συνθετικών του εγχειρημάτων. Αρχικά, θα πρέπει να ειπωθεί, πως η μελοποίηση σχολικών ασμάτων σε μέλος ευρωπαϊκό εκ μέρους εκκλησιαστικών συνθετών, αποτελεί ένα γεγονός αρκετά διαδεδομένο κατά τις τελευταίες δεκαετίες του 19ου αιώνα, ενώ παράλληλα δεν θα λείψουν διασκευές ή ακόμα και μεταγραφές από το πεντάγραμμο μελών με ανάλογο θεματικό περιεχόμενο[372]. Ωστόσο, σε σχέση

---

[372] Δημοσιεύσεις τέτοιου τύπου ασμάτων συναντώνται συχνότατα σε συλλογές μελών «εξωτερικής» μουσικής και μουσικά περιοδικά της εποχής, ενώ ως η πληρέστερη συλλογή θα πρέπει

με το περιβάλλον της Σμύρνης, η συγκεκριμένη πρακτική αποκτά μια ιδιαίτερη συμβολική σημασία, καθώς το αισθητικό περιεχόμενο, τόσο των στίχων όσο και των μελωδιών που αφορούν στις εν λόγω συνθέσεις του Μισαηλίδη, δεν θα πρέπει να ερμηνευθεί ανεξάρτητα από την ιδιάζουσα ιδεολογική χροιά που προσδίδει στην πνευματική -θρησκευτική και εκπαιδευτική- ζωή της περιοχής, η δραστήρια παρουσία του προτεσταντικού μισσιοναρισμού και των εξωεκκλησιαστικών αδελφοτήτων και οργανώσεων[373].

Στο καθαρά μουσικολογικό μέρος, οι συγκεκριμένες συνθέσεις εκτός από την άκρως διαδεδομένη φόρμα της «διφωνίας» (παρ. Δ΄), ακολουθούν και άλλες μορφές απόδοσης του ευρωπαϊκού μέλους, με έντονα σε πολλές περιπτώσεις, τα γνώριμα στο μουσικό περιβάλλον της Σμύρνης φαινόμενα, τεχνικού και υφολογικού συγκρητισμού. Πιο συγκεκριμένα, στο παρ. Ε΄, συχνή είναι η χρήση τροπικών συμπεριφορών, φθορικών αλλοιώσεων και ρυθμικών μετατροπιών, ενώ στο παρ. ΣΤ΄, είναι δυνατό να διακρίνει κανείς μια σειρά από μελωδικούς σχηματισμούς και φωνητικά ποικίλματα, απολύτως γνώριμα στα πλαίσια του λαϊκού μουσικού πολιτισμού, που αναπτύσσεται κατά την περίοδο αυτή στον ευρύτερο αστικό χώρο της Σμύρνης. Έτσι, επιμέρους φράσεις όπως,

αποτελούν συνήθεις μελωδικούς σχηματισμούς, αντλημένους από το ιδιότυπο στιλιστικά, τοπικό φωνητικό ρεπερτόριο, που στην περίπτωση αυτή χρησιμοποιούνται με τρόπο εναλλακτικό, και εντός μιας αμιγώς δυτικού χαρακτήρα σύνθεσης. Τέλος, αίσθηση προκαλούν οι ποικίλες εκτελεστικού τύπου οδηγίες που παραδίδει ο Μισαηλίδης στα μέλη αυτά, αποσκοπώντας αφ' ενός μεν να ορίσει το ερμηνευτικό και υφολογικό τους ηχόχρωμα, αφ' ετέρου δε να διασφαλίσει την ορθή και συγχρονισμένη χορωδιακή τους εκτέλεση (παρ. Ε΄, ΣΤ΄, Ζ΄).

να θεωρηθεί η «Φόρμιγξ» του Ιακώβου Ναυπλιώτου, Α΄ Δομεστίκου Μ. Χ. Ε, το 1894 στην Κωνσταντινούπολη. Στο έργο αυτό παρουσιάζεται ένα εκτενέστατο ρεπερτόριο «μετενεχθέν έκ τής ευρωπαϊκής μουσικής γραφής είς τήν καθ' ημάς έκκλησιαστικήν» από τον Γεώργιο Βιολάκη, τον Μάρκο Βασιλείου και τον ίδιο τον Ιάκωβο Ναυπλιώτη.
373 Για αυτό το εξαιρετικά ενδιαφέρον θέμα, βλ. τις σχετικές αναφορές που έχουν ήδη γίνει στο Δ΄ Κεφάλαιο του Β΄ Μέρους της παρούσας εργασίας.

Νίκος Ανδρίκος

Παράδειγμα Δ΄

Ἕτερον διὰ Σχολεῖα στιχουργηθὲν μὲν παρὰ τοῦ Διδασκάλου Κ. Ν. Κοντοπούλου, μελοποιηθὲν δὲ κατὰ τετράφωνον παρὰ Μ. Μισαηλίδου. Εἰς ἦχον Πλ. Δ΄. Νη.

Α Ο η λι ος ζω ο ποι ει και δρο σος και τα νε

Β Ο η λι ος ζω ο ποι ει και δρο σος και τα νε

Α ε ε φη η μας δε παν τας η η πνο η

Β ε ε φη η μας δε παν τας η η πνο η

Α του θει ου πλαστου τρε φει (δις) ως αν θη ας α αυ

Β του θει ου Πλαστουτρε φει (δις) ως αν θη ας α αυ

Α ξα νω μεν α θω α της πρω ι ι ας και παν τοτ

Β ξα νω μεν α θω α της πρω ι ι ας και παν τοτ ος

Α ας μαν θα νω μεν μα θη ματ ευ σε βει ει ας

Β μαν θα νω μεν μα θη ματ ευ σε βει ει ας

(«Μουσικόν Απάνθισμα», Ζωγράφου Κέϊβελη, Β΄ Μέρος, σ. 19-20)

Η Εκκλησιαστική μουσική της Σμύρνης (1800-1922)

Παράδειγμα Ε'

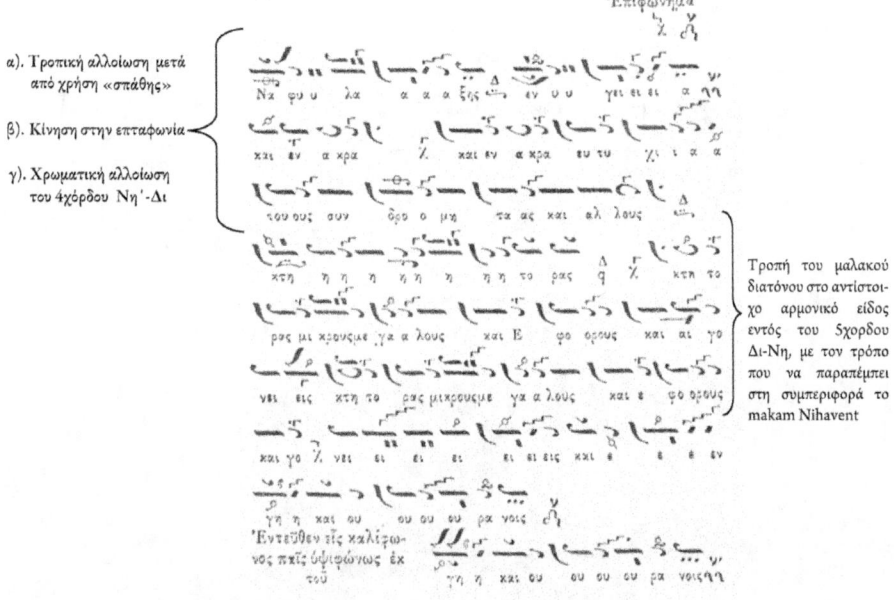

(«Μουσικόν Απάνθισμα», Ζωγράφου Κέϊβελη, Β' Μέρος, σ. 22)

Παράδειγμα ΣΤ'

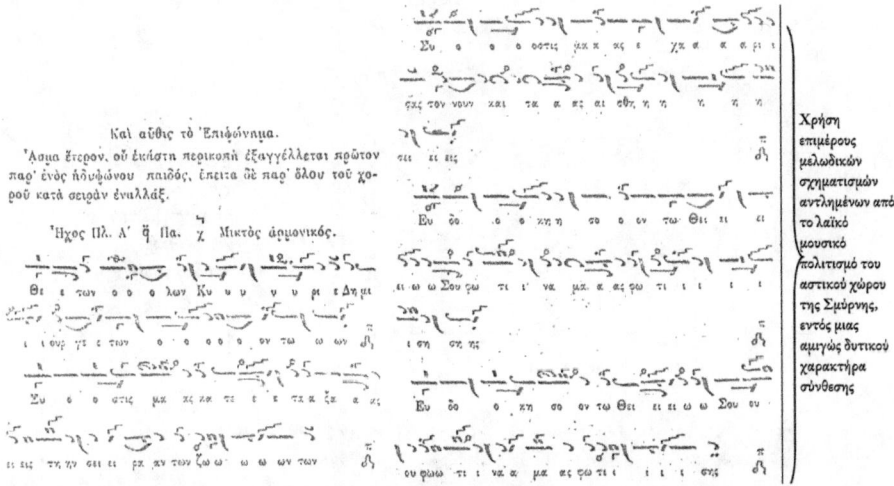

(«Νέον Θεωρητικόν», Γ' Μέρος, 144-146)

Νίκος Ανδρίκος

Παράδειγμα Ζ΄

[Εκτελεστικού τύπου οδηγίες σε σχέση με την χορωδιακή απόδοση των μελών]

(«Νέον Θεωρητικόν», Γ΄ Μέρος, σ. 141-142)

Η Εκκλησιαστική μουσική της Σμύρνης (1800-1922)

Τελευταίο παράδειγμα που θα παρουσιασθεί θα είναι εκείνο της μεταγραφής εκ μέρους του Μισαηλίδη στο σύστημα της νέας παρασημαντικής, της δημοφιλούς στη Σμύρνη του 19ου αιώνα, «Νόρμας» του Vincenzo Bellini. Η προκειμένη περίπτωση δεν αποτελεί απόλυτη και ακριβή σημειογραφική μεταφορά του εν λόγω έργου, αλλά μάλλον συνθετική σπουδή εμπνευσμένη από το φρασεολογικό περιεχόμενο του οργανικού του μέρους[374], ή ακόμα και από μνήμης, ανεξάρτητη από την πρωτότυπη παρτιτούρα, γραπτή απόδοσή του. Έτσι, ενώ η μεταγραφή αυτή δεν είναι εύκολο να ταυτισθεί απόλυτα με ένα συγκεκριμένο απόσπασμα από την Aria, ωστόσο, εμπεριέχει στερεότυπα μελωδικά της μοτίβα, ειλημμένα κυρίως από τα ορχηστρικά μέρη της πρώτης ενότητας, και τα οποία καθίστανται ικανά να διασφαλίσουν την υφολογική και μορφολογική συμβατότητα μεταξύ του μεταγεγραμμένου και του πρωτοτύπου μουσικού έργου.

Παράδειγμα Η΄

(«Μουσικόν Απάνθισμα», Ζωγράφου Κέϊβελη, Β΄ Μέρος, σ. 46-47)

---

374 Το συμπέρασμα ότι πρόκειται για μεταφορά κάποιου ορχηστρικού μέρους, εξάγεται από το γεγονός της χρήσης μονοσύλλαβων φθόγγων, κατά το πρότυπο δηλαδή απόδοσης οργανικών έργων, στα πλαίσια των συλλογών δημωδών και αστικών ασμάτων της εποχής.

Η μελέτη των εξωλατρευτικών έργων του Μισαηλίδη, που παρουσιάσθηκαν παραπάνω, πέρα από κάθε αμφιβολία, πιστοποιεί το γεγονός της πολυσχιδούς μουσικής φυσιογνωμίας του σπουδαίου αυτού Σμυρνιού δασκάλου και στοχαστή. Μέσω αυτού του ιδιαίτερου ρεπερτορίου αναδεικνύεται τόσο το πραγματικά ισχυρό μουσικολογικό του υπόβαθρο, αναφορικά με την γνώση του τροπικού συστήματος της λόγιας Οθωμανικής μουσικής, όσο και η ευρύτητα του εκφραστικού του ορίζοντα, που πιστοποιείται από το γεγονός της δημιουργικής και παράλληλα πρωτότυπης απόδοσης στοιχείων και τεχνικών πληροφοριών με προέλευση από τον δυτικό μουσικό πολιτισμό. Ωστόσο, στα πλαίσια μιας ευρύτερης, ιστορικοκοινωνικού χαρακτήρα αξιολόγησης της συνθετικής του ιδιοτυπίας, φανερώνεται με ενάργεια η αμφίπλευρη πολιτισμική και ιδεολογική φυσιογνωμία της Σμύρνης του 19ου αιώνα, καθώς φιλοδοξεί να επαναδομήσει την ιστορική και πολιτισμική της ταυτότητα. Συμπερασματικά θα έλεγε κανείς, πως στο πρόσωπο του Μισαηλίδη ενσαρκώνεται σε μεγάλο βαθμό η αγωνία του πνευματικού κόσμου της Σμύρνης να εκφρασθεί δημιουργικά, αφ' ενός μεν επαναξιοποιώντας το παραδοσιακό Οθωμανικό του παρελθόν[375], και αφ' ετέρου στοχεύοντας στην πραγμάτωση του ζητούμενου εκσυγχρονισμού, που υπόσχεται η προηγμένη και νεωτερική Δύση.

Με τον συνθετικό κύκλο των εξωλατρευτικών έργων του Μισαηλίδη, ολοκληρώνεται παράλληλα, και το μέγεθος της σύνολης μουσικής φιλολογίας που παρήχθη στα πλαίσια της Εκκλησιαστικής μουσικής της Σμύρνης κατά την διάρκεια του ευρύτερου 19ου αιώνα. Πρόκειται ουσιαστικά, για ένα υλικό ευρύτατο ποσοτικά και απόλυτα πρωτογενές ποιοτικά, το οποίο φέρει ευδιάκριτα όλα τα απαραίτητα τεχνικά και υφολογικά χαρακτηριστικά που θα μπορούσαν να του εξασφαλίσουν την ιστορική και αισθητική του αυτοδυναμία. Έτσι, μια ενδελεχής και συγχρόνως, συνδυασμένη με τις ευρύτερες ιστορικές και ιδεολογικές εξελίξεις του μουσικού περιβάλλοντος της εποχής μελέτη, καθιστά ικανή τη δόμηση μιας ικανοποιητικά ολοκληρωμένης εικόνας, αναφορικά με τη στιλιστική και μορφολογική ιδιοτυπία του εκκλησιαστικού μουσικού ιδιώματος της Σμύρνης του 19ου αιώνα.

Πέρα από τα τεχνικά χαρακτηριστικά που ορίζουν την στιλιστική φυσιογνωμία του συνθετικού μοντέλου της «Σμυρναϊκής Σχολής», εκείνο που κομίζει η όλη κίνηση σε επίπεδο ιδεολογικό, είναι η ανάγκη επανεξέτασης του περιεχομένου και της ουσίας της Παράδοσης, καθώς αυτή εκφαίνεται

---

375 Στο σημείο αυτό, ο όρος «Παραδοσιακό Οθωμανικό παρελθόν» χρησιμοποιείται συμβατικά για να καταστεί αντιληπτή η προσπάθεια μετάβασης του ελληνικού αστικού πληθυσμού της Σμύρνης από ένα μοντέλο βίου και έκφρασης σαφώς παραδοσιακό, σε ένα πρότυπο νεωτερικό και εκσυγχρονιστικό, που αναφέρεται απόλυτα στο προηγμένο μοντέλο ζωής που προτείνει ο δυτικός πολιτισμός.

μέσω των επιμέρους μελοποιητικών τάσεων και προσεγγίσεων. Με άλλα λόγια, οι Σμυρνιοί συνθέτες καταθέτουν μια νέα, εναλλακτική για τα δεδομένα της εποχής πρόταση, η οποία και φιλοδοξεί να αναδείξει με έναν τρόπο νεωτερικό, αλλά βαθύτατα βιωμένο και ευρηματικό, την εσώτερη δυναμική που φέρει ως εκφραστικό μέγεθος η Παράδοση. Κάτι τέτοιο, ασφαλώς επιβάλλει όχι απλώς μια τεχνικού χαρακτήρα υιοθέτηση εξωγενών στοιχείων και πληροφοριών με σκοπό την ανανέωση του υπάρχοντος υλικού, αλλά την ολοκληρωτική, σε πολλές περιπτώσεις, υπέρβαση των παραδεδεγμένων δομικών και αισθητικών μοντέλων στο επίπεδο της συνθετικής δημιουργίας. Πέρα από τα υποκειμενικά συμπεράσματα που θα μπορούσε να εξάγει κανείς, αναφορικά με το βαθμό κατά τον οποίον κατάφερε να ανταποκριθεί η συγκεκριμένη πρόταση στις επιταγές της ευρύτερης ιστορικής συγκυρίας, εκείνο που είναι αναμφίβολο είναι το γεγονός της σπουδαιότητας της θέσης την οποία κατέχει, στα πλαίσια της διαδικασίας που επιτελείται κατά την περίοδο αυτή, με σκοπό την διαμόρφωση και περαιτέρω παγίωση του χαρακτήρα του μεταμεταρυθμιστικού εκκλησιαστικού είδους του 19ου αιώνα. Η πραγματικότητα αυτή, ενισχύεται επιπλέον αν ληφθεί υπ' όψιν ο ρόλος τον οποίο διαδραμάτισε το υφολογικό μοντέλο της «Σμυρναϊκής Σχολής», είτε ως πρότυπο αναφοράς είτε ως μέγεθος επιρροής, για την μετέπειτα συνθετική παραγωγή και δραστηριότητα, που θα αναπτυχθεί στο πεδίο της Εκκλησιαστικής μουσικής του Ελλαδικού πλέον χώρου, μετά τα γεγονότα του 1922, και την οριστική εγκατάσταση των ανταλλαχθέντων μικρασιατικών πληθυσμών.

ΣΥΜΠΕΡΑΣΜΑΤΑ – ΕΠΙΛΟΓΟΣ

Η παρούσα έρευνα επικεντρώθηκε κατά κύριο λόγο στην προσπάθεια ανίχνευσης αλλά και αξιολόγησης του τρόπου με τον οποίο το ιδιότυπο στιλιστικά ρεύμα της Σμύρνης εντάχθηκε στην ευρύτερη μουσική πραγματικότητα της εποχής, παίζοντας συγχρόνως έναν ρόλο αναμφίβολα εκσυγχρονιστικό στα πλαίσια μιας ομάδας διαδικασιών, όπως εκείνων της συνθετικής δημιουργίας, της διδακτικής, της εκδοτικής παραγωγής, του θεωρητικού στοχασμού, κ. ά. Η μελέτη των ιστορικών πηγών σε συνδυασμό με την διάθεση ερμηνείας του ιστορικο-κοινωνικού πλαισίου της εποχής βοήθησε στην ανάδειξη των πλέον ιδιαίτερων χαρακτηριστικών που καθόρισαν την ιδεολογική-αισθητική φυσιογνωμία του εν λόγω κινήματος, και παράλληλα εξασφάλισαν την ιστορική του αυτοδυναμία.

Τα βασικότερα συμπεράσματα που εξήχθησαν κατά την παρούσα έρευνα θα μπορούσαν να αποδοθούν επιγραμματικά ως εξής:

- Ο νεωτερικός χαρακτήρας της σύνολης δραστηριότητας (συνθετικής, θεωρητικής, οργανωτικής, διδακτικής, εκδοτικής), που θα παρουσιασθεί στο πεδίο της Εκκλησιαστικής μουσικής στη Σμύρνη του 19ου αιώνα, συνδέεται άμεσα με την γενικότερη εκσυγχρονιστικού προσανατολισμού ιδεολογική τοποθέτηση που κυριαρχεί στους τομείς του κοινωνικού βίου, της τέχνης, της εκπαίδευσης και της πρωτογενούς δημιουργίας, κατά την περίοδο αυτή, ως λογική συνέπεια της ριζικής αναδιαμόρφωσης της σύστασης του ανθρωπολογικού περιεχομένου της ευρύτερης γεωγραφικής περιοχής.

- Η αισθητική-υφολογική διαφορετικότητα του έργου των εκπροσώπων της «Σχολής της Σμύρνης» και των Πατριαρχικών δασκάλων, θα πρέπει να ερμηνευθεί ευρύτερα από τα περιορισμένα πλαίσια του εκκλησιαστικού μουσικού είδους, και απαραίτητα σε σχέση με την γενικευμένη μεταρρυθμιστική διαδικασία που επιτελείται στην Οθωμανική επικράτεια. Άλλωστε στα πλαίσια αυτά, επανέρχεται προς συζήτηση το ζήτημα του περιεχομένου της Οθωμανικής ταυτότητας των ελληνικών πληθυσμών, παρελκόμενο του οποίου είναι και η δόμηση του κλασικού ιστορικού στερεοτύπου της Οθωμανικής-Αυτοκρατορικής Κωνσταντινούπολης, και της Ελληνικής - «Εθνοκρατοκεντρικής» Σμύρνης, που εγκαθιδρύει έναν ιδιότυπο διπολισμό και μια διαλεκτικού τύπου σχέση μεταξύ των δύο μεγάλων αστικών κέντρων.
- Η εκσυγχρονιστική διάθεση που διακατέχει το έργο των Σμυρνιών συνθετών, δεν θα πρέπει να γίνει αντιληπτή ως μια ιστορικά εξεζητημένη εξαίρεση, αλλά ως η πλέον επεξεργασμένη και ώριμη εκφραστικά εκδοχή μιας ευρύτερης περιφερειακής δράσης με έντονα προοδευτικά χαρακτηριστικά, η οποία και αντιπαραθέτει στην συντηρητική τοποθέτηση των Πατριαρχικών κύκλων και των μουσικών συλλόγων, τη δυνατότητα εναλλακτικής-διασταλτικής ερμηνείας της Παράδοσης, καθώς και την ανάγκη επέκτασης των αισθητικών της προοπτικών, στο επίπεδο της πρωτογενούς συνθετικής δημιουργίας και παραγωγής.
- Τόσο η υφολογική ιδιομορφία όσο και η γενικότερη εκσυγχρονιστική διάθεση που διακατέχει το μελοποιητικό έργο των Σμυρνιών δασκάλων, είναι απαραίτητο να ερμηνευθούν σε σχέση με τις ευρύτερες συνθετικές και στιλιστικές σταθερές που ορίζουν τον μετασχηματιζόμενο υφολογικά και ιδεολογικά μουσικό πολιτισμό του αστικού χώρου της Αυτοκρατορίας, κατά την κρίσιμη περίοδο του Οθωμανικού Ρομαντισμού.
- Η Σμύρνη θα διαδραματίσει έναν ξεχωριστό ρόλο στην εξελικτική διαδικασία που επιτελείται κατά το β' μισό του 19ου αιώνα, και αφορά στην παγίωση της θεωρητικής σύστασης του μεταρρυθμιστικού συστήματος, καθώς ο αποδομητικός-ριζοσπαστικός χαρακτήρας του έργου του Μισαήλ Μισαηλίδη θα θέσει υπό αμφισβήτηση ορισμένα τρωτά σημεία του Χρυσανθικού συστήματος, και θα καταστεί η αφορμή για να διεξαχθεί ένας ευρύτατος και παράλληλα γόνιμος ιδεολογικά διάλογος, στα πλαίσια του μουσικού και πνευματικού κόσμου της εποχής.

- Τέλος, η αμφίδρομη αισθητική αναφορά του σμυρναϊκού ρεπερτορίου τόσο στον χώρο της Ανατολής όσο και σε εκείνον του Δυτικού κόσμου, αποτελεί επιμέρους έκφανση της δυναμικής ιδεολογικής διαδικασίας που επιτελείται στην περιοχή, και αφορά στην δόμηση μιας ιστορικής ταυτότητας ικανής να περιλάβει και να αποδώσει με έναν εναλλακτικό πλέον τρόπο, στοιχεία προερχόμενα από τον Οθωμανικό πολιτισμό, με απαραίτητη ωστόσο, την διασφάλιση της επιδιωκόμενης προόδου και νεωτερικότητας, που κατά την εποχή αυτή, εμπνέεται μονοδιάστατα από τη Δύση.

Μέσω της παρούσας μελέτης, μεταξύ άλλων, επανέρχεται προς συζήτηση το κρίσιμο ζήτημα του περιεχομένου και της ουσίας της Παράδοσης, καθώς η περίπτωση της Σμύρνης, χωρίς καμιά αμφιβολία, αποτελεί ένα ενδεικτικό ιστορικό φαινόμενο, η εξέταση του οποίου μπορεί να οδηγήσει την σύγχρονη έρευνα σε μια πλέον ψύχραιμη και ιδεολογικά αποφορτισμένη θεώρηση του προβλήματος. Η σύνολη κινητικότητα που παρατηρείται στο πεδίο της Εκκλησιαστικής μουσικής στα μέσα του 19ου αιώνα, πιστοποιεί την εξελικτική δυναμική του μεγέθους της Παράδοσης, κατά τέτοιο μάλιστα τρόπο, ώστε να αναιρείται αυτόματα κάθε είδους αμφιβολία, σχετιζόμενη με το γεγονός της ενεργούς συμμετοχής της, είτε ως δέκτη είτε ως πηγή επιρροής, στις εκάστοτε ιστορικοκοινωνικές συγκυρίες. Η αποδοχή αυτής της πραγματικότητας οδηγεί και σε ένα άλλο σημαντικό συμπέρασμα που αφορά στην πολυμορφική, ή ακριβέστερα ιδιωματική σύστασή της. Σύμφωνα με αυτήν την αρχή, είναι δυνατό να εντοπίσει κανείς επιμέρους τάσεις, ρεύματα και σχολές, οι οποίες να εκφράζουν μια ιδιότυπη εκδοχή του συνόλου υλικού, αλλά παράλληλα, απλά και μόνο με την ύπαρξή τους να αποκλείουν το ενδεχόμενο ταύτισης του μεγέθους της Παράδοσης με την αυθεντία ενός και μοναδικού ιστορικού χώρου.

Στο αμιγώς ερευνητικό επίπεδο η παρούσα μελέτη ουσιαστικά, καταθέτει μια νέα μεθοδολογική πρόταση, η οποία αντίθετα στην επικρατούσα αποσπασματική και ανεξάρτητη του ευρύτερου ιστορικού σχήματος προσέγγιση της Εκκλησιαστικής μουσικής, προβάλει την ανάγκη εξέτασής της ως ενός επιμέρους μεν, αλλά ενεργού μέλους του συνόλου μουσικού πολιτισμού. Με άλλα λόγια, πέρα από την φιλολογική και μορφολογική μελέτη του εκάστοτε ζητήματος, δίδεται ειδικό βάρος στο ζητούμενο της υφολογικής και ιδεολογικής τοποθέτησής του στο ευρύτερο ιστορικό, πολιτισμικό και εικαστικό πλαίσιο, καθώς και στον τρόπο κατά τον οποίο λειτουργεί μετεξελικτικά εντός ενός δυναμικού πλέγματος επιρροών και αλληλεπιδράσεων. Έτσι, το ερευνητικό μοντέλο που προτείνεται να εφαρμοστεί θα πρέπει να φέρει ένα χαρακτήρα σαφέστατα εθνομουσικολογικό, ώστε φαινόμενα και δράσεις που εντοπίζονται στον χώρο της Εκκλησιαστικής μουσικής, να είναι δυνατό να ερμηνευθούν σε σχέση με παράγοντες ανθρωπολογικούς, κοινωνιολογικούς, στιλιστικούς και ιδεολογικούς, που είναι δυνατό να ανιχνευθούν στο εκάστοτε ιστορικό περιβάλλον. Ένα τέτοιο μεθοδολογικό πρότυπο απαγκιστρώνει την έρευνα από την επικίνδυνη ιδεολογική μονομέρεια, η οποία παρουσιάζει το πεδίο της Εκκλησιαστικής μουσικής ως ένα χώρο νοσηρά απομονωμένο -σχεδόν στα όρια της «γκετοποίησης»-, με μηδαμινή εξελικτική δυναμική και στάση απαξιωτική αναφορικά με το ενδεχόμενο μετοχής του σε οσμώσεις υφολογικού και ιδεολογικού χαρακτήρα.

Κλείνοντας, θα μπορούσε κανείς να υποστηρίξει, πως η συμβολή της παρούσας εργασίας συνδέεται με το ζητούμενο της επέκτασης των ερευνητικών ορίων του γνωστικού αντικειμένου της Εκκλησιαστικής μουσικής, καθώς η διαπραγμάτευση ενός θέματος όπως εκείνου της «Σχολής της Σμύρνης», αυτόματα αποδεσμεύει τον σύγχρονο επιστημονικό προβληματισμό από τον μονομερή προσανατολισμό του προς την κλασική-προμεταρρυθμιστική περίοδο. Άλλωστε, παράλληλα με τη διαπραγμάτευση του συγκεκριμένου ζητήματος, δόθηκε η ευκαιρία ώστε να παρουσιαστεί και μια σειρά θεμάτων, τα οποία παρά την ελλιπή έως σήμερα επιστημονική τους προβολή, ενέχουν εξαιρετικό μουσικολογικό και ιστορικό ενδιαφέρον, σε σημείο μάλιστα που η εμπεριστατωμένη μελέτη τους να θεωρείται πλέον επιβεβλημένη, αναφορικά με τη δυνατότητα κατανόησης των βασικότερων παραμέτρων που ορίζουν μια τόσο κρίσιμη για την εξέλιξη του εκκλησιαστικού μέλους εποχή, όπως είναι εκείνη του 19ου αιώνα. Έτσι, το παρόν βιβλίο, τόσο λόγω της καθ' εαυτής θεματικής του όσο και χάρη στο εναλλακτικό μεθοδολογικό του μοντέλο, θα μπορούσε ίσως να αποτελέσει την αφορμή για στροφή της ερευνητικής δραστηριότητας προς την μελέτη επιμέρους μουσικών ιδιωμάτων και τάσεων που εμφανίζονται στο πεδίο της Εκκλησιαστικής μουσικής κατά την σύγχρονη περίοδο, και βρίσκονται σε άμεση ιδεολογική και αισθητική σχέση με ευρύτερες ιστορικοκοινωνικές-ανθρωπολογικές συνισταμένες και σταθερές.

ΕΠΙΜΕΤΡΟ – ΠΑΡΑΡΤΗΜΑ

1. Νικόλαος Γεωργίου, Πρωτοψάλτης Σμύρνης (περ. 1790-1887)

(«Δοξαστάριον Τριωδίου και Πεντηκοσταρίου», Κωνσταντινούπολη 1857)

2. Μισαήλ Μισαηλίδης, Πρωτοψάλτης Σμύρνης (μέσα δεκαετίας 1820-1906)

(«Φόρμιγξ», αρ. 21-22, Αθήνα, Τεύχ. 15ης – 31ης Ιανουαρίου 1906)

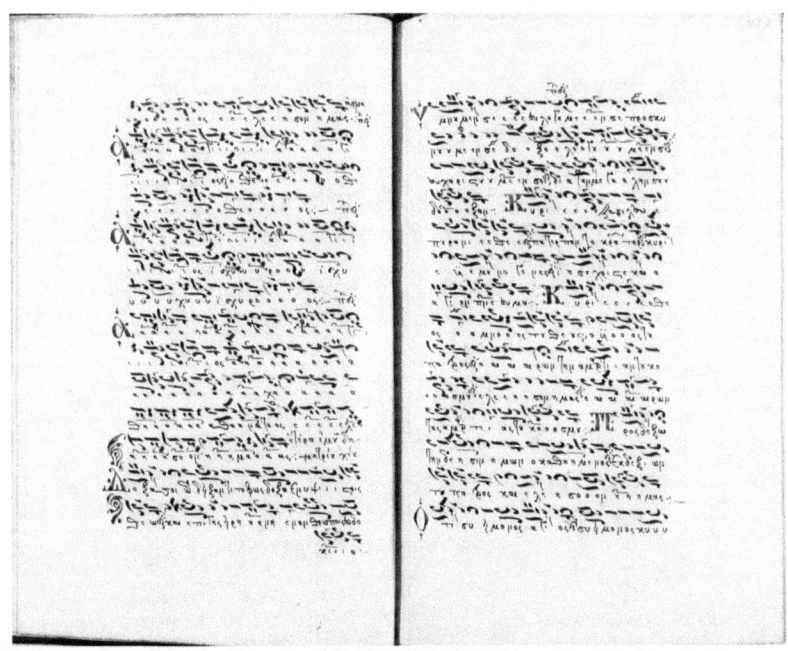

3. Δοξολογία Δημητρίου Λώτου, ήχος πλ. Δ'
Ανθολογία της Νέας Παπαδικής, Συλλογή Μέλπως Μερλιέ, Ε. Β. Αθηνών, φ. 186v-187r

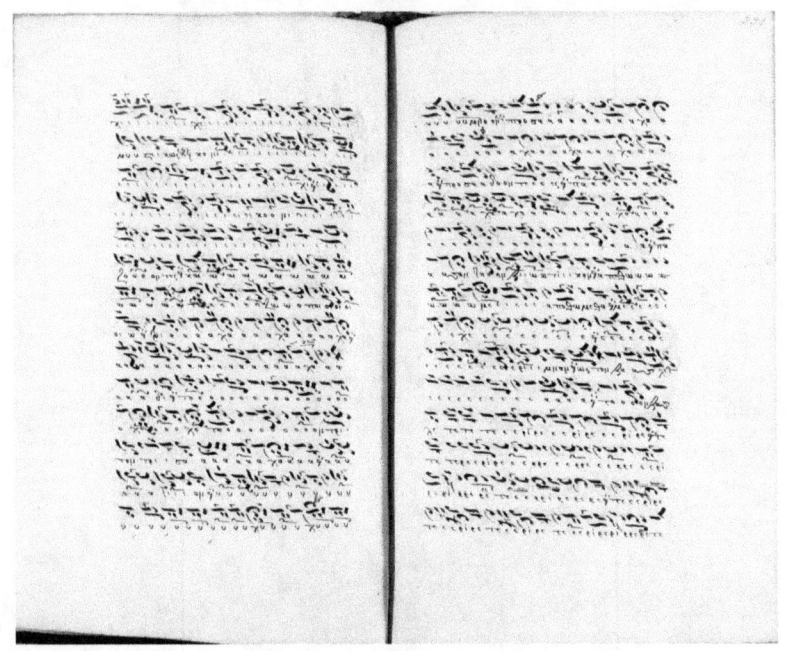

4. Χερουβικό Δημητρίου Λώτου, ήχος Α'
Ανθολογία της Νέας Παπαδικής, Συλλογή Μέλπως Μερλιέ, Ε. Β. Αθηνών, φ. 230v-231r

Προμετωπίδες του Δοξασταρίου και του Αναστασιματαρίου του Νικολάου Σμύρνης

6. Προμετωπίδα από το Νέον Θεωρητικόν του Μισαήλ Μισαηλίδη

Η Εκκλησιαστική μουσική της Σμύρνης (1800-1922)

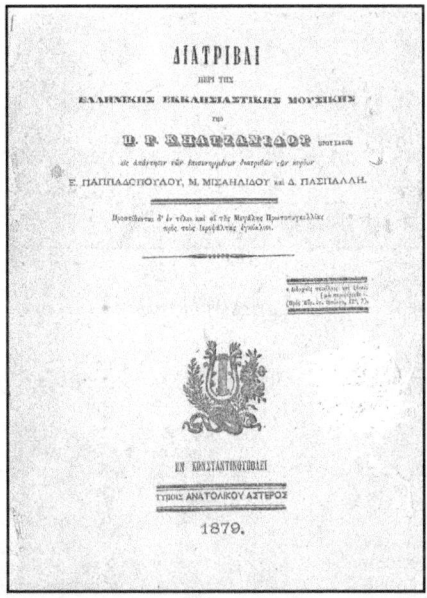

7. Ειδικό έντυπο που εκδόθηκε το 1879 με σκοπό, μεταξύ άλλων, να φιλοξενήσει κείμενα των Παναγιώτη Κηλτζανίδη και Μισαήλ Μισαηλίδη, που είχαν δημοσιευθεί στο «Νεολόγο» και αφορούσαν στο «περί διαιρέσεως της κλίμακος» θεωρητικό ζήτημα

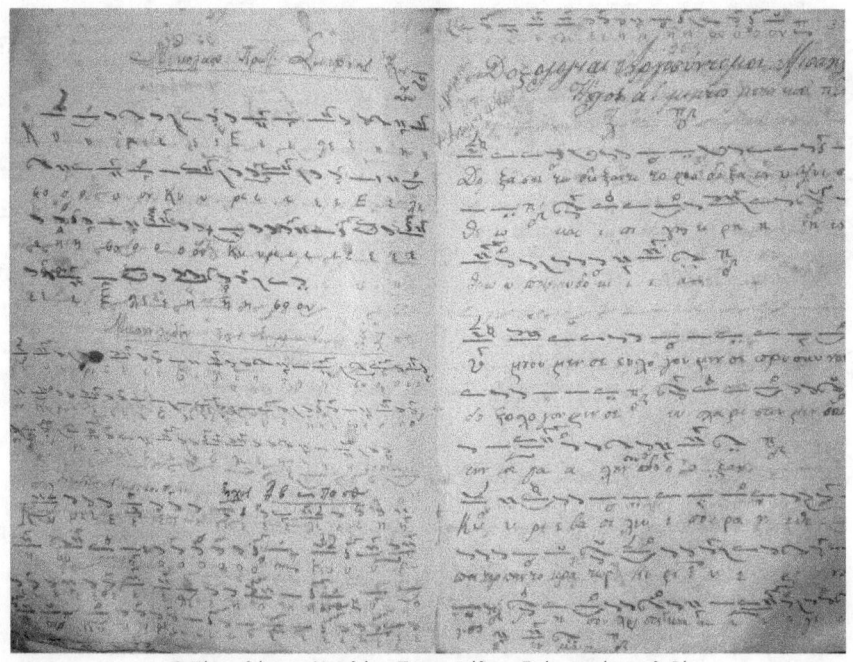

8. Κύριε ελέησον, Νικολάου Πρωτοψάλτου Σμύρνης, ήχος πλ. Β΄
Χειρόγραφη συλλογή Βασιλείου Ηλιάδη συνταγμένη μεταξύ των ετών 1924-1930, η οποία εμπεριέχει το μοναδικό ανέκδοτο έργο του Νικολάου, που εντοπίστηκε κατά την έρευνα της παρούσας εργασίας. Μη αριθμημένος κώδικας-Δημόσια Βιβλιοθήκη Μυτιλήνης

Νίκος Ανδρίκος

Κύριε ἐλέησον

Νικολάου Πρωτοψάλτου Σμύρνης (ἀνέκδοτον)

Ηχος πλ. Β΄

9. Το «ανέκδοτο» Κύριε ελέησον σε ήχο πλ. Β΄ του Νικολάου Σμύρνης, όπως παραδίδεται στην χειρόγραφη συλλογή Βασιλείου Ηλιάδη

SUMMARY

The subject of this book, as its title denotes, concerns a group of actions and their constituent procedures defined by the generic title "Ecclesiastical Music", which took place in Smyrna in the wider 19th century. More specifically, the central issue of the research primarily concerns the effort to detect, but also to evaluate the way in which the unique stylistic trend of Smyrna was integrated into the broader musical reality of the time, while playing on the same time an undoubtedly modernizing role in the context of distinct fields, such as composition, teaching, publishing, theoretical thinking etc. The study of historical sources, combined with the disposition to interpret the historical-social context of the time, contributed to bringing out the most particular characteristics which defined the ideological-aesthetic physiognomy of this movement and on the same time assured its historical self-contentedness.

The methodological model followed was the one of field research with parallel participant observation. The purpose of the research was to examine the reality of the existence of this musical idiom, still alive today, albeit inevitably evolved, as well as the scientific belief that compels the investigation of issues of the past to be made within the context of a historical movement, starting from the present and referring to the time period in question. In addition, an important part of the research focused on the study of the daily and periodical press of the time, in order to construct a more global and objective view of the issue's historical background, since these sources reported in the most exhibitive manner the living historical reality of the time and were perfectly synchronised with the events that were taking place. The principal conclusions extracted from the present research could be concisely set out as follows:

- The modernistic character of the totality of the activity (compositional, theoretical, organisational, teaching, publishing) taking place in the field of Smyrna's 19th century Ecclesiastical Music is directly connected with the general modernisation-orientated ideological stance which dominated the fields of social life, art, education and original creation during the period in question, as a logical consequence of the radical reshaping of the composition of the population of the wider geographical area.
- The aesthetic-stylistic difference between the work of the representatives of the "School of Smyrna" and the Patriarchical teachers should be interpreted in a broader manner than the one offered by the limited framework of the ecclesiastical music genre, and necessarily in relation to the generalised reformative process taking place in the Ottoman territory. Besides, this framework brings back to discussion the issue of the Greek populations' Ottoman identity, which is connected to the emergence of the classical historical stereotype of an Ottoman - Imperial Constantinople and a Greek - nation-state orientated Smyrna, establishing a unique bipolarity and a dialectical relationship between these two urban centres.
- The inclination towards modernisation that is widespread in the work of the composers from Smyrna should not be understood as a historically exaggerated exception, but as the most elaborated and expressively mature version of a broader peripheral action having intensively progressive characteristics, which runs counter to the conservative stance of the Patriarchical circles and the musical associations, by offering the possibility of an alternative-expansive interpretation of Tradition, while also by expressing the need of expanding its aesthetic potentiality on the level of original composition and production.
- It is necessary to interpret the stylistic singularity, as well as the general inclination towards modernisation dominating the compositional work of the teachers from Smyrna, in the light of the broader compositional and stylistic constants defining the musical culture of the Empire's urban territory, which was being transformed during the crucial period of Ottoman Romanticism.
- Smyrna played a special role in the evolutionary process taking place during the second half of the 19th century as regards the theoretical establishment of the transformative system, since the deconstructive character of the work of Misael Misailides challenged certain vulnerable

Η Εκκλησιαστική μουσική της Σμύρνης (1800-1922)

elements of the Chrysanthian system and constituted the occasion for the conduct of a very broad and, on the same time, ideologically fruitful dialogue, within the musical and intellectual communities of the time.

- Finally, the two-way aesthetic reference of Smyrna's repertoire to the East, as well as to the West, constitutes a particular aspect of the dynamic ideological process taking place within the area, and is related to the structuring a historical identity which would be capable of including and rendering elements of the Ottoman culture in an alternative manner, while necessarily securing the intended progress and modernisation, which is nowadays unidimensionally inspired by the West. To conclude, it could be said that the aim of this research was not merely to report systematically on a particular historical phenomenon and its accompanying ideological and aesthetic parameters, but also to construct a contemporary speculation, its fundamental characteristics being contemplation and disposition for research, which, although emanating from a past historical period, could become useful as a source of new ideas and views, which would reinforce creatively today's musicological science and research.

On a strictly research level, this study essentially offers a new methodological proposal, which, contrary to the dominant approach towards Ecclesiastical music, which is fragmented and unrelated to the wider historical background, projects the need of examining Ecclesiastical music as a particular, but also as an active member of the musical culture in whole. In other words, beyond the scholarly and morphological study of each matter, special attention is paid to the question of its stylistic and ideological setting within the wider historical, cultural and visual background, as well as to its evolutionary function within a dynamic plexus of influences and interactions. Hence the proposed research model should bear a clearly ethnomusicological character, in order to facilitate the interpretation of the phenomena and actions taking place in the field of Ecclesiastical music in the light of the anthropological, sociological, stylistic and ideological factors that can be traced in each historical environment. Therefore, this project, due to its subject in itself, as well as to its alternative methodological model, could constitute an occasion for a turn of the research activity towards the study of particular musical idioms and trends that can be observed in the field of Ecclesiastical music nowadays, which are directly related, ideologically and aesthetically, to broader historical-social and anthropological resultants and constants.

ΠΙΝΑΚΑΣ ΟΝΟΜΑΤΩΝ-ΟΡΩΝ

Ducoudray L. A. Bourgault 83, 269

Fasıl 40, 53, 243, 269

Hacı Arif Bey 270

İnce Saz 40, 43, 269
İsmâil Dede Efendi 269

Mahmut Β' 269
Mehter 52, 53, 269
Meşk 16, 53, 269
Millet 16, 49, 269
Muzika-yı Hümayun 269

Selim Γ' 269
Şevk-efzâ 228, 230, 232, 235, 270

Tanbûri Ali Efendi 269
Tanbûri Cemil Efendi 269
Tanzimat 35, 44, 48, 49, 239, 269

Zeybek 17, 44, 45, 269

Άγγελος Βουδούρης 269
Αδαμάντιος Κοραής 269
Αθανάσιος Καποράλης 225, 270
Αθανάσιος Καραμάνης 234, 270
Αμάλθεια 28, 101, 106, 119, 137, 141, 144, 145, 146, 147, 153, 269
Ανοιξαντάρια 86, 178, 180, 190, 269
Αρχιμανδρίτης Παγκράτιος Βατοπαιδινός 269

Βαρεία Υπάτη 269
Βασίλειος Ηλιάδης 270

Γεώργιος Βιολάκης 64, 82, 269

Γεώργιος Βλαντής 269
Γεώργιος Κρητικός 215, 270
Γεώργιος Παπαδόπουλος 61, 269
Γεώργιος Ραιδεστηνός 59, 269
Γεώργιος Φινέλης 111, 269
Γρηγόριος Πρωτοψάλτης 60, 269

Δανιήλ Πρωτοψάλτης 73, 269
Δημήτριος Λώτος 5, 15, 69, 70, 71, 72, 74, 76, 269
Δημήτριος Παπαδόπουλος 232, 233, 270
Δοξαστάριον 6, 8, 9, 71, 84, 85, 86, 112, 201, 203, 204, 205, 260, 270
Δοξολογίες 6, 72, 75, 87, 102, 219, 225, 226, 228, 270

Εκκλησιαστική Αλήθεια 28, 61, 128, 157, 269
Εκκλησιαστικός μουσικός σύνδεσμος 269
Εμμανουήλ Βαμβουδάκης 270
Εμμανουήλ Φαρλέκας 225, 269
Εναρμόνιο γένος 269
Εστουδιαντίνα 42, 43, 45, 269
Ευαγγελινός Μισαηλίδης 128, 269
Ευστράτιος Βαφειάδης 112, 269

Ζωγράφος Κέϊβελης 243, 269

Θεοδόσιος Ιερομόναχος 269
Θεόδωρος Φωκαέας 96, 269

Ιάκωβος Πρωτοψάλτης 270
Ιδιόμελα Μεγάλης Τεσσαρακοστής 270
Ιωακείμ Γ' 269
Ιωάννης Γιαλουσάκης 110, 269
Ιωάννης Κορωναίος 269
Ιωάννης Πρωτοψάλτης 64, 96, 269
Ιωάσαφ ο Ρώσος 269

Καθ' ομοίαν διφωνίαν 270

Καλοφωνικοί Ειρμοί 6, 15, 191, 197, 270
Κεκραγάρια 269
Κράτημα 86, 87, 185, 195, 270
Κωνσταντίνος Βοριάς 117, 269
Κωνσταντίνος Παπαπέτρου 113, 269
Κωνσταντίνος Πρωτοψάλτης 269

Μανές 40, 269
Μανουήλ Πρωτοψάλτης 269
Μελέτιος Συκιώτης 270
Μέντωρ 28, 114, 129, 131, 137, 269
Μητροπολίτης Σμύρνης Βασίλειος 269
Μητροπολίτης Σμύρνης Χρυσόστομος 269
Μιχαήλ Περπινιάς 84, 90, 225, 269

Νεολόγος 10, 28, 119, 129, 140, 141, 169, 269
Νηλέας Καμαράδος 148, 269
Νικόλαος Παγανάς 169, 269

Οθωμανικός Ρομαντισμός 54, 269
Οκτάηχα μέλη 6, 191, 192, 270
Όμηρος 28, 135, 269

Παναγιώτης Κηλτζανίδης 59, 148, 269
Πανισλαμισμός 49, 269
Πέτρος Βυζάντιος 269
Πέτρος Λαμπαδάριος 269
Πέτρος Λαμπαδάριος / Πελοποννήσιος 269
Πέτρος Μανέας 116, 269
Πέτρος Μπερεκέτης 239, 270
Πέτρος Φιλανθίδης 59, 148, 269
Πολυχρονισμοί 6, 12, 104, 237, 240, 270

Σίμος Αβαγιανού 225, 270
Σταύρος Βενής 113, 269

Τριαντάφυλλος Γεωργιάδης 111, 269

Υποσκάζων 270

Φόρμιγξ 8, 28, 96, 98, 99, 101, 102, 106, 113, 114, 115, 116, 129, 136, 157, 247, 260, 269
Φώτιος Ξανθίδης 111, 269

Χαραλάμπης Φλωρόπουλος 269
Χαράλαμπος Παπανικολάου 225, 270
Χερουβικά 6, 75, 87, 102, 103, 219, 220, 222, 223, 270
Χουρμούζιος Χαρτοφύλαξ 82, 269
Χριστόδουλος Γεωργιάδης Κεσσανιεύς 59, 270
Χρύσανθος εκ Μαδύτων 155, 162, 269
Χρωματικό γένος 269